Petra Rentrop

Tatorte der „Endlösung“

Reihe
DOKUMENTE – TEXTE – MATERIALIEN
Veröffentlicht vom Zentrum für Antisemitismusforschung
der Technischen Universität Berlin

Band 80

Die Serie ist Themen der deutsch-jüdischen Geschichte, der Antisemitismus- und Holocaustforschung gewidmet; sie dient der Veröffentlichung von Texten aller wissenschaftlich-literarischen Gattungen: Quellen von der Autobiografie, dem Tagebuch, dem subjektiven Bericht bis zur Edition amtlicher Akten. Hilfsmittel wie Bibliografien sind ebenso eingeschlossen wie Essays zu aktuellem Anlass oder wissenschaftliche Monografien, aber auch Materialsammlungen, die ersten Überblick oder Annäherungen an komplexe Fragestellungen erleichtern sollen. Das Anliegen der Reihe ist die Förderung des deutsch-jüdischen Diskurses in Wissenschaft und Öffentlichkeit.

80

Petra Rentrop

Tatorte der „Endlösung“

Das Ghetto Minsk
und die Vernichtungsstätte von Maly Trostinez

METROPOL

D 83

ISBN: 978-3-86331-038-7

Ansbacher Straße 70
10777 Berlin
www.metropol-verlag.de

Druck: Bercker GmbH, Kevelaer

Inhalt

Einleitung

Minsk, zwischen 1920 und 1991 Hauptstadt der weißrussischen Sowjetrepublik, war während des Zweiten Weltkrieges ein zentraler Schauplatz des Holocaust. Das gilt insbesondere für die Frühphase des Völkermordes. Die Stadt wurde am 28. Juni 1941 von Einheiten der Heeresgruppe Mitte eingenommen und kurz danach unter Militärverwaltung gestellt. Ab September 1941 war Minsk das Verwaltungszentrum des „Generalkommissariats Weißruthenien" im „Reichskommissariat Ostland". Bereits kurz nach Besetzung der Stadt errichtete die Wehrmacht im Verein mit SS und Polizei ein Ghetto. Mit anfänglich mehreren Zehntausend Insassen war es einer der größten Zwangsbezirke in den besetzten sowjetisch/baltischen Gebieten. Wenige Monate später, im November 1941, wurde das Minsker Ghetto zum Deportationsziel für etwa 7000 Juden aus dem „Großdeutschen Reich". Die Transporte kamen aus Hamburg, Frankfurt, Düsseldorf, Berlin, Brünn, Bremen und Wien. Sicherheitspolizei und SD töteten in einer Reihe von „Großaktionen" und unzähligen Razzien zwischen Herbst 1941 und Herbst 1943 die Mehrheit der Eingeschlossenen, Einheimische wie Deportierte. Juden aus dem Reich wurden erstmals Ende Juli 1942 in großer Zahl ermordet.

Zwischen Mai und Oktober 1942 erreichten Minsk weitere Deportationszüge aus Wien, dem „Altersghetto" Theresienstadt sowie aus Königsberg und Köln. Die knapp 16 000 Verschleppten wurden nicht mehr ins Ghetto eingewiesen. Sicherheitspolizei und SD ermordeten fast alle unmittelbar nach ihrer Ankunft in Massenexekutionen: durch Erschießen und in Gaswagen. Ort des Mordens war ein Niedrigwaldgelände in der Nähe des Dörfchens Maly Trostinez[1] bei Minsk. Einige wenige Deportierte mussten auf dem gleichfalls bei Maly Trostinez gelegenen Landgut des Kommandeurs der Sicherheitspolizei und des SD (KdS) arbeiten. Dort bestand ein Arbeitslager mit zeitweise mehreren Hundert Insassen, vor allem Juden aus dem Reich. Bis zum deutschen Rückzug im Sommer 1944 diente die Gegend um Maly Trostinez der Minsker Sicherheitspolizei und ihren Helfershelfern als provisorisches Vernichtungslager. Juden ermordete sie hauptsächlich 1942 und 1943 im Waldgebiet von Blagovščina.

Obgleich die Massenverbrechen an Ghetto-Insassen und in Maly Trostinez nicht auf den lokalen Rahmen beschränkt sind und europäische Bezüge haben, hat die Forschung bislang nicht erschöpfend geklärt, welchen Platz Minsk im Gefüge der nationalsozialistischen „Endlösung der Judenfrage" einnahm bzw. einnehmen

1 Die Schreibweise Maly Trostinez (russ. Malyj Trostenec) hat sich in der Forschung mittlerweile etabliert. Alle übrigen russischen Eigen- und Ortsnamen werden im Folgenden nach der in der Slavistik üblichen wissenschaftlichen Transliteration wiedergegeben.

sollte. Lange Zeit galt ein Besuch des Reichsführers SS Heinrich Himmler in Minsk im August 1941 als „Geburtsstunde der Gaskammer". Diese Annahme wurde mittlerweile verworfen.[2] Als überholt gilt inzwischen auch die These, der Völkermord an den europäischen Juden sei auf einen einzelnen (schriftlichen) „Führerbefehl" zurückzuführen. „Tatsächlich", schreibt Peter Longerich in diesem Zusammenhang, „herrschte in der Führungsriege des Regimes, aber auch bei zahlreichen Spitzenfunktionären in den besetzten Gebieten zwar ein Konsens vor, die ‚Judenfrage' auf eine radikale, mörderische Weise zu ‚lösen', aber die Umsetzung dieses Ziels vollzog sich in einem für das Regime charakteristischen Zusammenspiel aus Vorgaben von oben und Initiativen von unten."[3] Freilich geht Longerich davon aus, dass die Ermordung aller europäischen Juden erst Anfang 1942 vorgesehen war. Demgegenüber vertreten Forscher wie Christopher Browning, Wolfgang Benz, Saul Friedländer und Richard Breitman die Ansicht, die Vernichtung der Juden Europas sei zwischen Frühjahr und Spätsommer bzw. Herbst 1941 in stillschweigender Übereinkunft von der NS-Führung beschlossen worden. Der Überfall auf die UdSSR spielte dabei eine zentrale Rolle, wie Browning schreibt: „Im Kontext des mörderischen ‚Vernichtungskrieges' gegen die Sowjetunion vollzog sich im Sommer 1941 der Sprung vom Verschwinden der Juden ‚irgendwann und irgendwie' zum ‚Massenmord jetzt', und nachdem diese ‚Endlösung' auf sowjetischem Territorium begonnen hatte, erschien sie dem NS-Regime auch auf den Rest des europäischen Judentums übertragbar."[4]

Unstrittig ist der Auftrag zum Judenmord an Himmler als dem Verantwortlichen für SS und Polizei. Für Planung und Ausführung des Genozids war innerhalb des Instanzenzugs der Chef des Reichssicherheitshauptamtes (RSHA), SS-Obergruppenführer Reinhard Heydrich, zuständig. Offenkundig ist auch, dass die „Endlösung" in Form eines gigantischen Deportations-, Zwangsarbeits- und Massenmordprogramms erst ab März 1942 in vollem Umfang realisiert wurde: Millionen europäische Juden sollten nach Osteuropa verschleppt, „Arbeitsfähige" durch mörderische Zwangsarbeit dezimiert und alle übrigen in eigens dazu errichteten Mordzentren durch Gas getötet werden.

Die Monate zwischen der Entscheidungsfindung im Spätsommer 1941 und dem Beginn des industrialisierten Massenmordes im Frühjahr 1942 waren eine Phase der Initiativen, Experimente und Vorbereitungen, in der das Konzept der „Endlösung" schließlich Gestalt annahm.[5] In dieser Experimentierphase fällt der Blick der NS-Führung immer wieder auf Minsk. Möglicherweise erwog (und verwarf) Himmler im August 1941 Minsk als Standort für ein größeres Vernichtungslager für europä-

2 Dazu Christian Gerlach, Kalkulierte Morde. Die deutsche Wirtschafts- und Vernichtungspolitik in Weißrußland 1941–1944, Hamburg 1999, S. 571 ff.

3 Peter Longerich, Heinrich Himmler. Biographie, München 2008, S. 559.

4 Christopher Browning, Die Entfesselung der „Endlösung". Nationalsozialistische Judenpolitik 1939–1942. Mit einem Beitrag von Jürgen Matthäus, München 2003, S. 617.

5 Vgl. ebenda, S. 536.

ische Juden. Geplant wurde schließlich eines im weiter östlich gelegenen Mogilev.[6] Im Oktober 1941, mit dem Beginn der systematischen Deportationen von Juden aus dem Reich, bestimmte Hitler Minsk zum Ziel einer zweiten Transportwelle. Nachdem die Pläne für das Vernichtungslager Mogilev bereits im Winter 1941 zu den Akten gelegt werden mussten, entstand im Frühjahr 1942 Maly Trostinez als freilich äußerst provisorischer Ersatz.[7]

Hier setzt diese Arbeit an. Sie untersucht die Judenmorde in Minsk im Spannungsfeld zwischen dem Planungshorizont der NS-Führungsriege und den Intentionen regionaler wie lokaler Funktionäre von Zivilverwaltung, SS und Polizei. Damit einhergehend werden die Konflikte in der „Behandlung der Judenfrage" auf allen Ebenen der Besatzungshierarchie nachgezeichnet und gewichtet. Besondere Aufmerksamkeit gilt der Kontroverse zwischen dem Generalkommissar für „Weißruthenien", Wilhelm Kube, und verschiedenen Instanzen von SS und Polizei. Dabei interessiert die Frage, inwieweit regionale Machtträger wie Kube Einfluss auf die Planungen der SS-Führung zur „Endlösung" nehmen konnten. Ein weiterer Schwerpunkt der Untersuchung liegt auf dem Ghetto Minsk und Maly Trostinez als den zentralen Tatorten der „Endlösung" im Gebiet der besetzten weißrussischen Hauptstadt. Dabei wird auch der Überlebensalltag der im Ghetto und in Maly Trostinez eingesperrten Menschen in den Blick genommen. Der zeitliche Fokus liegt auf den Jahren 1941 und 1942.

Für diese Leitfragen kann verschiedene Forschungsliteratur hinzugezogen werden. Neben den Gesamtdarstellungen zum Holocaust[8] bieten Studien zum Genozid an den sowjetischen Juden wichtige Befunde zu den Gewaltexzessen in Minsk und Umgebung.[9] Gleiches gilt für jüngere Untersuchungen zur Besatzungsgeschichte Weißrusslands.[10] Unverzichtbar ist Christian Gerlachs umfassende Studie zur deut-

6 Christian Gerlach, Failure of Plans for an SS Extermination Camp in Mogilev, Belorussia, in: Holocaust and Genocide Studies 11 (1997) 1, S. 60–78.

7 Vgl. Browning, Entfesselung, S. 526.

8 Gerald Reitlinger, Die Endlösung. Hitlers Versuch der Ausrottung der Juden Europas, Berlin 1992 [erstmals englisch 1953]; Raul Hilberg, Die Vernichtung der europäischen Juden, 3 Bde., Frankfurt a. M. 1999 [erstmals englisch 1961]; Götz Aly, „Endlösung", Völkerverschiebung und der Mord an den europäischen Juden, Frankfurt a. M. 1995; Wolfgang Benz, Der Holocaust, München 2001; Peter Longerich, Politik der Vernichtung. Eine Gesamtdarstellung der nationalsozialistischen Judenverfolgung, München/Zürich 1998; Saul Friedländer, Das Dritte Reich und die Juden, München 2006 [erstmals englisch 2003].

9 Wila Orbach, The Destruction of the Jews in the Nazi-Occupied Territories of the USSR, in: Soviet-Jewish Affairs 6 (1976) 2, S. 14–51; Yitzhak Arad, Der Holocaust an den sowjetischen Juden in den besetzten Gebieten der UdSSR, in: Wassili Grossman/Ilja Ehrenburg, Das Schwarzbuch. Der Genozid an den sowjetischen Juden, Reinbek bei Hamburg 1995, S. 1015–1062; Ėmanuil Ioffe, Belorusskie evrei. Tragedija i geroizm 1941–1945 [Die weißrussischen Juden. Tragödie und Heldentum 1941–1945], Minsk 2003.

10 Paul Kohl, Der Krieg der deutschen Wehrmacht und der Polizei. Sowjetische Überlebende berichten, Frankfurt a. M. 1995; Bernhard Chiari, Alltag hinter der Front. Besatzung, Kolla-

schen Wirtschafts- und Vernichtungspolitik im besetzten Weißrussland: Sie schildert Errichtung, Organisationsstruktur sowie Auflösung des Ghettos, einzelne Mordaktionen im Zwangsbezirk und bei Maly Trostinez und bietet Einblicke in mögliche Motivlagen der Täter. Gerlach hinterfragt erstmals sowjetische Angaben zu den Vorgängen um Maly Trostinez, so die offizielle Opferzahl von 206 500.[11]

Seine Verweise auf die Relevanz der Besuche Adolf Eichmanns, Himmlers und Heydrichs im Frühjahr 1942 in Minsk lieferten dieser Arbeit wichtige Anknüpfungspunkte.

Weitere Erkenntnisse zu den Mordzügen von SS und Polizei in Minsk bieten Arbeiten zur Beteiligung der Ordnungspolizei, der Waffen-SS sowie einheimischer Hilfskräfte am Völkermord in der besetzten Sowjetunion.[12] Rückschlüsse auf Minsk erlauben Untersuchungen zu anderen Territorien des „Reichskommissariates Ostland".[13] Studien zur Zivilverwaltung in den besetzten sowjetisch/baltischen Gebieten haben in jüngerer Zeit auch deren Rolle im Holocaust beleuchtet.[14] Die Ghettoisierung und die frühen Judenmorde in Minsk skizzieren Untersuchungen zum „Unternehmen Barbarossa" und zur Militärverwaltung.[15] Arbeiten zur Depor-

boration und Widerstand in Weißrußland 1941–1944, Düsseldorf 1998; Uwe Gartenschläger, Die Stadt Minsk während der deutschen Besetzung (1941–1944), Dortmund 2001; Babette Quinkert, Propaganda und Terror in Weißrußland 1941–1944. Die deutsche „geistige" Kriegführung gegen Zivilbevölkerung und Partisanen, Paderborn 2009.

11 Gerlach, Morde, S. 768 ff.

12 Zur Ordnungspolizei vgl. Andrej Angrick/Martina Voigt/Silke Ammerschubert/Peter Klein, „Da hätte man schon ein Tagebuch führen müssen." Das Polizeibataillon 322 und die Judenmorde im Bereich der Heeresgruppe Mitte während des Sommers und Herbstes 1941, in: Helge Grabitz/Klaus Bästlein/Johannes Tuchel (Hrsg.), Die Normalität des Verbrechens. Bilanz und Perspektiven der Forschung zu den nationalsozialistischen Gewaltverbrechen, Berlin 1994, S. 325–385; Konrad Kwiet, Auftakt zum Holocaust. Ein Polizeibataillon im Osteinsatz, in: Wolfgang Benz/Hans Buchheim/Hans Mommsen (Hrsg.), Der Nationalsozialismus. Studien zur Ideologie und Herrschaft, Frankfurt a. M. 1993, S. 191–281; Wolfgang Curilla, Die deutsche Ordnungspolizei und der Holocaust im Baltikum und in Weißrussland, Paderborn 2005. Zur Waffen-SS vgl. Martin Cüppers, Wegbereiter der Shoah. Die Waffen-SS, der Kommandostab Reichsführer-SS und die Judenvernichtung 1939–1945, Darmstadt 2005. Zum Einsatz einheimischer Hilfskräfte Martin Dean, Collaboration in the Holocaust. Crimes of the local police in Belorussia and Ukraine 1941–44, Houndsmill 2000.

13 Dazu v. a. Andrej Angrick/Peter Klein, Die „Endlösung" in Riga: Ausbeutung und Vernichtung 1941–1944, Darmstadt 2006.

14 Uwe Danker, Die „Zivilverwaltung" des Reichskommissariates Ostland und der Holocaust. Wahrnehmung, Rolle und „Verarbeitung", in: David Gaunt/Paul A. Levine/Laura Palosuo (Hrsg.), Collaboration and Resistance during the Holocaust. Belarus, Estonia, Latvia, Lithuania, Bern u. a. 2004, S. 45–76; Andreas Zellhuber, „Unsere Verwaltung treibt einer Katastrophe zu". Das Reichsministerium für die besetzten Ostgebiete und die deutsche Besatzungsherrschaft in der Sowjetunion 1941–1945, München 2006.

15 Dazu u. a. Klaus Jochen Arnold, Die Wehrmacht und die Besatzungspolitik in den besetzten Gebieten der Sowjetunion. Kriegführung und Radikalisierung im „Unternehmen Barbarossa", Berlin 2005; Johannes Hürter, Hitlers Heerführer. Die deutschen Oberbefehlshaber im Krieg gegen die Sowjetunion 1941/42, München 2006; Dieter Pohl, Die Herrschaft der

tation der Juden analysieren das Ghetto und Maly Trostinez in ihrer Bedeutung für die Frühphase der systematischen Verschleppungen.[16] Alfred Gottwaldt und Diana Schulle haben inzwischen Anzahl und Zusammensetzung der Deportationstransporte nach Maly Trostinez geklärt.[17] Biografische Studien aus dem Bereich der Täterforschung beschreiben wesentliche Protagonisten des Genozids in Minsk und geben Einblick in das Milieu der Besatzer.[18] Auf der anderen Seite zeigen Untersuchungen zur Rolle der Zwangsinstitution des Judenrates[19] sowie zur Untergrundbewegung des Minsker Ghettos[20] Existenzbedingungen und Handlungsspielräume der Insassen. Als Widerstandsort ist das Ghetto inzwischen recht gut erforscht. Zuletzt schilderte Barbara Epstein auf Basis von Oral-History-Interviews Entstehung, Struktur und Rettungsstrategien der kommunistisch geführten Untergrundbewegung im Minsker Ghetto. In Kooperation mit seinem weißrussischen Pendant außerhalb des

Wehrmacht. Deutsche Militärbesatzung und einheimische Bevölkerung in der Sowjetunion 1941–1944, München 2008.

16 Dazu als Standardwerk H. G. Adler, Der verwaltete Mensch. Studien zur Deportation der Juden aus Deutschland, Tübingen 1974; zuletzt Wolf Gruner, Von der Kollektivausweisung zur Deportation der Juden aus Deutschland (1938–1945), in: Birthe Kundrus u. a. (Hrsg.), Die Deportation der Juden aus Deutschland. Pläne – Praxis – Reaktionen 1938–1945, Göttingen 2004, S. 21–61.

17 Alfred Gottwaldt/Diana Schulle, Die „Judendeportationen" aus dem Deutschen Reich 1941–45. Eine kommentierte Chronologie, Wiesbaden 2005.

18 Dazu u. a. Jürgen Matthäus, Georg Heuser – Routinier des sicherheitspolizeilichen Osteinsatzes, in: Klaus-Michael Mallmann/Gerhard Paul (Hrsg.), Karrieren der Gewalt. Nationalsozialistische Täterbiographien, Darmstadt 2004.

19 Shalom Cholawsky, The Judenrat in Minsk, in: Yisrael Gutman/Cynthia J. Haft (Hrsg.), Patterns of Jewish Leadership in Nazi Europe 1933–1945, Jerusalem 1979, S. 113–132; zu den Judenräten in Osteuropa ausführlich: Isaiah Trunk, Judenrat. The Jewish Councils in Eastern Europe under Nazi Occupation, New York 1972; Dan Michman, „Judenräte" und „Judenvereinigungen" unter nationalsozialistischer Herrschaft: Aufbau und Anwendung eines verwaltungsmäßigen Konzepts, in: Zeitschrift für Geschichtswissenschaft 46 (1998) 4, S. 293–304.

20 Reuben Ainsztein, Jüdischer Widerstand im deutschbesetzten Osteuropa, Oldenburg 1993 [engl. 1974]; Yuri Suhl, The Resistance-Movement in the Ghetto of Minsk, in: ders. (Hrsg.), They Fought Back. The Story of the Jewish Resistance in Nazi Europe, New York 1975; Lester Eckman/Chaim Lazar, The Jewish Resistance. The History of the Jewish Partisans in Lithuania and White Russia during the Nazi Occupation 1940–1945, New York 1977; Dina Porat, Zionist and Communists in the Underground during the Holocaust: Three Examples – Cracow, Kovno and Minsk, in: Journal of Israeli History 18 (1997) 1, S. 52–72; Barbara Epstein, Allies in Resistance. Jews and Belarussians in German-Occupied Minsk, in: David Gaunt/Paul Levine/Laura Palosuo (Hrsg.), Collaboration and Resistance During the Holocaust. Belarus, Estonia, Latvia and Lithuania, Bern u. a. 2004, S. 431–457. Zum Verhältnis zwischen Juden und Nicht-Juden im besetzten Weißrussland vgl. auch Bernhard Chiari, Das Schicksal der weißrussischen Juden im „Generalkommissariat Weißruthenien". Eine Annäherung an das Unbegreifliche, in: Wolfgang Benz/Juliane Wetzel (Hrsg.), Solidarität und Hilfe für Juden während der NS-Zeit. Regionalstudien (Bd. 3), Berlin 1999, S. 271–309; Leonid Smilovitskii, Minsk Ghetto: an Issue of Jewish Resistance, in: Shvut 17–18, 5 (1990) 2, S. 153–173 sowie Leonid Smilovitskii, Anti-Semitism in the Soviet Partisan Movement. The Case of Belarus, in: Holocaust and Genocide Studies 20 (2006) 2, S. 207–234.

Zwangsbezirkes konnte der jüdische Untergrund mehrere Tausend Juden aus dem Ghetto zu sowjetischen Partisaneneinheiten schleusen.[21] Die kulturell und national unterschiedlichen Miniaturgesellschaften des Ghettos nehmen Arbeiten zur Lebenssituation der deportierten Juden in Minsk in den Blick.[22] Regionalstudien zur Deportation von Juden aus deutschen Städten nach Osteuropa illustrieren zudem die Situation vor und während der Zwangsverschickung nach Minsk.[23]

Neben der Forschungsliteratur stützt sich die Arbeit auf die Auswertung archivalischen Materials. Dazu gehört das amtliche Schriftgut der Zivilverwaltung auf allen Herrschaftsebenen. Verwaltungsakten aus dem „Reichskommissariat Ostland" und dem „Generalkommissariat Weißruthenien" sind im Nationalarchiv der Republik Belarus (Nacional'nyj Archiv Respubliki Belarus, NARB) und im Staatlichen Archiv des Minsker Gebiets (Gosudarstvennyj Archiv Minskoj Oblasti, GAMO) einsehbar und teilweise bereits publiziert.[24] Im Hinblick auf die „Judenpolitik" ist die Überlieferung allerdings bruchstückhaft. Das Archivmaterial bezieht sich vor allem auf die

21 Barbara Epstein, The Minsk Ghetto. Jewish Resistance and Soviet Internationalism, Berkeley u. a. 2008.

22 Shalom Cholawsky, The German Jews in the Minsk Ghetto, in: Yad Vashem Studies 17 (1986), S. 219–245; Avraham Barkai, German-speaking Jews in Eastern European Ghettos, in: Leo Baeck Institute Yearbook 34 (1989), S. 247–267; Clara Hecker, Die deutschen Juden im Ghetto von Minsk, Freiburg 2006 (unveröffentlichte Magisterarbeit); dies., Deutsche Juden im Minsker Ghetto, in: ZfG 56 (2008) 10, S. 823–843.

23 Zu Bremen: Staatsarchiv Bremen (Hrsg.), „Es geht tatsächlich nach Minsk". Zur Erinnerung an die Deportation von Bremer Juden am 18. 11. 1941 in das Vernichtungslager Minsk, Bremen 2001; zu Hamburg: Wilhelm Mosel, Wegweiser zu ehemaligen jüdischen Leidensstätten der Deportation von Hamburg nach Minsk, Hamburg 1995; Forschungsstelle für Zeitgeschichte in Hamburg/Institut für die Geschichte der deutschen Juden (Hrsg.), Die Deportation der Hamburger Juden 1941–1945, Hamburg 2002; Beate Meyer (Hrsg.), Die Verfolgung und Ermordung der Hamburger Juden 1933–1945. Geschichte. Zeugnis. Erinnerung, Hamburg 2006; Linde Apel (Hrsg.), In den Tod geschickt. Deportation von Juden, Sinti und Roma aus Hamburg 1940–1945, Berlin 2009 (Austellungskatalog); zu Frankfurt: Monica Kingreen, Gewaltsam verschleppt aus Frankfurt. Die Deportationen der Juden in den Jahren 1941–1945, in: dies. (Hrsg.), Nach der Kristallnacht. Jüdisches Leben und antijüdische Politik in Frankfurt am Main 1938–1945, Frankfurt a. M. 1999, S. 357–402; Jüdisches Museum der Stadt Frankfurt am Main (Hrsg.), „Und keiner hat für uns Kaddisch gesagt …" Deportationen aus Frankfurt am Main 1941–1945, Frankfurt a. M. 2004 (Austellungskatalog); zu Köln und dem Rhein-Sieg-Kreis: Rudolf Hellmund, … denn sie trugen den Davidstern, in: Troisdorfer Jahreshefte 11 (1981), S. 69–100; Norbert Flörken, Troisdorf unter dem Hakenkreuz. Eine rheinische Kleinstadt und die Nationalsozialisten, Aachen 1986; Dieter Corbach, 6.00 Uhr ab Messe Köln-Deutz. Deportationen 1938–1945, Köln 1999.

24 Wichtige Editionen sind Wolfgang Benz/Konrad Kwiet/Jürgen Matthäus (Hrsg.), Einsatz im „Reichskommissariat Ostland". Dokumente zum Völkermord im Baltikum und in Weißrußland 1941–1944, Berlin 1998; Gosudarstvennyj komitet po archivam i deloproizvodstvu Respubliki Belarus' u. a. (Hrsg.), „Nacistskoe zoloto" iz Belarusi. Dokumenty i materialy [„Nazi-Gold" aus Weißrussland. Dokumente und Materialien], Minsk 1998; Nacional'nyj Archiv Respubliki Belarus' u. a. (Hrsg.), Cholokost v Belarusi 1941–1944. Dokumenty i materialy [Der Holocaust in Weißrussland 1941–1944. Dokumente und Materialien], Minsk 2002.

Ausplünderung der Juden, den sogenannten Umgang mit beweglichem jüdischen Vermögen. Dazu zählte auch die Arbeitskraft der im Ghetto eingesperrten Menschen. Zum Ghetto selbst gibt es nur wenig Schriftverkehr. So ist die Korrespondenz des Judenrates bis auf wenige Aktensplitter vernichtet.

Noch ungünstiger ist die Lage bei den Dienststellen von SS und Polizei. Zwar sind wichtige Akten des RSHA erhalten, so etwa die „Ereignismeldungen UdSSR" über die Tätigkeit der Einsatzgruppen in den besetzten sowjetisch/baltischen Gebieten im Bundesarchiv Berlin. In Kombination mit Akten der Militärverwaltung zur „Judenpolitik" ermöglichen sie eine relativ detaillierte Rekonstruktion der ersten Judenmorde und der Frühphase des Ghettos in Minsk. In größerem Umfang sind auch Anordnungen, Memoranden und Vermerke des RSHA zur systematischen Deportation der Juden nach Osteuropa und nach Minsk erhalten. Sie sind zum größten Teil bereits in den einschlägigen Quelleneditionen publiziert. Zentrale Dokumente, die im New Yorker YIVO (Institute for Jewish Research) überliefert sind, wurden als Kopien im Landesarchiv Berlin eingesehen. Dagegen ist das Schriftgut der Dienststelle des Kommandeurs der Sicherheitspolizei und des SD (KdS) Weißruthenien bis auf wenige Ausnahmen verloren. Dieser Verlust ist gravierend, denn der KdS war die wichtigste Instanz der Judenverfolgung und -vernichtung in Minsk. Einen gewissen Ausgleich schaffen die ab 1944/45 entstandenen Ermittlungs- und Prozessakten deutscher, österreichischer und sowjetischer Behörden. Von besonderer Bedeutung ist das Verfahren gegen den ehemaligen Minsker Gestapo-Chef Georg Heuser (1913–1989). Er war 1958 zum Leiter des Landeskriminalamtes Rheinland-Pfalz aufgestiegen. Der Prozess, in dem auch zehn weitere Angehörige der Minsker Sicherheitspolizei angeklagt waren, wurde nach dreijähriger Ermittlungsarbeit zwischen Oktober 1962 und Mai 1963 vor dem Landgericht Koblenz geführt. Heuser erhielt wegen gemeinschaftlicher Beihilfe zum Mord eine Zuchthausstrafe von 15 Jahren. Die anderen Angeklagten wurden zu Zuchthausstrafen zwischen vier und zehn Jahren sowie zu einer lebenslänglichen Haftstrafe verurteilt. Die Aktenbände hat die Staatsanwaltschaft Koblenz inzwischen an das Landeshauptarchiv Rheinland-Pfalz übergeben. Wichtiges Material bieten auch die Ermittlungsakten gegen den ersten Minsker Befehlshaber der Sicherheitspolizei (BdS) und des SD, Erich Ehrlinger (1910–2004), im Bundesarchiv Ludwigsburg. Hinzu kommen die Akten des Verfahrens der Staatsanwaltschaft Hamburg gegen Angehörige des Sonderkommandos 1005-Mitte im Staatsarchiv Hamburg sowie das Verfahren gegen einen in Minsk eingesetzten Gaswagen-Fahrer des Einsatzkommandos 8 der Einsatzgruppe B vor dem Landesgericht für Strafsachen in Wien. Weitere Ermittlungsakten stammen von der sowjetischen „Außerordentlichen Staatlichen Kommission" (Črezvyčajnaja Gosudarstvennaja Komissija, ČGK), die seit Anfang November 1942 nationalsozialistische Massenverbrechen auf dem Territorium der UdSSR untersuchte. Im Sommer 1944 war eine Regionalabteilung auch im Raum Minsk eingesetzt. Offizielle

Verlautbarungen der Kommission sind wegen ihrer starken ideologischen Färbung kaum verwendbar. Ein besonderes Problem sind die pauschalen Schätzungen der Opferzahlen, wie sich am Beispiel von Maly Trostinez deutlich zeigen lässt. Wichtige Quellen sind hingegen Protokolle von Zeugenbefragungen, auch wenn in diesem Zusammenhang der Erwartungshorizont der Ermittler zu berücksichtigen ist.[25] Hinzugezogen wurden ferner Ermittlungsakten des KGB der lettischen Sowjetrepublik, die als Kopien im United States Holocaust Memorial Museum (USHMM) eingesehen werden können.

Einen dritten wichtigen Quellenfundus bilden Erinnerungsberichte ehemaliger Häftlinge des Ghettos und von Maly Trostinez in gedruckter und ungedruckter Form.[26] Eine Fülle an autobiografischen Aufzeichnungen überlebender Ghetto-Gefangener hält das USHMM bereit. Hinzu kommen videografierte Interviews mit Überlebenden, die in den 1990er-Jahren in großer Zahl geführt wurden. Etwa 20 mehrstündige Interviews wurden im USHMM und im Visual History Archive (VHA) der Freien Universität Berlin eingesehen und ausgewertet. Von besonderer Bedeutung sind die Aufzeichnungen Berthold Rudners, die im Archiv des Instituts für Zeitgeschichte in München überliefert sind. Rudner, geboren 1885 in Wien, war 1911 nach Berlin gezogen. Um 1920 war er Mitarbeiter der Zeitschrift „Freiheit“ der „Unabhängigen Sozialdemokratischen Partei Deutschlands“ (USPD). Seit den frühen 1920er-Jahren betrieb Rudner eine Autowerkstatt in Berlin-Neukölln. Als linker Sozialdemokrat war er nach 1933 im Widerstand gegen den Nationalsozialismus aktiv. So stand er in Kontakt zu der Gruppe „Deutsche Volksfront“ um Hermann

25 Wichtige Vernehmungsprotokolle sind publiziert in: Komitet po archivam i deloproizvodstvu pri sovete ministrov Respubliki Belarus‘ u. a. (Hrsg.), Lager‘ smerti Trostenec. Dokumenty i materialy [Das Todeslager Trostenec. Dokumente und Materialien], Minsk 2003.

26 Dazu u. a. Karl Loewenstein, Minsk. Im Lager der deutschen Juden, Bonn 1961; Hersh Smolar, The Minsk Ghetto. Soviet-Jewish Partisans against the Nazis, New York 1989; Anna Krasnopërko, Briefe meiner Erinnerung. Mein Überleben im jüdischen Ghetto von Minsk, Villigst 1991; Hans Rosenberg, Jahre des Schreckens. ... und ich blieb übrig, daß ich Dir's ansage, Göttingen 1992; Wassili Grossman/Ilja Ehrenburg, Das Schwarzbuch. Der Genozid an den sowjetischen Juden, Reinbek bei Hamburg 1995; Vladimir Levin/David Mel'cer (Hrsg.), Černaja kniga s krasnymi stranicami. Tragedija i geroizm evreev Belorussii [Schwarzbuch mit roten Seiten. Tragödie und Heldentum der Juden Weißrusslands], Baltimore 1996; Abram Rubenčik, Pravda o Minskom getto. Dokumental'naja Povest‘ uznika getto i maloletnego partizana [Die Wahrheit über das Minsker Ghetto. Dokumentarische Erzählung eines Ghetto-Insassen und minderjährigen Partisanen], Tel‘ Aviv 1999; R. A. Černoglazova, Judenfrei! Svobodno ot evreev! Istorija minskogo getto v dokumentach [Judenfrei! Die Geschichte des Minsker Ghettos in Dokumenten], Minsk 1999; Ol‘ga Arkad‘eva u. a. (Hrsg.), ... Na perekrestkach sudeb. Iz vospominanij byvšich uznikov getto i pravednikov narodov mira [Am Scheideweg des Schicksals. Aus den Erinnerungen ehemaliger Ghetto-Häftlinge und Gerechter der Völker der Welt], Minsk 2002; Projektgruppe Belarus (Hrsg.), „Existiert das Ghetto noch?“ Weißrussland: Jüdisches Überleben gegen nationalsozialistische Herrschaft, Berlin 2003; Andrea Gotzes, Krieg und Vernichtung 1941–1945. Sowjetische Zeitzeugen erinnern sich. Mit einer Einleitung von Bernd Bonwetsch, Darmstadt 2006.

Brill und Otto Brass. 1939 wurde Rudner zu einer Zuchthausstrafe verurteilt, die er in Brandenburg verbüßen musste.[27] Kurz nach seiner Entlassung aus der Haft wurde er von Berlin aus nach Minsk deportiert und ins dortige Ghetto eingewiesen. Ab Dezember 1941 musste Rudner als Mechaniker und Nachtwächter im Autolager der Minsker Sicherheitspolizei arbeiten. Im Juni 1942 verliert sich seine Spur. Seine Aufzeichnungen – Tagebuchblätter sowie eine Gedenkschrift für seine am 26. Januar 1942 im Minsker Ghetto verstorbene Bekannte Martha Crohn – sind nach gegenwärtigem Kenntnisstand die einzigen unmittelbaren Zeitzeugnisse eines nach Minsk verschleppten Juden.[28]

An dieser Stelle muss schließlich noch auf ein terminologisches Problem verwiesen werden: Der Begriff „Zwangsarbeit" wird in dieser Arbeit ausschließlich im historischen und nicht im juristischen Sinne verwendet. Von Zwangsarbeit ist hier die Rede, „wenn die Arbeit gegen den Willen des Beschäftigten mit außerökonomischen Zwangsmaßnahmen durchgesetzt wurde".[29]

27 Rudners Verbindungen zum sozialdemokratischen Widerstand werden kurz erwähnt in Hans-Rainer Sandvoß, Widerstand in Neukölln, Berlin 1990 (Schriftenreihe über den Widerstand in Berlin von 1933 bis 1945, Heft 4), S. 92 ff.

28 Aufzeichnungen aus dem Ghetto Minsk, T. I (Gedenkschrift für Martha Crohn) und T. II (Tagebuchblätter) (Kopien), Archiv des Instituts für Zeitgeschichte, ED 424 (Original in ED 424a). Die Gedenkschrift und die Tagebuchblätter sind in unterschiedlichen Handschriften abgefasst. Autor beider Dokumente ist jedoch Berthold Rudner. Wie aus den Tagebuchblättern hervorgeht, hatte er die für Martha Crohns Kinder bestimmte Gedenkschrift von einer Bekannten in Reinschrift übertragen lassen.

29 Jens-Christian Wagner, Zwangsarbeit im Nationalsozialismus. Ein Überblick, in: Volkhard Knigge u. a. (Hrsg.), Zwangsarbeit. Die Deutschen, die Zwangsarbeiter und der Krieg. Begleitband zur Ausstellung, Weimar 2010, S. 180–193, hier S. 180.

1. Nationalsozialistische „Judenpolitik" bis 1939/40

Die Vernichtung der Juden lag zweifellos in der Logik des radikalen Antisemitismus der Nationalsozialisten begründet, der aus gängigen Stereotypen, Rassentheorien und Weltverschwörungstheorien zusammengesetzt war. Das Judentum war in Hitlers sozialdarwinistischer Auslegung der Weltgeschichte als permanentem Kampf der Völker um „Lebensraum" der gefährlichste Gegner: Wie er in „Mein Kampf" verbreitete, tarnten sich die Juden zwar als Religionsgemeinschaft. In Wahrheit seien sie aber ein „Volk mit bestimmten rassischen Eigenschaften", aus denen sich ihre verderbliche Rolle als parasitäre Existenzen in der Geschichte herleiten lasse: Sie seien nicht dazu fähig, eine eigene Kultur oder einen eigenen territorialen Staat auszubilden. Daher strebten sie danach, die „Lebensraum"-Imperien überlegener Rassen von innen heraus (zugleich aber weltweit miteinander verbunden) zu zerstören.

Die Definition über das „Blut" ging mit der Identifikation eines vermeintlichen „jüdischen Geistes" einher: Liberalismus, Kapitalismus, Bolschewismus und Freimaurertum wurden ebenso als Ausdruck jüdisch-materialistischen Geistes wie als Herrschaftsinstrument des Judentums betrachtet. Das „internationale Judentum" galt als treibende Kraft hinter allen innen- wie außenpolitischen Problemen, weil ihm ein Streben nach Weltherrschaft unterstellt wurde. Dies schienen auch die von den Nationalsozialisten frühzeitig rezipierten „Protokolle der Weisen von Zion" zu belegen. Die Bedrohung aller Völker durch die Juden skizzierte Hitler in seinem (zu Lebzeiten allerdings nicht veröffentlichen) „Zweiten Buch": „Das Ende des jüdischen Weltkampfes wird [...] immer die blutige Bolschewisierung sein, das heißt in Wahrheit die Vernichtung der mit den Völkern verbundenen eigenen geistigen Oberschichten, so daß er selbst zum Herrn der führerlos gemachten Menschheit aufzusteigen vermag. [...] Das Ende einer Judenherrschaft ist dabei stets der Verfall jeglicher Kultur und endlich der Wahnsinn des Juden selbst. Denn er ist Völkerparasit, und sein Sieg bedeutet ebensosehr den Tod seines Opfers als sein eigenes Ende."[1]

In dieser Perspektive waren Juden, so unterstreicht Saul Friedländer, „eine tödliche und aktive Bedrohung für alle Nationen, für die arische Rasse und für das deutsche Volk".[2] Die Betonung liege dabei nicht nur auf „tödlich", sondern vor allem auf „aktiv": Anders als andere „Nicht-Arier" wie Slawen wurden Juden in einer fiktiven Hierarchie der Rassen nicht auf einer niederen Stufe und als passive Bedrohung gesehen. Sie galten als mächtige, destruktiv agierende „Gegenrasse" zum Idealtyp

1 Zit. nach Peter Longerich, Der ungeschriebene Befehl. Hitler und der Weg zur „Endlösung", München/Zürich 2001, S. 36.

2 Friedländer, Reich, S. 371.

des produktiv schaffenden „Ariers“. Der Kampf gegen die Juden war infolgedessen der beherrschende Aspekt der nationalsozialistischen Weltanschauung, in der alle anderen rassistischen Themen sekundäre Anhängsel waren. Friedländer spricht in diesem Zusammenhang vom „Erlösungsantisemitismus“, der aus der Furcht vor „rassischer Entartung“ und aus dem religiösen Glauben an Erlösung hervorgegangen sei. „Die Erlösung“, so Friedländer, „würde als Befreiung von den Juden kommen – als ihre Vertreibung, wenn möglich ihre Vernichtung.“[3]

Nachdem Hitler am 30. Januar 1933 zum Reichskanzler ernannt worden war, wurde diese radikale Variante des Antisemitismus zur Staatsdoktrin. Allerdings verfügten die neuen Machthaber nicht über einen konkreten Aktionsplan gegen die Juden des Deutschen Reichs. Ihre antijüdische Politik, vorrangig getragen von den Parteigliederungen, der Ministerialbürokratie und dem Polizei- und Sicherheitsapparat, eskalierte schrittweise in Abhängigkeit von verschiedenen innen- und außenpolitischen Faktoren. Bis 1938 hatten Boykottaktionen, massive antisemitische Propaganda, sporadisch ausbrechender „Volkszorn“ sowie eine Fülle an Verordnungen und Gesetzen zu einem sozialen, rechtlichen und wirtschaftlichen Ausschluss der Juden geführt.[4] Implizites Ziel dieser staatlich verordneten Diskriminierung war es, die deutschen Juden in die Emigration zu zwingen. Das Regime betrieb jedoch eine widersprüchliche Politik: Der Ausschluss der Juden aus dem öffentlichen Leben erhöhte einerseits den Emigrationswillen; andererseits schränkten Zwangsabgaben und Devisenrestriktionen die Auswanderungsmöglichkeiten mehr und mehr ein.[5] Gleichwohl hatten von den ehemals 520 000 deutschen Juden Ende 1937 bereits 180 000 ihr Heimatland verlassen.[6]

Mit dem Übergang zur offenen Expansionspolitik verschärfte das NS-Regime die Judenverfolgung. Im März 1938 erfolgte der „Anschluss“ Österreichs; im Oktober marschierte die Wehrmacht im Sudetenland ein. Knapp fünf Monate später wurde der tschechoslowakische Rumpfstaat, dessen Bestand eigentlich durch das „Münchner Abkommen“ garantiert sein sollte, gänzlich zerschlagen: Während die Slowakei in eine Scheinunabhängigkeit entlassen wurde, kamen die tschechischen Gebiete als „Protektorat Böhmen und Mähren“ zum Deutschen Reich.

3 Ebenda, S. 102.

4 Als Überblick vgl. Wolfgang Benz, Exclusion as a Stage in Persecution. The Jewish Situation in Germany 1933–1941, in: David Bankier/Israel Gutman (Hrsg.), Nazi Europe and the Final Solution, Jerusalem 2003, S. 40–52; ausführlich ders. (Hrsg.), Die Juden in Deutschland 1933–1945, München 1988.

5 Zur Emigration Juliane Wetzel, Auswanderung aus Deutschland, in: Benz, Juden, S. 413–498; Susanne Heim, „Deutschland muß ihnen ein Land ohne Zukunft sein“. Die Zwangsemigration der Juden 1933 bis 1938, in: Beiträge zur nationalsozialistischen Gesundheits- und Strukturpolitik, Bd. 11: Arbeitsmigration und Flucht. Vertreibung und Arbeitskräfteregulierung im Zwischenkriegseuropa, Berlin 1993, S. 48–81.

6 Ino Arndt/Heinz Boberach, Deutsches Reich, in: Wolfgang Benz (Hrsg.), Dimension des Völkermords. Die Zahl der jüdischen Opfer des Nationalsozialismus, München 1991, S. 23–65.

1938 avancierte Österreich zum Experimentierfeld einer forcierten Enteignungs- und Vertreibungspolitik. Die 206 000 österreichischen Juden waren bereits im unmittelbaren Vorfeld des „Anschlusses" pogromartigen Ausschreitungen, Plünderungen und willkürlichen Verhaftungen durch Parteiangehörige und Zivilisten ausgesetzt gewesen.[7] Nach diesem Auftakt erreichte die Judenverfolgung in der „Ostmark" rasch ein Ausmaß, das die im „Altreich" über fünf Jahre geschaffene Situation an Radikalität übertraf: In wenigen Monaten waren die Juden vollständig aus dem wirtschaftlichen Leben verdrängt und ihres Eigentums beraubt worden. Das angewandte Modell einer kontrollierten, gesamtwirtschaftlich ausgerichteten „Arisierung" diente als Vorbild für die Verwertung des Eigentums von Juden im gesamten Reichsgebiet. Nach Kriegsbeginn wurde es auch auf die besetzten Länder übertragen.[8]

Mit der Vertreibung von über 3000 burgenländischen Juden gelang ab März 1938 erstmals der Versuch einer Kollektivausweisung.[9] Bereits diese Aktion glich „in ihrem Ablauf späteren umfassenderen Deportationen, so etwa der Polenausweisung vom Oktober 1938 oder der im Herbst 1939 einsetzenden Abschiebung von Juden im besetzten Polen".[10] Ab Mai 1938 schoben SA und SS zudem Tausende in- und ausländische Juden mit Gewalt über die Grenze vor allem in die Schweiz ab. „Arisierungen" und antisemitische Gewaltexzesse trieben in den ersten fünf Monaten nach dem „Anschluss" insgesamt 46 000 jüdische Österreicher außer Landes.[11]

Die Massenfluchtbewegung aus der „Ostmark" hatte zur Folge, dass immer mehr potenzielle Aufnahmeländer ihre Einwanderungsbestimmungen für jüdische Flüchtlinge verschärften. Hauptgrund war die prekäre soziale Lage vieler Juden aufgrund von Enteignungen und der Verdrängung aus dem Erwerbsleben.[12] Dass die Pauperisierung die Emigrationschancen der Juden minderte, war dem NS-Regime durchaus bewusst. Heydrichs SD etwa, der bereits 1934 die „restlose Auswanderung"[13] der Juden als Hauptziel der antijüdischen Politik definiert hatte, forderte als Lösung, dass das Reichswirtschaftsministerium Devisen für minderbemittelte auswande-

7 Ausführlich Safrian, Eichmann, S. 28–36.

8 Longerich, Politik, S. 165 ff.

9 Den ersten Versuch einer Kollektivausweisung startete Reichsführer SS Heinrich Himmler im Januar 1938 an einer Gruppe von 500 bis 1000 sowjetrussischen Juden, die ab 1917/18 nach Deutschland geflohen waren. Die Ausweisung scheiterte jedoch, da die UdSSR den Auszuweisenden weder die Einreise in ihr Staatsgebiet erlaubte noch Drittländern gestattete, die Juden aufzunehmen. Himmler verfügte schließlich im Mai 1938, dass alle, die nicht abgeschoben werden konnten, unter Vorlage von Emigrationspapieren in Konzentrationslager einzuweisen seien, vgl. Gruner, Kollektivausweisung, S. 24 f.; Longerich, Politik, S. 161.

10 Ebenda, S. 164, gewalttätige Vertreibungen auch aus dem Sudetenland im Oktober 1938.

11 Jonny Moser, Österreich, in: Benz (Hrsg.), Dimension, S. 67–104.

12 Daran scheiterte auch die Konferenz von Evian im Juli 1938, vgl. zu dieser Problematik: Wolfgang Benz/Claudia Curio/Heiko Kaufmann (Hrsg.), Von Evian nach Brüssel. Menschenrechte und Flüchtlingsschutz 70 Jahre nach der Konferenz von Evian, Karlsruhe 2008.

13 Memorandum des SD-Amtes IV/2 an Heydrich, 24. 5. 1934, abgedruckt in: Michael Wildt (Hrsg.), Die Judenpolitik des SD 1935–1938. Eine Dokumentation, München 1995. S. 66–69.

rungswillige Juden zur Verfügung stellen müsse.[14] Wie die Zwangsemigration ohne Rückgriff auf die knappen Devisen des Reiches finanziert werden konnte, zeigte der SD schließlich selbst modellhaft in Wien:[15] Auf seinen massiven Druck hin rief der Reichskommissar für die Wiedervereinigung Österreichs mit dem Deutschen Reich, Joseph Bürckel, Ende August 1938 die „Zentralstelle für Jüdische Auswanderung“ ins Leben. Die Zentralstelle war formal SS-Oberführer Dr. Franz Walther Stahlecker unterstellt, dem SD-Führer des SS-Oberabschnitts Donau. Eigentlicher Leiter und Initiator war SS-Sturmbannführer Adolf Eichmann. Die neue Einrichtung, mit der vordergründig die bürokratischen Modalitäten der Emigration vereinfacht werden sollten, gründete auf der Idee, die Auswanderung mit dem Geld der Verfolgten zu finanzieren und durch Zwangsabgaben auch die Emigration ärmerer Juden durchzusetzen. Als reine Verdrängungsbehörde gab die Zentralstelle gegen eine Abgabe von fünf Prozent des Vermögens Reisepässe aus und organisierte bei weiterer Ausplünderung die Ausreise, nicht aber die Formalitäten der Emigration. Jüdische Einrichtungen wie die Israelitische Kultusgemeinde Wien wurden zur Kooperation gezwungen. Auf diese Weise wurden bis zur Jahreswende noch einmal knapp 35 000 Juden aus der „Ostmark“ vertrieben.[16]

Für Eichmanns Vorgesetzten Heydrich hatte die Wiener Zentralstelle Vorbildcharakter. Der Chef der Sipo und des SD, der stets das „Grundproblem“ vor Augen hatte, „daß der Jude aus Deutschland herauskommt“,[17] regte ab Herbst 1938 die Gründung einer der Zentralstelle vergleichbaren Einrichtung im „Altreich“ an. Eine nicht unwesentliche Motivation dürfte der Machtzuwachs des SD in Österreich gewesen sein: Mit der Zentralstelle übte Heydrichs Organisation erstmals eine exekutive Funktion in der Judenverfolgung aus. Zudem war es in der „Ostmark“ gelungen, die antijüdische Politik in den eigenen Reihen zu zentralisieren. Hermann Göring, der im institutionellen Machtgefüge des „Dritten Reiches“ letztinstanzlich für die „Judenfrage“ zuständig war, verkündete schließlich am 24. Januar 1939 die Einrichtung einer „Reichszentrale für jüdische Auswanderung“ in Berlin. Ihr oblagen die Aufgaben, „1) alle Maßnahmen zur Vorbereitung einer verstärkten Auswanderung

14 Referat Herbert Hagens auf der Hauptabteilungsleiter-II-Tagung, 9. 6. 1938, abgedruckt in: ebenda, S. 190–193.

15 Der Vorschlag, die Auswanderung der österreichischen Juden mit deren Geld zu finanzieren und so zugleich auch die Emigration ärmerer Juden durchzusetzen, stammte ursprünglich von dem Holländer Frank van Gheel Gildemeister; die Aktion wurde zunächst von Dr. Erich Rakakowitsch und Fritz Kraus kontrolliert und von Eichmann genau beobachtet, dazu Moser, Österreich, S. 68, ausführlich zur Zentralstelle: Gabriele Anderl/Dirk Rupnow, Die Zentralstelle für jüdische Auswanderung als Beraubungsinstitution, Wien 2004.

16 Longerich, Politik, S. 187 ff.

17 Niederschrift der Chefbesprechung im Reichsluftfahrtministerium, 12. 11. 1938, auszugsweise abgedruckt in: Peter Longerich (Hrsg.), Die Ermordung der europäischen Juden. Eine umfassende Dokumentation des Holocaust 1941–1945, München/Zürich 1989, S. 45 ff., hier S. 45.

der Juden zu treffen [...], / 2) die Auswanderung zu lenken, u. a. für eine bevorzugte Auswanderung der ärmeren Juden zu sorgen; / 3) die Durchführung der Auswanderung im Einzelfall zu beschleunigen, indem sie durch zentrale Bearbeitung die für den einzelnen Auswanderer erforderlichen staatlichen Ausweise und Bescheinigungen schnell und reibungslos beschafft und den Vollzug der Auswanderung überwacht".[18]

Die „Reichszentrale" sollte zwar beim Reichsinnenministerium ressortieren, aber von Heydrich geleitet werden. Göring wünschte regelmäßig über die Arbeit der neuen Einrichtung informiert zu werden; vor „grundsätzlichen Maßnahmen" sei zudem seine Entscheidung einzuholen. Trotz dieser Einschränkung war es Heydrichs Institution gelungen, eine Schüsselrolle in der künftigen „Judenpolitik" einzunehmen. Nach der Annexion Tschechiens wurde im Juli 1939 auf Anweisung des Reichsprotektors von Böhmen und Mähren auch eine Zentralstelle in Prag gegründet, die kurzzeitig von Eichmann und ab Herbst 1939 von SS-Obersturmführer Hans Günther geleitet wurde.[19]

Göring gab seine Zustimmung zur Einrichtung der Berliner Reichszentrale unmittelbar nach dem reichsweiten Pogrom vom 9. November 1938. Dem Novemberpogrom vorausgegangen war der zweite Versuch einer Kollektivausweisung. Die Opfer waren in Deutschland lebende polnischstämmige Juden. Auf Anordnungen von Himmler und Heydrich trieben lokale Gestapo-Dienststellen ab dem 26. Oktober über 17 000 Menschen, vorwiegend Männer, zusammen und ließen sie in Autobussen und Sonderzügen zur deutsch-polnischen Grenze bringen. Nachdem Tausende teilweise mit äußerster Gewalt über die Grenze in das Nachbarland getrieben worden waren, weigerte sich die Regierung in Warschau, alle abgeschobenen Juden aufzunehmen. Das NS-Regime musste sich diesem Widerstand schließlich beugen und brach die Ausweisungen am 30. Oktober ab.[20]

Die Folgen der sogenannten Polen-Aktion waren weitreichend: Als in Paris ein junger polnischstämmiger Jude, dessen Eltern von der Ausweisung betroffen waren, ein Attentat auf einen deutschen Botschaftsangestellten verübte, nahm die NS-Führung dies kurzerhand zum Vorwand, um mit bis dahin nicht gekannter Brutalität gegen die Juden im Reich vorzugehen: Während des Novemberpogroms wurden Hunderte jüdische Deutsche ermordet sowie Tausende Wohnungen, Geschäfte und Synagogen geplündert und zerstört. Knapp 30 000 überwiegend besser situierte Männer wurden für mehrere Wochen in die Konzentrationslager Dachau, Sachsen-

18 Schreiben Görings an den Reichsminister des Innern, 24. 1. 1939 (Abschrift), BArch Koblenz, All. Proz 6/121, Bl. 177 f.

19 Jaroslava Milotova, Die Zentralstelle für jüdische Auswanderung in Prag. Genesis und Tätigkeit bis zum Anfang des Jahres 1940, in: Theresienstädter Studien und Dokumente (1997), S. 7–20.

20 Dazu ausführlich Jerzy Tomaszewski, Auftakt zur Vernichtung. Die Vertreibung polnischer Juden aus Deutschland im Jahre 1938, Osnabrück 2002.

hausen und Buchenwald verbracht. Sie sollten zur Herausgabe ihres Besitzes und zur Emigration erpresst werden: Bedingung für die Entlassung aus dem KZ war die nicht selten erzwungene Unterzeichnung einer Erklärung, Deutschland für immer zu verlassen.[21]

Der Novemberpogrom war nicht nur deutlicher Ausdruck der extremen Verschärfung der nationalsozialistischen „Judenpolitik“ 1938. Er erwies sich zugleich als „Scheitelpunkt des Weges zur ‚Endlösung‘“ (Wolfgang Benz): Erstmals war die physische Vernichtung von Juden als ein mögliches Ziel nationalsozialistischer Politik sichtbar geworden. Die genozidale Option wurde nach dem Novemberpogrom auch von führenden Nationalsozialisten in unverhohlenen Drohungen zum Ausdruck gebracht. Hermann Göring etwa erklärte nach dem Pogrom im Namen Hitlers unheilvoll, die „Judenfrage“ sei nunmehr „so oder so zur Erledigung zu bringen“.[22] Deutlicher wurde die SS-Zeitschrift „Das schwarze Korps“ am 24. November 1938. Sie forderte nicht nur eine totale Absonderung der Juden in besonderen Gebieten und Häusern, sondern machte auch unmissverständlich klar, dass Juden langfristig nicht mehr in Deutschland leben könnten: „Im Stadium einer solchen Entwicklung [der Lage der Juden] ständen wir daher vor der harten Notwendigkeit, die jüdische Unterwelt genau so auszurotten, wie wir in unserem Ordnungsstaat Verbrecher eben auszurotten pflegen: mit Feuer und Schwert. Das Ergebnis wäre das tatsächliche und endgültige Ende des Judentums in Deutschland, seine restlose Vernichtung.“[23]

Knapp zwei Monate später weitete Hitler die Vernichtungsdrohung in seiner Reichstagsrede zum sechsten Jahrestag der „nationalen Erhebung“ auf die Juden Europas aus: „Ich will heute […] ein Prophet sein: Wenn es dem internationalen Finanzjudentum in und außerhalb Europas gelingen sollte, die Völker noch einmal in einen Weltkrieg zu stürzen, dann wird das Ergebnis nicht die Bolschewisierung der Erde und damit der Sieg des Judentums sein, sondern die Vernichtung der jüdischen Rasse in Europa.“[24]

Dieser Drohung lagen sicherlich bestimmte taktische Absichten zugrunde: Einerseits sollte der Emigrationsdruck auf die Juden des „Großdeutschen Reiches“ noch weiter erhöht und andererseits die Aufnahmebereitschaft des Auslandes erpresst werden. Die aktuellen Expansionspläne spielten ebenfalls eine Rolle: Nach der Annexion des Sudetenlandes wollte sich der NS-Staat nun die Überreste der Tschechoslowakei aneignen. Dass dieses Vorhaben abermals eine internationale Krise auslösen würde, die zu einem allgemeinen Krieg führen könnte, war dem „Führer“ wahrscheinlich

21 Dazu ausführlich Wolfgang Benz, Der Novemberpogrom 1938, in: ders., Juden, S. 499–544.
22 Zit. nach Browning, Entfesselung, S. 27.
23 Zit. nach Friedländer, Reich, S. 336.
24 Hitlers Rede vor dem Reichstag, 30. 1. 1939, in: Max Domarus, Hitler. Reden 1932 bis 1945. Kommentiert von einem deutschen Zeitgenossen, Bd. II. Untergang (1939–1945), München 1963, S. 1058.

nur zu gut bewusst. Die Drohung, die Juden des deutschen Machtbereiches im Falle eines Weltkrieges zu vernichten, sollte eine mögliche Allianz der Westmächte gegen das „Dritte Reich“ erschweren: Falls sich diese bei einer deutschen Attacke gegen die Tschechoslowakei zu einer Intervention entschlössen, befänden sich die Juden im deutschen Einflussgebiet automatisch in der Rolle von mit dem Tode bedrohten Geiseln. Hitlers Rede enthielt schließlich noch eine Perspektive: Sollte es tatsächlich zu einem Weltkrieg kommen, so war die „Schuld“ für eine weitere Verschärfung der NS-„Judenpolitik“ bereits eindeutig zugewiesen.[25]

Es wäre jedoch verfehlt, die Vernichtungsankündigung vom Januar 1939 allein in ihrem kurzfristigen taktischen Kontext zu betrachten. Wolfgang Benz betont, dass die Drohung Hitlers als ein Schlüssel zum Verständnis des Völkermordes angesehen werden muss: Mit der Unterstellung einer internationalen Verschwörung des Judentums enthält sie erstens die klassischen Stereotype des Antisemitismus, die in einem zweiten Schritt zu dem Vorwurf erweitert wurden, Juden hätten den Ersten Weltkrieg angezettelt. Als Hintergrund fungiert drittens die bereits 1933 propagierte Behauptung, „die Juden“ hätten Deutschland den Krieg erklärt. 1933 wurde mit dieser Unterstellung die Boykottaktion motiviert, Anfang 1939 angedeutet, was in der offiziellen Tarnsprache des NS-Staates schließlich „Endlösung der Judenfrage“ hieß.[26] Ähnlich argumentiert Saul Friedländer, der Hitlers Vernichtungsdrohung als Ausdruck einer Suche nach radikalen Möglichkeiten zur „Lösung der Judenfrage“ begreift. In einem solchen Rahmen gesehen, sei die Prophezeiung über die Vernichtung „eine Möglichkeit unter mehreren, nicht mehr und nicht weniger real als andere. Und wie der Gedanke der Geiselnahme lag die Möglichkeit der Vernichtung in der Luft.“[27]

Entscheidend für die weitere Entwicklung der nationalsozialistischen „Judenpolitik“ in Richtung „Endlösung“ war der Überfall auf Polen am 1. September 1939, der sich zum Zweiten Weltkrieg ausweitete. Am 3. September sprangen England und Frankreich dem überfallenen Land bei und erklärten Deutschland den Krieg; einige Commonwealth-Staaten folgten. Im April 1940 besetzten deutsche Truppen Norwegen und Dänemark; im Mai wurden die Beneluxstaaten und Frankreich unter deutsche Kontrolle gestellt.

Im Gegensatz zum Krieg im Westen war der Polen-Feldzug bereits ansatzweise als rassistischer Vernichtungskrieg, als „Volkstumskampf“ (Hitler) geplant, wenngleich auch entsprechende Absichten, anders als später beim „Unternehmen Barbarossa“, im

25 Dazu Longerich, Politik, S. 221; Hans Mommsen, Der Wendepunkt zur „Endlösung“. Die Eskalation der nationalsozialistischen Judenverfolgung, in: Jürgen Matthäus/Klaus-Michael Mallmann (Hrsg.), Deutsche, Juden, Völkermord. Der Holocaust als Geschichte und Gegenwart, Darmstadt 2006, S. 57–71, hier S. 58 f.; zur These der Geiselnahme auch Friedländer, Reich, S. 335.

26 Benz, Holocaust, S. 50.

27 Friedländer, Reich, S. 336.

Vorfeld nicht in Befehlsform gefasst waren.[28] Hitler hatte allerdings am 22. August von den Heeresgruppen- und Armeeführern der drei Wehrmachtsteile „rücksichtslose Entschlossenheit“ eingefordert. Zur Zielsetzung des Feldzuges notierte der Chef des Generalstabes des Heeres, Generaloberst Franz Halder: „Vernichtung Polens = Beseitigung seiner lebendigen Kraft. Es handelt sich nicht um Erreichen einer bestimmten Linie oder einer neuen Grenze, sondern um Vernichtung des Feindes, die auf immer neuen Wegen angestrebt werden muß. [...] Mittel gleichgültig. Der Sieger wird nie interpelliert, ob seine Gründe berechtigt waren. Es handelt sich nicht darum, das Recht auf unserer Seite zu haben, sondern ausschließlich um den Sieg.“[29]

Neben diesen Anweisungen an die führenden Generäle spielte beim Polenfeldzug auch die Einstellung von Offizieren und einfachen Soldaten gegenüber dem Land eine nicht zu unterschätzende Rolle, wie Christopher Browning erläutert: „Die bloße Existenz Polens, das teilweise aus Gebieten bestand, die bis 1919 zu Deutschland gehört hatten, war ein Symbol der demütigenden Niederlage im Ersten Weltkrieg und des verhassten Versailler Vertrages. Auf die Bevölkerung, ganz gleich, ob es sich um Polen oder Ostjuden handelte, sah man von oben herab; sie galt als primitiv, minderwertig und reif für die Kolonialherrschaft der deutschen ‚Herrenrasse‘. Zudem wurde sie als hinterhältig, deutschfeindlich und daher als Gefahr betrachtet, vor der die deutschen Besatzer ständig auf der Hut sein mussten. Das von dieser Einstellung geprägte Klima förderte eine harte Behandlung der Zivilbevölkerung und begünstigte Gräueltaten.“[30]

Tatsächlich begannen bereits mit dem ersten Kriegstag massive Gewalttaten gegen polnische Zivilisten und Kriegsgefangene. Juden waren überdies besonderen Schikanen bis hin zu Folterungen ausgesetzt. Saul Friedländer berichtet, dass insbesondere orthodoxe Juden auf offener Straße misshandelt und gedemütigt wurden.[31] Das Feindbild vom „Ostjuden“ verfehlte seine Wirkung nicht, wie auch der Bericht eines Gefreiten zeigt: „In Bircza erkannten wir die Notwendigkeit einer radikalen Lösung der Judenfrage. Hier konnte man diese Bestien in Menschengestalt hausen sehen. In ihren Bärten und Kaftanen, mit ihren teuflischen Fratzen machten sie auf uns einen scheußlichen Eindruck. Jeder, der noch nicht ein radikaler Judengegner war, musste es hier werden.“[32]

28 Vgl. dazu auch Pohl, Herrschaft, S. 55. Die Äußerungen Hitlers („Beseitigung seiner lebendigen Kraft“) heben sich deutlich vom zeitgenössischen Verständnis des Begriffs Vernichtung als Vernichtung der gegnerischen Kraft des Feindes ab.

29 Generaloberst Halder, Kriegstagebuch, Bd. I. Vom Polenfeldzug bis zum Ende der Westoffensive (14. 8. 1939–30. 6. 1940). Bearbeitet von Hans-Adolf Jacobsen in Verbindung mit Alfred Philippi, Stuttgart 1962, S. 25.

30 Browning, Entfesselung, S. 35; ausführlich Jochen Böhler, Auftakt zum Vernichtungskrieg. Die Wehrmacht in Polen, Frankfurt a. M. 2006, S. 42–53.

31 Dazu Friedländer, Reich, S. 406–410.

32 Zit. nach Böhler, Auftakt, S. 48.

Die zivilen Opfer wurden schätzungsweise je zur Hälfte von regulären Wehrmachtseinheiten sowie von SS- und Polizei-Verbänden getötet.[33] Das waren einerseits Einheiten der Ordnungspolizei (Orpo), deren Einsatz Himmler auf Ersuchen der Heeresführung hin am 3. September 1939 befohlen hatte.[34] Den Hauptanteil an den Judenmorden trugen freilich die sogenannten Einsatzgruppen. Ihr Einsatz stand bereits vor Beginn der Kampfhandlungen in Polen fest. Vorläufer dieser Verbände waren bereits in Österreich, dem Sudetenland und der Tschechoslowakei eingesetzt gewesen. Die Einsatzgruppen rekrutierten sich aus der Sipo mit ihren Teilorganisationen Geheime Staatspolizei (Gestapo) und Kriminalpolizei (Kripo), dem SD und der Ordnungspolizei. Während des Polenkrieges waren sie im Operationsgebiet dem Heer unterstellt.[35] Nach einer am 31. Juli 1939 getroffenen Vereinbarung zwischen Wehrmacht und SS bestand ihre Aufgabe in der „Bekämpfung aller reichs- und deutschfeindlichen Elemente in Feindesland rückwärts der fechtenden Truppe".[36] Wie ein Aktenvermerk Heydrichs aus dem Juli 1940 zeigt, erhielten die Einsatzgruppen zu einem unbekannten Zeitpunkt zusätzliche Weisungen, die „außerordentlich radikal waren (z. B. Liquidierungsbefehl für zahlreiche polnische Führungskreise, der in die Tausende ging)".[37] Das bedeutete nicht weniger als die Ermächtigung zum Massenmord an Angehörigen der Intelligenz, des Klerus, des Adels und der jüdischen Gemeinschaft. Tatsächlich riefen insbesondere die exzesshaften Judenmorde der Einsatzgruppen schließlich Kritik in Teilen der Heeresführung hervor.

Hinsichtlich der polnischen Juden scheinen die Einsatzgruppen zusätzlich dezidierte Anweisungen vor oder unmittelbar zu Beginn des Feldzugs erhalten zu haben. Nach Michael Wildt offenbarte sich dies in den ähnlichen Maßnahmen (Einsetzung von Judenräten, Registrierung, Aufstellung von Vermögenswerten, Vorbereitung zur „Abwanderung"), mit denen die Einsatzgruppen-Kommandos allerorten gegen die jüdischen Gemeinden Polens vorgingen. Die Tätigkeit des in Graudenz/Grudziadz eingesetzten Kommandos unter SS-Sturmbannführer Dr. Heinz Gräfe lasse zudem erkennen, „daß dessen antisemitischen Anweisungen sich auf die SD-Erfahrungen

33 Ders., „Tragische Verstrickung" oder Auftakt zum Vernichtungskrieg? Die Wehrmacht in Polen 1939, in: Klaus-Michael Mallmann/Bogdan Musial (Hrsg.), Genesis des Genozids. Polen 1939–1941, Darmstadt 2004, S. 36–56, hier S. 40 ff.

34 Dazu u. a. Klaus-Michael Mallmann, „... Mißgeburten, die nicht auf diese Welt gehören". Die deutsche Ordnungspolizei in Polen 1939–1941, in: ders./Musial (Hrsg.), Genesis, S. 71–89; Curilla, Ordnungspolizei, S. 56 f.

35 Als Standardwerk zur Geschichte der Einsatzgruppen gilt immer noch Helmut Krausnick/Hans-Heinrich Wilhelm, Die Truppe des Weltanschauungskrieges. Die Einsatzgruppen der Sicherheitspolizei 1938–1942, Stuttgart 1981.

36 Zit. nach ebenda, S. 36.

37 Vermerk Heydrichs über die Aufgaben der Einsatzgruppen in Polen, 2. 7. 1940, abgedruckt in: Longerich, Ermordung, S. 46–47, hier S. 47, dazu ausführlich Dorothee Weitbrecht, Ermächtigung zur Vernichtung. Die Einsatzgruppen in Polen im Herbst 1939, in: Mallmann/Musial (Hrsg.), Genesis, S. 57–70, hier S. 67.

aus Österreich 1938 gründeten, wo Eichmann mit Hilfe der erzwungenen Mitarbeit seitens der Jüdischen Gemeinde in Wien die Zwangsemigration der österreichischen Juden betrieben hatte“.[38] Saul Friedländer wiederum nimmt an, dass die Einsatzgruppen möglichst viele Juden über die Grenze in die Sowjetunion treiben sollten.[39]

Die Strategie einer forcierten Emigration bzw. Vertreibung der Juden war allerdings mit dem Polenfeldzug in eine Sackgasse geraten. Nach Kriegsausbruch schlossen die meisten europäischen Länder ihre Grenzen, sodass sich die Auswanderungsmöglichkeiten der Juden auf ein Minimum (Übersee, Palästina) reduzierten. Zudem hatte der NS-Staat mit der Besetzung Polens einen immensen Zuwachs an jüdischer Bevölkerung – mindestens knapp zwei Millionen Menschen[40] – zu verzeichnen. Zwar waren seit 1938 bereits die Juden Österreichs, des Sudetenlandes und schließlich des „Protektorates Böhmen und Mähren“ zusätzlich unter deutsche Herrschaft gekommen. Eine Lösung der „Judenfrage“ durch Zwangsmigration und Vertreibung schien jedoch immer noch erreichbar. „Die nun zu bewältigenden Zahlen“, so schreibt Christopher Browning, „überforderten die fragilen Emigrationspläne indessen heillos. Daher setzte die Eroberung von Polen die Suche der Nationalsozialisten nach einer neuartigen Lösungsstrategie für das ‚Judenproblem‘ in Gang.“[41] Sie bestand schließlich in der Deportation aller Juden des deutschen Machtbereiches in ein vom Reich kontrolliertes Gebiet.

Der Gedanke einer „territorialen Endlösung“ (Heydrich) entstand wahrscheinlich im Rahmen eines überdimensionierten Programms zur „volklichen Flurbereinigung“. Es sollte Polen in den kommenden Jahren in ein Exzerzierfeld nationalsozialistischer „Rasse“- und „Lebensraum“-Politik verwandeln. Gewaltsame Vertreibungen und plangerechte Ansiedlung wurden zum Mittel großdeutscher Bevölkerungspolitik.[42] Nach Beendigung des Feldzuges am 6. Oktober 1939 wurden die westpolnischen Gebiete als „Reichsgaue“ Posen (ab Januar 1940 Wartheland) und Westpreußen (Danzig-Westpreußen) annektiert. Die zentralpolnischen Gebiete bildeten das unter deutscher Zivilverwaltung stehende „Generalgouvernement“ mit Hans Frank an der Spitze. Ostpolen hingegen war bereits Mitte September von der Sowjetunion besetzt worden. Dies entsprach den Bestimmungen des deutsch-sowjetischen Nichtangriffspaktes vom August 1939.

Der „Hitler-Stalin-Pakt“ war, wie sich zwei Jahre später zeigen sollte, von deutscher Seite nur ein zeitlich begrenztes Zweckbündnis, mit dem Polen isoliert, zerstörungsreif gemacht und schließlich aufgeteilt werden sollte. Ein geheimes Zusatzprotokoll regelte die Zerstückelung des Landes. Auch die baltischen Staaten, Bess-

38 Wildt, Generation, S. 432; dazu auch S. 484 f.

39 Friedländer, Reich, S. 407.

40 Frank Golczewski, Polen, in: Benz (Hrsg.), Dimension, S. 411–497, hier S. 418 f.

41 Browning, Entfesselung, S. 30 f.

42 So Angrick/Klein, „Endlösung“, S. 185.

arabien und Finnland wurden den jeweiligen Interessensphären der Vertragspartner zugeschlagen. Dem „Hitler-Stalin-Pakt“ folgte am 28. September 1939 der „Grenz- und Freundschaftsvertrag“ zwischen dem Deutschen Reich und der Sowjetunion. Der Nordteil Ostpolens – die Gebiete um Grodno, Brest, Lida, Slonim, Baranoviči und Pinsk – wurde in die Weißrussische Sowjetrepublik eingegliedert, während der Südteil der Ukrainischen SSR zufiel. Auch dem Freundschaftsvertrag waren geheime Zusätze anhängig: Im Austausch gegen mittelpolnische Gebiete bis zum Bug akzeptierte Hitler die sowjetische Kontrolle über Litauen, das ursprünglich Deutschland zufallen sollte. Die UdSSR besetzte die drei baltischen Staaten im Sommer 1940. Ein weiteres Zusatzprotokoll regelte die Übersiedlung der deutschstämmigen Bevölkerung aus der sowjetischen Einflusssphäre in die vom Reich besetzten Gebiete. Dem folgte am 16. November ein förmlicher Vertrag zur Übersiedlung der „Volksdeutschen“ aus dem Narev-Gebiet, Wolhynien und Ostgalizien.[43]

Kurz nach dem Einmarsch der Roten Armee in Ostpolen machte Hitler klar, dass die Ansiedlung von Deutschstämmigen in den neuen Randgebieten des Reiches mit einer Vertreibung dort ansässiger Bevölkerungsgruppen einhergehen sollte. Am 20. September erläuterte er seinen Oberbefehlshabern die Grundzüge einer „Umsiedlung im Großen“. Vorgesehen waren sowohl die Vertreibung von Polen und Juden aus den zu annektierenden Gebieten als auch eine Ghettoisierung der polnischen Juden.[44] Am 7. Oktober 1939 betraute Hitler den Reichsführer SS Himmler per Erlass mit der doppelten Aufgabe, einerseits „deutsche Menschen, die bisher in der Ferne leben mussten“, in den neuen „Reichsgauen“ anzusiedeln und andererseits „volksfremde[n] Bevölkerungsteile“ daraus abzuschieben. Himmler könne „den in Frage stehenden Bevölkerungsteilen bestimmte Wohngebiete zuweisen“ und sich bei der Durchführung seiner Aufgaben der „vorhandenen Behörden und Einrichtungen“[45] bedienen. Himmler führte fortan auch den Titel eines „Reichskommissars für die Festigung deutschen Volkstums“ (RKF). Als solcher institutionalisierte er die Exekutive von Vertreibung und Ansiedlung einerseits bei den ihm direkt unterstehenden Höheren SS- und Polizeiführern (HSSPF), andererseits beim kurz zuvor geschaffenen Reichssicherheitshauptamt (RSHA). In dieser Behörde waren seit dem 27. September 1939 Sipo und SD unter der Gesamtleitung Heydrichs zusammengefasst. Der Polenfeldzug bedeutete demnach einen weiteren entscheidenden Machtzuwachs für Heydrich und die von ihm geleiteten Institutionen.

Neuere Forschungen gehen davon aus, dass die NS-Führung bereits in den ersten Wochen des Polenkriegs auch eine Neuausrichtung der „Judenpolitik“ vollzog. Für

43 Zum deutsch-sowjetischen Nichtangriffspakt ausführlich Manfred Sapper/Volker Weichsel (Hrsg.), Der Hitler-Stalin-Pakt. Der Krieg und die europäische Erinnerung, Berlin 2009 (= Osteuropa 59 (2009) 7–8).

44 Halder, Kriegstagebuch, Bd. I, S. 81 f.

45 Zit. nach Longerich, Himmler, S. 449 f.

diese These werden überzeugende Belege angeführt: Am 14. September ließ Heydrich die Amtschefs seines Hauses wissen, dass der Reichsführer SS Hitler Vorschläge zum „Judenproblem in Polen“ unterbreiten wolle, die „nur der Führer entscheiden könne, da sie auch von erheblicher außenpolitischer Tragweite sein werden“.[46] Eine Woche später skizzierte Heydrich auf einer großen Besprechung mit den Amtschefs und den Einsatzgruppenführern (an der bezeichnenderweise auch Eichmann teilnahm) die Grundzüge der Bevölkerungspolitik in Polen: Die ehemals deutschen Provinzen sollten rein deutsche Gebiete werden, während östlich „ein Gau mit fremdsprachiger Bevölkerung mit der Hauptstadt Krakau“[47] entstehen solle. Heydrich erklärte weiter: „Die Juden-Deportation in den fremdsprachigen Gau, Abschiebung über die Demarkationslinie ist vom Führer genehmigt. Jedoch soll der ganze Prozess auf die Dauer eines Jahres verteilt werden.“ Zur „bessere[n] Kontrollmöglichkeit und später Abschubmöglichkeit“ seien die Juden der annektierten Gebiete in den Städten in Ghettos zusammenzufassen; in den nächsten drei bis vier Wochen habe „der Jude“ vom Land zu verschwinden.

Heydrich fasste seine Anordnungen in vier Punkte zusammen: „1.) Juden so schnell wie möglich in die Städte, 2.) Juden aus dem Reich nach Polen, 3.) die restlichen 30 000 Zigeuner auch nach Polen, 4.) systematische Ausschickung der Juden aus den deutschen Gebieten mit Güterzügen.“[48] Wie der zweite Punkt nahelegt, sollte die „Juden-Deportation in den fremdsprachigen Gau“ offenbar die jüdische Bevölkerung des gesamten Reichsgebietes umfassen.[49] In einem Schnellbrief vom gleichen Tag wies Heydrich die Einsatzgruppenchefs darauf hin, dass die „geplanten Gesamtmaßnahmen (also das Endziel) streng geheim zu halten sind“.[50] Auch sei zwischen dem „Endziel (welches längere Fristen) beansprucht“ und den „Abschnitten der Erfüllung dieses Endziels (welche kurzfristig durchgeführt werden)“ zu unterscheiden. Das ominös bezeichnete „Endziel“ interpretieren Forscher wie Peter Longerich und Michael Wildt als das umfassende Projekt, alle Juden des „Großdeutschen Reiches“ nach Zentralpolen zu verschleppen. Möglicherweise war zu diesem frühen Zeitpunkt geplant, die Juden nur vorübergehend in diesem Raum zu konzentrieren. Nach dem Muster früherer Kollektivausweisungen sollten sie schließlich in die von der UdSSR besetzten ostpolnischen Gebiete abgeschoben werden. Die Formulierung „Abschiebung über die Demarkationslinie“ legt diesen Schluss nahe.[51]

46 Zit. nach Wildt, Generation, S. 457.

47 Zit. nach ebenda.

48 Ebenda.

49 Gruner, Kollektivausweisung, S. 30 f.

50 Schnellbrief des Chefs des Reichssicherheitshauptamtes, R. Heydrich, an die Chefs der Einsatzgruppen der Sicherheitspolizei, betreffend die aufeinanderfolgenden Etappen und Methoden der „Endlösung der Judenfrage“, 21. 9. 1939, abgedruckt in: Jüdisches Historisches Institut Warschau (Hrsg.), Faschismus – Getto – Massenmord. Dokumentation über Ausrottung und Widerstand der Juden in Polen während des zweiten Weltkrieges, Berlin 1960, S. 37 ff.

51 Dazu Wildt, Generation, S. 461; Longerich, Politik, S. 254; ders., Himmler, S. 456; Gruner, Kollektivausweisung, S. 35 f.

Andererseits teilte Heydrich am 22. September dem Oberbefehlshaber des Heeres, General von Brauchitsch, mit, dass bei Krakau ein „Judenstaat unter deutscher Verwaltung“ entstehen solle. In dieses Gebiet sollten auch „alle Zigeuner und sonstige Unliebsame“[52] abgeschoben werden. Am 26. September erging ein Befehl der Gestapo an die jüdischen Stellen im „Altreich“, die gesamte jüdische Bevölkerung sowie deren Vermögenswerte zu erfassen, was als Vorbereitung möglicher Deportationen gewertet werden kann.[53] Zwei Tage später wurde dem Deutschen Reich im „Freundschaftsvertrag“ mit der UdSSR (im Austausch mit Litauen) das Gebiet bis zum Bug zugesprochen. Prompt erläuterte Hitler am 29. September gegenüber seinem Chefideologen Alfred Rosenberg, dass nun „das gesamte Judentum (auch a. d. Reich)“[54] zwischen Weichsel und Bug angesiedelt werden könne. In den folgenden Wochen setzte insbesondere die SS-Führung mehr und mehr auf die Idee eines „Judenreservates“ am äußersten Rand des deutschen Machtbereichs.

Am 6. Oktober erklärte der „Führer“ öffentlich vor dem Reichstag, im Zuge der Neuordnung der „ethnographischen Verhältnisse“ in Polen sei auch der „Versuch einer Ordnung und Regelung des jüdischen Problems zu unternehmen“.[55] Am gleichen Tag leitete das RSHA erste Schritte zur Deportation von Juden aus dem Reich in das projektierte „Reservat“ ein: In Berlin traf Eichmann mit SS-Oberführer Heinrich Müller, dem Chef der Gestapo, zusammen. Eichmann, zu dem Zeitpunkt Leiter der „Zentralstelle für jüdische Auswanderung“ in Prag, erhielt den Auftrag, mit der Gauleitung in Kattowitz Gespräche „bezgl. der Abschiebung von 70 000–80 000 Juden“ aus diesem Bezirk zu führen.[56] Dabei könnten, so „Gestapo-Müller“ weiter, auch Juden aus dem nahe gelegenen Mährisch-Ostrau im Protektorat einbezogen werden. „Diese Tätigkeit“, notierte Eichmann im Anschluss, „soll in erster Linie dazu dienen, Erfahrungen zu sammeln, um aufgrund dieser derart gesammelten Erfahrungen die Evakuierung größerer Massen durchführen zu können“.[57] Offenkundig sollte ein Modellversuch gestartet werden, „mit dem Heydrich und das neuerrichtete RSHA die Durchführbarkeit von Deportationen aus dem Deutschen Reich und Österreich in ein ‚Judenreservat‘ in Polen unter Beweis stellen wollten“.[58]

Dass mit der Verschleppung von „Reichsjuden“ tatsächlich in naher Zukunft begonnen werden sollte, zeigt auch ein weiterer Vermerk Eichmanns vom 6. Oktober: Er ordnete zum einen die Listen sämtlicher erfasster Juden nach „Altreich“, „Ostmark“ und Protektorat. Zum anderen wollte er eine Aufstellung über das Vermögen „der zum Abschub gelangenden mittellosen Juden“ erarbeiten. Wolf Gruner zufolge

52 Zit. nach Aly, „Endlösung“, S. 60.
53 Gruner, Kollektivausweisung, S. 31.
54 Zit. nach Wildt, Generation, S. 461.
55 Zit. nach Longerich, Politik, S. 255.
56 Die Region um Kattowitz war vom Reich annektiertes polnisches Gebiet und gehörte nun zur Provinz Schlesien.
57 Zit. nach Adler, Mensch, S. 128.
58 Wildt, Generation, S. 471.

bedeutet dies, dass die Enteignung der Deportierten – im Gegensatz zu den bisherigen Kollektivausweisungen – von Beginn an vorgesehen war.[59]

Am 9. Oktober eröffnete Eichmann dem schlesischen Gauleiter Josef Wagner, der „Führer“ habe „vorerst die Umschichtung von 300 000 Juden aus dem Altreich und der Ostmark angeordnet“.[60] Eichmann selbst müsse Himmler einen Erfahrungsbericht über die ersten Deportationen vorlegen, auf dessen Grundlage Hitler im Anschluss definitive Anordnungen treffen werde. Vordringlich war offenbar die Deportation der Wiener Juden. Zwei Tage zuvor hatte Eichmann bei einem Besuch in der „Ostmark“ vertraulich angekündigt, dass die jüdischen Wiener im Rahmen einer „längstens ¾ Jahren“ dauernden Aktion verschleppt werden sollten.[61] Am 10. Oktober wiederum schrieb SS-Oberführer Franz Walther Stahlecker, inzwischen als Befehlshaber der Sicherheitspolizei und des SD (BdS) im Protektorat eingesetzt, an Reichskommissar Bürckel in Wien, es bestehe „die Hoffnung, daß eine größere Anzahl [österreichischer Juden] deportiert“ werden könne, sodass die „Judenfrage“ in Österreich „in Zeitkürze endgültig gelöst werden wird“.[62] Zwei Tage später reisten Stahlecker und Eichmann nach Galizien, um einen geeigneten Zielort für die Deportationen zu finden. Am 15. Oktober meldete Eichmann nach Mährisch-Ostrau, dass die Transporte in Nisko am San an der Westgrenze des Distriktes Lublin enden sollten. Bei dem einige Kilometer entfernten Dorf Zarzecze wurde ein Durchgangslager geplant, durch das die Verschleppten wie durch eine Art „Schleuse“ zum künftigen Judenreservat gelenkt werden sollten.[63]

Zwischen dem 18. und dem 28. Oktober wurden 4700 Juden aus Mährisch-Ostrau, Wien und Kattowitz nach Nisko deportiert.[64] In der zweiten Novemberwoche sollten Transporte aus dem übrigen Reichsgebiet folgen. Die Zwangsverschleppungen waren akribisch vorbereitet. Ein Merkblatt für die Staatspolizei(leit)stellen des „Altreiches“ enthielt fast alle Gestapo-Bestimmungen, die auch bei den späteren Massendeportationen Anwendung fanden: Die Transporte sollten etwa tausend Personen umfassen und von Schutzpolizei oder Gestapo begleitet werden. Die Juden sollten vor der Deportation in Sammelunterkünften in Bahnhofsnähe konzentriert werden. Ihnen waren Personalpapiere und Bargeld abzunehmen; sie durften nicht mehr als fünfzig Kilogramm „nichtsperrendes Gepäck“ mitnehmen. Einen Teil ihres Eigentums verloren die Opfer durch Raub; der Rest blieb auf Sperrkonten.[65]

59 Gruner, Kollektivausweisung, S. 32.
60 Zit. nach Adler, Mensch, S. 129.
61 Zit. nach Longerich, Befehl, S. 81.
62 Zit. nach Safrian, Eichmann, S. 74.
63 So Longerich, Politik, S. 258; ders., Himmler, S. 457.
64 Zu den Deportationen nach Nisko und zur Frage, wie eigenmächtig Eichmann plante, vgl. Browning, Entfesselung, S. 65 ff.; weitere Darstellungen u. a. bei Longerich, Politik, S. 256 ff.; Gruner, Kollektivausweisung, S. 31 ff.
65 Gruner, Kollektivausweisung, S. 33 ff.

Hinsichtlich ihrer Planung stellten die Deportationen nach Nisko sicherlich einen neuen Typ dar.[66] Vor Ort allerdings glichen die Zustände eher den früheren Kollektivausweisungen: Nur ein kleiner Teil der Verschleppten, um die 500 Personen, wurde in Zarzecze behalten, um das Lager aufzubauen.[67] Alle anderen trieben SS und Polizei von diesem Dorf aus weiter zum Fluss San und überließen sie ihrem Schicksal. Der Wiener Jude Leopold Sonnenfeld, der am 20. Oktober nach Nisko verschleppt wurde, erinnert sich: „Dann hat's geheißen: So, jetzt könnts gehen! Wer im Umkreis von fünf Kilometern innerhalb von drei Stunden angetroffen wird, wird sofort erschossen. Jetzt gehts zu euren Freunden! / Uns ist nur der Weg blieben nach Rußland. Andere Wege waren ja nicht offen. [...] So sind wir halt sechs Tage marschiert, bis wir an die russische Grenze gekommen sind. Dort haben wir uns versteckt, weil hinter uns ist ja die SS gerannt. [...] Da waren Menschenschmuggler, die haben gegen Bezahlung die Leute über die Grenze rübergeschmuggelt nach Rußland. Der Bug hat die Grenze gebildet. [...] In der Nacht vom 30. zum 31. Oktober sind wir in Lemberg angekommen.“[68]

Die Deportationen nach Nisko fanden allerdings ein jähes Ende. Bereits am 20. Oktober verfügte das RSHA einen Transportstopp; zu Deportationen aus dem „Altreich“ kam es nicht mehr. Offiziell wurden „technische Schwierigkeiten“ als Grund angegeben. Tatsächlich dürfte der Deportationsstopp mit Himmlers veränderter Prioritätensetzung als Volkstumskommissar zusammengehangen haben: Zwar hatte der Reichsführer SS sich zunächst für eine rasche Deportation der Juden aus dem gesamten Reich eingesetzt. Mitte bis Ende Oktober konkretisierten sich jedoch Pläne zu einem noch umfassenderen Bevölkerungstransfer in Polen, bei deren Umsetzung eine Fortsetzung der „Nisko-Aktion“ gestört hätte.[69] Am 30. Oktober 1939 verkündete Himmler erste Vorgaben: Rund eine Million Menschen, darunter schätzungsweise 550 000 Juden, sollten binnen vier Monaten aus den neuen „Reichsgauen“ ins Generalgouvernement abgeschoben werden. Dieses Ziel erwies sich rasch als illusorisch; die Deportationszahlen wurden in den folgenden Wochen erheblich reduziert. Ende November entwarf Heydrich in typischer Manier einen Nah- und einen Fernplan für die Zwangsumsiedlung. Noch im Dezember 1939 sollten im Rahmen des „1. Nahplans“ 80 000 Menschen vertrieben werden. Tatsächlich wurden zwischen dem 1. und dem 17. Dezember knapp 88 000 Menschen ins Generalgouvernement verschleppt. Wie viele Juden darunter waren, ist ungewiss.

66 Ebenda, S. 35.

67 Zu diesem Lager: Jonny Moser, Zarzecze bei Nisko, in: Wolfgang Benz/Barbara Distel (Hrsg.), Der Ort des Terrors. Geschichte der nationalsozialistischen Konzentrationslager, Bd. 9: Arbeitserziehungslager, Ghettos, Jugendschutzlager, Polizeihaftlager, Sonderlager, Zigeunerlager, Zwangsarbeitslager, München 2009, S. 588–596.

68 Bericht Leopold Sonnenfeld, in: Dokumentationsarchiv des österreichischen Widerstands (Hrsg.), Jüdische Schicksale. Berichte von Verfolgten, Wien 1992, S. 501–503.

69 Longerich, Himmler, S. 457.

Die Zwangsverschickungen verliefen unter grausamen Bedingungen: Die Menschen mussten in ungeheizten Viehwaggons, ohne Verpflegung, bisweilen sogar ohne Trinkwasser reisen. Ihr Eigentum war zuvor beschlagnahmt worden und sollte zur Finanzierung der Ansiedlung und Entschädigung von Volksdeutschen eingesetzt werden.[70] Zwischen dem 10. Februar und dem 15. März wurden unter veränderter Akzentsetzung (unter anderem sollten wegen eklatanten Arbeitskräftemangels nun bis zu eine Million Polen im Reich als Zwangsarbeiter eingesetzt werden) im Rahmen eines Zwischenplanes zum „2. Nahplan" etwa 40 000 Polen und Juden aus dem Warthegau ins Generalgouvernement verschleppt.

Zwischenzeitlich hatte die SS-Führung eine „zentrale Bearbeitung der sicherheitspolizeilichen Angelegenheiten bei der Durchführung der Räumung im Ostraum" für notwendig erachtet. Heydrich ernannte Mitte Dezember den durch die Nisko-Deportationen ausgewiesenen Eichmann zu seinem Sonderreferenten. Das Sonderreferat erhielt am 18. Januar 1940 die Bezeichnung IV R und gehörte zum Gestapoamt. Ab dem 30. Januar 1940 wurde es als Referat IV D 4, ab März 1941 als Referat IV B 4 geführt.

Eichmanns Referat war für die erste Zwangsverschickung von Juden aus dem „Altreich" nach Mittelpolen verantwortlich. Am 12. und 13. Februar 1940 wurden 1120 Juden aus der Region Stettin bei Nacht zusammengebracht und unter unsäglichen Bedingungen in den Distrikt Lublin transportiert. Einen Monat später traf knapp 160 Juden aus Schneidemühl das gleiche Schicksal.[71] Im Unterschied zur „Nisko-Aktion" waren diese Deportationen allerdings örtlich begrenzt und ausdrücklich mit dem Ziel geplant, in Pommern Wohnraum für Baltendeutsche mit „seegebundenen Berufen" zu schaffen. Den Gedanken einer Gesamtdeportation der Juden des erweiterten Reichsgebietes in das Generalgouvernement hatte die SS-Führung indes noch nicht aufgegeben. Im RSHA waren die Pläne für ein „Judenreservat" in Mittelpolen intensiv diskutiert worden. Im Dezember 1939 entwickelten SD-Mitarbeiter ein Projektpapier über die „Endlösung des Judenproblems". Unter anderem wurde die Frage aufgeworfen, ob die Juden dezentral im Generalgouvernement oder in einem speziellen Reservat untergebracht werden sollten. In diesem Fall müsse geklärt werden, ob zur Entlastung deutscher Behörden eine jüdische Selbstverwaltung eingerichtet werden solle. Weiter heißt es in dem Papier: „Es wäre m. E. zweckmäßig, die Verwaltung so lange unter sicherheitspolizeilicher Führung zu lassen, bis die Ansiedlung der Juden aus dem Reichsgebiet, Ostmark und Böhmen/Mähren durchgeführt ist. In diesem Zusammenhang wäre eine endgültige Entscheidung zu fällen, ob die Judenauswanderung im Hinblick auf die Schaffung eines Reservates weiterhin durchgeführt wird. Außenpolitisch wäre ein Reservat außerdem ein gutes

70 Dazu Wildt, Generation, S. 492; Aly, „Endlösung", S. 64 ff.

71 Dazu Wolfgang Wilhelmus, Die Namensliste der 1940 aus dem Regierungsbezirk Stettin deportierten Juden, Rostock 2009; Gottwaldt/Schulle, „Judendeportationen", S. 33 ff.

Druckmittel gegen die Westmächte. Vielleicht könnte hierdurch bei Abschluß des Krieges die Frage der Weltlösung aufgeworfen werden."[72]

Trotz dieser globalen Perspektive stießen der Gedanke eines „Judenreservates" wie auch der gesamte Bevölkerungstransfer ins Generalgouvernement mittlerweile auf deutliche Kritik der dortigen Zivilverwaltung. Auf einer Chefbesprechung bei Göring auf dessen Landsitz Carinhall forderte Generalgouverneur Frank am 12. Februar, die „Umsiedlungspraxis" stärker mit ihm abzusprechen. Göring vertrat im Hinblick auf die Zwangsverschickungen von Polen aus den annektierten Gebieten die Auffassung, „daß diese Umsiedlung durchaus nicht vordringlich sei, [...] weil man die Polen brauche, und zwar als landwirtschaftliche Arbeiter".[73] Die Verschleppung der Juden indes sollte „planmäßig in die Wege geleitet werden". Himmler erklärte angesichts solcher Kritik, er müsse für die bereits übergesiedelten 200 000 Volksdeutschen „Raum schaffen". Überdies müssten rund 30 000 Volksdeutsche aus der Gegend um Lublin, „die für das Judenreservat bestimmt ist", in den neuen „Ostgauen" angesiedelt werden.[74] Dass zumindest mittelfristig auch alle „Reichsjuden" nach Zentralpolen deportiert werden sollten, zeigt eine gleichfalls am 12. Februar herausgegeben Anweisung von Gestapo-Chef Müller an alle Staatspolizei(leit)stellen: Gleich den polnischen Juden in den annektierten Gebieten sollten nun auch die Juden im Reich in ihrer Freizügigkeit beschränkt und in größeren Orten konzentriert werden. Dem Erlass war eine Liste mit den vom RSHA vorgesehenen Konzentrationsorten beigefügt.[75]

Nur sieben Tage später gewichteten Göring und Heydrich jedoch die Prioritäten neu und legen fest, dass im „Reichsgebiet einschl. Protektorat Böhmen und Mähren lebende Juden [...] – von besonders gelagerten Fällen abgesehen – derzeit nicht in das Generalgouvernement evakuiert werden"[76] könnten. Die in den annektierten Gebieten lebenden Juden indes würden „alsbald" dorthin verbracht werden. Der Gestapo-Erlass zur Quasi-Ghettoisierung der deutschen Juden vom 12. Februar wurde daraufhin relativiert. Anfang März 1940 teilte Hans Frank Beamten des Generalgouvernements mit, es kämen „noch mindestens 400–600 000 Juden ins Land hinein".[77] Es bestehe der Plan, „dass sie alle in den östlichen Teil des Generalgouvernements mit der Grenze nach Sowjetrussland überführt werden sollen, und das werden wir auch durchsetzen". Offenkundig hoffte Frank, wenigstens einen Teil der Juden über die Grenze in die UdSSR treiben zu können (wie dies mit einem Großteil der nach Nisko deportierten Menschen geschehen war). Daneben erschien es dem General-

72 Zit. nach Angrick/Klein, „Endlösung", S. 187.
73 Zit. nach Aly, „Endlösung", S. 84.
74 Vgl. zu dieser Sitzung ausführlicher Browning, Entfesselung, S. 100–103.
75 Gruner, Kollektivausweisung, S. 39.
76 Zit. nach Aly, „Endlösung", S. 86.
77 Zit. nach Browning, Entfesselung, S. 103.

gouverneur allerdings „unbeschreiblich, welche Meinungen sich im Reich gebildet haben, dass das Gelände [...] östlich der Weichsel immer mehr als eine Art Judenreservat in Aussicht genommen ist". In den folgenden Wochen scheint Frank bei Göring gegen Himmlers Zwangsumsiedlungsprogramm interveniert zu haben. Ein „willkommener" Anlass war offenbar die Deportation der Juden aus Schneidemühl in den Distrikt Lublin. Am 23. März jedenfalls teilte Göring – in seiner Eigenschaft als Vorsitzender des Ministerrates für Reichsverteidigung – dem Reichsführer SS mit: „Der Herr Generalgouverneur für die besetzten polnischen Gebiete hat sich darüber beschwert, dass immer noch Deportationen von Juden aus dem Reich in das Generalgouvernement durchgeführt werden, obgleich Aufnahmemöglichkeiten zurzeit noch nicht gegeben sind. Ich verbiete hiermit weitere solche Deportationen ohne meine Genehmigung und ohne Nachweis des Einverständnisses seitens des Herrn Generalgouverneurs."[78]

Damit waren nicht nur Himmlers groß angelegte Deportationspläne zur rassenpolitischen Neugestaltung des besetzten Polens weitgehend gescheitert.[79] Auch die Idee eines „Judenreservates" im Distrikt Lublin war vorerst Makulatur. Hinsichtlich der Juden im „Großdeutschen Reich" setzte das RSHA wieder stärker auf die Emigrationslösung, wie ein Erlass vom 24. April 1940 zeigt: „Die jüdische Auswanderung aus dem Reichsgebiet ist nach wie vor auch während des Krieges verstärkt zu betreiben."[80] Aufgrund der Schwierigkeiten mit den „Juden-Deportationen" war der Emigrationsgedanke seit September 1939 ohnedies nie vollständig ad acta gelegt worden. Himmler hatte Ende Februar 1940 erklärt, „[w]ir wollen dann immerhin im Monat noch 6–7000 Juden auswandern [!], und zwar nach Palästina, Südamerika und Nordamerika".[81] Im April legte Heydrich mit ausdrücklicher Zustimmung Görings fest, dass Juden im wehrfähigen Alter nicht in das europäische Ausland, insbesondere nicht in die europäischen Feindstaaten auswandern dürften. Überdies sei eine betonte Ausweitung der Emigration nach Palästina aus außenpolitischen Gründen nicht erwünscht.[82]

Im besetzten Polen hatte das Scheitern der Deportations- und Reservatspläne die Ghettoisierung der Juden zur Folge.[83] Bekanntlich hatte Heydrich im September 1939

78 Zit. nach ebenda, S. 107.

79 In den folgenden Monaten wurden bis Ende Januar 1941 rund 130 000 polnische Bauern und einige Tausend Juden in das Generalgouvernement verschleppt. So sollte für die wolhynien- und galiziendeutschen Bauern Raum geschaffen werden. Gemessen an ihren Vorgaben lässt sich die Himmlersche „Volkstums"-Politik durchaus als eine „Chronologie des Scheiterns" (Aly) bezeichnen: Bis 1941 waren beispielsweise von 550 000 Juden aus den neuen „Ostgauen" etwa 110 000 und von den reichsdeutschen 350 000 Juden knapp 20 000 verschleppt worden; dazu Aly, „Endlösung", S. 35; Wildt, Generation, S. 498.

80 Zit. nach ebenda, S. 499.

81 Zit. nach Longerich, Himmler, S. 471.

82 Wildt, Generation, S. 499; Adler, Mensch, S. 27.

83 Als Überblicksdarstellung zu den nationalsozialistischen Ghettos vgl. Dieter Pohl, Ghettos, in: Benz/Distel (Hrsg.), Der Ort des Terrors, Bd. 9, S. 161–191.

für die annektierten westpolnischen Gebiete zwecks besserer „Abschubmöglichkeit“ die Konzentration der Juden in den Städten befohlen. In Mittelpolen waren auf lokale Initiative hin bereits Ende 1939 erste Ghettos errichtet worden, so in Piotrkow und Radomsko. Auch über die Isolierung der beiden größten jüdischen Gemeinden Polens, Warschau und Łódź (Litzmannstadt), debattierten die Besatzungsbehörden frühzeitig. Das Ghetto in Łódź, gelegen im heruntergekommenen Stadtteil Baluty, wurde bereits am 30. April 1940 geschlossen. Als erstes großes Ghetto im deutschen Machtbereich hatte es gewissermaßen Vorbildcharakter. „Obwohl häufig modifiziert und den Bedürfnissen der örtlichen deutschen Behörden vor Ort angepasst“, schreibt Christopher Browning, „tauchte das Lodzer Grundmuster paralleler deutscher und jüdischer Verwaltungs- und Polizeistrukturen in der Regel überall auf.“[84] Das Ghetto in Warschau wurde nach heftigen internen Diskussionen innerhalb der Besatzungsbehörden im November 1940 abgeriegelt. Danach entstanden auch in vielen kleineren Städten östlich von Warschau Ghettos. Im März 1941 war die Ghettoisierung im Generalgouvernement flächendeckend.

In den Augen der NS-Führung waren die Ghettos in Polen freilich nur ein „Zwischenschritt“ auf dem Weg zur eigentlichen „Endlösung“ des selbst geschaffenen „Judenproblems“. Im Frühsommer 1940 sah Heydrich endgültig vom Gedanken einer Zwangsemigration als Lösungsstrategie ab. In einem Schreiben vom 24. Juni teilte er (in seiner Eigenschaft als Görings Beauftragter für die „Durchführung der jüdischen Auswanderung aus dem gesamten Reichsgebiet“) Reichsaußenminister Ribbentrop mit, dass seit dem 1. Januar 1939 zwar insgesamt 200 000 Juden das Reich verlassen hätten. „*Das Gesamtproblem*“, so Heydrich weiter, „– es handelt sich bereits um rund 3¼ Millionen Juden in den heute deutscher Hoheitsgewalt unterstehenden Gebieten – kann aber *durch Auswanderung* nicht mehr gelöst werden. Eine territoriale Endlösung wird daher notwendig.“[85]

Darunter verstanden sowohl das Auswärtige Amt als auch das RSHA nach dem „Blitzsieg“ über Frankreich nun die Deportation der Juden des deutschen Machtbereichs nach Madagaskar.[86] Eine „Endlösung“ in Übersee hatte Himmler bereits

84 Browning, Entfesselung, S. 177. Das Ghetto Łódź ist inzwischen Gegenstand zweier umfassender Untersuchungen: Andrea Löw, Juden im Ghetto Litzmannstadt. Lebensbedingungen, Selbstwahrnehmung, Verhalten, Göttingen 2006; Peter Klein, Die „Ghettoverwaltung Litzmannstadt“ 1940–1944. Eine Dienststelle im Spannungsverhältnis von Kommunalbürokratie und staatlicher Verfolgungspolitik, Hamburg 2009.

85 Zit. nach Benz, Holocaust, S. 53 (Hervorhebungen im Original).

86 Mit dem Madagaskar-Plan griffen die Nationalsozialisten auf ein altes antisemitisches Projekt zurück. Der Gedanke, die Juden auf die französische Kolonialinsel zu verbringen, war bereits in der einschlägigen Literatur des 19. Jahrhunderts zu finden. In der Zwischenkriegszeit wurde er unter anderem von britischen Gelehrten diskutiert. 1937 war der Madagaskar-Plan Gegenstand französisch-polnischer Verhandlungen; eine polnische Delegation prüfte sogar vor Ort die Möglichkeit einer Ansiedlung. Danach hätten zwischen 40 000 bis 60 000 Menschen im madegassischen Hochland Platz gefunden, eine weitere Schätzung ging allerdings nur von 2000 Menschen aus, vgl. ebenda, S. 53; ausführlich Magnus Brechtken, „Madagaskar

im Mai des Jahres angedeutet, als er in seiner berüchtigten Ausarbeitung „Über die Behandlung der Fremdvölkischen im Osten" anmerkte: „Den Begriff Jude hoffe ich, durch die Möglichkeit einer großen Auswanderung sämtlicher Juden nach Afrika oder sonst in eine Kolonie völlig auslöschen zu sehen."[87] Die „bolschewistische Methode der physischen Ausrottung eines Volkes" lehnte der SS-Chef zu diesem Zeitpunkt allerdings noch als „ungermanisch und unmöglich" ab.

Im Sommer 1940 arbeiteten Strategen des Auswärtigen Amtes und des RSHA parallel an konkreten Deportationsplänen für Madagaskar. Auf Seiten des RSHA war der unvermeidliche Eichmann federführend. Am 15. August 1940 sandte Heydrich dem Auswärtigen Amt eine 14-seitige Broschüre. Sie legte dar, wie vier Millionen europäische Juden (inzwischen mussten auch die Juden Norwegens, Dänemarks, Frankreichs und der Benelux-Staaten in die Planung einbezogen werden) nach Madagaskar verbracht werden könnten. Mit 120 Schiffen könnten täglich etwa 3000 Juden verschifft werden, sodass das „Judenproblem" binnen vier Jahren gelöst werden könne. Die Juden sollten im madegassischen Hochland in einer Art Großghetto unter Leitung des Chefs der Sicherheitspolizei und des SD leben. Auf unterer Verwaltungsebene war der Aufbau eines „einsatzfähigen jüdischen Organisationsapparates" vorgesehen. Dessen Haupttätigkeit sollte darin bestehen, „den gegebenen Anordnungen der Ansetzungsstäbe schnellstens Geltung zu verschaffen. Diese Methode hat sich bei der Arbeit der Zentralstelle für jüdische Auswanderung bestens bewährt und wälzt einen Großteil der Arbeit auf die Juden selbst ab."[88] Finanziert werden sollte die Deportation unter anderem durch Kontributionen auf das „Judenvermögen" der besiegten Westmächte, deren genaue Summe als Wiedergutmachung für den Versailler Vertrag in einem neuerlichen Friedensvertrag festzusetzen sei.

Mit dem Madagaskar-Plan war nach Meinung von Wolfgang Benz der entscheidende Schritt von der Idee der Vertreibung der Juden zu ihrer Vernichtung vollzogen.[89] Zwar hatten auch die bisherigen Deportations- und Ansiedlungspläne durchaus Vernichtungsabsichten enthalten. Auf einer Inspektionsreise des stellvertretenden Generalgouverneurs Arthur Seyß-Inquart durch Mittelpolen im November 1939 etwa vertrat ein SS-Brigadeführer die Ansicht, das Gebiet entlang des Flusses San „mit seinem stark sumpfigen Charakter könnte […] als Judenreservat dienen, welche Maßnahme womöglich eine starke Dezimierung der Juden herbeiführen

für die Juden". Antisemitische Idee und politische Praxis, München 1997; Hans Jansen, Der Madagaskar-Plan. Die beabsichtigte Deportation der europäischen Juden nach Madagaskar, München 1997.

87 Himmlers Niederschrift über die Behandlung der „Fremdvölkischen im Osten" vom 15. Mai 1940, in: Reinhard Kühnl, Der deutsche Faschismus in Quellen und Dokumenten. 7. durchges. und erw. Aufl., Köln 2000, S. 317–319, hier S. 317.

88 Zit. nach Jansen, Madagaskar-Plan, S. 347.

89 Benz, Holocaust, S. 54 ff.; zur „genozidalen Grundlinie" des Planes auch Wildt, Generation, S. 499 ff.

könnte".[90] Auch war bei den bisherigen Deportationen nach Nisko und in den Distrikt Lublin eine hohe Todeszahl bei den Verschleppten einkalkuliert und billigend in Kauf genommen worden.[91] Die Stettiner Juden etwa mussten nach ihrer Ankunft im Lubliner Gebiet bei extremsten Minusgraden und Tiefschnee mehrstündige Fußmärsche in entlegene Dörfer unternehmen, wo sie nur unzureichend ernährt werden konnten. Binnen eines Monats war ein Drittel gestorben.

Dass dies im Sinne verantwortlicher Instanzen war, zeigt eine Äußerung des berüchtigten SS- und Polizeiführers von Lublin, SS-Brigadeführer Odilo Globocnik. Die verschleppten Juden und Polen sollten, so wird er zitiert, „sich selbst ernähren und von ihren Landsleuten unterstützen lassen, da diese Juden genug hätten. Falls dies nicht gelänge, sollte man sie verhungern lassen."[92] Das Madagaskar-Projekt allerdings sprengte diese Dimensionen. Die Idee, vier Millionen Menschen auf engstem Raum unter mörderischen klimatischen Bedingungen vegetieren zu lassen, implizierte den Tod von Hunderttausenden, möglicherweise Millionen.

Einzige direkte Folge des Madagaskar-Planes war im Oktober 1940 die Deportation von 6504 Juden aus Baden und der Saarpfalz nach Vichy-Frankreich in die Lager Gurs, Rivesaltes, Le Vernet und Les Milles.[93] Der Plan selbst wurde bekanntlich nie realisiert, da seine wichtigste Voraussetzung – ein Sieg über England oder ein Kompromissfrieden mit dem „Empire" – nicht erfüllt wurde. Die (aus nationalsozialistischer Sicht) verfahrene Situation an der Westfront nach der Niederlage Frankreichs bot Hitler jedoch den unmittelbaren Anlass, eine militärische Wende nach Osten einzuleiten.

90 Zit. nach Safrian, Eichmann, S. 88.

91 Zur „Nisko-Aktion" vgl. ebenda, S. 90; Longerich, Politik, S. 256 ff.; Gottwaldt/Schulle, „Judendeportationen", S. 31 ff.

92 Zit. nach Aly, „Endlösung", S. 85.

93 Gerhard J. Teschner, Die Deportation der badischen und saarpfälzischen Juden am 22. Oktober 1940: Vorgeschichte und Durchführung der Deportation und das weitere Schicksal der Deportierten bis zum Kriegsende im Kontext der deutschen und französischen Judenpolitik, Frankfurt a. M. 2002.

2. Das „Unternehmen Barbarossa" und die „Judenfrage"

Ende Juli 1940 verkündete Hitler auf dem Obersalzberg vor hohen Militärs seinen „bestimmten Entschluß", im Frühjahr des kommenden Jahres die Sowjetunion anzugreifen. Wie Halders Aufzeichnungen belegen, begründete der „Führer" seine Entscheidung nahezu ausschließlich strategisch: Eine „Zerschlagung" der UdSSR sichere dem Deutschen Reich die Hegemonie auf dem europäischen Kontinent und versetze Japan in die Lage, die USA im Pazifik zu attackieren. Das unnachgiebige Großbritannien könne ohne potenzielle Bündnispartner zum Einlenken gezwungen werden. Mit der Kontrolle über die immensen Rohstoffreserven Russlands werde das Reich eine unbezwingbare Macht, die die Welt beherrschen könne.[1]

Den anwesenden Generälen dürfte allerdings klar gewesen sein, dass ein Feldzug gegen die Sowjetunion nicht nur globalstrategischen Interessen diente, sondern unauflöslich mit Hitlers zentralen rassenideologischen Zielen der Schaffung von „Lebensraum im Osten" und der „Lösung der Judenfrage" verbunden war. Ein koloniales „Ostprogramm" hatte Hitler bereits in den 1920er-Jahren ventiliert. In „Mein Kampf" propagierte er eine Außenpolitik „im Sinne der Erwerbung der notwendigen Scholle für unser deutsches Volk"[2] im Osten. An diesem Ziel hielt Hitler auch nach der Machtübernahme fest, wie Johannes Hürter schreibt: „Der Diktator hatte seit 1933 in zahlreichen internen Ansprachen immer wieder als Ceterum Censeo und Movens seiner Politik mehr oder weniger offen ausgesprochen oder zumindest durchblicken lassen, dass die angestrebte kontinentale Vormacht und globale Geltung, ja ‚Sein oder Nichtsein' der deutschen ‚Herrenrasse' auf Dauer von der Eroberung neuen ‚Lebensraums im Osten' und der dadurch – anders als im Ersten Weltkrieg – erreichten wirtschaftlichen Autarkie sowie – als scheinbar logische Konsequenz daraus – von der Vernichtung des Bolschewismus, Ausschaltung der Juden und Zurückdrängen der Slawen abhängig seien."[3]

Seine (in nationalsozialistischer Perspektive) existenzielle Bedeutung erhielt der Russland-Feldzug vor allem durch das Stereotyp des „jüdischen Bolschewismus". Abgesehen von der kurzen Phase des „Hitler-Stalin-Paktes" war es ein Kontinuum nationalsozialistischer Agitation.[4] 1936 etwa hetzte Propagandaminister Joseph

1 Halder, Kriegstagebuch, Bd. II, S. 49 f.

2 Zit. nach Curilla, Ordnungspolizei, S. 75.

3 Hürter, Heerführer, S. 205.

4 Andreas Hillgruber, Der Ostkrieg und die Judenvernichtung, in: Gerd R. Ueberschär/Wolfram Wette (Hrsg.), „Unternehmen Barbarossa". Der deutsche Überfall auf die Sowjetunion

Goebbels auf dem Nürnberger Reichsparteitag, beim Bolschewismus handele es sich „um einen pathologischen, verbrecherischen Wahnsinn, nachweisbar von Juden erdacht und von Juden geführt mit dem Ziel der Vernichtung der europäischen Kulturvölker und der Aufrichtung einer international-jüdischen Weltherrschaft über sie. [...] Die Frage des Bolschewismus ist die Frage des Fortbestandes Europas überhaupt.“[5] Hitler selbst hatte bereits in „Mein Kampf“ unmissverständlich konstatiert, dass der Bolschewismus nach Erscheinungen wie Parlamentarismus, Liberalismus und Kapitalismus der aktuellste Versuch des Judentums sei, sich die Weltherrschaft anzueignen.

Nach Hitlerscher Interpretation hatte sich im revolutionären Russland Folgendes zugetragen: Die slawischen Völker des Russischen Reiches, „rassisch minderwertige“ Massen, seien über Jahrhunderte von einer germanischstämmigen Herrscherklasse geführt worden. Die jüdischen Bolschewiki hätten diese Begründer und Garanten einer russischen Staatlichkeit vernichtet und sich an ihrer Stelle zu Herren des Landes aufgeschwungen. Indem es Russland dem Bolschewismus überantwortete, habe das Schicksal Deutschland einen Fingerzeig gegeben, den „ewigen Germanenzug nach dem Süden und Westen Europas“ zu stoppen und stattdessen den Blick nach Osten zu richten. Denn ebenso wie es den slawischen Völkern Russlands nicht gegeben sei, die „Judendiktatur“ zu beenden, so sei es „dem Juden“ unmöglich, das riesige Reich auf Dauer zu halten. „Er selbst ist kein Element der Organisation“, so Hitler, „sondern ein Ferment der Dekomposition. Das Riesenreich im Osten ist reif zum Zusammenbruch. Und das Ende der Judenherrschaft in Rußland wird auch das Ende Rußlands als Staat sein. Wir sind vom Schicksal ausersehen, Zeugen einer Katastrophe zu werden, die die gewaltigste Bestätigung für die Richtigkeit der völkischen Rassentheorie sein wird.“[6] In diesem Sinne sah Hitler den Angriff auf die Sowjetunion auch unter dem Aspekt des von ihm prognostizierten Weltkonfliktes zwischen „Ariern“ und Juden: Nun sei „die Stunde gekommen, [...], diesem Komplott der jüdisch-angelsächsischen Kriegsanstifter und der ebenso jüdischen Machthaber der bolschewistischen Moskauer Zentrale entgegenzutreten“.[7]

Am 18. Dezember 1940 erging Hitlers „Weisung Nr. 21. Fall Barbarossa“ an die Wehrmacht als Auftrag, „Sowjetrußland in einem schnellen Feldzug nieder-

1941. Berichte, Analysen, Dokumente, Paderborn 1984, S. 219–236, hier S. 222 ff. Hillgruber weist darauf hin, dass zur Jahreswende 1938/1939 mit Blick auf die taktisch notwendige temporäre Annäherung an die Sowjetunion die antisemitische von der antibolschewistischen Parole in der Propaganda für über zwei Jahre abgetrennt worden sei, die antisemitische wurde dabei jedoch weiter verschärft.

5 Zit. nach Hans-Heinrich Wilhelm, Rassenpolitik und Kriegsführung. Sicherheitspolizei und Wehrmacht in Polen und der Sowjetunion, Passau 1991, S. 45 ff.

6 Zit. nach Hillgruber, Ostkrieg, S. 221.

7 Zit. nach ebenda, S. 223 f.

zuwerfen“.[8] Die Vorbereitungen sollten Mitte Mai abgeschlossen sein. Der Weisung beigefügt war ein erster Entwurf von „Richtlinien auf Sondergebieten“ des Oberkommandos der Wehrmacht (OKW), der allerdings nicht überliefert ist. Da Hitler später Änderungen des Entwurfs einforderte, gingen die Historiker bislang davon aus, dass es sich dabei um eine Regelung in traditionellen Bahnen gehandelt haben muss. „Bedenkt man jedoch“, so schreibt Dieter Pohl, „dass spätestens seit Ende Januar über den Einbau von Verbänden, die nicht zu Wehrmacht und Waffen-SS gehörten, verhandelt wurde, so liegt eher der Verdacht nahe, dass hier eine Neuauflage der Regelungen des Polenkrieges und nicht des Westfeldzuges ausgearbeitet worden war […].“[9]

Mit welcher Radikalität der Feldzug gegen die Sowjetunion schließlich geführt werden sollte, zeigte sich mit aller Deutlichkeit erst im März 1941. Am 3. März lehnte Hitler den ersten Entwurf des OKW bezüglich der Kompetenzverteilung bei der Besatzung ab. Gegenüber dem Stabschef des OKW, General Alfred Jodl, machte er deutlich, der kommende Feldzug sei „mehr als nur ein Kampf der Waffen; er führt auch zur Auseinandersetzung zweier Weltanschauungen. […] Die jüdisch-bolschewistische Intelligenz, als bisheriger ‚Unterdrücker‘ des Volkes, muss beseitigt werden.“[10] Alles in allem, so der „Führer“, stünden Aufgaben an, die man dem Heer nicht zumuten könne. In diesem Sinne hieß es in Hitlers „Richtlinien auf Sondergebieten zur Weisung Nr. 21“, die das OKW zehn Tage später ausgab, der Reichsführer SS erhalte im „Operationsgebiet des Heeres […] zur Vorbereitung der *politischen Verwaltung Sonderaufgaben* im Auftrage des Führers, die sich aus dem endgültig auszutragenden Kampf zweier entgegengesetzter politischer Systeme ergeben“.[11]

Die Prinzipien eines solchen Kampfes erläuterte Hitler am 30. März in einer zweieinhalbstündigen Ansprache vor rund 250 hohen Offizieren der Wehrmacht. Generalstabschef Halder notierte: „*Kampf zweier Weltanschauungen gegeneinander.* Vernichtendes Urteil über Bolschewismus, ist gleich asoziales Verbrechertum. Kommunismus ungeheure Gefahr für die Zukunft. Wir müssen von dem Standpunkt des soldatischen Kameradentums abrücken. Der Kommunist ist vorher kein Kamerad und nachher kein Kamerad. Es handelt sich um einen Vernichtungskampf. Wenn wir es nicht so auffassen, dann werden wir zwar den Feind schlagen, aber in 30 Jahren wird uns wieder der kommunistische Feind gegenüberstehen. Wir führen nicht Krieg, um den Feind zu konservieren. […] / *Kampf gegen Rußland*: Vernichtung der bolschewistischen Kommissare und der kommunistischen Intelligenz. / […] Der

8 Weisung Nr. 21 (Fall „Barbarossa“) vom 18. 12. 1940, abgedruckt in: Ueberschär/Wette (Hrsg.), „Unternehmen Barbarossa“, S. 298–300.

9 Pohl, Herrschaft, S. 72.

10 Zit. nach Browning, Entfesselung, S. 320.

11 Richtlinien auf Sondergebieten zur Weisung Nr. 21 (Fall Barbarossa) vom 13. 3. 1941, in: Ueberschär/Wette (Hrsg.), „Unternehmen Barbarossa“, S. 300–302, hier S. 301 (Hervorhebungen im Original).

Kampf muß geführt werden gegen das Gift der Zersetzung. Das ist keine Frage der Kriegsgerichte. [...] Die Truppe muß sich mit den Mitteln verteidigen, mit denen sie angegriffen wird. Kommissare und GPU-Leute sind Verbrecher und müssen als solche behandelt werden. / [...] Der Kampf wird sich sehr unterscheiden vom Kampf im Westen. Im Osten ist Härte mild für die Zukunft.“[12]

In den folgenden Wochen fassten Wehrmachts- und SS-Dienststellen Hitlers Postulate zum „Daseinskampf“ in konkrete Regelungen und Befehle. Am 28. April erließ das Oberkommando des Heeres (OKH) den Befehl über eine Zusammenarbeit mit Sicherheitspolizei und SD („Wagner-Heydrich-Abkommen“). Über die Modalitäten der aus dem Polenkrieg durchaus vorbelasteten Kooperation hatten Heydrich und der Generalquartiermeister des Heeres, Generalmajor Eduard Wagner, bereits seit Ende Januar/Anfang Februar verhandelt. Einleitend hieß es in dem Befehl lapidar, dass die „Durchführung besonderer sicherheitspolizeilicher Aufgaben außerhalb der Truppe [...] den Einsatz von Sonderkommandos der Sicherheitspolizei (SD) im Operationsgebiet erforderlich“[13] mache.

Diese Aufgaben waren nur vage umrissen: So sollten die Kommandos in den frontnahen Gebieten Objekte und besonders wichtige Einzelpersonen „sicherstellen“, während sie in der Etappe auch für die „Erforschung und Bekämpfung der staats- und reichsfeindlichen Bestrebungen“ zuständig waren. Im Unterschied zum Polenkrieg waren die Kommandos nur noch hinsichtlich Marsch, Verpflegung und Unterkunft dem Heer unterstellt und agierten ansonsten in eigener Verantwortung. Im Klartext bedeutete dies, so Peter Longerich, „dass die vorgesehene massenhafte Liquidierung der kommunistischen Funktionäre im Operationsgebiet des Heeres den Sonderkommandos vorbehalten blieb, sie sich dabei aber auf die logistische Unterstützung der Armee verlassen konnten“.[14] Im frontnahen Gebiet allerdings konnte der Oberbefehlshaber der Armee Aktionen der Einsatzgruppen verbieten, wenn hierdurch militärische Operationen gestört werden würden. Ansonsten standen die Einsatzgruppen allein unter dem Befehl Heydrichs. Von wesentlicher Bedeutung war, dass den Einsatzgruppen das Recht zugestanden wurde, „im Rahmen ihres Auftrages in eigener Verantwortung gegenüber der Zivilbevölkerung Exekutivmaßnahmen zu treffen“. Zwar mussten sie hierbei eng mit der militärischen Abwehr kooperieren; aus militärischen Gründen konnten derlei Aktionen auch vom Oberbefehlshaber unterbunden werden. Dass diese Befugnis gleichwohl mörderischen Terror gegen Zivilisten zur Folge haben musste, dürfte der Heeresführung nach den Erfahrungen

12 Halder, Kriegstagebuch, Bd. II, S. 336 f.; eine ausführliche Darstellung der Generals-Versammlung findet sich in Hürter, Heerführer, S. 24 ff.

13 Befehl des ObdH, Generalfeldmarschall von Brauchitsch, über die Zusammenarbeit mit der Sicherheitspolizei und dem SD für den vorgesehenen Ostkrieg vom 28. 4. 1941, in: Ueberschär/Wette (Hrsg.), „Unternehmen Barbarossa“, S. 303 f., hier S. 303.

14 Longerich, Himmler, S. 536.

mit den Einsatzgruppen in Polen klar gewesen sein. Indes gab man sich im OKH damit zufrieden, dass „die Durchführung politischer Aufträge des Führers [...] nicht Sache des Heeres sein“[15] würde. SS und Polizei wurden damit zu einem integralen Bestandteil des Sicherungskonzeptes der Wehrmacht.[16] Das RSHA wiederum sah im „Wagner-Heydrich-Abkommen“ seine zwei wesentlichen Ziele verwirklicht: erstens eine weitgehende operative Unabhängigkeit der Einsatzgruppen vom Heer zu erreichen und zweitens hinsichtlich des Auftrages größtmögliche Handlungsfreiheit zu besitzen.[17]

Ab Frühjahr 1941 wurden in der Grenzpolizeischule im sächsischen Pretzsch sowie in den benachbarten Orten Düben und Bad Schmiedeberg vier Einsatzgruppen mit insgesamt rund 3000 Mann aufgestellt. Ähnlich wie beim Polenfeldzug bestanden sie aus Angehörigen der Sipo, des SD, der Orpo, aber auch der Waffen-SS. Weiteres Hilfspersonal (Funker, Fernschreiber, Dolmetscher, Fahrer, Mechaniker, Sekretärinnen) stammte teilweise ebenfalls aus dem SS- und Polizeiapparat. Zusätzlich sollten die Einsatzgruppen beim Vormarsch auf sowjetisches Territorium durch einheimische Kollaborateure verstärkt werden. Der Großteil des Führungspersonals war hoch gebildet, stammte aus dem RSHA und blickte auf eine Karriere in Heydrichs SD zurück: Die Amtschefs Arthur Nebe (Amt V) und Dr. Otto Ohlendorf (Amt III) wurden zu Führern der Einsatzgruppen C (später B) und D bestimmt. Der bewährte SD-Führer Franz Walther Stahlecker übernahm die Leitung der Einsatzgruppe A, während Dr. Dr. Otto Rasch der Einsatzgruppe B (später C) vorstand. Von den ersten 18 Einsatzgruppenkommandoführern gehörten immerhin sieben zum RSHA, darunter Dr. Erich Ehrlinger, der das Sonderkommando (SK) 1b übernahm. Buchstäblich alle Führungskader „teilten dieselben ideologischen Ansichten über Juden, Bolschewiken und Slawen sowie über Deutschlands imperiale Zukunft im Osten. Darüber hinaus war ihnen eine durch ‚tatkräftige Rücksichtslosigkeit‘, Eigeninitiative und Aktivismus geprägte Haltung zu Eigen, die die gesamte intellektuelle Elite der SS charakterisierte.“[18]

Obgleich die Einsatzgruppen zweifellos die Vorhut der SS-Präsenz in der Sowjetunion bilden sollten, waren sie das kleinste der SS- und Polizeikontingente, die Himmler im Ostkrieg nutzen wollte. Das zeigte sich offiziell in seinem Befehl vom 21. Mai 1941: Der Reichsführer SS legte hier fest, dass in der Sowjetunion seine territorialen Befehlshaber, die Höheren SS- und Polizeiführer (HSSPF), die zentrale Rolle spielen würden. Die HSSPF waren Himmler direkt unterstellt und ermöglichten ihm,

15 So Generalquartiermeister Wagner auf einer Besprechung am 16. 5. 1941, zit. nach Felix Römer, Der Kommissarbefehl. Wehrmacht und NS-Verbrechen an der Ostfront 1941/42, Paderborn 2008, S. 70.

16 So Pohl, Herrschaft, S. 73.

17 Wildt, Generation, S. 541.

18 Browning, Entfesselung, S. 335; zum Führungspersonal der Einsatzgruppen ausführlich Wildt, Generation, S. 546 ff.

an RSHA, Hauptamt Ordnungspolizei und SS-Hauptamt vorbei in das Kriegs- und Besatzungsgeschehen einzugreifen.[19] Dem jeweiligen HSSPF waren „zur Durchführung der ihm von mir unmittelbar gegebenen Aufgaben SS- und Polizeitruppen und Einsatzkräfte der Sicherheitspolizei unterstellt“.[20]

Mit „SS- und Polizeitruppen“ waren Einheiten der Ordnungspolizei und der Waffen-SS gemeint, über deren Einsatz nicht mit dem Heer verhandelt worden war und die infolgedessen auch keinerlei Erwähnung im „Wagner-Heydrich-Abkommen“ fanden. Entsprechend konnte Himmler ihnen eine größere Selbstständigkeit verleihen. So sollte die Ordnungspolizei „ihre Aufgaben nach meinen grundlegenden Weisungen“ erfüllen. Zusammengefasst in zunächst 23 Bataillonen traten über 11 000 Berufspolizisten, Polizeireservisten und Freiwillige im Krieg gegen die UdSSR an. Die Polizeibataillone waren allerdings teilweise den Sicherungsdivisionen der Wehrmacht zugeteilt.[21] Daneben bildete Himmler mit dem „Kommandostab Reichsführer SS“ einen eigenen SS-Stab für den Ostkrieg. Er sollte die Tätigkeit von neu zusammengestellten Einheiten der Waffen-SS anleiten, die sowohl an der Front als auch im Hinterland als spezielle Eingreifreserve Himmlers verwendbar waren. Im Juli 1941 gab es etwa 19 000 Mann Kommandostab-Truppen.[22]

Hitlers „Weltanschauungskrieg“ sollte jedoch keinesfalls von den SS- und Polizeiverbänden allein ausgefochten werden. Im Frühjahr 1941 wurden nach einer Weisung Halders auf mittlerer Ebene von OKH und OKW zwei Befehle ausgearbeitet, die unmittelbar auf Hitlers Rede vom 30. März zurückgingen. Der schließlich vom Führer unterzeichnete „Kriegsgerichtsbarkeitserlaß“ vom 13. Mai 1941 sah vor, dass Straftaten von Zivilisten nicht, wie üblich, vor einem Kriegsgericht abgeurteilt werden durften. Es seien nicht nur „*Freischärler* […] durch die Truppe […] schonungslos zu erledigen“; auch „alle *anderen Angriffe feindlicher Zivilpersonen gegen die Wehrmacht* […] sind von der Truppe auf der Stelle mit den äußersten Mitteln bis zur Vernichtung des Angreifers niederzukämpfen. / […] Wo Maßnahmen dieser Art versäumt wurden oder zunächst nicht möglich waren, werden *tatverdächtige Elemente sogleich einem Offizier vorgeführt. Dieser entscheidet, ob sie zu erschießen sind.*“[23]

Verbrechen deutscher Soldaten an sowjetischen Zivilpersonen indes sollten nicht verfolgt werden, wenn der Täter politische Motive geltend machte. Dies konnte nur eine fatale Verallgemeinerung der Gewalt zur Folge haben. Der „Kommissarbefehl“

19 Zur Institution der HSSPF grundlegend Ruth Bettina Birn, Die Höheren SS- und Polizeiführer. Himmlers Vertreter im Reich und in den besetzten Gebieten, Düsseldorf 1986.
20 Zit. nach Longerich, Himmler, S. 538.
21 Zum Einsatz der Orpo vgl. Curilla, Ordnungspolizei, S. 61 f.
22 Dazu umfassend Cüppers, Wegbereiter.
23 Erlaß über die Ausübung der Kriegsgerichtsbarkeit im Gebiet „Barbarossa“ und über besondere Maßnahmen der Truppe vom 13. 5. 1941, mit Ergänzungen des ObdH vom 24. 5. 1941, in: Ueberschär/Wette (Hrsg.), „Unternehmen Barbarossa“, S. 305–307, hier S. 306 (Hervorhebungen im Original).

vom 6. Juni wiederum forderte von der Truppe die sofortige Erschießung aller gefangen genommenen politischen Kommissare der Roten Armee.[24] „Damit wurde“, schreibt Christian Streit, „noch vor Beginn der Kampfhandlungen die verfahrenslose Liquidierung einer genau definierten Gruppe der feindlichen Armee befohlen und die Wehrmacht erstmals direkt an der Beseitigung politischer Gegner beteiligt.“[25]

Überdies war das Feindbild des „Politischen Kommissars“, der als Personifizierung des „jüdischen Bolschewismus“ galt, seit jeher antisemitisch besetzt. Dieter Pohl schreibt: „Angeblich sei der größte Teil der Kommissare jüdischer Herkunft, so hieß es. Diese populäre Vorstellung propagierte auch die Heeresleitung in den dreißiger Jahren. Tatsächlich waren 1929 etwa 8 % der Kommissare jüdischer Herkunft, 1938 galt dies für etwa 20 % der Politoffiziere, ein Anteil, der danach wieder abzusinken begann. Für die Antisemiten spielten solche Statistiken keine Rolle, die antijüdische Konnotation senkte vielmehr die moralischen Schwellen. Nichtjüdische Kommissare wurden hingegen bisweilen gar nur als ‚Mitläufer‘ eingestuft.“[26]

Mit den „verbrecherischen Befehlen“ sowie dem Einbau der Einsatzgruppen in das Sicherungskonzept der Wehrmacht war das Fundament für eine Radikalisierung der Kriegführung in Richtung „Vernichtungskampf“ mit deutlich antijüdischem Charakter gelegt. Ein weiteres wichtiges Instrument waren die Richtlinien und Merkblätter für Offiziere und Mannschaften im Ostfeldzug, die das geplante Vorgehen fernab kriegsvölkerrechtlicher Regelungen gleichermaßen begründeten wie rechtfertigten.[27] In den „Richtlinien für das Verhalten der Truppen in Rußland“, die das OKW am 19. Mai 1941 ausgab, hieß es einleitend, der Bolschewismus sei der „Todfeind“ des deutschen Volkes; der Kampf gegen diese Weltanschauung und ihre Träger erfordere „rücksichtsloses und energisches Durchgreifen gegen *bolschewistische Hetzer, Freischärler, Saboteure, Juden* und restlose Beseitigung jedes aktiven oder passiven Widerstandes“.[28] Gegenüber allen Angehörigen der Roten Armee sei

24 OKW, Richtlinien für die Behandlung politischer Kommissare, gez. Warlimont, 6. 6. 1941, als Faksimile abgedruckt in: Römer, Kommissarbefehl, S. 76–79.

25 Christian Streit, Die Behandlung der sowjetischen Kriegsgefangenen und völkerrechtliche Probleme des Krieges gegen die Sowjetunion, in: Ueberschär/Wette (Hrsg.), „Unternehmen Barbarossa“, S. 197–218, hier S. 201; jetzt umfassend Römer, Kommissarbefehl.

26 Pohl, Herrschaft, S. 75; zur Wirkungsmächtigkeit dieses Feindbildes im Feldzug selbst schreibt Felix Römer, dass die Vorstellung von der jüdischen Prägung des sowjetischen „Kommissarsystems“ in den Stäben des Ostheeres weitverbreitet und akzeptiert gewesen sei. Bei der Beurteilung und Stigmatisierung der Kommissare habe es hingegen eine eher zweitrangige Rolle gespielt; in den Akten sei sehr viel häufiger ihre Parteizugehörigkeit als ihre jüdische Abstammung erwähnt worden, auch wenn beides aus der Sicht vieler Stäbe vermutlich identisch war. In jedem Fall aber galten die Kommissare in den Kommandobehörden als skrupellose Erfüllungsgehilfen einer illegitimen Herrschaft und als Repräsentanten des verteufelten „jüdischen Bolschewismus“, vgl. Römer, Kommissarbefehl, S. 299 ff.

27 Dazu ausführlicher ebenda, S. 85–88.

28 Besondere Anordnungen Nr. 1 zur Weisung Nr. 21 (Fall „Barbarossa“) vom 19. 5. 1941 mit Anlage 1: Gliederung und Aufgaben der im Raum „Barbarossa“ einzusetzenden Wirtschafts-

äußerstes Misstrauen geboten, da mit „heimtückischer Kampfesweise“ zu rechnen sei. Insbesondere asiatische Soldaten seien „undurchsichtig, unberechenbar, hinterhältig und gefühllos“. Ohnedies müsse sich die Truppe bewusst sein, dass die UdSSR nicht über ein einheitliches Staatsvolk verfüge. Sie sei vielmehr ein Staatengebilde, „das eine *Vielzahl von slawischen, kaukasischen und asiatischen Völkern* in sich vereinigt und das zusammengehalten wird durch die *Gewalt der bolschewistischen Machthaber.* Das *Judentum* ist in der U. d. S. S. R. stark vertreten.“

Die „Richtlinien“ und die „verbrecherischen Befehle“ ließen also wenig Zweifel darüber aufkommen, dass im Vorfeld des „Unternehmens Barbarossa“ mörderische Maßnahmen gegen die Juden der UdSSR geplant wurden. Sie waren ein wesentliches Mittel, um den erwarteten sowjetischen Widerstand zu brechen und den Zusammenbruch des bolschewistischen Systems durch die Beseitigung der vermeintlichen jüdischen Elite (zumindest der politischen Führungsschicht bis hin zu den unteren Rängen) zu beschleunigen.[29] Gemäß dem Feindbild vom „jüdischen Bolschewismus“ waren letztlich jedoch alle sowjetischen Juden von Gewaltexzessen bedroht: Sie galten den Nationalsozialisten nicht nur, wie die polnischen Juden, als minderwertige „Ostjuden“, sondern vor allem als potenzielle Kommunisten, Träger und Nutznießer des als „Weltfeind Nr. 1“ halluzinierten Systems.[30]

Das Feindbild des „jüdischen Bolschewismus“ war zweifellos nicht nur in ausdrücklich nationalsozialistischen Kreisen verankert. Es war in der Kriegs-, Revolutions- und Umbruchszeit von 1917 bis 1923 entstanden und hatte sich rasch unter konservativen bis rechtsextremen Politikern und Militärs in ganz Europa verbreitet.[31] Es gedieh damit in einem Milieu, das bereits von kulturell-religiösen antisemitischen Vorurteilen geprägt war. Vordergründig stützte sich das Stereotyp auf den – gemessen an ihrem Bevölkerungsanteil – hohen Anteil von Juden an der kommunistischen Bewegung. Tatsächlich aktualisierte es ein antisemitisches Klischee des ausgehenden 19. Jahrhunderts, das Juden mit Sozialismus und revolutionären Bestrebungen identifizierte und als Bedrohung der bestehenden Ordnung brandmarkte.[32]

organisation, und Anlage 3: Richtlinien für das Verhalten der Truppe in Rußland, in: Ueberschär/Wette (Hrsg.), „Unternehmen Barbarossa“, S. 308–312, hier S. 312 (Hervorhebungen im Original).

29 Friedländer, Reich, S. 511.

30 Dazu Robel, Sowjetunion, S. 509 f.; Hürter, Heerführer, S. 515.

31 Das Stereotyp ist noch nicht ausreichend erforscht; zu seiner Bedeutung im russischen Antisemitismus vgl. Ulrich Herbeck, Das Feindbild vom „jüdischen Bolschewiken“. Zur Geschichte des russischen Antisemitismus vor und während der Russischen Revolution, Berlin 2009. Als über weite Strecken fragwürdig gilt Johannes Rogalla von Bieberstein, „Jüdischer Bolschewismus“. Mythos und Realität, Dresden 2002.

32 Dazu Friedländer, Reich, S. 369 f. und Pohl, Herrschaft, S. 36 f. Pohl weist daraufhin, dass die überdurchschnittliche Repräsentanz von Letten in Tscheka und Kommunistischer Partei nicht zu kollektiven Schuldzuweisungen geführt habe.

Auch in der deutschen Militärelite fand das Feindbild vom „jüdischen Bolschewismus“ regen Zuspruch. 1935, als das Regime intern mit Kriegsvorbereitungen begann, kritisierte der Leiter der Abteilung „Fremde Heere Ost“ im Truppenamt, Carl-Heinrich v. Stülpnagel, das „spitzelhafte Verhalten und Treiben der meist der jüdischen Rasse angehörenden unteren Politiker in der Truppe“ als eine höchst unerfreuliche Erscheinung im Offizierskorps der Roten Armee, die an die „schlimmsten Anfangszeiten der kommunistischen Herrschaft“ erinnere.[33] Im gleichen Jahr wurden sowjetische Parteifunktionäre in einem Flugblatt des Reichskriegsministeriums als „meist dreckige Juden“ bezeichnet.[34] Im Frühjahr 1941 wiederum übernahm Generaloberst Erich Hoepner, Befehlshaber der Panzergruppe 4, wie selbstverständlich Hitlers stereotype Formulierung vom Russland-Krieg als „Daseinskampf des deutschen Volkes“ gegen Slawentum und „jüdischen Bolschewismus“. Dieser Kampf, so hieß es in Hoepners Aufmarschanweisung „Barbarossa“ weiter, müsse „von dem eisernen Willen zur erbarmungslosen, völligen Vernichtung des Feindes geleitet sein. Insbesondere gibt es keine Schonung für die Träger des heutigen russisch-bolschewistischen Systems“.[35] Möglicherweise mochte manchem kommandierenden Offizier das Feindbild vom „jüdischen Bolschewismus“ überzogen erschienen sein. Die meisten hegten jedoch grundsätzlich keinerlei Sympathien für Juden und Kommunisten.[36] Diese generelle antisemitische und antikommunistische Disposition erleichterte die Übernahme des nationalsozialistischen Konzeptes vom „weltanschaulichen Vernichtungskrieg“.

In welchem Maße sich die nationalsozialistische Indoktrination auf die Einstellungsmuster von Unteroffizieren und Mannschaften des Ostfeldzuges ausgewirkt hat, ist bislang nicht erschöpfend geklärt worden. Sicherlich dürften auch die niederen Dienstränge einiges an „unsichtbarem Gepäck“ (Jürgen Matthäus) mit sich geführt haben. Dazu gehörten traditionelle Vorstellungen von der „unendlichen Weite“ des Ostens, die gleichermaßen als Verheißung wie als Bedrohung erschien, aber zweifellos auch negativ aufgeladene Stereotype von Juden und Bolschewismus.[37] Über weitaus festere ideologische Überzeugungen verfügten die Angehörigen von SS- und Polizeiverbänden. Ein wichtiger Grund hierfür waren die Lehrsätze in Form der „weltanschaulichen Erziehung“, die alle Ränge in den zentralen Ideologemen des Nationalsozialismus unterwiesen. Hinsichtlich der „Judenfrage“ kam dies langfristig einer „Erziehung zum Mord“ (Konrad Kwiet) gleich. „Weltanschauliche Erziehung“ war in diesem Sinne kein Selbstzweck, sondern eng mit der politischen Praxis verknüpft, wie Jürgen Matthäus schreibt: „Vorurteile, Indoktrination und die sich stän-

33 Zit. nach Hürter, Heerführer, S. 516.
34 Browning, Entfesselung, S. 364.
35 Zit. nach Wilhelm, Rassenpolitik, S. 140.
36 Matthäus, „Unternehmen Barbarossa“, S. 365; Hürter, Heerführer, S. 517.
37 Matthäus, „Unternehmen Barbarossa“, S. 362, 365.

dig verschärfende Verfolgungspraxis sorgten dafür, dass SS-Männer und Polizisten die ‚Judenfrage‘ statt in abstrakten Begriffen als drängendes Problem wahrnahmen, das zum Nutzen des Regimes, des Sicherheitsapparates und ihrer eigenen Karrieren bewältigt werden musste. Das Schwergewicht ‚weltanschaulicher Erziehung‘ in SS und Polizei lag daher nicht auf theoretischem, sondern auf anwendbarem praxisorientiertem Wissen, was unter anderem daran abzulesen war, dass viele Lehrer an den SS- und Polizeischulen ebenso wie ihre Schüler Angehörige von Einsatzgruppen waren und mit praktischen Aspekten der ‚Judenfrage‘ befasste Beamte wie Eichmann an diesen Schulen Vorträge hielten.“[38]

Die Vorbereitung des „Unternehmens Barbarossa“ wirkte sich auch auf die Planungen der NS-Führung zur generellen „Lösung der Judenfrage“ im deutschen Einflussgebiet aus. Am 4. Dezember 1940 hatte Eichmann errechnet, dass insgesamt 5,8 Millionen Juden „aus dem europäischen Wirtschaftsraum des deutschen Volkes in ein noch zu bestimmendes Territorium umzusiedeln“[39] seien. Bekanntlich war das RSHA im Sommer 1940 noch davon ausgegangen, im Rahmen des Madagaskar-Plans rund vier Millionen europäische Juden zu verschleppen. Möglicherweise hatte Eichmann mittlerweile einen Teil der sowjetischen Juden in die Planung einbezogen. Einen Tag zuvor hatte Hitler dem neuen Reichsstatthalter in Wien, Baldur von Schirach, zugesagt, dass die 60 000 Wiener Juden wegen der grassierenden Wohnungsnot noch während des Krieges beschleunigt abgeschoben werden könnten.[40] Nach dem Scheitern des Madagaskar-Planes war nun wieder das Generalgouvernement Zielgebiet. Mitte Dezember begannen die Planungen zum „3. Nahplan“, der schließlich die Verschleppung von fast 800 000 Polen und einigen wenigen, noch nicht ghettoisierten Juden aus den neuen „Ostgauen“ nach Zentralpolen vorsah.

Beide Projekte scheiterten, wie Götz Aly schreibt: „Statt des ‚Abschubs‘ von 770 000 Polen aus den eingegliederten Ostgebieten und von 60 000 Juden aus Wien erreichten die Organisatoren des Bevölkerungsaustauschs lediglich 3,5 Prozent des selbstgesetzten Solls.“[41] In absoluten Zahlen ausgedrückt, wurden zwischen dem 5. Februar und dem 15. März insgesamt 25 000 Menschen aus den vom Reich annektierten westpolnischen Gebieten ins Generalgouvernement verschleppt.[42] Zwischen dem 15. Februar und dem 11. März organisierte die Wiener „Zentralstelle“ die Deportation von ungefähr 5000 österreichischen Juden in polnische Kleinstädte im Distrikt Lublin, so nach Opole und Kielce.[43] Wenige Tage nach dem Transport vom

38 Ebenda, S. 369.

39 Zit. nach Aly, „Endlösung“, S. 209.

40 Safrian, Eichmann, S. 96 f.

41 Aly, „Endlösung“, S. 229.

42 Ebenda, S. 225.

43 Dazu Gabriele Anderl, „Störungen sind zu vermeiden.“ Emigration und Vertreibung aus Wien 1938 bis 1945, in: Simon Wiesenthal (Hrsg.), Projekt Judenplatz Wien. Zur Konstruktion von Erinnerung, Wien 2000, S. 132–152. Die Verschleppten fielen den „Auskämmungsaktionen“

11. März teilte Gestapochef Müller der Zentralstelle mit, dass es nicht mehr möglich sei, „ab 16. 3. 1941 bis auf weiteres Evakuierungstransporte aus den eingegliederten deutschen Ostgebieten bzw. Wien in das Generalgouvernement durchzuführen“.[44] Die Region diente nun als Aufmarschgebiet für das „Unternehmen Barbarossa“: Ab dem 15. März sammelte die Wehrmacht im östlichen Generalgouvernement nicht nur die Heeresgruppe Mitte, sondern auch die Heeresgruppe Süd.[45]

Ungeachtet dessen war die Massenverschleppung von „Reichsjuden“ auch weiterhin Thema unter führenden Nationalsozialisten. Propagandaminister Goebbels, zugleich Gauleiter von Berlin, war Mitte März bei der Mittagstafel des „Führers“ auf die noch in der Hauptstadt lebenden 60 000 bis 70 000 Juden angesprochen worden. Es bestand Einigkeit darüber, dass diese Zahl bei Weitem zu hoch liege und Abhilfe geschaffen werden müsse. Auf der eigens zu diesem Thema anberaumten Sitzung zwischen Vertretern von Goebbels und dem RSHA am 20. März referierte Eichmann die aktuellen Deportationsplanungen der NS-Führung: Sein Vorgesetzter Heydrich sei „vom Führer mit der endgültigen Judenevakuierung beauftragt“[46] und habe diesem bereits vor acht bis zehn Wochen einen entsprechenden Vorschlag unterbreitet. Allerdings sei das Generalgouvernement gegenwärtig nicht in der Lage, „einen Juden oder einen Polen aus dem Altreich aufzunehmen“, sodass der Vorschlag noch nicht in die Praxis habe umgesetzt werden können.

Eichmann verschwieg (oder wusste noch nicht), dass Heydrich während der Vorbereitungen des „Unternehmens Barbarossa“ ein neues Zielgebiet für die Massendeportationen in den Blick genommen hatte: die Sowjetunion. Am 26. März 1941 traf sich der RSHA-Chef mit Generalquartiermeister Wagner zu einer letzten Besprechung über „Ostfragen“. Thema war wahrscheinlich nicht nur der Handlungsspielraum der Einsatzgruppen im Rücken des Heeres, sondern auch die Frage, wie sich die Wehrmacht zu Massendeportationen von Juden in die besetzte UdSSR stellen würde. Im Anschluss an dieses Treffen suchte Heydrich Göring auf und notierte noch am gleichen Tag: „Bezüglich der Lösung der Judenfrage berichtete ich kurz dem Reichsmarschall und legte ihm meinen Entwurf vor, dem er mit einer Änderung bezüglich der Zuständigkeit Rosenbergs zustimmte und Wiedervorlage befahl.“[47]

Die Erwähnung Rosenbergs wird in der Forschung als eindeutiges Indiz dafür gewertet, dass als Zielgebiet der „territorialen Endlösung“ nun die UdSSR angedacht war. Denn der Chefideologe der NSDAP war zu diesem Zeitpunkt bereits als Minister für die Zivilverwaltung der später besetzten sowjetischen Gebiete vorgese-

des Frühjahrs und Sommers 1942 der polnischen Ghettos zum Opfer und wurden gemeinsam mit polnischen Juden in den Vernichtungslagern der „Aktion Reinhardt“ ermordet.

44 Zit. nach Safrian, Eichmann, S. 97.

45 Aly, „Endlösung“, S. 234.

46 Zit. nach Safrian, Eichmann, S. 107.

47 Zit. nach Aly, „Endlösung“, S. 270.

hen. Gleichfalls im März informierte das RSHA die „Reichsvereinigung der Juden in Deutschland" darüber, dass eine „Gesamtauswanderung der siedlungsfähigen jüdischen Bevölkerung"[48] bevorstehe, wofür erhebliche Mittel aufzubringen seien. Überdies planten seit Anfang 1941 einige deutsche Städte, ihre jüdischen Bewohner in Barackenlagern zu konzentrieren. Das RSHA intervenierte zunächst gegen solche Vorhaben in München, Aachen, Köln und Brandenburg, da die polizeiliche Kontrolle der Lager zu aufwendig erschien. Mit Beginn des „Unternehmens Barbarossa" gab Heydrichs Behörde jedoch ihren Widerstand auf und unterstützte die „Umsiedlung" sämtlicher Juden einzelner Städte bzw. Landkreise. In den folgenden Monaten entstanden in stillgelegten Zechen oder ehemaligen Klostergebäuden über vierzig Lager, in denen jüdische Familien unter Kontrolle der Gestapo leben mussten.[49]

Dass Göring gegenüber Heydrich Rosenberg ins Spiel brachte, erlaubt zudem Rückschlüsse auf den anvisierten Beginn der Deportationen: Offenbar sollte damit bis zur Einführung der Zivilverwaltung in den besetzten sowjetischen Gebieten, wahrscheinlich sogar bis zum Ende des Feldzuges, gewartet werden. Hitler selbst jedenfalls sprach sich bis zum Herbst 1941 entschieden gegen einen Deportationsbeginn vor Kriegsende aus. Da das „Unternehmen Barbarossa" als „Blitzkrieg" konzipiert war, hätten die Zwangsverschleppungen aus dem Reich bereits im Herbst, spätestens zur Jahreswende anlaufen können. Heydrich selbst wollte nach Auffassung von Götz Aly nach dem Angriff auf die Sowjetunion über die Aufnahme der Gesamtdeportation verhandeln.[50]

Unklar war im Frühjahr 1941 freilich, in welche Region der UdSSR die Juden verschleppt werden sollten. Innerhalb der NS-Führung begannen diffuse Ideen über die russische Eismeerküste oder Sibirien als Deportationsziele zu kursieren.[51] Ende März machte Hitler deutlich, dass das besetzte sowjetische Territorium ähnlich wie Polen zerstückelt werden sollte: Nordrussland sollte Finnland zugeschlagen werden, während die baltischen Staaten, Weißrussland und die Ukraine deutsche Protektorate werden sollten. Insgesamt schwebten dem Diktator Vasallenstaaten mit „primitiver sozialistischer Intelligenz" vor.[52] Ebenso wie im Polenfeldzug sollte das Heer die Hoheit über die Besatzungsgebiete nur kurze Zeit innehaben.[53] In den „Richtlinien auf Sondergebieten zur Weisung Nr. 21" war schließlich offiziell festgelegt, im Rücken der drei Heeresgruppen Nord, Mitte und Süd nach einem möglichst schmalen Streifen Operationsgebiet drei Reichskommissariate (Baltikum, Weißrussland, Ukraine) zu bilden. Diesen Verwaltungseinheiten sollte ein von Hitler instruierter

48 Zit. nach Gruner, Kollektivausweisung, S. 45.
49 Ebenda, S. 45 f.
50 Aly, „Endlösung", S. 272.
51 Ebenda, S. 273 ff.
52 Halder, Kriegstagebuch, Bd. II, S. 337.
53 Pohl, Herrschaft, S. 67.

Reichskommissar vorstehen; die Verantwortung für die militärische Sicherung des Gebietes hatte ein dem OKW unterstehender Wehrmachtsbefehlshaber zu tragen.[54] Knapp einen Monat nach dem Überfall auf die Sowjetunion waren fünf Reichskommissariate in Planung: „Ostland", Ukraine, „Moskowien", Kaukasus und Don-Wolga.

Zur Zukunft der besetzten sowjetischen Gebiete hatte der designierte Ostminister Rosenberg bereits im April und Mai 1941 eine Reihe von Plänen entwickelt. Sie bieten auch Hinweise auf weitere mögliche Deportationsziele in der UdSSR, die innerhalb höherer NS-Kreise diskutiert wurden. So regte Rosenberg in einer Denkschrift vom 2. April an, die Behandlung der UdSSR-Territorien solle „von vornherein auf die angestrebten politischen Ziele ausgerichtet werden, sowohl in verwaltungsmäßiger als auch wirtschaftlicher und ideologischer Hinsicht".[55] In diesem Sinne strebte der Reichsleiter für Zentralrussland („Moskowien") neben einer „sehr weitgehenden Wirtschaftsausnutzung" die „völlige Vernichtung der jüdisch-bolschewistischen Staatsverwaltung" an. Anstatt die „Errichtung eines zusammenfassenden neuen Staatsapparates zu fördern", erschien es Rosenberg sinnvoller, größere Gebietsteile des russischen Kernlandes an andere, neu zu bildende Verwaltungseinheiten abzutreten. Das verbliebene Territorium um Moskau könne als „Abschubgebiet für unerwünschte Bevölkerungselemente" aus anderen Gegenden dienen. Möglicherweise waren damit auch die mittel- und westeuropäischen Juden gemeint. Einen Monat später hielt Rosenberg Weißrussland, ohnedies „zweitgrößtes Judenreservoir" der UdSSR, für eine geeignete „Auffangstation vieler unsozialer Elemente". Im Generalgouvernement und in Kreisen des RKF wurde zeitweilig erwogen, die europäischen Juden in den Süden Weißrusslands zu verschleppen und zum Trockenlegen der Pripjat-Sümpfe einzusetzen.[56]

Ein dem Madagaskar-Plan vergleichbares detailliertes Deportationsprogramm scheint im Vorfeld des „Unternehmens Barbarossa" nicht ausgearbeitet worden zu sein oder ist nicht überliefert. Freilich trug auch das Vorhaben einer „Judendeportation" in die Sowjetunion deutliche Züge eines „impliziten Völkermordes" (Christopher Browning): Wieder sollten die Juden in einer möglichst unwirtlichen Gegend mit widrigen klimatischen Bedingungen (Eismeer, Sibirien, weißrussische Sümpfe) isoliert werden, wo zweifellos ein großer Teil mittelfristig zu Tode gekommen wäre. Neu war der Gedanke, die Deportierten mörderische Zwangsarbeit zum Nutzen des Deutschen Reiches leisten zu lassen und so zusätzlich zu dezimieren.

Zu berücksichtigen sind in diesem Zusammenhang auch die generellen bevölkerungs- und wirtschaftspolitischen Planungen der NS-Führung für die Sowjetunion.

54 Zur Planung der Zivilverwaltung in den besetzten sowjetisch/baltischen Gebieten vgl. ausführlich Zellhuber, Verwaltung, S. 70 ff.

55 Zit. nach ebenda, S. 71.

56 Aly, „Endlösung", S. 275 ff.

Neben der Wehrmacht, dem SS- und Polizeiapparat und der Zivilverwaltung gab es mit dem Wirtschaftsstab Ost eine vierte besatzungspolitische Instanz. Der Wirtschaftsstab Ost unterstand letztlich Göring als dem Leiter der Vierjahresplanbehörde, wurde aber faktisch von General Georg Thomas geführt. Thomas war Chef des Wehrwirtschafts- und Rüstungsamtes (WiRüAmt), dessen Funktion es unter anderem war, sowjetische Rüstungsbetriebe und Rohstoffe für das Reich zu beschlagnahmen. Der General hatte die volle Unterstützung Hitlers, der in seiner strategischen Feldzugskonzeption auch hohen Wert auf die Kontrolle und Ausbeutung wirtschaftlicher Ressourcen legte. An der Planung des Raubkrieges waren zudem der Generalquartiermeister sowie Staatssekretär Herbert Backe aus dem Reichsministerium für Ernährung und Landwirtschaft entscheidend beteiligt. „Backe war es“, so schreibt Saul Friedländer, „der der Wirtschaftsplanung des Unternehmens Barbarossa mit seinen ‚Hungerplänen‘ den letzten Schliff gab.“[57]

Die Planungen des Staatssekretärs sahen vor, den allergrößten Teil der sowjetischen landwirtschaftlichen Erzeugnisse zu beschlagnahmen und zuerst an die Truppe, dann an die Reichsbevölkerung und schließlich in äußerst eingeschränktem Maße an die Einheimischen auszuliefern. Dass so ein erheblicher Teil der Sowjetbürger verhungern oder weiter nach Osten würde fliehen müssen, war einkalkuliert. Für die Ukraine und das Baltikum war noch eine Grundversorgung vorgesehen. Die Menschen in Zentral- und Nordrussland, mit Einschränkungen auch in Weißrussland sollten dagegen völlig von der Versorgung abgeschnitten werden. Gleiches galt für die Bewohner von Großstädten. Backe ging lapidar von „zig Millionen“ Verhungerten aus, während in der NS-Führung von dreißig Millionen möglichen Toten die Rede war.[58] Diese Zahl nannte Himmler, so erinnerte sich SS-Obergruppenführer Erich von dem Bach-Zelewski nach dem Krieg, Mitte Juni 1941 bei einem mehrtägigen „Gruppenführer-Treffen“ auf der Wewelsburg. Himmler hatte die Zusammenkunft anberaumt, um die höchste SS-Führung persönlich auf den unmittelbar bevorstehenden Vernichtungskrieg einzustimmen. Neben seinen beiden Polizeichefs Heydrich und Daluege und seinem Stabschef Karl Wolff waren unter anderem die als HSSPF vorgesehen SS-Obergruppenführer Friedrich Jeckeln, Hans-Adolf Prützmann sowie von dem Bach-Zelewski anwesend.[59]

Die „Hungerpläne“ richteten sich gegen die gesamte Bevölkerung der UdSSR, hatten aber durchaus antisemitische Bezüge. So lagen die potenziellen Deportationsziele für mittel- und westeuropäische Juden hauptsächlich in den Regionen der Sowjetunion, die nach den „Hungerplänen“ ganz oder teilweise von der Lebensmittelversorgung ausgeschlossen werden sollten. Christian Gerlach schreibt hierzu:

57 Friedländer, Reich, S. 517.

58 Zu den „Hungerplänen“ als Überblick Pohl, Herrschaft, S. 65 f.; ausführlich Gerlach, Morde, S. 46 ff.

59 Longerich, Himmler, S. 540 f.

„Für das Schicksal der deportierten Juden mußte das heißen, daß sie nicht nur […] unter barbarischen Umständen nach Osten transportiert und dort untergebracht werden würden, sondern daß die Versorgung von – wie Eichmann annahm – fast sechs Millionen neuen jüdischen ‚Nichtselbstversorgern‘ dort völlig ungeklärt blieb, wenn nicht, daß ihr fast restloser Hungertod vorgezeichnet gewesen wäre.“[60] Die Deportationsvorhaben mit dem Ziel Sowjetunion, so Gerlach weiter, seien noch keine ausgeklügelten, konsistenten Völkermordpläne gewesen. Sie ließen jedoch die Absicht erkennen, die europäischen Juden sehr stark zu dezimieren. Hinzuzufügen ist, dass die NS-Führung im Vergleich zum Madagaskarplan offenkundig mehr und mehr bereit war, die „natürliche Verminderung“ (Eichmann) der Juden aktiv durch mörderische Zwangsarbeit zu beschleunigen.

Auch die sowjetischen Juden waren in die „Hungerpläne“ einbezogen. Immerhin lebte die Mehrheit von ihnen aus historischen Gründen in den Städten der westlichen UdSSR sowie in den Industriegebieten Zentralrusslands. Sie stellten damit einen erheblichen Teil jener Stadtbevölkerung, die nach dem Willen der NS-Führung dem Hungertod preisgegeben werden sollte. „Wer sie sterben lassen wollte“, schreibt Christian Gerlach, „traf damit auch fast alle sowjetischen Juden.“[61] Hinzu kamen die bereits geschilderten, ideologisch bedingten Mordabsichten gegen die sowjetischen Juden, für deren Ausführung unter anderem die Einsatzgruppen zuständig sein sollten.

Das Führungspersonal dieser Einheiten erhielt unmittelbar vor Beginn des Feldzugs noch einmal entsprechende Instruktionen von Heydrich. Dies geschah auf einer Besprechung in Berlin, die wahrscheinlich am 17. Juni abgehalten wurde, sowie bei der offiziellen Verabschiedung der Einsatzgruppen in Pretzsch. Zwar ist der Wortlaut der mündlich erteilten Instruktionen nicht überliefert. Er lässt sich jedoch aus zwei Schreiben des RSHA-Chefs zumindest teilweise rekonstruieren: Am 29. Juni brachte er unter Verweis auf seine Ausführungen vom 17. Juni in einem Fernschreiben an die Einsatzgruppenchefs zur Erinnerung, dass Pogrome Einheimischer unter der jüdischen Bevölkerung durchaus zu fördern seien: „Den Selbstreinigungsbestrebungen antikommunistischer oder antijüdischer Kreise in den neu zu besetzenden Gebieten ist kein Hindernis zu bereiten. Sie sind im Gegenteil, allerdings spurenlos auszulösen, zu intensivieren wenn erforderlich und in die richtigen Bahnen zu lenken, ohne daß sich diese örtlichen ‚Selbstschutzkreise‘ später auf Anordnungen oder auf gegebene politische Zusicherungen berufen können.“[62]

Das Thema der „allerdings spurenlos auszulösenden“ Pogrome griff Heydrich auch in einem Schreiben vom 2. Juli auf, das an die HSSPF im Osten gerichtet war

60 Gerlach, Morde, S. 748.

61 Ebenda, S. 630.

62 Fernschreiben Heydrichs an die Einsatzgruppenchefs vom 29. 6. 1941, in: Peter Klein (Hrsg.), Die Einsatzgruppen in der besetzten Sowjetunion 1941/42. Die Tätigkeits- und Lageberichte des Chefs der Sicherheitspolizei und des SD, Berlin 1997, S. 318 f., hier S. 319.

und diese über seine Anweisungen an die Einsatzgruppen unterrichten sollte. Es bietet auch Aufschluss auf die Personengruppen, die die Einsatzgruppen erschießen sollten. Unter dem Stichwort „Exekutionen“ heißt es: „Zu exekutieren sind alle / Funktionäre der Komintern (wie überhaupt die kommunistischen Berufspolitiker schlechthin) / die höheren, mittleren und radikalen unteren Funktionäre der Partei, der Zentralkomitees, der Gau- und Gebietskomitees / Volkskommissare / Juden in Partei- und Staatsstellungen / sonstigen radikalen Elemente (Saboteure, Propagandeure, Heckenschützen, Attentäter, Hetzer usw.) / soweit sie nicht im Einzelfall nicht oder nicht mehr benötigt werden, um Auskünfte in politischer oder wirtschaftlicher Hinsicht zu geben, […].“[63]

Aus diesem Grunde wünschte Heydrich auch keine „restlose Liquidierung“ von Wirtschafts-, Gewerkschafts- und Handelsgremien; es müssten in diesen Bereichen noch „geeignete Auskunftspersonen“ vorhanden sein. Vorsicht sei auch bei der Liquidierung von Medizinern geboten: „Besonders sorgfältig ist bei Erschießungen von Ärzten und sonstigen in der Heilkunde tätigen Personen vorzugehen. Da auf dem Lande auf etwa 10 000 Einwohner an sich nur ein Arzt fällt, würde bei etwa auftretenden Epidemien durch die Erschießung von zahlreichen Ärzten ein kaum auszufüllendes Vakuum entstehen. / Wenn im Einzelfalle eine Exekution erforderlich ist, ist sie selbstverständlich durchzuführen, doch muß eine genaue Überprüfung des Falles vorausgehen.“[64]

Diese Aufzählungen Heydrichs zeigen, dass der Kreis der zu exekutierenden Personen sehr weit gefasst war und zudem dubiose Nützlichkeitserwägungen eine Rolle spielen sollten. Die Formulierung „alle […] Juden in Partei- und Staatsstellungen“ deutet Peter Longerich als Chiffre, „eine höchst vage definierte jüdische Oberschicht – in erster Linie Männer – umzubringen, wobei es weitgehend der Initiative der Kommandos überlassen blieb, wer zu dieser Schicht im Einzelnen zu rechnen sei“.[65]

Nach Auffassung von Michael Wildt wiederum umriss Heydrich in seiner Aufzählung recht präzise den Feind, den die Einsatzgruppen vernichten sollten: den jüdischen Bolschewisten. Wildt schreibt weiter: „Es ging ähnlich wie in Polen 1939 – wenn auch in der Dimension des Mordens weit darüber hinaus – um die Liquidierung der politischen Führungsschicht, um die Ermordung der kommunistischen Funktionäre und der Juden in Verwaltung, Staat, Partei, von denen die Täter im RSHA ebenso wie in der Wehrmacht und der gesamten NS-Führung selbstverständlich annahmen, daß sie die personelle Trägerschicht des Bolschewismus darstellten.

63 Einsatzbefehl Heydrichs an die HSSPF in der Sowjetunion: Weisungen an die Einsatzgruppen und -kommandos, 2. 7. 1941, in: Longerich, Ermordung, S. 116–118, hier S. 117 (Hervorhebung im Original).

64 Ebenda, S. 118.

65 Longerich, Himmler, S. 541.

Die Juden waren die Feinde per se, die die ‚Sicherheit‘ bedrohten und die ‚Befriedung‘ gefährdeten. Von ihnen ging in der rassistischen Perspektive die größte Gefahr aus, die letztlich nur durch ihre Vernichtung wirksam bekämpft werden konnte. Indem die ‚jüdische Intelligenz‘ gleich zu Beginn ausnahmslos ermordet werden sollte, glaubten die Täter, sowohl den Bolschewismus buchstäblich enthaupten zu können als auch den sowjetischen Juden den vernichtenden Schlag zu versetzen.“[66]

Wie Longerich betont auch Wildt, dass der RSHA-Chef die Entscheidung, wer zu exekutieren sei, den Führern der Einsatzkommandos vor Ort überließ. Die Kommandos hätten keineswegs detaillierte Handlungsanweisungen, sondern vielmehr eine Ermächtigung erhalten, im Sinne des Heydrichschen Befehls vor Ort eine adäquate Entscheidung zu treffen. So geschah es auch in Minsk.

66 Wildt, Generation, S. 559 f.

3. Der Beginn der Judenverfolgung in Minsk

3.1. Die ersten Kriegstage

Am 22. Juni 1941 überfiel die deutsche Wehrmacht die Sowjetunion. In drei Heeresgruppen und zwölf Armeen setzten sich über drei Millionen Soldaten mit 600 000 Kraftfahrzeugen und 3350 Panzern in Richtung Moskau, Leningrad und Kiew in Bewegung. Unterstützt wurde das Ostheer von knapp 3000 Flugzeugen. Den Hauptstoß führte die Heeresgruppe Mitte unter dem Oberbefehlshaber Fedor von Bock im Mittelabschnitt der Front.

Gemäß der Aufmarschanweisung „Barbarossa" sollte die Heeresgruppe beiderseits von Minsk in das Gebiet um und nördlich von Smolensk vordringen und die Feindkräfte in Weißrussland vernichten.[1] Ihr folgte die Einsatzgruppe B unter SS-Brigadeführer Arthur Nebe, die anfänglich 655 Mann stark war und aus den Einsatzkommandos (EK) 8 und 9, den Sonderkommandos (SK) 7a und 7b sowie dem Vorkommando Moskau bestand.[2]

Die Panzergruppen 2 (Guderian) und 3 (Hoth) der Heeresgruppe Mitte erreichten die Region um Minsk bereits nach wenigen Tagen. Sie umschlossen die weißrussische Hauptstadt in einer Zangenbewegung, während Einheiten der 12. Panzerdivision der Panzergruppe 3 in das Stadtgebiet vordrangen. Am 28. Juni war Minsk offiziell besetzt. Da die Stadt in den Tagen zuvor massiven Bombenangriffen ausgesetzt gewesen war, bot sich den einziehenden Soldaten das Bild zuvor nie gesehener Verwüstungen. Im Zentrum lagen ganze Straßenzüge in Schutt und Asche. Rasso Königer, Angehöriger eines nachfolgenden Nachrichtenregiments, schildert im Rückblick seine ersten Eindrücke von Minsk: „Überall sieht man aus Ziegelschutt

1 Zur Feldzugseröffnung und Operationsführung vgl. Militärgeschichtliches Forschungsamt (Hrsg.), Das Deutsche Reich und der Zweite Weltkrieg, Bd. 4. Der Angriff auf die Sowjetunion, Stuttgart 1983, S. 451 ff. Eine Zusammenfassung der Kampfhandlungen in der weißrussischen SSR, deren Territorium binnen zwei Monaten erobert wurde, findet sich in Gerlach, Morde, S. 128–135. Zum Vormarsch der Heeresgruppe Mitte auch Johannes Hürter, Hitlers Heerführer. Die deutschen Oberbefehlshaber im Krieg gegen die Sowjetunion 1941/42, München 2006, S. 282 ff.

2 Die Einsatzgruppe führte bis Anfang Juli die Bezeichnung C, Ereignismeldung UdSSR Nr. 19, 11. 7. 1941, BArch Berlin R 58 /214, Bl. 123. Nebes SS- und Polizeikräfte sollten ursprünglich in Südrussland eingesetzt werden, während die von Rasch geführte Einsatzgruppe in Weißrussland und Zentralrussland operieren sollte. Unmittelbar vor Feldzugsbeginn tauschten die beiden Einsatzgruppen, dies zog die Änderung der Bezeichnungen nach sich. Die in vorgesehener Nord-Süd-Abfolge bezeichneten Einsatz- und Sonderkommandos wurden allerdings nicht umbenannt, dazu Gerlach, Morde, S. 185.

und verkohlten Balken Schornsteine ragen. Einer neben dem anderen. Wie pompejanische Säulen, denkt man unwillkürlich. Über Minsk ist allerdings auch ein Vulkan hereingebrochen, mit Feuer und Ascheregen – der Krieg! [...] Es ist das erstemal, daß wir derartige furchtbare Zerstörungen sehen. Im Westen hatten wir schon vom Krieg zerschlagene Städte erlebt. Vernichtungen von diesem Ausmaß noch nie!"[3]

Die deutschen Luftattacken hatten die Minsker Bevölkerung bereits in den ersten Kriegstagen in ein beispielloses Inferno gestürzt. Die Stadt hatte im Sommer 1941 um die 240 000 Einwohner, davon waren mindestens ein Drittel Juden. Ihre genaue Zahl ist nicht bekannt. Die letzte sowjetische Volkszählung vor dem Krieg hatte 1939 für Minsk 70 998 jüdische Einwohner ausgewiesen. Nach Angaben des NKWD kamen nach dem deutschen Überfall auf Polen etwa 2000 polnisch-jüdische Flüchtlinge hinzu.[4] Beide Datenquellen bergen jedoch Unsicherheitsfaktoren: So beruhte die sowjetische Nationalitätenstatistik auf den Angaben der Befragten über ihre Muttersprache. Diese Angaben wurden nicht mit den Personaldokumenten, in denen die Nationalität seit 1934 verzeichnet war, abgeglichen. „Der soziale Druck", schreibt Gert Robel in diesem Zusammenhang, „führt daher öfter zu falschen Angaben, zumal die jüdische Minorität in sehr viel stärkerem Maße als die ‚Staatsvölker' der einzelnen Unionsrepubliken auf die Beherrschung und den Gebrauch der Herrschaftssprache gedrängt war."[5]

Hinsichtlich der polnisch-jüdischen Flüchtlinge wiederum ist fraglich, ob die sowjetischen Behörden tatsächlich alle Ankömmlinge erfassen konnten. Viele kamen bei Verwandten unter und ließen sich nicht registrieren.[6] Daher lebten vermutlich im Sommer 1941 mehr als 73 000 Juden in Minsk. Solomon Schwarz schätzte ihre Zahl 1951 auf rund 90 000.[7] Diese Ziffer stimmt Reuben Ainsztein zufolge auch mit den Schätzungen der weißrussischen Regierung und von Parteivertretern überein,[8] ist aber möglicherweise zu hoch gegriffen. Eine Untergrundkämpferin des Ghettos berichtete 1943 einer Partisaneneinheit, in Minsk hätten vor dem Krieg 75 000 Juden gelebt.[9] Im Abgleich mit den Opferzahlen der späteren Massenmordaktionen und unter Berücksichtigung einer Dunkelziffer erscheint eine jüdische Vorkriegsbevölkerung zwischen 75 000 und 80 000 wahrscheinlich. Gesichert ist, dass Juden in allen sozialen Schichten von Minsk vertreten waren: Sie waren als Arbeiter in den Industriebetrieben und als Angestellte im Handel oder im administrativen Bereich

3 Rasso Königer, So fiel Minsk in deutsche Hand. Unsere Soldaten erleben die Einnahme der Stadt im Juni 1941, in: Minsker Zeitung, 28./29. Juni 1942, S. 5.

4 Dazu Daniel Romanowsky, Das Minsker Ghetto, in: Projektgruppe Belarus (Hrsg.), Ghetto, S. 211–232, hier S. 211.

5 Robel, Sowjetunion, S. 499 f.

6 Ebenda.

7 Solomon M. Schwarz, The Jews in the Soviet Union, Syracuse 1951, S. 225.

8 Ainsztein, Widerstand, S. 222.

9 Epstein, Ghetto, S. 90.

beschäftigt. In der Hauptstadt der Weißrussischen Sowjetrepublik arbeiteten viele Juden auch im Partei- und Regierungsapparat sowie im Kultursektor.[10]

Für die Minsker, Juden wie Nichtjuden, kam der deutsche Angriff auf die UdSSR gänzlich unerwartet. Dem 22. Juni hatten viele, insbesondere Kinder, mit Vorfreude entgegengesehen: An diesem Sonntag sollte der neu angelegte Komsomolzen-See im Vorort Veselovka mit einem Volksfest eingeweiht werden. Seit dem frühen Morgen richteten Schüler und Studenten das Gelände für die Feierlichkeiten her.[11] Den Vormittag über verdichteten sich jedoch Gerüchte über eine deutsche Attacke gegen die UdSSR. Die öffentlichen Lautsprecher – Informationsquelle der meisten Minsker – begannen, unablässig patriotische Lieder zu spielen. Um zwölf Uhr mittags schließlich bestätigte der sowjetische Außenminister Vjačeslav Molotov den Kriegsbeginn offiziell per Radioansprache.[12]

In Minsk brach daraufhin erhebliche Unruhe aus. Vor den Läden bildeten sich binnen kurzer Zeit lange Schlangen. In Erinnerung an die Hungersnot im Ersten Weltkrieg kauften die Minsker vor allem Lebensmittel, aber auch Kerosin, Seife und Streichhölzer ein.[13] Noch überwog freilich die Hoffnung, dass die Rote Armee die deutschen Truppen rasch hinter die sowjetische Westgrenze zurückschlagen und Minsk vom Krieg verschont bleiben würde. Der feste Glaube an die militärische Stärke der UdSSR war auch unter jungen, sowjetisch sozialisierten Juden verbreitet. Der 1927 geborene Leonid Rubinštejn erinnert sich: „Der Krieg begann und es schien uns allen, als ob dieser Krieg nur eine Woche dauern und die Sowjetunion den Feind besiegen würde. Wir waren doch unbesiegbar!“[14]

10 Romanowsky, Ghetto, S. 211.

11 So übereinstimmend Diary of Sarra Gimelshtein [russ., Abschrift, teilweise unpaginiert, ca. 1945], USHMM, 1995.A.162, Bl. 2 f.; Polina Dobkina, Nas bylo 36. Ostalas‘ ja odna [Wir waren 36. Ich allein blieb übrig], in: Levin/Mel’cer (Hrsg.), Kniga, S. 210–216, hier S. 211; Berta Burtman, 5 minut žisn [Fünf Minuten Leben], in: ebenda, S. 164–166, hier S. 164; Abram Rubenčik, Pravda o Minskom getto. Dokumental’naja povest‘ uznika getto i maloletnego partizana [Die Wahrheit über das Minsker Ghetto. Dokumentarische Erzählung eines Ghetto-Insassen und minderjährigen Partisanen], Tel‘ Aviv 1999, S. 7; Roza Efimovna Zelenko, in: Arkad’eva u. a. (Hrsg.), Perekrestkach, S. 32–46, hier S. 33; Inna Semenovna Šmotkina, in: ebenda, S. 217–226, hier S. 217.

12 Der Text der Rundfunkansprache ist abgedruckt in Ueberschär/Wette (Hrsg.), „Unternehmen Barbarossa“, S. 325 f.

13 Michail Timofeevič Novodvorskij, in: Arkad’eva (Hrsg.), Perekrestkach, S. 113–136, hier S. 115; zu „Hamsterkäufen“ in Weißrussland auch Mordechai Altshuler, Escape and Evacuation of Soviet Jews at the Time of the Nazi Invasion. Policies and Realities, in: Lucjan Dobroszycki/Jeffrey S. Gurock (Hrsg.), The Holocaust in the Soviet Union. Studies and Sources on the Destruction of the Jews in the Nazi-Occupied Territories of the USSR, 1941–1945, Armonk/New York 1993, S. 77–104, hier S. 93.

14 Leonid Morduchowitsch Rubinschtein. Interview vom 30. 5. 1999, in: Projektgruppe Belarus (Hrsg.), Ghetto, S. 116–121, hier S. 117. Ähnlich äußert sich der gleichaltrige Michail Trejster in: Michail Abramowitsch Treister. Interview vom 11. 6. 2000, in: ebenda, S. 131–146, hier S. 135: „Außerdem waren wir überzeugt, dass wir im Falle eines Krieges auf dem fremden

Freilich löste die deutsche Attacke auch andere Reaktionen unter der jüdischen Einwohnerschaft von Minsk aus. Einen Sonderfall bildeten die polnisch-jüdischen Flüchtlinge. Sie hatten im besetzten Polen bereits Diskriminierungen, Misshandlungen und Razzien durch SS, Polizei und Wehrmacht erleben müssen. Daher entschlossen sich viele schon am ersten Tag des deutsch-sowjetischen Krieges zu einer neuerlichen Flucht und verließen die Stadt Richtung Osten. Sarra Gimel'štejn berichtet über ihre polnisch-jüdischen Nachbarn: „Als sie hörten, dass die Deutschen die Sowjetunion überfallen hätten, packten sie rasch ihre Habseligkeiten zusammen und flohen, obwohl sie fünf Kinder hatten – das älteste war 13, das jüngste zwei Jahre alt. Das war am 22. Juni 1941."[15]

Eine mögliche Flucht vor den anrückenden Deutschen wurde auch in vielen alteingesessenen jüdischen Familien von Minsk intensiv und höchst kontrovers diskutiert. Die Mehrheit entschied sich zunächst zu einem Verbleib in der Stadt. Dieser Entschluss ist nach Meinung von Überlebenden auch auf einen Mangel an verlässlichen Informationen über den radikalen Antisemitismus der Angreifer zurückzuführen. Zwar waren in der sowjetischen Presse seit Mitte der 1930er-Jahre zahlreiche Artikel zur Judenverfolgung in Deutschland erschienen.[16] 1938 waren auch zwei Spielfilme zu diesem Thema entstanden: „Professor Mamlok" nach dem gleichnamigen Theaterstück Friedrich Wolfs sowie „Sem'ja Oppengejm (Die Geschwister Oppenheim)" nach dem Roman von Lion Feuchtwanger wurden unionsweit in den Kinos gezeigt und erreichten ein breites Publikum. Michail Zagal'čik aus Minsk erinnert sich daran, durch „Professor Mamlok" vom Antisemitismus der Nationalsozialisten erfahren zu haben. „Auch sonst", so fügt er allerdings hinzu, „hatten wir dies und das gehört, aber letztlich doch nicht viel."[17]

Territorium kämpfen würden. Diese Stimmung wurde durch patriotische Lieder unterstützt, überall wurde gesagt und gesungen: ‚Unsere Stahlschilder sind kugelsicher und unsere Panzer sind schnell' – so hieß es damals in unseren Liedern!" Vgl. auch die Aussage der 1922 geborenen Ekaterina Cirlina, in: Andrea Gotzes, Krieg und Vernichtung. Sowjetische Zeitzeugen erinnern sich, Darmstadt 2006, S. 41: „Unsere Armee ist diszipliniert und gut gerüstet! Die UdSSR ist stark wie Stahl! Das wurde uns gesagt, das haben wir geglaubt."

15 Gimelshtein, USHMM, 1995.A.162, Bl. 2 f. Ähnlich auch Inessa Bullach. Interview vom 10. 6. 2000, in: Projektgruppe Belarus (Hrsg.), Ghetto, S. 147–153, hier S. 148; Oral History Interview with Samuil Mordokhovich Kaplan, USHMM, RG-50.378#17. Die frühe Flucht polnischstämmiger Juden aus den westlichen Sowjetrepubliken betont auch Dov Levin, The Fateful Decision. The Flight of the Jews into the Soviet Interior in the Summer of 1941, in: Yad Vashem Studies 20 (1990), S. 115–142, hier S. 122.

16 Dazu S. Švejbiš, Ėvakuacija i sovetskie evrei v gody katastrofy [Die Evakuierung und die sowjetischen Juden in den Jahren der Katastrophe], in: Vestnik Evrejskogo Universiteta v Moskve 9 (1995) 2, S. 26–55, hier S. 47; Altshuler, Escape, S. 84. Nach Altshuler veröffentlichte die „Pravda" allein zwischen dem 11. November 1938 und Ende Januar 1939 39 Artikel zur Judenverfolgung in Deutschland. In der „Izvestija" erschienen im gleichen Zeitraum 28 entsprechende Berichte, in der jiddischsprachigen Tageszeitung „Der Štern" über 100.

17 Zit. nach Andrea Gotzes, Krieg und Vernichtung 1941–1945. Sowjetische Zeitzeugen erinnern sich. Mit einer Einleitung von Bernd Bonwetsch, Darmstadt 2006, S. 46.

Erschwerend kam hinzu, dass die Sowjetunion nach Abschluss des „Hitler-Stalin-Paktes“ Ende August 1939 jede kritische Berichterstattung über den neuen Bündnispartner einstellte. In dieser Situation wurden die Erfahrungsberichte der jüdischen Flüchtlinge aus Polen zu wichtigen Informationsquellen für die Juden der UdSSR.[18] Wie Lazar‘ Cirlin betont, ließen diese Berichte allerdings keinesfalls ahnen, „dass es von Seiten der Deutschen einen solchen Genozid, eine solche Barbarei geben würde“.[19]

Überdies standen die Flüchtlingserzählungen in eklatantem Gegensatz zu den Lebenserfahrungen sowjetischer Juden, die die deutsche Besatzung im Ersten Weltkrieg miterlebt hatten. Die ältere Generation erinnerte sich auch in Minsk überwiegend positiv an das Verhalten der deutschen Truppen gegenüber den Juden 1918. Sie schlossen daraus, dass ihnen im Falle einer neuerlichen deutschen Okkupation keinerlei Gefahr drohen würde. Daher rieten sie ihren Familien von einer überstürzten Flucht aus Minsk ab.[20]

Negative Erfahrungen mit der Sowjetmacht ließen manche sogar auf eine Verbesserung ihrer Lebenssituation unter deutscher Herrschaft hoffen. Joseph Gavi schildert die Haltung seines Großvaters Kiva Palej, der nach der Oktoberrevolution als Lederhändler enteignet worden war: “Many of our neighbors feel the same way grandfather Kiva does. He says: ‘I am not worried about the Germans. They were nice people during the occupation in 1918, certainly better than the Communists.’ There is never a thought by any member of my family of fleeing Minsk because of the German occupation. Both our families are distrustful of Communism, and definitely, the Germans can’t be any worse; probably a great deal better.”[21]

Häufig sprachen auch familieninterne Gründe gegen eine Flucht aus Minsk: Insbesondere sollten alte und gebrechliche Verwandte nicht allein in der Stadt zurückgelassen werden.[22]

Schlimm traf es Familien, deren Kinder aus Anlass der sowjetischen Sommerferien bereits in die Pionierlager auf dem Lande abgereist waren. Al’bert Lapidus erinnert sich: „Viele Kinder befanden sich in Pionierlagern und die Eltern versuchten, zu diesen Lagern zu kommen. Aus den meisten Lagern gelang es, die Kinder

18 Altshuler, Escape, S. 86; Gimelshtein, USHMM, 1995.A.162, Bl. 3; Oral History Interview with Tatyana Samuilovna Gil’diner [russ.], USHMM, RG-50.378#002, Tape 1.

19 Oral History Interview with Lazar Samuilevich Tsirlin [russ.], USHMM, RG-50.378#009; ähnlich auch Levin, Decision, S. 125: „Although many people had heard about the brutal treatment of Jews by the Germans, hardly anyone conceived a systematic mass murder.“

20 Beispielhaft Majja Issakowna Krapina. Interview vom 9. 6. 2000, in: Projektgruppe Belarus (Hrsg.), Ghetto, S. 24–40, hier S. 24 sowie Leonid Morduchowitsch Rubinschtein. Interview vom 30. 5. 1999, in: ebenda, S. 116–121, hier S. 117.

21 Carlton Jackson, Joseph Gavi. Young Hero of the Minsk Ghetto, Paducah/Kentucky 2000, S. 14, dazu auch Levin, Decision, S. 125.

22 Reminiscenes of Albert Lapidus, from Baltimore, a former Prisoner of the Minsk Ghetto [russ. 1994], USHMM, RG-02.174, Bl. 3 f.

zusammen mit den Pionierleitern zu evakuieren. Die Eltern, verloren und gleichsam den Verstand verlierend, kehrten ohne ihre Kinder nach Minsk zurück."[23]

Schließlich vertrauten viele jüdische wie nicht jüdische Minsker darauf, dass die staatlichen Behörden im akuten Gefahrenfall eine Evakuierung der Stadtbevölkerung in die Wege leiten würden. Wegen des schnellen deutschen Vormarsches war dies jedoch kaum möglich. Überdies lag die Priorität sowjetischer Evakuierungspläne aus der unmittelbaren Vorkriegszeit auf dem Transport von Industrieausrüstung und Rohstoffen nach Osten.[24] In diesem Sinne begann die weißrussische Republikführung unter Pantelejmon Ponomarenko am Abend des 23. Juni mit einer Teilevakuierung wichtiger Minsker Betriebe und ihrer Belegschaften. Darunter waren einige jüdische Facharbeiter mit ihren Familien. Die Evakuierungsmaßnahmen wurden vor der Stadtbevölkerung geheim gehalten.[25]

Die Behörden waren nach Kriegsausbruch vor allem bestrebt, ein Mindestmaß an Ruhe und Ordnung aufrechtzuerhalten und die Stadt für eine etwaige Belagerung vorzubereiten. Sie ließen Vorratslager einrichten, so zum Beispiel auf dem Jubiläumsplatz („Jubilejnaja Ploščad'") – dem späteren Zentrum des Ghettos – und in der Moschee in der „Dimitrova".[26] Ferner ergingen Aufrufe gegen sogenannte Panikmache, wozu insbesondere Fluchtversuche zählten. Den Hintergrund für diese Anordnungen bildete der Erlass des Präsidiums des Obersten Sowjets in Moskau vom 22. Juni, mit dem die westlichen Sowjetrepubliken unter Kriegsrecht gestellt worden waren. Unter anderem gestattete der Erlass lokalen Militärdienststellen, das Betreten und Verlassen der unter Kriegsrecht stehenden Ortschaften zu verbieten. „Gerade dieses Dokument", so schreibt der Historiker S. Švejbiš, „ spielte eine entscheidende Rolle, da die Furcht davor, Panik zu schüren, dazu führte, dass die lokalen Behörden der Bevölkerung verboten, die frontnahen Gebiete zu verlassen. Menschen, die flüchten wollten, wurden zu Panikmachern und Deserteuren erklärt."[27] Auch die Aufstellung bewaffneter Arbeiter-Einheiten, die die weißrussische Republikführung

23 Ebenda, Bl. 3, dazu auch Gimelshtein, USHMM, 1995.A.162, Bl. 3 f., Anna Kupreeva, Pokinuty narod, uprjatannaja pravda [Betrogenes Volk, unterdrückte Wahrheit], in: Levin/Mel'cer (Hrsg.), Kniga, S. 126–131, hier S. 128.

24 Auf Warnungen des sowjetischen Generalstabes waren ab Juni 1941 in Moskau Evakuierungspläne mit der entsprechenden Schwerpunktsetzung ausgearbeitet worden. Am 24. Juni wurde ein „Evakuierungsrat" (Sovet po ėvakuacii) gebildet, der in den ersten Kriegstagen allerdings vorrangig über die Evakuierung von Industrieanlagen im Ersten Weltkrieg recherchierte. Am 27. Juni verabschiedete die sowjetische Zentrale eine Resolution über Evakuierungen bestimmter Bevölkerungsgruppen (Parteiangehörige, Kinder, Alte) aus den westlichen Sowjetrepubliken, weitere folgten am 5. Juli. Für die Bevölkerung von Minsk kamen diese Beschlüsse zu spät, vgl. ausführlich Vadim Dubson, On the Problem of the Evacuation of Soviet Jews in 1941 (New Archival Sources), in: Jews in Eastern Europe 40 (1999) 3, S. 27–56; Altshuler, Escape, S. 78 ff.; Švejbiš, Ėvakuacija, S. 38 ff.

25 Romanowsky, Minsker Ghetto, S. 211.

26 Rubenčik, Pravda, S. 9.

27 Švejbiš, Ėvakuacija, S. 42, dazu auch Altshuler, Escape, S. 78.

am 23. Juni beschloss, dürfte mit dem Kriegsrecht in Zusammenhang gestanden haben. Vordergründig sollten die Einheiten Industrieanlagen schützen. Denn die deutsche Luftwaffe setzte Fallschirmspringer als Diversanten hinter der Frontlinie ab, die auch in Fabriken eindrangen.[28] Eigentliche Aufgabe der Arbeiter-Einheiten scheint allerdings die Kasernierung ganzer Fabrik-Belegschaften gewesen zu sein. In Minsk wurden die Arbeiter der Kirov- und der Kommunarka-Fabrik ab dem 23. Juni unter Bewachung gestellt und 24 Stunden lang nicht vom Werksgelände gelassen.[29] Das hinderte nicht nur zahlreiche jüdische wie nicht jüdische Minsker Familien an einer (möglicherweise geplanten) Flucht. Die Arbeiter waren auch beträchtlichen Gefahren ausgesetzt, als am 24. Juni die deutschen Luftangriffe auf Minsk begannen. Die Kirov-Fabrik wurde durch einen Bombenangriff zur Hälfte zerstört; es dürfte zahlreiche Verletzte, wenn nicht gar Tote gegeben haben.

Angesichts der heftigen deutschen Luftangriffe setzten sich die zivilen und militärischen Spitzen der Weißrussischen Sowjetrepublik in der Nacht vom 24. auf den 25. Juni nach Mogilev ab.[30] Minsk versank daraufhin in Chaos und Anarchie. Die Menschen begannen, Vorratslager und Geschäfte zu plündern.[31] Auf dem Kommunarka-Markt spielten sich bestürzende Szenen ab, wie Majja Krapina berichtet: „Dort standen große Kübel mit Sirup. Menschen, die versuchten, etwas davon abzuschöpfen, fielen hinein und ertranken.“[32] Am schwersten wogen die unablässigen Luftangriffe der Deutschen. Die Minsker legten selbstständig Luftschutzgräben an oder suchten Zuflucht in Kellergewölben.[33] Lev Kravec, 1941 elf Jahre alt, erinnert sich: „Wir versteckten uns in einem Luftschutzkeller. Wir dachten, dort sind wir sicher. Aber auch auf dieses Haus fiel eine Bombe und alle gerieten in Panik [...] Wir liefen alle zum Ausgang, und als die Lage sich ein wenig beruhigt hatte, kletterten wir heraus. Auf den Straßen lagen viele Leichen. Die Leute liefen in Panik weg, einige stürzten dabei, andere wurden sogar niedergetreten. Wir liefen durch die Straßen und wussten nicht, ob es Tag oder Nacht war. Alles stand in Flammen.“[34]

28 Gil'diner, USHMM, RG-50.387#002, Tape 1.

29 Dazu Kupreeva, Narod, S. 127. Das Verbot, den Arbeitsplatz zu verlassen, erwähnt auch Felix Lipski, Eine Kindheit im Minsker Ghetto, in: Projektgruppe Belarus (Hrsg.), Ghetto, S. 157–171, hier S. 158.

30 Dazu ausführlicher Kupreeva, Narod, S. 129; Kamitet pa archyvach i spravavodstvu Rėspubliki Belarus' u. a. (Hrsg.), Minskae antyfašiscкae padpolle [Der Minsker antifaschistische Untergrund], Minsk 1995, S. 233; Leonid Smilovitskii, Minsk Ghetto: an Issue of Jewish Resistance, in: Shvut 17–18 (1995) 1–2, S. 161–182, hier S. 165.

31 Novodvorskij, in:Arkad'eva (Hrsg.), Perekrestkach, S. 117; Rubenčik, Pravda, S. 10–11; Lapidus, USHMM, RG-02#174, Bl. 3; Anna Krasnopërko, Briefe meiner Erinnerung. Mein Überleben im jüdischen Ghetto von Minsk, Villigst 1991, S. 8.

32 Majja Isaakovna Krapina, in: Arkad'eva (Hrsg.), Perekrestkach, S. 79–87, hier S. 80.

33 Jackson, Joseph Gavi, S. 14.

34 Lew Abramowitsch Krawetz. Interview vom 4. 6. 2001, in: Projektgruppe Belarus (Hrsg.), Ghetto, S. 41–47, hier S. 41.

In diesem Inferno flüchteten viele Bewohner der Innenstadt zunächst zu Verwandten und Freunden in die Randbezirke von Minsk. Manche kehrten am Abend, als die deutschen Flugzeuge abdrehten, ins Stadtzentrum zurück und fanden ihre Wohnhäuser zerstört vor.[35] Als schließlich auch die Außenbezirke von deutschen Bomben getroffen wurden, flohen die Minsker massenhaft aus der Stadt. Sie suchten Schutz in den umliegenden Dörfern oder bemühten sich, in das sichere Landesinnere der UdSSR zu gelangen.

Dieser Massenfluchtbewegung schloss sich auch die Mehrheit der Minsker Juden an. Im deutschen Bombenterror waren sämtliche Gründe, die zuvor für einen Verbleib in Minsk gesprochen hatten, obsolet geworden. Die Mehrheit der Flüchtenden wurde jedoch von den rasch vorrückenden deutschen Truppen überholt. Manche wurden dabei erstmals mit dem Antisemitismus und Antibolschewismus der Angreifer konfrontiert. Tat'jana Gil'diner griffen Wehrmachtsangehörige mit ihrer Familie in einem kleinen Dorf bei Minsk auf. Die Soldaten versuchten, die verängstigte junge Frau, die sie wegen ihres blonden Haares nicht für eine Jüdin hielten, mit den Worten zu beruhigen: „Sie können sich gar nicht vorstellen, wie gut es sich unter uns Deutschen leben lässt. Wir machen doch nur Juden und Kommunisten kaputt."[36]

Andere jüdische Flüchtlinge erlebten Antisemitismus von Seiten weißrussischer Dorfbewohner. Im Gegensatz zu den benachbarten baltischen Ländern gab es zwar in Weißrussland die von Heydrich eingeforderten „Selbstreinigungsbestrebungen" kaum. So beklagte Einsatzgruppenchef Nebe Anfang August 1941: „Pogrome gegen die Juden zu inszenieren ist [...] bisher wegen der Passivität und politischen Stumpfheit der Weißrussen nahezu unmöglich gewesen."[37] Antisemitische Feindseligkeiten kamen aber durchaus vor, wie zum Beispiel Julij Jamin erleben musste. Der Neunjährige floh mit seiner Mutter und seinem Bruder aus Minsk in das Dorf Maljavka, in dem sein Großvater väterlicherseits lebte. Dort hofften die Jamins, den Krieg überstehen zu können. Der von den Deutschen eingesetzte Starost jedoch denunzierte die Familie, die darauf hin in das Ghetto nach Minsk übersiedeln musste.[38] Ähnlich erging es der Minsker Familie Bruk, die sich in ein Dorf nahe der Kleinstadt Smiloviči hatte retten können. Berta Bruk schreibt unmittelbar nach dem Krieg: „Der Dorflehrer, der die Deutschen mit Brot, Salz und einer leidenschaftlichen Rede empfangen hatte, fing an, die Dorfbewohner gegen uns aufzuhetzen. Wir konnten in jenem Dorf keinen Platz mehr finden – aus der Wohnung hinausgejagt zogen wir in

35 Gil'diner, USHMM, RG-50.378#002, Tape 1; Lapidus, USHMM, RG-02.174, Bl. 3–4; Novodvorskij, in: Arkad'eva (Hrsg.), Perekrestkach, S. 116.

36 Gil'diner, USHMM, RG-50.378#002, Tape 1.

37 Ereignismeldungen UdSSR Nr. 43, 4. 8. 1941, BArch Berlin R 58 /215, Bl. 170; zum Baltikum vgl. Wolfgang Benz, Die Ermordung der baltischen Juden und die einheimische Bevölkerung, in: Matthäus/Mallmann (Hrsg.), Deutsche, S. 141–152.

38 Julij Jamin, Nas bili i pet' zastavjali [Sie schlugen uns und zwangen uns zu singen], in: Levin/Mel'cer (Hrsg.), Kniga, S. 353–356, hier S. 354.

eine Scheune um und wurden auch von dort hinausgetrieben. Wir bauten eine Laubhütte am Rande des Dorfes, aber man jagte uns trotzdem weg und untersagte das Wohnen. In anderen Dörfern hat man die Juden genauso behandelt und wir waren gezwungen, in die Stadt [Minsk] zurückzukehren."[39]

Wie viele Juden sich zum Zeitpunkt der Besetzung in Minsk aufhielten oder kurz darauf nach einer gescheiterten Flucht dorthin zurückkehrten, lässt sich aus Quellenmangel kaum mehr präzise rekonstruieren. Vadim Dubson hat errechnet, dass aus den westsowjetischen Gebieten, die die Wehrmacht bis Ende Juli 1941 besetzt hatte, nur elf Prozent der jüdischen Bevölkerung in die Sicherheit des sowjetischen Hinterlandes gelangte.[40] Für Minsk würde das bedeuten, dass sich rund 8000 Juden nach Osten retten konnten. Dazu müssen jene wenigen jüdischen Facharbeiter addiert werden, die bei der Evakuierung der Industriebetriebe nach Osten gebracht wurden. Minsk verlassen hatte ferner eine unbestimmbare Anzahl jüdischer Männer, die sich der Roten Armee angeschlossen hatten.[41] Solomon Schwarz schätzt, dass vor Einmarsch der Deutschen insgesamt 12 000 bis 15 000 Minsker Juden aus der Stadt entkommen konnten.[42] Auf der anderen Seite gelangte in den ersten Kriegstagen und -wochen eine gleichfalls unbekannte Zahl jüdischer Flüchtlinge aus den westlichen Gebieten Weißrusslands nach Minsk. Reuben Ainsztein und Daniel Romanowsky schätzen ihre Zahl auf einige Tausend.[43] Wahrscheinlich ist, dass in den ersten Wochen deutscher Herrschaft in Minsk um die 60 000 Juden in die Hände von Wehrmacht, SS und Polizei fielen. Insgesamt stieg die Bevölkerungszahl der Stadt aufgrund der vielen Rückkehrer von 70 000 (Anfang Juli) auf 150 000 (Ende Juli) an.[44] Der jüdische Bevölkerungsanteil lag damit sehr hoch; die deutsche Besatzungsmacht dürfte sich in ihren Vorurteilen über die von Juden dominierte Sowjetunion bestätigt gefühlt haben.

3.2. Frühe Massenmorde, antijüdische Maßnahmen und Ghetto-Bildung

Minsk durchlief bis zum 31. August drei Formen der Militärverwaltung: Mindestens bis zum 9. Juli lag die Stadt im Gefechtsgebiet; danach gehörte sie zum rückwärtigen

39 Wenn Worte schreien und weinen. Tagebücher der Ljalja und Berta Bruk, hrsg. v. Internationalen Bildungs- und Begegnungswerk Dortmund gGmbH, Dortmund 2008, S. 49.

40 Dubson, Problem, S. 34.

41 Eine reguläre Mobilisierung konnte der Minsker Rajvoenkomat nicht mehr durchführen, vgl. Majzelis, Stol'b, S. 183. Viele Männer gingen jedoch freiwillig zur Roten Armee, vgl. u. a. Lapidus, USHMM, RG-02.174, Bl. 4; Mark Gruchman, Odin iz trinadcati [Einer von Dreizehn], in: Levin/Mel'cer, Kniga, S. 135–139, hier S. 135.

42 Schwarz, Jews, S. 225.

43 Ainsztein, Widerstand, S. 222; Romanowsky, Ghetto, S. 211.

44 Gerlach, Morde, S. 419.

Armeegebiet. Um den 20. Juli herum übernahm der Oberbefehlshaber des rückwärtigen Heeresgebietes (Berück) Mitte, General der Infanterie Max von Schenckendorff, die Herrschaft. HSSPF für dieses Gebiet war SS-Obergruppenführer Erich von dem Bach-Zelewski. Kurz nach Besetzung der Stadt wurde eine Ortskommandantur eingerichtet. Der eigentliche Verwaltungsaufbau begann am 6. Juli mit dem Eintreffen der zwei Mann starken Kriegsverwaltungsgruppe.[45] Zwei Tage zuvor waren das SK 7a und ein Teilkommando des SK 7b in Minsk eingetroffen.[46] Einsatzgruppenchef Nebe erreichte die Stadt am 5. Juli; ab dem 6. Juli nahm sein Stab für rund zwei Wochen in Minsk Quartier.[47] Nebe ordnete unverzüglich Maßnahmen gegen die Juden der Stadt an. Das SK 7a erschoss um den 5. Juli in einer sogenannten Vergeltungsaktion fünfzig bis siebzig jüdische Männer als angebliche Brandstifter. Nachkriegsaussagen zufolge erklärte Nebe gegenüber seinen Untergebenen, nach jedem Einrücken in eine größere Stadt sei sofort eine „Judenaktion" einzuleiten; das erwarte Heydrich von ihm.[48]

Die Einsatzgruppe nahm in den folgenden Wochen auch erheblichen Einfluss auf den Aufbau kommunaler Verwaltungsapparate im besetzten Weißrussland, die die Wehrmacht aufgrund eklatanten Personalmangels mit Einheimischen füllen wollte. Nebe kontaktierte daraufhin die Exilorganisation „Weißrussisches Nationalkomitee" in Warschau und ließ für Leitungspositionen dreißig weißrussische Emigranten aus Polen nachziehen. Die kleine Gruppe war zunächst in Minsk in den Räumen des SD untergebracht. Auf energisches Betreiben Nebes hin ernannte die Feldkommandantur Dr. V. Tumaš zum provisorischen Stadtkommissar beziehungsweise ersten Bürgermeister von Minsk. Tumaš war zuvor „in Litzmannstadt tätig [gewesen] und [hatte] dort mit dem SD-Abschnitt in Verbindung"[49] gestanden. Sein Stellvertreter und Kanzleichef wurde der Warschauer Anwalt A. K. Demideckij-Demidovič. Mitte Juli verfügte die Minsker einheimische Selbstverwaltung bereits über 13 Fachabteilungen (u. a. für Gesundheit, Arbeit, Wohnungswesen) und 150 Mitarbeiter.[50] Bürgermeister Tumaš war zudem eine einheimische Hilfspolizei zugeteilt, die Ende Juli aus hundert Mann bestand.[51]

Dass die Spitzen der kommunalen Selbstverwaltungen mit Exilweißrussen besetzt wurden, war auch Ausdruck des tief greifenden, ideologisch bedingten Miss-

45 Gartenschläger, Besetzung, S. 20; vgl. zum gestaffelten System der Militärverwaltung Pohl, Herrschaft, S. 97 ff.

46 Ereignismeldung UdSSR Nr. 17, 9. 7. 1941, BArch Berlin R 58 /214, Bl. 103.

47 Ebenda, Bl. 105; Ereignismeldung UdSSR, Nr. 15, 7. 7. 1941, BArch Berlin R 58/214, Bl. 94

48 Ogorreck, Einsatzgruppen, S. 114.

49 Ereignismeldung UdSSR Nr. 21, 13. 7. 1941, BArch Berlin R 58/ 214, Bl. 144.

50 Dazu ebenda; Ereignismeldung UdSSR Nr. 17, 9. 7. 1941, BArch Berlin R 58 /214, Bl. 107; Chiari, Alltag, S. 99; Gartenschläger, Besetzung, S. 21 f.

51 Ortskommandantur Minsk, Kommandanturbefehl Nr. 1, gez. Dr. Mittasch, Major, Ortskommandant, 30. 7. 1941, NARB, 408-1-1, Bl. 10.

trauens der Besatzer gegenüber der ortsansässigen Bevölkerung. „Mit Minsk", so schreibt Rasso Königer noch im Rückblick mit leichtem Grusel, „tritt uns die erste Stadt im alten Sowjetgebiet, der erste Vorposten des Bolschewismus entgegen."[52] Die Einsatzgruppe B wiederum vermerkte in ihrem typischen bürokratischen Jargon, mit ihrem Eintreffen in Minsk sei „erstmalig ein Gebiet erreicht worden, das seit 23 Jahren unter Sowjet-Regime gestanden hat. Die hier gemachten Beobachtungen sind daher wohl symptomatisch für allsowjetrussisches [sic!] Gebiet."[53]

Diese Beobachtungen offenbarten einen „grundsätzlichen Unterschied" zwischen dem 1939 zu Polen gehörigen Westen Weißrusslands und den östlichen Landesteilen: Im ehemals polnischen Gebiet sei immerhin noch eine „kleine Intelligenzschicht" vorgefunden worden, „die als Ansatz für deutschen Verwaltungsaufbau und Inbetriebsetzung des Wirtschaftslebens brauchbar ist".[54] Hingegen zeige das Beispiel Minsk, dass die Lage im „altsowjetrussischen Gebiet" ungleich schwieriger sei: Aus der Hauptstadt seien nicht nur die Parteifunktionäre, sondern fast die gesamte mittlere und höhere Beamtenschaft geflohen. Die 150 Volksdeutschen, die in Minsk lebten, seien zwar „gesinnungsmäßig nicht verseucht", jedoch „vollkommen verproletarisiert" und daher für den Verwaltungsaufbau ungeeignet. Erst mithilfe der Exilweißrussen habe man Kontakte zu geeigneten Personen knüpfen können.

Wie groß der Argwohn der Deutschen gegenüber der einheimischen Bevölkerung war, zeigt eine andere Maßnahme freilich weitaus deutlicher: Um den 1. Juli erging der Befehl, dass sich alle Männer von Minsk im wehrfähigen Alter auf dem Platz vor der Oper zur Registrierung einfinden müssten. Nichterscheinen werde mit Erschießung bestraft.[55] Mehrere Tausend Personen – Juden wie Nichtjuden – folgten dem Befehl. Auf dem Opernplatz mussten sie feststellen, dass der auf Plakaten verbreitete Aufruf zur Registrierung nur ein Vorwand für ihre Festnahme war. Die Männer mussten sich in Formation aufstellen und unter Bewachung in ein provisorisches Lager in der Storoževka-Straße marschieren. Dort wurden sie einige Tage lang ohne Wasser und Nahrung unter freiem Himmel festgehalten.[56]

52 Königer, Minsk, in: Minsker Zeitung 28./29. 6. 1942, S. 8.

53 Ereignismeldung UdSSR Nr. 23, 15. 7. 1941, BArch Berlin R 58/214, Bl. 164.

54 Ebenda, Bl. 165.

55 Der Wortlaut der Anordnung ist nicht überliefert; in den Quellen differieren die Altersangaben: Ereignismeldung Nr. 20, 12. 7. 1941, BArch R 58 /214, Bl. 133 („18–45 Jahre"); Grossman/Ehrenburg, Schwarzbuch, S. 227; Smolar, Ghetto, S. 14 („15–45 Jahre"); Bericht. Betrifft: Gefangenenlager in Minsk, gez. Dorsch, 10. 7. 1941 (Abschrift), NARB, 4683-3-1022a, Bl. 1–3, hier Bl. 1; Bericht Alexander Tolstik, abgedruckt in: Kohl, Krieg; S. 99 („15–50 Jahre"); Vernehmung A. I. P., 28. 12. 1945, BArch B 162/1764, Bl. 258 („18–45 Jahre"); Oral History Interview with Yakov Isakovich Negnevitsky, USHMM, RG-50.378#22 („18–60 Jahre"); Rubenčik; Pravda, S. 28 („18–40 Jahre"); Jackson, Joseph Gavi, S. 15.

56 Vernehmung I. A. L., 19. 12. 1945, BArch B 162/1764, Bl. 251; Girš Mendelevič Kantor, Pis'ma pogibšemu brata [Briefe an den verstorbenen Bruder], in: Arkad'eva, Perekrestkach, S. 52–78,

Unterdessen hatte die Feldkommandantur einer Abteilung des Panzerregiments 29 (12. Panzerdivision, 3. Panzergruppe) den Auftrag erteilt, nahe Minsk ein Lager für sowjetische Kriegsgefangene einzurichten. Ein großes Feld etwa fünf Kilometer nordwestlich der Stadt bei dem Weiler Drozdy erschien als geeignetes Gelände: Der Fluss Svislošč, der westlich der Wiese verlief, sicherte die Wasserzufuhr; überdies ließ sich das Gelände von einem am Ufer gelegenen Hügelzug leicht überwachen.[57] Nach Drozdy brachten Soldaten schließlich auch die Minsker Männer. Sie sollten getrennt von den Kriegsgefangenen in einer eigenen Abteilung untergebracht werden. Bei Ankunft der Zivilisten war das Lagergelände noch provisorisch mit Seilen abgegrenzt und mit Posten umstellt; in den Ecken standen Maschinengewehre. Später wurden Stacheldrahtzäune und Wachtürme errichtet.[58]

Die Bewachung der Gefangenen übernahm zunächst die Artillerieabteilung 9, die Ende Juni/Anfang Juli 1941 kurzzeitig der Panzergruppe 3 unterstellt war. Am 6. Juli wurde das Lager vom Durchgangslager 127 übernommen, das der 286. Sicherungsdivision unterstand. Sie ihrerseits war dem Kommandeur des rückwärtigen Armeegebietes (Korück) 559 unterstellt, dem das gesamte Gefangenenwesen in Minsk übertragen wurde. Die 12. Kompanie des Infanterieregimentes 354 der 286. Sicherungsdivision stellte die Wachmannschaft. Ab dem 17. Juli ging die Zuständigkeit für das Lager von Drozdy auf den Oberquartiermeister der 2. Armee über; zur Bewachung wurde – wie bei Durchgangslagern üblich – ein Landesschützenbataillon abgestellt.[59] Das Lager bestand vermutlich bis Ende August/Anfang September 1941. Am 7. September wurde nur wenige Kilometer entfernt, nahe dem Dorf Masjukovščina, das Stammlager 352 („Waldlager“) für sowjetische Kriegsgefangene errichtet. Es existierte bis 1944 und hatte einige Zweiglager im Minsker Stadtgebiet.[60]

hier S. 58. Nach Erkenntnissen von Raisa Černoglazova wurden die Männer auf dem mit Lastkraftwagen abgesperrten Friedhof in der Storoževka-Straße festgehalten, vgl. R. A. Černoglazova, Tragedija Minskogo getto. Istoričeskaja spravka [Die Tragödie des Minsker Ghettos. Historischer Abriss], in: M. I. Levina-Krapina, Triždy roždennaja. Vospominanija byvšej uznicy minskogo getto [Dreimal geboren. Erinnerungen einer ehemaligen Insassin des Minsker Ghettos], Minsk 2008, S. 98–113, hier S. 100.

57 Schreiben des Kommandeurs des Rückwärtigen Armeegebietes (Korück) 559 an das Armeeoberkommando (AOK) 2, 14. 7. 1941, auszugsweise abgedruckt in: Hamburger Institut für Sozialforschung (Hrsg.), Verbrechen der Wehrmacht. Dimensionen des Vernichtungskriegs 1941–1944. Ausstellungskatalog, Hamburg 2002, S. 229; zur Auswahl des Lagerstandortes auch Alexander Stahlberg, Die verdammte Pflicht. Erinnerungen 1932 bis 1945, Berlin/Frankfurt a. M. 1987, S. 187. Einer Zeitzeugenaussage zufolge soll Generalfeldmarschall Günther von Kluge am 30. Juni 1941 den Befehl zur Lagergründung gegeben haben, vgl. Tolstik, in: Kohl, Krieg, S. 99.

58 Rubenčik, Pravda, S. 28; Kohl, Krieg, S. 99.

59 Gerlach, Morde, S. 506 f. sowie S. 789; zu den allgemeinen Zuständigkeiten für Durchgangslager vgl. Pohl, Herrschaft, S. 211

60 Zum Kriegsgefangenenlager in Mazjukovščina vgl. Kohl, Krieg, S. 100 ff. 4 sowie S. 286; Rubenčik, Pravda, S. 31 ff.

Zumindest bis November 1941 hatte das Stalag 352 auch zivile Insassen, darunter einige Juden.

Im Lager von Drozdy herrschten Elendsbedingungen: Feste Unterkünfte gab es zu keinem Zeitpunkt. Kriegs- wie Zivilgefangene vegetierten unter freiem Himmel. Dies habe, so meldete der Korück 559, „bei gutem Wetter [...] den großen Vorteil der frischen Luft – sobald aber regnerisches Wetter eintritt, ist der gegenwärtige Zustand völlig unhaltbar, ebenso wenn die sengende Hitze andauert, der die Gefangenen schutzlos ausgesetzt sind".[61] Gravierend war auch der Platzmangel im Lager. Da während der Kesselschlacht von Minsk-Białystok über 300 000 Rotarmisten gefangen genommen worden waren,[62] wuchs die Häftlingszahl nach der Gründung des Lagers nachgerade stündlich an. Am 4. Juli meldete der Intendant der Panzergruppe 3, die Gefangenenzahl sei „von Vormittag 10 000 bis [...] 65 000 angeschwollen".[63] Der Korück 559 fand zwei Tage später bereits an die 100 000 Gefangene vor, darunter 20 000 Zivilisten.[64] Ministerialrat Franz Xaver Dorsch, Leiter des Zentralamtes der Organisation Todt (OT), besuchte das Lager von Drozdy vermutlich am 8. Juli und berichtete zwei Tage später nach Berlin, das Gefangenenlager Minsk beherberge „auf einem Raum von der Größe des Wilhelmplatzes ca. 100 000 Kriegsgefangene und 40 000 Zivilgefangene. Die Gefangenen, die auf diesem engen Raum zusammengepfercht sind, können sich kaum rühren und sind dazu gezwungen, ihre Notdurft an dem Platz zu verrichten, wo sie gerade stehen."[65] Maria Epstein, Ehefrau eines Zivilgefangenen, machte ähnlich schockierende Beobachtungen: "From a distance, it [the camp] looked like an ant hill, with thousands of people crowded together in a small space. [...] There was not enough room to lay down or sit. The stench was unbearable. There were no latrines and no water and no privacy."[66]

Katastrophal war auch die Ernährungslage der Häftlinge. Dorsch zufolge waren die Kriegsgefangenen sechs bis acht Tage ohne Nahrung gelassen worden; sie würden „in einer durch den Hunger hervorgerufenen tierischen Apathie nur noch eine Sucht [kennen]: zu etwas Eßbarem zu gelangen".[67] Als endlich die ersten Feldküchen zur Aufstellung kamen, versuchten die ausgehungerten Rotarmisten, diese zu stürmen. Hunderte wurden dabei von den Wachmannschaften erschossen.[68]

61 Korück 559 an AOK 2, in: Verbrechen der Wehrmacht, S. 229.

62 Gerlach, Morde, S. 520.

63 Zit. nach Klaus Jochen Arnold, Die Wehrmacht und die Besatzungspolitik in den besetzten Gebieten der Sowjetunion. Kriegführung und Radikalisierung im „Unternehmen Barbarossa", Berlin 2005, S. 385.

64 Kriegstagebuch des Korück 559 vom 6. 7. 1941, auszugsweise zit. in: Verbrechen der Wehrmacht, S. 231.

65 Gefangenenlager in Minsk, 10. 7. 1941, NARB, 4683-3-1022a, Bl. 1.

66 Epstein, USHMM, RG02#132, Bl. 12.

67 Gefangenenlager in Minsk, 10. 7. 1941, NARB, 4683-3-1022a, Bl. 1.

68 Vernehmung Werner S., 11. 3. 1964, auszugsweise abgedruckt in: Verbrechen der Wehrmacht, S. 230.

Die Versorgungslage in der Abteilung für Zivilgefangene war kaum besser. Auch sie blieben nach ihrer Ankunft im Lager zunächst ohne Nahrung. Nach Aussagen ehemaliger Häftlinge war es ihnen zu Anfang sogar verboten, Wasser aus dem Fluss zu trinken. Allein bei dem Versuch, sich dem Ufer zu nähern, hätten die Wachposten das Feuer eröffnet.[69] Geschossen worden sei auch, als schließlich ein Soldat Wasser auszuteilen begann und dabei von den durstigen Gefangenen bedrängt wurde.[70] Schließlich gestattete die Lagerleitung Einwohnern von Minsk, ihren gefangenen Verwandten Essbares und Wasser ins Lager von Drozdy zu bringen.[71] So konnten freilich nur Häftlinge mit Angehörigen verpflegt werden. Alle anderen hungerten weiterhin, es sei denn, die Versorgten teilten mit ihnen.[72] Bisweilen entbrannten um die Nahrungsmittel heftige Kämpfe, wie Dorsch berichtet: „In der Nacht fallen die hungernden Zivilisten über die Versorgten her und schlagen sich gegenseitig tot, um zu einem Stück Brot zu gelangen."[73]

Die Totalinternierung männlicher Zivilisten hatte zwar durchaus Tradition in der Militärgeschichte, nahm aber, wie das Beispiel Drozdy zeigt, in der besetzten Sowjetunion extreme Ausprägungen an.[74] In der weißrussischen SSR richtete die Wehrmacht in vielen Durchgangslagern Abteilungen für Zivilisten ein, so in Baranoviči, Bobrujsk, Borisov, Polock, Mogilev und Orša.[75] Übergeordnete schriftliche Befehle für Totalinternierungen sind bislang nicht bekannt. Wahrscheinlich handelte es sich um spontane Initiativen zur Befriedung des Besatzungsgebietes, mit denen sich die Heeresgruppe Mitte vor der angeblich extrem feindselig gesonnenen und wehrhaften sowjetischen Bevölkerung schützen wollte.[76] Möglicherweise stützten sich einige Einheiten auf den Kriegsgerichtsbarkeitserlass. Die Festnahme männlicher Zivilisten wurde vielerorts damit begründet, dass auf deutsche Soldaten geschossen worden sei oder nach versprengten Rotarmisten in Zivil gesucht werde.[77] Die Totalinternierung der Minsker Männer erfolgte laut Meldung der Einsatzgruppe B „zur Sicherung der

69 Vernehmung I. A. L., BArch B 162/1764, Bl. 252; Smolar, Ghetto, S. 15; Pavel Kličevskij, Vy slychali, kak pojut ‚drozdy' [Habt Ihr gehört, wie die Drosseln singen]?, in: Levin/Mel'cer, Kniga, S. 205–206, hier S. 205; Rubenčik, Pravda, S. 30.

70 Bericht Grečanik, in: Grossman/Ehrenburg, Das Schwarzbuch, S. 229.

71 Gefangenenlager in Minsk, 10. 7. 1941, NARB, 4683-3-1022a, Bl. 1; Leonid Geršonovič Melomed, in: Černoglazova, Judenfrei, S. 85; Grečanik, in: Grossman/Ehrenburg, Schwarzbuch, S. 229.

72 Ebenda.

73 Gefangenenlager in Minsk, 10. 7. 1941, NARB, 4683-3-1022a, Bl. 1; ähnlich Elena Pejsachovna Majzelis, Pozornyj stol'b na ploščadi rabov [Der Pranger auf dem Sklavenplatz], in: Levin/Mel'cer, Kniga, S. 182–189, hier S. 183 sowie Vernehmung I. A. L., BArch B 162/1764, Bl. 252.

74 So Pohl, Herrschaft, S. 161.

75 Ausführlich Gerlach, Morde, S. 510 ff.

76 Eventuell lieferte ein in Wehrmachtskreisen bekannter Entwurf zu einer exzessiven Variante des Kommissarbefehls den Truppeneinheiten einen Bezugsrahmen für die massenhaften Internierungen, vgl. ebenda, S. 503 f.

77 Ebenda, S. 503.

rückwärtigen Verbindungen und zur Verhütung von Sabotageakten".[78] In jedem Fall konnten die Internierungen zu einer ersten Selektion der ortsansässigen Bevölkerung genutzt werden. Die Überprüfung der Zivilisten übertrugen die Wehrmachtsorgane Kommandos der Einsatzgruppe B. Damit leisteten sie den „Truppen des Weltanschauungskrieges" unschätzbare Dienste bei deren anfänglicher Hauptaufgabe: der Vernichtung der sowjetischen und insbesondere der jüdischen Oberschicht. „Die wehrfähigen Männer der größeren Städte", schreibt Christian Gerlach, „wurden für Sipo und SD durch Wehrmachtorgane konzentriert, bewacht, vorsortiert und quasi noch frei Haus geliefert."[79]

Dieses Prozedere war von den Berliner Zentralinstanzen vor Kriegsbeginn so nicht vorgesehen gewesen, wurde aber nachträglich sanktioniert: Am 16. Juli vereinbarten Heydrich und das OKW offizielle Richtlinien über den Einsatz von RSHA-Verbänden zur „Aussonderung von Zivilpersonen und verdächtigen Kriegsgefangenen des Ostfeldzuges" in den Lagern der Wehrmacht.

Die Richtlinien waren Heydrichs Einsatzbefehl Nr. 8 als Anlage 1 befügt. Einleitend wurde darauf verwiesen, dass wegen der besonderen Lage des Ostfeldzuges davon abzurücken sei, den Vorschriften und Befehlen für das Kriegsgefangenenwesen rein militärische Überlegungen zugrunde zu legen. Es müsse auch der politische Zweck erreicht werden, „das deutsche Volk vor bolschewistischen Hetzern zu schützen und das besetzte Gebiet alsbald fest in die Hand zu nehmen".[80] Die Insassen der „Russen-Lager" seien daher zunächst nach folgenden Gesichtspunkten zu trennen: „1. Zivilpersonen; / 2. Soldaten (auch solche, die zweifellos Zivilkleider angelegt haben); / 3. politisch untragbare Elemente aus 1. und 2.; / 4. Personen aus 1. und 2., die besonders vertrauenswürdig erscheinen und daher für den Einsatz zum Wiederaufbau der besetzten Gebiete verwendungsfähig sind; / 5. Volkstumsgruppen innerhalb der Zivilpersonen und Soldaten."[81]

Die „grobe Trennung" nach den Punkten 1 bis 5 könnte durch die Lagerorgane selbst vorgenommen werden. Für die „Aussonderung" gemäß der Punkte 3 und 4 stelle der Reichsführer SS Einsatzkommandos der Sicherheitspolizei und des SD bereit. Die Lagerkommandanten, insbesondere ihre Abwehr-Offiziere, seien zur engsten Kooperation mit den Kommandos verpflichtet.

Anlage 2 des Einsatzbefehls bildeten die „Richtlinien für die in Stalags abzustellenden Kommandos des Chefs der Sicherheitspolizei u. d. SD". Unter anderem waren hier „alle auszuscheidenden Elemente" – das heißt der in den Lagern zu exekutierende Personenkreis – aufgelistet: „alle bedeutenden Funktionäre des Staates und

78 Ereignismeldung UdSSR Nr. 20, 12. 7. 1941, BArch Berlin R 58/214, Bl. 133.

79 Gerlach, Morde, S. 514.

80 Heydrichs Einsatzbefehl Nr. 8 vom 17. 7. 1941 mit drei Anlagen, in: Klein, Einsatzgruppen, S. 331 ff., hier S. 334.

81 Ebenda.

der Partei, insbesondere Berufsrevolutionäre, / die Funktionäre der Komintern, / alle maßgebenden Parteifunktionäre der KPdSU und ihrer Nebenorganisationen in den Zentralkomitees, den Gau- und Gebietskomitees, / alle Volkskommissare und ihre Stellvertreter, / alle ehemaligen Polit-Kommissare in der Roten Armee / die leitenden Persönlichkeiten der Zentral- und Mittelinstanzen bei den staatlichen Behörden, / die führenden Persönlichkeiten des Wirtschaftslebens / die sowjetrussischen Intelligenzler, / alle Juden, / alle Personen, die als Aufwiegler oder fanatische Kommunisten festgestellt werden".[82]

Das war im Wesentlichen der Opferkreis, den Heydrich schon unmittelbar vor dem Überfall auf die Sowjetunion beschrieben hatte; die „sowjetrussischen Intelligenzler" waren eine neue Formulierung. Hinsichtlich der Juden gab es freilich eine entscheidende Änderung: In den Stammlagern sollten nicht nur „Juden in Partei- und Staatsstellungen", sondern alle jüdischen Kriegs- und Zivilgefangenen exekutiert werden. Für die Durchgangslager in den besetzten sowjetischen Gebieten kündigte der RSHA-Chef gesonderte Weisungen an die Einsatzgruppenchefs an, die in eine ähnliche Richtung gegangen sein dürften.

Heydrichs Einsatzbefehl Nr. 8 bedeutete jedoch nicht zwingend eine Ausweitung des Tötungsbefehls gegen die sowjetischen Juden. Er kann auch als Anpassung der zentralen Anordnungen an bereits praktizierte Vorgehensweisen der Einsatzgruppen vor Ort gedeutet werden. Denn einige Kommandos beschränkten sich bereits vor der Veröffentlichung des Befehls bei den Judenmorden nicht mehr auf die Tötung der Oberschicht. Das zeigt auch das Beispiel des Dulags von Drozdy bei Minsk: Um den 7. Juli herum erhielt die Einsatzgruppe B den Auftrag, die Zivilgefangenen des Lagers gemeinsam mit der Geheimen Feldpolizei zu „durchkämmen".[83] Aufgrund der unhaltbaren Zustände im Lager musste eine Freilassung der Häftlinge ins Auge gefasst werden, die freilich zuvor zu überprüfen waren. Möglicherweise kam der Auftrag direkt vom Oberbefehlshaber der 4. Armee, Generalfeldmarschall Günther von Kluge. Er traf in diesen Tagen mit Einsatzgruppenchef Nebe zusammen. Zugleich verhandelte er mit Ministerialrat Dorsch von der OT, der Zivilgefangene zu Arbeitseinsätzen heranziehen wollte. Die Entscheidung über deren Entlassung aus dem Lager wollte sich von Kluge allerdings selbst vorbehalten.[84] Um den 10. Juli meldete Nebe nach Berlin, zunächst seien nur solche Zivilisten entlassen worden, „die sich einwandfrei ausweisen konnten und die weder politisch noch kriminell belastet sind. Der im Lager verbliebene Rest wird einer sorgfältigen Prüfung unterzogen und jeweils nach Maßgabe des Ermittlungsergebnisses behandelt. 1050 Juden wurden zunächst liquidiert. Weitere werden täglich laufend zur Exekution gebracht.

82 Ebenda, S. 337.

83 Ereignismeldung UdSSR Nr, 21, 13. 7. 1941, BArch Berlin R 58 /214, Bl. 146.

84 Gefangenenlager in Minsk, 10. 7. 1941, NARB, 4683-3-1022a, Bl. 1; Gerlach, Morde, S. 507; Hürter, Heerführer, S. 551.

Hinsichtlich der noch im Lager verbliebenen Nichtjuden wurde mit der Liquidierung der Kriminellen, der Funktionäre, der Asiaten usw. begonnen."[85]

Juden waren somit die ersten Exekutionsopfer in Drozdy, ihre Tötung bedurfte keinerlei näherer Begründung.[86] Während der Überprüfung trennte die Einsatzgruppe die Zivilgefangenen nach Nationalitäten. Mit Stacheldraht oder Seilen gespannte Schneisen von zehn bis zwölf Metern Breite bildeten gesonderte Bereiche für Russen, Weißrussen, Polen, Juden und andere.[87] Die jüdischen Häftlinge wurden noch einmal in Arbeiter und Akademiker unterteilt und als solche registriert.[88] Der Bauingenieur Girš Kantor erinnert sich an einen Aufruf an Juden aus Bildungsberufen: „Dann folgte die Bekanntmachung: Ingenieure und Selbstständige, die arbeiten wollen, versammeln sich beim Übersetzer. Meine Genossen, die Ingenieure Goberman, entschlossen sich zu gehen; sie riefen auch nach mir. Ich ging nicht, ich glaubte den Deutschen nicht und behielt Recht damit: Um die 500 Menschen [...] führte man nicht weit von uns weg und erschoss sie."[89]

Diesem Massenmord an jüdischen Akademikern folgten weitere. Exekutionsort war ein Baugraben in der Nähe des Lagers. Etwa zeitgleich, um den 10. und 12. Juni, mussten aufgrund der katastrophalen Zustände im Lager mehrere Tausend Zivilisten entlassen werden, darunter auch Juden. Insgesamt kamen bis zum 14. Juli etwa 20 000 Zivilisten frei; Kriegsgefangene waren bereits seit dem 7. Juli in großer Anzahl nach Westen abgeschoben worden.[90]

Unter den Freigelassenen dürften sich jedoch kaum Juden aus der Bildungsschicht befunden haben. In seinem Tätigkeitsbericht für den Zeitraum vom 9. bis 16. Juli teilte Nebe der Heeresgruppe Mitte mit, dass sich unter den noch in Drozdy gefangen gehaltenen Juden keine Intelligenzangehörigen mehr befänden.[91] Auch nach

85 Ereignismeldung UdSSR Nr. 21, 13. 7. 1941, BArch Berlin R 58/214, Bl. 146.

86 Dazu auch Krausnick, Truppen, S. 143.

87 Aleksandr Tolstik, zit. in Kohl, Krieg, S. 99.

88 Tolstik, zit. in Kohl, Krieg, S. 99; Kantor, Pis'ma, S. 58; Majzelis, Stol'b, S. 182; Iz svidetel'skogo pokazanija žitelja gor. Minska M.I. Brudnera o massovom uničtoženii gitlerovcami mirnych graždan evrejskoj nacional'nosti, sognannych okkupantamy v getto v 1941–1942gg. 18 ijulja 1944g. [Auszug aus der Zeugenaussage des Minsker Bürgers M. I. Brudner über die Massenmorde der Hitleristen an jüdischen Zivilisten, die die Besatzer 1941 und 1942 ins Ghetto trieben, 18. 7. 1941], in: Z. I. Beluga u. a. (Hrsg.), Prestuplenija nemecko-fašistskich okkupantov v Belorussii 1941–1944 [Die Verbrechen der deutsch-faschistischen Besatzer in Weißrussland 1941–1944], Minsk 1965, S. 204–206, hier S. 204; Negnevitsky, USHMM, RG-50.378#22; Iz vospominanij Michaila Morduchoviča Grečanika, byvšego uznika minskogo getto [Aus den Erinnerungen des ehemaligen Ghetto-Häftlings Michail Morduchovič Grečanik], 23.7.1944, in: Černoglazova, Judenfrei!, S. 81.

89 Kantor, Pis'ma, S. 58; dazu auch Majzelis, Stol'b, S. 182; Brudner, S. 204; Grečanik, in: Grossman/Ehrenburg, Schwarzbuch, S. 233–234; Ainsztein, Widerstand, S. 222.

90 Dazu Gerlach, Morde, S. 508 f.

91 Polizeilicher Tätigkeitsbericht der Einsatzgruppe B für das Heeresgruppenkommando Mitte für die Zeit von ca. 9. bis 16. Juli 1941, in: Johannes Hürter, Auf dem Weg zur Militäropposi-

Berlin meldete der Einsatzgruppenchef wenige Tage später, in Minsk sei „nunmehr die gesamte jüdische Intelligenzschicht (Lehrer, Professoren, Rechtsanwälte usw. mit Ausnahme der Mediziner) liquidiert worden“.[92] Wie viele Juden aus der Minsker Bildungsschicht den „sicherheitspolizeilichen Aktionen“ bis Mitte Juli zum Opfer fielen, ist ungewiss. Nach Angaben von Michail Grečanik, selbst jüdischer Häftling in Drozdy, waren es etwa 3000 Menschen.[93]

Insgesamt dürfte die Einsatzgruppe B im Juli rund 10 000 Zivilgefangene aus dem Lager von Drozdy ermordet haben.[94]

Darunter war auch ein Teil der jüdischen Arbeiter, sofern diese nicht für die deutsche Kriegswirtschaft unabkömmlich waren. In seinem Tätigkeitsbericht für das Heeresgruppenkommando Mitte schrieb Nebe: „Der sich noch im Minsker Zivilgefangenenlager befindliche Rest von 2500 Juden wird laufend weiter aussortiert. Jüdische Intelligenz ist nicht mehr darunter, jedoch ist es gelungen, durch jüdische V-Personen ungefähr 100 jüdische Mitglieder der K. P., Spitzel usw. festzustellen, die heute exekutiert werden. Soweit die noch im Lager vorhandenen Juden nicht unbedingt zu dringenden wirtschaftlichen Zwecken benötigt werden, erfolgt weiter eine laufende Liquidierung.“[95]

Nach Angaben ehemaliger Häftlinge wurden die noch in Drozdy verbliebenen Juden schließlich unter scharfer Bewachung in ein Gefängnis in der Volodarskaja-Straße im Minsker Stadtgebiet überführt. Pavel Kličevskij erinnert sich, auf dem Weg dorthin so grausam mit Gummiknüppeln geschlagen worden zu sein, dass sein Gesicht schließlich einer „zermatschten Plinse“ glich.[96] Einem anderen Gefangenen zufolge war die Straße von zahlreichen Posten gesäumt, die jeden Kontakt zwischen den jüdischen Gefangenen und der Bevölkerung unterbinden sollten: „Als die Kolonne die Starovilenskaja-Straße entlang ging, sah ich, dass von einem Tor aus irgendwelche Bürger versuchten, ihre Verwandten zu finden. Die Deutschen schossen auf sie und töteten drei. All unsere Bewegungen wurden von Schüssen begleitet und es wurden nicht wenige Unschuldige getötet.“[97]

tion. Tresckow, Gersdorff, der Vernichtungskrieg und der Judenmord. Neue Dokumente über das Verhältnis der Heeresgruppe Mitte zur Einsatzgruppe B im Jahr 1941, in: Vierteljahrshefte für Zeitgeschichte 52 (2004) 3, S. 527–562, hier S. 552 ff.

92 Ereignismeldung UdSSR Nr. 32, 24. 7. 1941, BArch Berlin R 58/215, Bl. 21.

93 Grečanik, in: Grossman/Ehrenburg, Schwarzbuch, S. 228, 233. S. dazu auch Smolar, Ghetto, S. 15: Girš Smolar zufolge wurden 3000 Juden als Intellektuelle registriert; aus dieser Gruppe seien die Ärzte allerdings wieder entlassen worden.

94 Gerlach, Morde, S. 508.

95 Polizeilicher Tätigkeitsbericht der Einsatzgruppe B, in: Hürter, Weg, S. 555.

96 Kličevskij, Drozdy, S. 205.

97 Vernehmung Isaak L., BArch B 162/1764, Bl. 204, so auch Grossman/Ehrenburg, Schwarzbuch, S. 228: „Eine Kolonne passierte die Kommunalnaja-Straße. Hier lief die 14jährige Tochter Syskins, in der Hoffnung, den Vater sehen zu können, aus dem Haus, blieb aber in der Haustür stehen. Ein Schuß fiel, und das Mädchen stürzte tot zu Boden.“

Im Minsker Gefängnis mussten die Juden drei Tage lang ohne Wasser und Nahrung in überfüllten Zellen ausharren. Schließlich fand eine weitere Selektion statt: Zwischen achtzig und neunzig Männer wurden nach einer vorbereiteten Liste aufgerufen und zur Erschießung abgeführt.[98] Die übrigen Gefangenen – nach Zeitzeugenangaben zwischen 800 und über 1000 Männer – wurden auf den Hofgängen und in den Zellen systematisch geschlagen, schließlich aber überraschend entlassen.[99] Unklar bleibt, ob die Männer für einige Tage in ihre Wohnungen und Häuser zurückkehren konnten oder ob sie direkt in das neu geschaffene Ghetto überstellt wurden.

Die Errichtung eines Ghettos in Minsk hatten Militärdienststellen mit Unterstützung der Einsatzgruppe bereits seit dem 10. Juli in die Wege geleitet. Die Vorbereitungen mit verschiedenen judenfeindlichen Maßnahmen erfolgten während der Massenmorde an jüdischen Männern in Drozdy. Diese zeitliche Parallele war typisch für die Frühphase der deutschen Besatzung in der Sowjetunion. Sie resultierte aus der Tatsache, dass SS und Polizei zunächst vor allem jüdische Männer im wehrfähigen Alter töteten und die übrige jüdische Bevölkerung zurückließen.[100] Aufseiten der Militärverwaltung waren die Abteilungen VII (Kriegsverwaltung) bei den Sicherungsdivisionen, den Feldkommandanturen und beim Befehlshaber des Rückwärtigen Heeresgebietes für die „Judenpolitik" zuständig.[101] In Minsk war im Juli die entsprechende Abteilung der Feldkommandantur 812 federführend; als Feldkommandant fungierte Oberstleutnant Karl Schlegelhofer aus Wien. Die Einsatzgruppe B war, so ihre eigenen Worte, beratend tätig.[102] Aufgrund fehlender übergeordneter Vorgaben konnte die Wehrmacht zunächst recht eigenmächtig agieren. Zwar erließ der Berück Mitte, Max von Schenckendorff, zwischen dem 7. und dem 24. Juli verbindliche Anordnungen für eine generelle Verfolgung der Juden in den militärverwalteten weißrussischen Gebieten. Minsk fiel allerdings erst ab dem 19. Juli in seinen Herrschaftsbereich. Gleichwohl standen die dort zuvor erlassenen antijüdischen Bestimmungen weitgehend im Einklang mit den Anordnungen des Berück Mitte.[103] Dessen Verwaltungsanordnung Nr. 1 vom 7. Juli etwa verpflichtete Juden über zehn

98 Brudner, S. 204; Majzelis, Stol'b, S. 182; Oral History interview with Grigoriy Isaakovich Kugel, USHMM, RG-50-378#028.

99 Negnevitsky, USHMM, RG-50.378#22 („800 Menschen"); Vernehmung Isaak L., BArch B 162/1764 Bl. 205 („mehr als tausend Menschen"), zur Freilassung auch Majzelis, Stol'b, S. 182; Brudner, S. 204; Lev Oder, Dvoich, kotorye vernulis' – povesili [Zwei, die zurückkehrten, hängten sie auf], in: Levin/Mel'cer, Kniga, S. 220–221, hier S. 220.

100 So Pohl, Herrschaft, S. 248.

101 Gerlach, Morde, S. 515 f.

102 Ebenda, S. 523.

103 Vermutlich orientierten sich die Militärs in dieser frühen Phase übergreifend an der 1939 in Polen und ab 1940 in Westeuropa praktizierten Unterdrückungspolitik. Als Leitlinien dienten möglicherweise auch die frühen Festlegungen im besetzten Serbien, s. Pohl, Herrschaft, S. 248 f.

Jahren, „am rechten Ärmel der Kleidung und Oberbekleidung einen – mindestens 10 cm breiten – weißen Streifen mit dem gelben Zionsstern oder einen 10 cm großen gelben Fleck zu tragen".[104] Juden wurde das Grüßen von Nichtjuden untersagt; auch das Schächtverbot war gegen sie gerichtet.[105] In Minsk befahl die Feldkommandantur den Juden vor dem 13. Juli, einen runden gelben Stoffflicken im Durchmesser von zehn Zentimetern auf Brust und Rücken der Kleidung zu tragen. Auch über sie wurde ein Grußverbot verhängt. Die Minsker Juden durften zudem die Hauptstraßen der Stadt nicht mehr benutzen; auf allen übrigen Straßen war ihnen das Betreten der Bürgersteige verwehrt.[106]

Die wichtigste Vorstufe zur Ghetto-Bildung war das Einsetzen eines Judenrates. Diese Maßnahme befahl v. Schenckendorff für das Rückwärtige Heeresgebiet Mitte am 13. Juli 1941. Damit war nicht ausdrücklich ein Ghettoisierungsbefehl verbunden. Schenckendorff ordnete allerdings an, die Juden seien „innerhalb einer geschlossenen Gemeinde in nur von Juden bewohnten Unterkünften zusammen zu fassen".[107] In Orten bis zu 10 000 Einwohner sollte der Judenrat aus zwölf, in größeren Städten aus 24 Personen bestehen. Die Mitglieder hätten unverzüglich einen Obmann und einen Stellvertreter aus ihrer Mitte zu wählen. Die Aufgaben des Judenrates als Erfüllungsgehilfen der Besatzungsmacht waren klar definiert: „Der Juden-Rat ist verpflichtet, durch seinen Obmann oder seinen Stellvertreter die Befehle von Dienststellen der deutschen Wehrmacht und Polizei entgegen zu nehmen. / Er haftet für ihre gewissenhafte und rechtzeitige Durchführung in vollem Umfange. Den Weisungen, die er zum Vollzuge dieser deutschen Anordnungen erläßt, haben sämtliche Juden und Jüdinnen zu gehorchen. [...] Der Obmann, sein Stellvertreter und alle sonstigen Angehörigen des Juden-Rates haften mit ihrer Person für alle Vorkommnisse innerhalb der jüdischen Gemeinde, soweit diese sich gegen die deutsche Wehrmacht, die deutsche Polizei und deren Anordnungen richten."[108]

In Minsk war die Einsetzung eines Judenrates wiederum eine örtliche Initiative, die bereits um den 10. Juli herum in die Wege geleitet wurde. Wie im übrigen sowjetisch-weißrussischen Gebiet konnten sich die Besatzungsorgane dabei weder auf

104 Der Befehlshaber des rueckw. Heeres-Gebietes Mitte/Abt. VII/Kr.-Verw., Verwaltungs-Anordnungen Nr. 1, 7. 7. 1941, NARB, 409-1-1, Bl. 74, auszugsweise abgedruckt in: Benz/Kwiet/Matthäus (Hrsg.), Einsatz, S. 118 f.

105 Ebenda; hinsichtlich des Schächtens wurde bestimmt, dass die „durch allmaehliche Entziehung des Blutes herbeigeführte Tötung von Tieren zum Zwecke des sogenannten koscheren Fleischgenusses" mit sofortiger Wirkung verboten sei.

106 Dazu Lapidus: USHMM, RG-02.174, Bl. 7; Gimelshtein, ebenda, 1995.A.162, Bl. 6 u. 8; Grossman/Ehrenburg, Schwarzbuch, S. 235; Krasnopërko, Briefe, S. 13; Boris Vladimirovič Srebnik, in: Arkad'eva, Perekrestkach, S. 200–210, hier S. 202.

107 Der Befehlshaber des rueckw. Heeres-Gebietes Mitte/Abt. VII/Kr.-Verw., Verwaltungs-Anordnungen Nr. 2, 13. 7. 1941, NARB, 409-1-1, Bl. 71, auszugsweise abgedruckt in: Benz/Kwiet/Matthäus (Hrsg.), Einsatz, S. 120 f.

108 Ebenda, S. 120.

intakte Gemeinde-Strukturen noch auf jüdisch-sowjetische Institutionen stützen. Letztere waren während der Stalinschen Säuberungen Ende der 1930er-Jahre, die das Minsker jüdische kulturelle Milieu besonders hart getroffen hatten, aufgelöst worden.[109] Entsprechend willkürlich verlief die Installierung des Minsker Judenrates. Erinnerungsberichten zufolge fragte ein deutscher Offizier, möglicherweise Feldkommandant Schlegelhofer, während einer Razzia unter Juden auf den Straßen von Minsk oder im Lager von Drozdy, wer von den Festgenommenen deutsch spreche. Als niemand antwortete, wiederholte der Offizier seine Frage in drohendem Ton und griff nach seiner Waffe. Daraufhin hob Il'ja Muškin, vor dem Krieg stellvertretender Direktor des Minsker Industriewarenhandels, die Hand und räumte ein, dass er ein wenig Deutsch beherrsche. Muškin wurde daraufhin zur Kommandantur gebracht und erhielt ein Dokument, das ihn als „Kommissarischen Vorsitzenden“ des Minsker Judenrates auswies. Damit verbunden war der Befehl, binnen kürzester Zeit weitere Mitglieder für den Minsker Judenrat zu benennen.[110]

Das Zwangsgremium verfügte schließlich über sieben Abteilungen; die von Schenckendorff eingeforderten 24 Abteilungen gab es nie. Il'ja Muškin blieb Vorsitzender beziehungsweise „Judenältester“ von Minsk. Er war für die Kontakte zu den deutschen Besatzungsorganen und zur einheimischen Selbstverwaltung zuständig. Der Volkswirtschaftler Girš Rudicer stand der Sektion Arbeit vor. Ihm oblag die Organisation des Arbeitseinsatzes von Juden außerhalb der Ghettogrenzen, während M. Gol'din Werkstätten innerhalb des Ghettos betreuen sollte. Boris Dol'skij, vormals Regisseur am Minsker Janka-Kupala-Theater, musste die Wohnraumbewirtschaftung („zilotdel“) übernehmen. Er kommentierte diese Aufgabe mit den Worten: “Never in my life did I expect to direct a show like this.”[111] Michail Zorov, vor dem Krieg als „Verdienter Schauspieler der Republik“ ausgezeichnet, leitete die Fürsorge-Abteilung des Minsker Judenrates. Unter den Ghetto-Insassen bürgerte sich hierfür rasch die Bezeichnung „sobes“ – ein Akronym für „social'noe obespečenie“ (Sozialfürsorge) – ein. Die Sektion war auch für die Ernährung der Minsker Juden zuständig. Zjama Serebrjanskij schließlich stand an der Spitze des sogenannten jüdischen Ordnungsdienstes. Die Ghetto-Polizei, die zusammen mit der deutschen Schutzpolizei und einheimischen Hilfswilligen patrouillieren musste und als Wachposten eingesetzt wurde, trug keine Uniformen. Als Kennzeichnung diente – wie bei den Mitgliedern des Judenrates – eine breite gelbe Binde am rechten Arm. Über Waffen verfügte der

109 Smolar, Ghetto, S. 86; Cholawsky; Judenrat, S. 120; Gerlach, Morde, S. 521.

110 Vgl. dazu Smolar, Ghetto, S. 19 f.; Rubenčik, Pravda, S. 47; Ainsztein, Widerstand, S. 223; Isaiah Trunk, Judenrat. The Jewish Councils in Eastern Europe under Nazi Occupation, New York 1972, S. 25. Weniger wahrscheinlich erscheint die Version, dass Gestapo-Männer wahllos zehn jüdische Männer auf der Straße aufgegriffen und ihnen nach ihrer Verschleppung ins Regierungsgebäude eröffnet hätten, sie stellten künftig den Judenrat von Minsk, so Grossman/Ehrenburg, Schwarzbuch, S. 235.

111 Smolar, Ghetto, S. 21. Zu Dol'skij auch Lapidus, USHMM, RG-02.174, Bl. 44 f.

jüdische Ordnungsdienst nicht.[112] Einen Judenrat mit mehreren Abteilungen gab es in Minsk bis Ende Juli 1942.

Eine der ersten Zwangsaufgaben des Minsker Judenrates, der dem provisorischen Stadtkommissar unterstellt wurde,[113] war die Registrierung der jüdischen Bevölkerung. Mehrere Tage bildeten sich lange Schlangen vor dem provisorischen Gebäude des Judenrates. Die Juden erhielten Kennkarten, auf denen Name, Alter und Anschrift notiert waren. Unklar ist, ob die Registrierung noch vor oder erst während der Ghettoisierung beendet wurde: Erinnerungsberichte nennen den 15. bzw. 25. Juli als Abschlussdatum.[114] Die Ghettoisierung selbst verfügte die Feldkommandantur 812 per Anordnung vom 19. Juli 1941: Binnen fünf Tagen, so hieß es auf Deutsch, Russisch und Weißrussisch, müsse die gesamte jüdische Bevölkerung von Minsk in einen neu geschaffenen „jüdischen Wohnbezirk" umziehen.[115] Bezeichnenderweise verwendete die Feldkommandantur in der russischen und weißrussischen Variante anstelle der neutralen Bezeichnung „evrei" das Schimpfwort „žid".[116]

Als künftiges Ghetto – dieser Begriff wurde in der Anordnung noch tunlichst vermieden – war ein Gebiet von etwa zwei Quadratkilometern nordwestlich des Stadtzentrums ausgewählt worden. Es war ein traditionell von vielen Juden bewohntes Viertel, in dessen Süden der alte jüdische Friedhof lag.[117] Wehrmacht und SS erschien das Areal vermutlich auch wegen der baulichen Gegebenheiten als Ghetto geeignet: Zwar war das Gebiet in den ersten Kriegstagen kaum von deutschen Bomben getroffen worden. Die Straßen säumten jedoch überwiegend einstöckige, häufig baufällige Holzhäuschen aus der Zarenzeit. Elektrizität und fließend Wasser gab es nicht.[118]

Zum Ghetto gehörten anfangs rund vierzig Straßen. Die größte Straße – die „Respublikanskaja" (dt. Mittelstraße)[119] und ihre Fortsetzung, die „Opanskogo" (Chausseestraße) – verlief quer durch das Ghetto und teilte es in zwei Bezirke.[120] Die

112 Zur Zusammensetzung des ersten Minsker Judenrates unter anderem Smolar, Ghetto, S. 20 f.; Cholawsky, Judenrat, S. 116; Trunk, Judenrat, S. 466; Rubenčik, Pravda, S. 48; Majzelis, Stol'b, S. 188.

113 Ereignismeldung UdSSR Nr. 31, 23. 7. 1941, BArch Berlin R 58/215, Bl. 9.

114 Dazu Grossman/Ehrenburg, Schwarzbuch, S. 25 (15. Juli); Majzelis, Stol'b, S. 183 (25. Juli); zum Prozedere der Registrierung auch Smolar, Ghetto, S. 16.

115 Anordnung! Gez. Der Feldkommandant, 19. 7. 1941, NARB, 359-1-8, Bl. 1, abgedruckt in: Kohl, Krieg, S. 246 f.

116 Ebenda, Bl. 2/3; dazu auch Treister, S. 133; Krasnopërko, Briefe, S. 10; Smolar, Ghetto, S. 11.

117 Elissa Bemporad, The Yiddish Experiment in Soviet Minsk, in: East European Jewish Affairs 37 (2007) 1, S. 91–107, hier S. 101: Bemporad weist auf den Schriftstellers Arkadij Kapilov hin, der das Gebiet um die Zamkovaja 1941 als überwiegend jüdische Wohngegend beschreibt.

118 Rubenčik, Pravda, S. 37.

119 Die größeren Minsker Straßen erhielten Ende Oktober/Anfang November 1941 deutsche Bezeichnungen, vgl. dazu Anlage zum Kommandanturbefehl Nr. 18/Änderung der Straßenbezeichnungen in Minsk, 6. 11. 1941, NARB, 379-2-45, Bl. 18 f.

120 So Fiterson, USHMM, RG-02.022, Bl. 5.

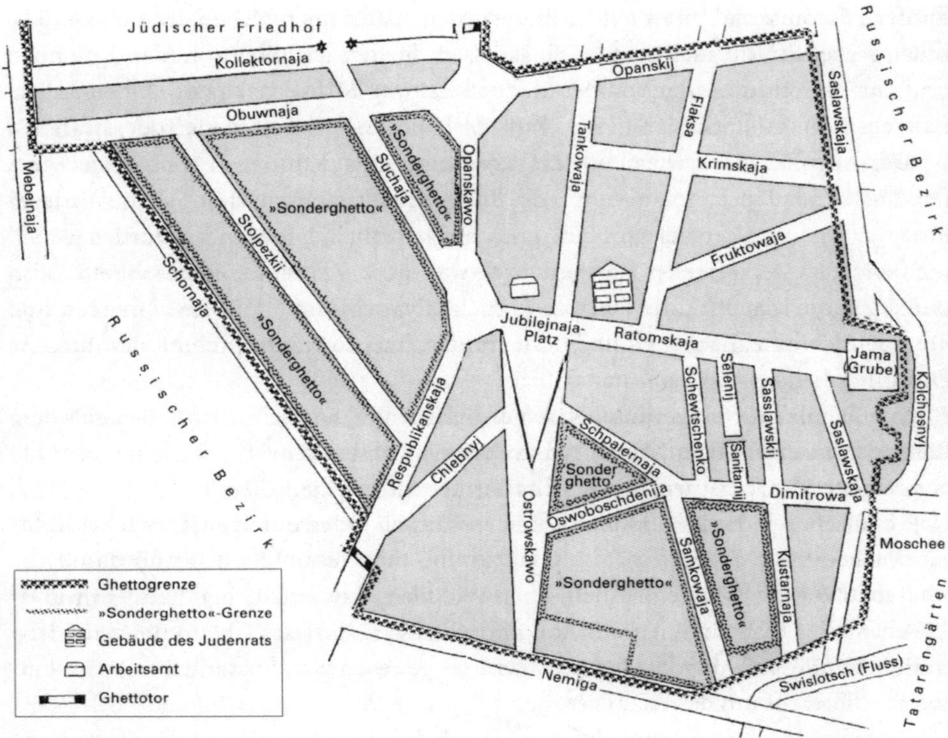

Plan des Ghettos in Minsk

Aus: Daniel Romanowsky, Das Minsker Ghetto, in: Projektgruppe Belarus (Hrsg.), „Existiert das Ghetto noch?" Weißrussland: Jüdisches Überleben gegen nationalsozialistische Herrschaft, Berlin 2003, S. 212 (Grundlage: Skizze des Ghetto-Überlebenden Abram Rubenčik).

„Respublikanskaja"/„Opanskogo" diente den Besatzern auch als Durchgangsstraße. Sie war später nach Angaben einer Untergrundkämpferin auf beiden Seiten sowie von oben mit Stacheldraht gesichert, sodass ein „mannshoher Käfig" entstand.[121] Nach der Anordnung vom 19. Juli sollte das Ghetto über zwei Hauptzugänge – im Osten über die „Ostrovskogo" (Langstraße) und im Westen über die „Opanskogo" – verfügen. Auf den meisten in der Literatur publizierten Plänen ist als Ostzugang allerdings die „Respublikanskaja" verzeichnet.[122] Nach Aron Fiterson wiederum befanden sich die Haupttore des Ghettos im Süden an der „Suchaja" und im Norden

121 Vgl. Der Stadtkommandant, Befehl des Stadtkommandanten, 24. 12. 1941, gez. Winter, NARB, 379-2-4, Bl. 99: „[…] 5.) Durchgangsstrasse im Chetto [sic]/Wehrmachtsangehörigen wird zum Passieren für dienstliche Zwecke die Mittelstrasse als Durchgangsstrasse freigegeben. […]"; Majzelis, Stol'b, S. 184.

122 Vgl. obigen Plan; Rubenčik, Pravda, S. 184 f.; Epstein, Ghetto, S. XIV.

an der „Ratomskaja".[123] In jedem Fall wurden später noch Nebentore für die jüdischen Arbeitskräfte geöffnet.[124] Die Insassen durften das Ghetto nur in Kolonnen und zur Verrichtung „der von der Stadtverwaltung Minsk verfügten Arbeit außerhalb des Bezirks"[125] passieren. Bei „Zuwiderhandlungen" drohte die Todesstrafe.

Den Minsker Juden wurde in der Anordnung vom 19. Juli 1941 auch aufgegeben, das Ghetto mit Trockenmauern von der übrigen Stadt abzuschotten. Für die Abriegelung war Girš Rudicer aus dem Judenrat verantwortlich. Die Mauern wurden jedoch nie errichtet. Der Minsker Zwangsbezirk war lange Zeit ein „offenes Ghetto, also durch Zäune, Mauern oder Drahtzaun nicht abgeschlossen".[126] Seine Grenzen und Tore bewachten zunächst einheimische Hilfspolizei sowie im Inneren der jüdische Ordnungsdienst unter Serebrjanskij.[127]

Von Beginn an eingezäunt waren lediglich die „Sonderghettos" der aus dem Reich deportierten Juden, die ab November 1941 bestanden.[128] Anfang Januar 1942 bemängelte SS-Obersturmführer Kurt Burkhardt in einem Bericht für das RSHA: „Die deutschen Juden sind zwar von den russischen Juden durch einen Stacheldrahtzaun abgetrennt, dagegen ist die Umzäunung des Gesamtghettos und damit die Abgrenzung gegen die weißruthenischen Wohnbezirke noch nicht durchgeführt."[129] Die ehemalige Insassin Asja Tretjakova erinnert sich, dass das Ghetto im ersten Jahr lang nicht oder nur unvollständig eingezäunt gewesen war. Später habe es vier Reihen Stacheldraht um das Areal gegeben.[130]

Diese massive Umzäunung dürfte erst nach der viertägigen Mordkampagne Ende Juli 1942 errichtet worden sein, nach der das Ghetto knapp ein Jahr lang faktisch als ein Arbeitslager für anfangs rund 9000 Menschen geführt wurde. Bis zum Sommer

123 Fiterson, USHMM, RG-02.022, Bl. 5.

124 Smolar, Ghetto, S. 20.

125 Anordnung! Gez. der Feldkommandant, 19. 7. 1941, NARB, 359-1-8, Bl. 1.

126 Ortskommandantur Minsk, Kommandanturbefehl Nr.4, gez. Dr. Mittasch, 7. 8. 1941, NARB, 379-2-4, Bl. 104.

127 Smolar, Ghetto, S. 20.

128 Die Verschleppten mussten den Stacheldrahtzaun selbst errichten: Er hatte zu Beginn allerdings nur Brusthöhe und damit eher symbolischen Charakter, vgl. Loewenstein, Minsk, S. 23; Interview Arthur Menke, Code 16399, Visual History Archive, © USC Shoah Foundation 1996. Den Stacheldraht um die „Sonderghettos" meint wahrscheinlich auch eine weißrussische Ghetto-Überlebende, die sich an eine Umzäunung ab November 1941 erinnert, vgl. Nina Iosifovna Štejn, BArch B 162/1764, Bl. 192.

129 „Burkhardt-Bericht", Anfang Januar 1942, NARB, 4683-3-1022, Bl. 1–9, hier Bl. 6, auszugsweise abgedruckt in: Benz/Kwiet/Matthäus (Hrsg.), Einsatz, S. 111–115, hier S. 113.

130 Oral History Interview with Asya Moyseyevna Trityakova [geb. 1918, russ.], USHMM, RG-50.378#003. Dass der Stacheldrahtzaun um das Ghetto nicht von Anfang an bestand, betont auch Negnevitsky, USHMM, RG-50.378#22; vgl. hierzu auch Gerlach, Morde, S. 524. Die meisten ehemaligen Insassen geben allerdings an, das Ghetto sei von Beginn an mit Stacheldraht umgeben gewesen, dazu beispielhaft Rubenčik, Pravda, S. 36. Fünf Reihen Stacheldraht erwähnen Lapidus, USHMM, RG-02.174, Bl. 8 sowie Grossman/Ehrenburg, Schwarzbuch, S. 236.

1942 folgten den Mordaktionen oft Verkleinerungen des Ghetto-Territoriums hin zum jüdischen Friedhof.[131] Eine feste Umzäunung wäre entsprechend eher hinderlich gewesen.

Das Zentrum des Ghettos bildete bis zu dessen Ende der Jubiläumsplatz („Jubilejnaja Ploščad'"), der auch als Appell- und Sammelplatz diente. Die Insassen nannten den Jubiläumsplatz rasch „Sklavenplatz" („ploščad' rabov").[132] An seinem nördlichen Ende, an der Ecke Ratomskaja/Tankovaja, bezog der Judenrat ein zweistöckiges Gebäude, in dem vor und nach dem Krieg die 5. Abteilung der Minsker Miliz untergebracht war. In einem Holzhaus in unmittelbarer Nähe wurde das sogenannte Arbeitsbüro („birža truda") eingerichtet; eine Scheune diente als provisorisches Gefängnis.[133]

Die Feldkommandantur 812 machte den Minsker Judenrat „[f]ür die restlose Durchführung der jüdischen Umsiedlung [...] voll verantwortlich" und legte ihm „zur Durchführung der durch die Umsiedlung entstehenden Verwaltungsmaßnahmen eine Zwangsanleihe von 30 000 Tschwerwoncen" auf. Der Betrag war nach Herausgabe der Verfügung innerhalb von zwölf Stunden an die Kasse des Stadtkommissariates zu entrichten. Inwieweit dies gelang, ist ungewiss. Gesichert ist dagegen, dass der Judenrat bei der Feldkommandantur eine Fristverlängerung zum Abschluss des Zwangsumzuges bis Ende Juli, wahrscheinlich noch länger erwirken konnte.[134] Bis mindestens Mitte August betrieb das Stadtkommissariat eine Seifensiederei und eine Tapetenfabrik auf dem Ghetto-Gelände. Die nicht jüdischen Arbeiter erhielten Passierscheine für den Zwangsbezirk. Eine deutsche Militärdienststelle hielt im August noch ein größeres Gebäude im Ghetto besetzt, das als Krankenhaus vorgesehen war.[135]

Unterdessen zogen Zehntausende Juden durch die Stadt in Richtung Ghetto. Gemäß deutscher Anordnung mussten sie auf den Fahrbahnen der Straßen gehen. Transportmöglichkeiten für Umzugsgut, dessen Mitnahme die Feldkommandantur immerhin gestattet hatte,[136] gab es nicht. Diejenigen, die während der deutschen Bombardierung nicht alles verloren hatten, transportierten ihre Habseligkeiten in

131 Dazu auch Epstein, Ghetto, S. 85: "Ghetto Jews joked bitterly that the Germans were pushing them closer and closer to the cemetery."

132 Majzelis, Stol'b, S. 183; Jackson, Joseph Gavi, S. 16; Iosif Isaakovič Levin (Novikov), My chodili smotret' na kazn' [Wir gingen Hinrichtungen anschauen], in: Levin/Mel'cer, Kniga, S. 358–360, hier S. 358.

133 Fiterson, USHMM, RG-02.022, Bl. 5; Kugel, USHMM, RG 50-378#028; Rubenčik, Pravda, S. 47; Jackson, Joseph Gavi, S. 19.

134 Grossman/Ehrenburg, Schwarzbuch, S. 236; Lapidus, USHMM, RG-02.174, Bl. 8.

135 Vgl. dazu Passierscheine, GAMO 1050-1-14, Bl. 104 u. 106.

136 Anordnung! 19. 7. 1941, NARB, 359-1-8, Bl. 1. Nach Erinnerungsberichten durften die Minsker Juden pro Person 15 Kilogramm Gepäck mit ins Ghetto nehmen, vgl. Lapidus, USHMM, RG-02.174, Bl. 8.

Schubkarren oder trugen sie mit bloßen Händen.[137] Al'bert Lapidus erinnert sich deutlich an die bedrückende Atmosphäre jener Tage: „Die Tragik der Situation nahm jeder auf seine Weise wahr: die einen mit Angst, Bestürzung und Fassungslosigkeit, die anderen mit hastiger Tüchtigkeit, die dritten mit Erstarrung und demütiger Zurückgezogenheit. Viele begriffen deutlich, daß das nicht nur ein Abschied vom bisherigen Leben, vom Haus und von den Nachbarn war; sie verstanden, daß es ein Abschied vom Leben generell war. Die Familien kamen aus den Häusern und reihten sich in den allgemeinen Strom der Menschen ein. [...] Auf den Bürgersteigen standen Russen, Weißrussen, Polen und betrachteten diesen Marsch der Verdammten. Einige schauten mit Neugierde, einige mit Feindseligkeit, aber es gab in der Menge auch solche mit Tränen und Mitgefühl in den Augen."[138]

In der Vorstellung der Besatzungsmacht sollten Minsker Juden, die über Wohnraum außerhalb der Ghetto-Grenzen verfügten, diesen mit Nichtjuden tauschen, die auf dem Territorium des künftigen Zwangsbezirks lebten. Der Judenrat musste diesen Wohnungstausch protokollieren. Wohnungen außerhalb des Zwangsbezirkes, die nicht unverzüglich neu belegt wurden, mussten dem Stadtkommissariat gemeldet werden. Das Prozedere des eigentlichen Wohnungstausches war unbürokratisch, wie Vera Smirnova (eigentlich Rozenberg)[139] berichtet. Ihre Familie lebte in jenem Teil der „Kollektornaja", der nicht dem Ghetto zugeschlagen worden war. Nach der Anordnung zum Zwangsumzug machten sich die Eltern mit fünf Kindern in das künftige Ghetto auf und fragten in den Haushöfen nach, wer tauschen wolle. In der „Respublikanskaja" trafen sie eine nicht jüdische Familie, die die Drei-Zimmer-Wohnung der Rozenbergs beziehen wollte. Diese übernahmen im Gegenzug ein Quartier im Souterrain des zweistöckigen Hauses in der „Respublikanskaja".[140] Juden, die auf dem Territorium des Ghettos ansässig waren, halfen den Neuankömmlingen aus anderen Stadtvierteln bei der Suche nach einer Unterkunft.[141]

Für einige nicht jüdische Bewohner des Ghetto-Gebiets erwies sich der Wohnungstausch als vorteilhaft. Zwar waren die kleinen Holzhäuser in diesem Stadtviertel nach der Revolution überwiegend in Privatbesitz geblieben. Sie waren jedoch zumeist in schlechtem baulichen Zustand, sodass der Bezug möblierter Wohnungen oder von Häusern jüngeren Baudatums durchaus eine Verbesserung der Lebenssituation darstellen konnte.[142]

137 Negnevitsky, USHMM, RG-50.378#22; Elfrida Dawydowna Aslesowa, Interview vom 12. 6. 2000, in: Projektgruppe Belarus (Hrsg.), Ghetto, S. 104–110, hier S. 105; Treister, in: ebenda, S. 133; Smolar, Ghetto, S. 114; Rubenčik, Pravda, S. 37.

138 Lapidus, USHMM, RG-02.174, Bl. 8.

139 Manche weißrussischen Juden nahmen während der deutschen Besatzungszeit zur Tarnung slawische Namen an und legten sie nach Kriegsende nicht mehr ab, so auch Vera Smirnova.

140 Oral History Interview with Vera Vladimirovna Smirnova [geb. 1928, russ.], USHMM, RG-50.378#025.

141 Rubenčik, Pravda, S. 37.

142 Dazu Smolar, Ghetto, S. 16.

Der Minsker Zwangsbezirk war das erste (quellenmäßig verbürgte) Ghetto im besetzten Weißrussland. Wie der Judenrat war es wahrscheinlich verwaltungsmäßig zunächst dem Provisorischen Stadtkommissariat Minsk unterstellt.[143] Bislang hat die historische Forschung noch nicht erschöpfend geklärt, warum die lokalen Militärinstanzen in Minsk bereits so frühzeitig und aus eigener Initiative die Errichtung eines Ghettos befahlen. Die ersten Ghettos im besetzten Weißrussland entstanden nach Christian Gerlach vor allem aus kosten- und nutzenökonomischen Erwägungen: In stark zerstörten Städten wie Minsk habe die Ghetto-Bildung vor allem der Lösung von Wohnraumproblemen gedient. Weitere wichtige Ziele seien der Ausschluss der Juden aus der Lebensmittelversorgung sowie aus dem Arbeitsprozess gewesen.[144] Dieter Pohl indes vertritt die Auffassung, die Ghettoisierungspolitik der Militärverwaltung in der besetzten Sowjetunion sei „in erster Linie auf ein antisemitisch pervertiertes Sicherheitsdenken zurückzuführen, in zweiter Linie als Reaktion auf materielle Engpässe, die man auf Kosten der Juden zu lösen suchte“.[145]

Von welchen Motiven sich die Feldkommandantur 812 im Juli 1941 in Minsk leiten ließ, geht aus den Quellen nicht eindeutig hervor. Dass die Einsatzgruppe B auch bei der Ghetto-Bildung erheblichen Einfluss hatte, steht außer Frage.[146] Die Anwesenheit Zehntausender Juden in der „altsowjetischen“ Stadt galt Wehrmacht wie SS und Polizei vermutlich durchaus als Sicherheitsrisiko, dem mit der Ghettoisierung begegnet werden sollte.[147] Auf der anderen Seite dürfte die Konzentration der Juden in einem heruntergekommenen Stadtviertel auch als Maßnahme zur Wohnraumbeschaffung begrüßt worden sein. Darauf weist das vorgeschriebene Prozedere des Wohnungstausches zwischen Juden und Nichtjuden hin. Der raschen Ghetto-Bildung in Minsk lag aber möglicherweise noch ein weiteres Motiv zugrunde.

In der Region um die weißrussische Hauptstadt war eine große Zahl jüdischer Flüchtlinge gestrandet, denen die rasch vorrückende Heeresgruppe Mitte den Rettungsweg in das sowjetische Landesinnere abgeschnitten hatte. Sie stammten aus Minsk, aber auch aus den westlichen weißrussischen Gebieten. SS und Wehrmacht könnten das Ghetto Minsk auch mit der Intention errichtet haben, es als Sammellager für diese Flüchtlinge zu nutzen. Darauf deutet eine Bemerkung der Minsker

143 Ereignismeldung UdSSR Nr. 31, 23. 7. 1941, BArch R 58 /215, Bl. 9.

144 Gerlach, Morde, S. 522 ff.

145 Pohl, Herrschaft, S. 252.

146 Vgl. dazu Ereignismeldung UdSSR Nr. 31, 23. 7. 1941, BArch R 58 /215, Bl. 10: „Als vordringliche und angesichts der großen Zahl der Juden besonders schwierige Aufhabe erscheint ihr Unterbringen im Ghetto. Die Durchführung dieser Aufgabe ist im Gange, überall sind bereits die dafür geeigneten Stadtbezirke im Zusammenwirken mit den Feld- und Ortskommandanturen ausgesucht worden.“ Vgl. auch Gerlach, Morde, S. 523, der auf die enge personelle Verzahnung zwischen SS und Militärverwaltung verweist.

147 Interessant ist hier der Befund von Gerlach, dass viele Ghettos im bis 1939 polnischen Teil Weißrusslands erst relativ spät errichtet wurden, vgl. ebenda, S. 532.

Jüdin Berta Bruk hin, die mit ihrer Familie bis nach Smiloviči geflohen war: „Bald wurde von den Deutschen der Befehl erlassen, alle Juden aus der Stadt und den kleinen Orten sollten sich nach Minsk begeben."[148] Möglicherweise war im Sommer 1941 sogar beabsichtigt, die Juden aus den Dörfern um Minsk im Ghetto der Hauptstadt zu konzentrieren.[149] Gesichert ist, dass während der Vernichtungsaktionen gegen die jüdische Bevölkerung im Minsker Umland ausgewählte Handwerker ins Minsker Ghetto gebracht wurden. Im entvölkerten Minsk sollte der Zwangsbezirk offenbar auch als Arbeitskräftereservoir dienen. Schließlich ist zu berücksichtigen, dass die Einsatzgruppen überall in der besetzten Sowjetunion bis September 1941 dazu übergegangen waren, nicht nur jüdische Männer, sondern auch Frauen und Kinder in großem Maßstab zu erschießen. In Minsk geschah das erst im November 1941 in Zusammenhang mit dem Beginn der Deportationen. Auch das könnte ein Hinweis darauf sein, dass die lokalen Funktionäre das Minsker Ghetto zunächst als Sammellager und Arbeitskräftereservoir führen wollten.

3.3. Auf dem Weg zur „Endlösung": Himmlers Besuch in Minsk

Das Ghetto war noch im Aufbau begriffen, als Heinrich Himmler am 14. August 1941 in Minsk eintraf. Seit Beginn des „Unternehmens Barbarossa" hatte der Reichsführer SS einige Reisen in die besetzten sowjetisch/baltischen Gebiete unternommen, häufig in Begleitung von Heydrich oder SS-Obergruppenführer Kurt Daluege, dem Chef der Ordnungspolizei. Nach Minsk kam Himmler zusammen mit seinem Stabschef, SS-Gruppenführer Karl Wolff, dem HSSPF Russland-Mitte von dem Bach-Zelewski sowie dem HSSPF Russland-Nord, SS-Obergruppenführer Hans-Adolf Prützmann. Zur Delegation gehörten neben weiteren Personen auch der „Kameramann des Führers" Walter Frentz und SS-Bildberichterstatter Franz Gayk.[150]

Die Gruppe, zu der Einsatzgruppenchef Nebe hinzuzitiert wurde, absolvierte am 15. August ein dicht gedrängtes Programm. Zwischen zehn und zwölf Uhr morgens beobachtete sie eine Exekution außerhalb von Minsk: Angehörige des EK 8 und des Polizeibataillons 9 erschossen etwa hundert Personen, darunter zwei Frauen, in

148 Wenn Worte schreien und weinen. Tagebücher der Ljalja und Berta Bruk, S. 49. Die Kleinstadt Smiloviči im Minsker Gebiet war der letzte Ort, den Flüchtlinge erreichen konnten, die Minsk nach dem 24. Juni 1941 verlassen hatten.

149 Tatsächlich wurden in Teilen Weißrusslands Juden vom Lande in mittlere und größere Städte verbracht, dazu Gerlach, Morde, S. 533 ff.

150 Zur Rolle von Frentz Klaus Hesse, „... Gefangenenlager, Exekution, ... Irrenanstalt ...". Walter Frentz' Reise nach Minsk im Gefolge Heinrich Himmlers im August 1941, in: Hans Georg Hiller von Gaertringen (Hrsg.), Das Auge des Dritten Reiches. Hitlers Kameramann und Fotograf Walter Frentz, München/Berlin 2006, S. 179–191.

einer zuvor ausgehobenen Grube. Die Hinrichtungsstätte lag möglicherweise bei Smiloviči oder Smolevičі.[151] Ein Großteil der Opfer war am Tag zuvor im Minsker Ghetto zusammengetrieben worden.[152] In Himmlers Dienstkalender waren die Getöteten als „Partisanen und Juden“ vermerkt.[153] Die Opfer wurden gruppenweise an die Grube herangeführt. Sie mussten hineinklettern und sich mit dem Gesicht nach unten hinlegen. Anschließend feuerten acht bis zehn Sicherheits- und Ordnungspolizisten von oben eine Salve. Nachdem die Leichen mit einer Schicht Erde bedeckt worden waren, wurde die nächste Gruppe zur Grube gebracht.[154]

Walter Frentz hielt das mörderische Geschehen wahrscheinlich für Hitler mit der Kamera fest,[155] während Himmler die Pose eines sachlich interessierten Zuschauers einnahm: Einer Nachkriegsaussage zufolge blickte der Reichsführer SS nach der ersten Salve in die Grube hinein und wies einen Polizeileutnant an, einem noch lebenden Opfer den „Gnadenschuss“ zu versetzen.[156] Zum Abschluss hielt Himmler dem Erschießungskommando eine Ansprache, in der er solche Exekutionen als zwar widerwärtiges, aber notwendiges Kampfmittel im „Weltanschauungskrieg“ darstellte: Menschen müssten sich gegen „Ungeziefer“ verteidigen.[157] Der Kommandeur des EK 8, SS-Obersturmbannführer Otto Bradfisch, behauptete nach dem Krieg, Himmler habe bei dieser Gelegenheit auch einen „Führerbefehl“ zur Ermordung aller sowjetischen Juden überbracht.[158]

Nach der Exekution besichtigte Himmlers Delegation das Durchgangslager bei Drozdy. Am Nachmittag stand nach einer Fahrt durch das Ghetto der Besuch einer psychiatrischen Einrichtung in Novinki bei Minsk auf dem Programm. Fünf Wochen später tötete ein Polizeikommando 120 Insassen der Klinik durch Gas. Höchstwahrscheinlich hat Himmler diesen Mord bei der Inspektion am 15. August angeordnet. Von dem Bach-Zelewski gab nach dem Krieg an, der Reichsführer SS habe Nebe angewiesen, die Kranken bald von ihrem Leiden zu „erlösen“. Unter dem Eindruck der morgendlichen Exekution habe Himmler allerdings angemerkt, dass Erschießen nicht die „humanste Lösung“ sei. In der Folge habe sich die Unterhaltung

151 Gerlach, Morde, S. 571.

152 Grossman/Ehrenburg, Schwarzbuch, S. 238.

153 Dienstkalender Himmlers, S. 195.

154 Zum Prozedere Breitman, Himmler, S. 278 ff.; Hesse, „… Gefangenenlager“, S. 180. Die Autoren stützen sich auf eine Nachkriegsaussage von Karl Wolff; andere Darstellung: Vernehmung K. G. (Angehöriger EK 8) 12. 5. 1960, BArch B 162/1678, Bl. 1143 f. G. zufolge mussten sich die Opfer in Zehnergruppen an den Grubenrand stellen. Das Exekutionskommando, bestehend aus etwa 20 Personen, habe dann zwei oder drei Salven abgefeuert.

155 Dazu Gerlach, Morde, S. 572 f.; Hesse, „… Gefangenenlager“, S. 184 f.

156 Longerich, Himmler, S. 552. Nachkriegsangaben, denen zufolge Himmler bei der Exekution schlecht geworden sei, werden in der Forschung inzwischen angezweifelt, dazu Gerlach, Morde, S. 572.

157 Ebenda, S. 572; Breitman, Himmler, S. 280; Longerich, Himmler, S. 552 f.

158 Ogorreck, Einsatzgruppen, S. 181.

um alternative Tötungsmethoden gedreht; Nebe sei abschließend beauftragt worden, mit Gas und Sprengstoff zu experimentieren.[159]

Himmlers Besuch in Minsk hat in der Forschung unterschiedliche Interpretationen erfahren. Wegen der Aussage von Kommandoführer Bradfisch gingen die Historiker lange Zeit davon aus, Himmler habe in Minsk die unterschiedslose Tötung aller sowjetischen Juden einschließlich Frauen und Kinder befohlen. Diese Annahme gilt inzwischen als widerlegt, da ihr die Ereignisse der folgenden Wochen widersprechen. Hinzu kommt, dass sich die Wirkungsweise des SS-Führungssystems nicht auf eine simple Abfolge von Befehl und Ausführung reduzieren lässt.[160]

Zweifellos nutzte Himmler seine Inspektionsfahrten in die besetzten sowjetisch/baltischen Gebiete, um das örtliche Geschehen, sofern notwendig, im Sinne der Berliner Zentrale zu steuern und die regionale Führerschaft zu instruieren. Er arbeitete dabei aber nicht mit eindeutigen Befehlen. Die schrittweise Ausweitung des jüdischen Opferkreises in den ersten Kriegswochen war Resultat eines Zusammenspiels zwischen absichtsvoll mehrdeutig formulierten Vorgaben der SS- und Polizeiführung und lokalem mörderischen Aktivismus. Der Einfluss der SS-Spitze war dabei mehr oder minder stark ausgeprägt. Im Lager von Drozdy bei Minsk etwa ging die Einsatzgruppe B weitgehend aus eigenem Antrieb dazu über, nach jüdischen Akademikern und Funktionären auch Angehörige der Arbeiterklasse zu ermorden.

Etwas anders war die Situation in Białystok: In der ostpolnischen Stadt hatte es am 8. Juli eine erste „Judenaktion" gegeben. Sie beschränkte sich aber auf die Durchsuchung der Wohnhäuser von Juden. Diese sollten als „Plünderer" klassifiziert und entsprechend bestraft werden. Beteiligt war das Polizeibataillon 322, das zum Polizeiregiment Mitte gehörte. Im Kriegstagebuch des Bataillons notierte ein Ordnungspolizist, man habe reichhaltiges „jüdisches Plünderungsgut" sicherstellen und in zwanzig Lastkraftwagen abtransportieren können. Die Ausbeute bestand aus „Lebensmitteln und Genußmitteln aller Art, Seife, Lederwaren und Textilien [...] Küchengeräten, Gummiwaren [...] und einem Jagdgewehr".[161] 22 Menschen wurden am gleichen Tag erschossen, unter ihnen eine Frau. „Bei den Erschossenen", hieß es dazu im Kriegstagebuch, „handelt es sich um Plünderer, Flüchtlinge und fast ausschließlich Juden." Himmler, der am Tag der „Aktion" in Białystok eintraf, erschien diese Zahl freilich erheblich zu niedrig. In einer Besprechung mit hohen SS- und Polizeioffizieren, darunter von dem Bach-Zelewski, äußerte er, künftig sei grundsätzlich jeder Jude als Partisan anzusehen. Für von dem Bach-Zelewski resultierte aus dieser Äußerung der „klare Befehl Himmlers, daß Partisanen und nach seiner Auffassung damit auch Juden als Träger des Partisanentums zu erschießen seien".[162]

159 Gerlach, Morde, S. 573; Breitman, Himmler, S. 280.
160 Vgl. Gerlach, Morde, S. 628 ff.; Longerich, Himmler, S. 548 ff.
161 Zit. nach Kwiet, Auftakt, S. 198.
162 Zit. nach Ogorreck, Einsatzgruppen, S. 177.

Im Vorwurf des Partisanentums bündelte das NS-Regime ab Anfang Juli alle Formen angeblichen Widerstands (Plünderei, Brandstifterei, Freischärlerei) gegen die deutsche Herrschaft. Den nachgerade willkommenen Anlass hierzu bot Stalins Aufruf vom 3. Juli 1941 zum Partisanenkampf.[163] Hitler selbst erklärte am 16. Juli: „Dieser Partisanenkrieg hat auch wieder seinen Vorteil: er gibt uns die Möglichkeit, auszurotten, was sich gegen uns stellt.“[164] Angebliche Partisanentätigkeit war der wichtigste Vorwand zur Erweiterung des jüdischen Opferkreises von Akademikern und Funktionären auf alle Männer im wehrfähigen Alter: Da Juden als Hauptträger und Profiteure des sowjetischen Systems galten, mussten sie in nationalsozialistischer Sicht auch dessen vehementeste Verteidiger sein.

In Białystok war Himmler nicht der einzige hochrangige Besucher. Am 9. Juli versammelte Orpo-Chef Daluege die Angehörigen des Polizeibataillons 316 im örtlichen Sportstadion und erklärte ihnen, sie könnten stolz darauf sein, an der Niederringung des bolschewistischen „Weltfeindes“ mitzuwirken. „Der Bolschewismus“, so Daluege weiter, „wird nun endgültig ausgerottet werden, zum Segen Deutschlands, Europas, ja der ganzen Welt“.[165] Die Ordnungspolizisten, von Klaus-Michael Mallmann treffend als „Fußvolk der Endlösung“ charakterisiert, waren somit auf eine zwar schwierige, aber zugleich erhabene Aufgabe eingestimmt. Wenig später erteilte HSSPF von dem Bach-Zelewski, dem das Polizeiregiment Mitte unterstand, dem Regimentskommandeur Max Montua den Befehl, dass als „Plünderer“ überführte jüdische Männer im Alter von 17 bis 45 Jahren sofort standrechtlich zu erschießen seien. Oberst Montua fasste den Befehl am 11. Juli 1941 in Schriftform und leitete ihn an die Polizeibataillone 307, 316 und 322 weiter.[166] In Białystok war das der Auftakt zu einem Massenmord: Mitte Juli erschossen Angehörige der Polizeibataillone

163 Vgl. Rundfunkrede Stalins vom 3. 7. 1941, in: Ueberschär/Wette (Hrsg.), „Unternehmen Barbarossa“, S. 326 ff. Wörtlich hatte Stalin gefordert: „In den vom Feind okkupierten Gebieten müssen Partisanenabteilungen zu Pferd und zu Fuß gebildet und Diversionsgruppen geschaffen werden zum Kampf gegen die Truppenteile der feindlichen Armee, zur Entfachung des Partisanenkrieges überall und allerorts, zur Sprengung von Brücken und Straßen, zur Zerstörung der Telephon- und Telegraphenverbindung, zur Niederbrennung der Wälder, der Depots und der Trains. In den okkupierten Gebieten müssen für den Feind und alle seine Helfershelfer unerträgliche Bedingungen geschaffen werden, sie müssen auf Schritt und Tritt verfolgt und vernichtet und alle ihre Maßnahmen müssen vereitelt werden.“

164 Zit. nach Friedländer, Reich, S. 582.

165 Andrej Angrick/Martina Voigt/Silke Ammerschubert/Peter Klein, „Da hätte man schon ein Tagebuch führen müssen.“ Das Polizeibataillon 322 und die Judenmorde im Bereich der Heeresgruppe Mitte während des Sommers und Herbstes 1941, in: Helge Grabitz/Klaus Bästlein/Johannes Tuchel (Hrsg.), Die Normalität des Verbrechens. Bilanz und Perspektiven der Forschung zu den nationalsozialistischen Gewaltverbrechen, Berlin 1994, S. 325–385, hier S. 327.

166 Vgl. Befehl des Polizei-Regiments Mitte (Montua) an die Polizeibataillone 307, 316 und 322 vom 11. Juli 1941 betr. Erschießung von Juden, in: Benz/Kwiet/Matthäus (Hrsg.), Einsatz, S. 75 f.

316 und 322 3000 jüdische Männer außerhalb der Stadt. Während der Exekutionen erschien von dem Bach-Zelewski an der Erschießungsstätte und rechtfertigte die Aktion in einer kurzen Ansprache an die Schützen.

Ein etwa anders gelagertes Zusammenspiel zwischen Vorgaben von oben und radikalem Aktivismus von unten lässt sich bei der Ausweitung der Massenmorde auf jüdische Frauen und Kinder beobachten. Das in Litauen eingesetzte EK 3 der Einsatzgruppe A unter SS-Standartenführer Karl Jäger etwa ermordete bereits Anfang Juli nicht nur jüdische Männer, sondern in kleinerer Zahl auch Frauen: Der sogenannte Jäger-Bericht, in dem der Kommandeur ebenso penibel wie stolz alle auf seinen Befehl hin ausgeführten Exekutionen bis zum 1. Dezember auflistete, verzeichnet schon für die erste „Aktion" in Kaunas am 4. Juli 416 Juden und 47 Jüdinnen als Opfer.[167] Hierfür dürfte zu diesem frühen Zeitpunkt kaum eine zentrale Weisung aus Berlin vorgelegen haben. Dass die SS-Führung gleichwohl keinerlei Einwände gegen die Tötung jüdischer Frauen erhob, zeigte sich den Kommandoführern wohl gegen Ende Juli/Anfang August 1941. Am 29. Juli traf Himmler in Kaunas ein und führte Gespräche mit Daluege und dem neuen Reichskommissar Ostland, Hinrich Lohse. Thema waren vermutlich die Judenerschießungen im Gebiet der Einsatzgruppe A, das zu Lohses künftigem Wirkungskreis gehörte.

Am 31. Juli reiste der SS-Chef weiter nach Riga, wo er mit dem HSSPF Ostland, Hans-Adolf Prützmann, und neuerlich mit Lohse zusammentraf.[168] Wahrscheinlich signalisierte Himmler Prützmann bei dieser Gelegenheit, die Judenmorde in Litauen und Lettland könnten auch auf Frauen und Kinder ausgedehnt werden. Für diese These spricht, dass Himmler auf seiner nächsten Reisestation Baranoviči dem dort liegenden Stab der SS-Kavallerieverbände unter von dem Bach-Zelewski für deren Einsatz in den Pripjet'-Sümpfen die Weisung erteilte: „Sämtliche Juden müssen erschossen werden. Judenweiber in die Sümpfe treiben."[169] Damit hatte Himmler zwar nicht ausdrücklich die Ermordung jüdischer Frauen, aber doch ein äußerst gewaltsames Vorgehen gegen sie angeordnet. Ein ähnliches Signal dürfte Himmler im Baltikum gegeben haben. Ab dem 15. August jedenfalls tötete Jägers EK 3 massenhaft „Jüdinnen und Judenkinder", andere Kommandos folgten. Außer in Minsk waren bis Ende September 1941 fast alle SS- und Polizeieinheiten vom selektiven zum massenhaften Morden an den sowjetischen Juden übergegangen.

Es bleibt die Frage, welchem Zweck Himmlers Reise nach Minsk gedient haben könnte. Gestützt auf Aussagen von dem Bach-Zelewskis ist die Visite in der Forschung auch als „Geburtsstunde der Gaskammer" interpretiert worden.[170] Der

167 „Summa 137 346". Der sogenannte Jäger-Bericht, in: Ernst Klee/Willi Dreßen/Volker Rieß (Hrsg.), „Schöne Zeiten". Judenmord aus der Sicht der Täter und Gaffer, Frankfurt a. M. 1988, S. 52–62, hier S. 52.

168 Dazu Longerich, Himmler, S. 549; Breitman, Himmler, S. 272 f.

169 Zit. nach Breitman, Himmler, S. 275.

170 Dazu ausführlicher Gerlach, Morde, S. 571.

HSSPF stellte (vermutlich aus gutem Grund) das in Novinki geführte Gespräch über alternative Tötungsmethoden als spontanes Ergebnis der zuvor beobachteten Massenerschießung dar. Möglicherweise reiste Himmler jedoch bereits mit der erklärten Absicht nach Minsk, nach neuen Methoden und Orten der Massenvernichtung nicht nur der sowjetischen, sondern aller europäischen Juden zu suchen.

Tatsächlich finden sich deutliche Anzeichen dafür, dass im Sommer 1941 in NS-Führungskreisen das Schicksal aller Juden Europas zur Debatte stand. Hitler selbst, der die Judenverfolgung steuerte, schien zu diesem Zeitpunkt zumindest nach außen hin noch einer „territorialen Endlösung“ (mit zweifellos genozidalem Charakter) zuzuneigen. Gegenüber dem kroatischen Marschall Slavko Kvaternik etwa erklärte der „Führer“ am 22. Juli dem Protokoll zufolge, „[...] wenn auch nur ein Staat aus irgendwelchen Gründen eine jüdische Familie bei sich dulde, so würde diese der Bazillusherd für eine neue Zersetzung werden. Wohin man die Juden schicke, nach Sibirien oder Madagaskar, sei gleichgültig. Er werde an jeden Staat mit dieser Forderung herantreten.“[171] Einen Monat später allerdings äußerte sich der Diktator gegenüber seinem Propaganda-Minister ungleich unheilvoller. Am 19. August notierte Goebbels in sein Tagebuch: „Der Führer ist der Überzeugung, daß seine damalige Prophezeiung im Reichstag, daß, wenn es dem Judentum gelänge, noch einmal einen Weltkrieg zu provozieren, er mit der Vernichtung der Juden enden würde, sich bestätigt. Sie bewahrheitet sich in diesen Wochen und Monaten mit einer fast unheimlich anmutenden Sicherheit. Im Osten müssen die Juden die Zeche bezahlen; in Deutschland haben sie sie zum Teil schon bezahlt und werden sie in Zukunft noch mehr bezahlen müssen.“[172]

In jedem Fall strebte Hitler eine Lösung des „Judenproblems“ in europäischem Maßstab erst für die Zeit nach dem Endsieg über die Sowjetunion an. Im Juli 1941 ging die NS-Führungsriege davon aus, dass das spätestens im folgenden Herbst der Fall sein würde. Selbst ein vermeintlich nüchterner Fachmann wie Generaloberst Halder hatte am 3. Juli notiert: „Es ist also wohl nicht zuviel gesagt, wenn ich behaupte, daß der Feldzug gegen Rußland innerhalb [von] 14 Tagen gewonnen wurde. Natürlich ist er damit noch nicht beendet.“[173]

In dieser Perspektive sahen es Himmler und Heydrich, wahrscheinlich durchaus ermutigt von Hitler, an der Zeit, sich der „Lösung der Judenfrage“ im europäischen Kontext zuzuwenden. Im Juli erfuhr Eichmanns Referat IV B 4 („Juden- und Räumungsangelegenheiten“) mit der Ernennung von SS-Sturmbannführer Friedrich Suhr zum Referenten für die „Endlösung der Judenfrage, insbesondere Ausland“ personelle Verstärkung. Eichmanns Chef Heydrich wiederum suchte am Abend des

171 Zit. nach Browning, Entfesselung, S. 455.

172 Die Tagebücher von Joseph Goebbels, hrsg. v. Elke Fröhlich, T. II, Diktate 1941–1945, Bd. I. Juli–September 1941, München u. a. 1996, S. 269.

173 Halder, Kriegstagebuch, Bd. III, S. 38.

31. Juli Göring zu einem Gespräch auf. Er brachte ein von ihm selbst oder Eichmann verfasstes Papier mit, das der Reichsmarschall unterzeichnen sollte. Das Schriftstück bestand aus drei Sätzen: „In Ergänzung der Ihnen bereits mit Erlaß vom 24. 1. 39 übertragenen Aufgabe, die Judenfrage in Form der Auswanderung oder Evakuierung einer den Zeitverhältnissen entsprechend möglichst günstigen Lösung zuzuführen, beauftrage ich Sie hiermit, alle erforderlichen Vorbereitungen in organisatorischer, sachlicher und materieller Hinsicht zu treffen für eine Gesamtlösung der Judenfrage im deutschen Einflußgebiet in Europa. / Soferne hierbei die Zuständigkeiten anderer Zentralinstanzen berührt werden, sind diese zu beteiligen. / Ich beauftrage Sie weiter, mir in Bälde einen Gesamtentwurf über die organisatorischen, sachlichen und materiellen Vorausmaßnahmen zur Durchführung der angestrebten Endlösung der Judenfrage vorzulegen."[174]

Dieses Bestellungsschreiben gilt in der Forschung als ein Schlüsseldokument in der Geschichte der „Endlösung". Hinsichtlich der verfolgten Absichten ist es in seinem Wortlaut allerdings nicht eindeutig und gibt Raum zur Spekulation. Einige Historiker interpretieren das Schreiben als Generalbevollmächtigung Heydrichs in der „Judenfrage". Der eigentlich zuständige Göring habe dem RSHA-Chef diese Kompetenz abgetreten, da er im Sommer 1941 mit der wirtschaftlichen Ausbeutung der Sowjetunion und der Teilhabe der ihm unterstellten Wirtschaftsunternehmen am Eroberungskrieg vollauf beschäftigt gewesen sei. Als „Gesamtlösung" der Judenfrage sei zu diesem Zeitpunkt aber noch die Massendeportation der europäischen Juden in ein entlegenes Gebiet in der Sowjetunion anvisiert gewesen.[175] Andere sehen die Vollmacht als Indiz dafür, dass auf höchster Ebene inzwischen die Absicht bestand, nicht nur die sowjetischen, sondern alle europäischen Juden zu ermorden. Für diese radikale Alternative zur „territorialen Endlösung" hätten Heydrichs Befugnisse vom Januar 1939 nicht ausgereicht; der RSHA-Chef habe daher bei Göring um eine Erweiterung seiner Kompetenzen in der „Judenfrage" nachgesucht.[176]

Es spricht einiges dafür, dass sich im Sommer 1941 in Teilen der NS-Führungsriege, namentlich der SS, der Gedanke eines Völkermordes an den Juden Europas verfestigte. Immerhin war die Tendenz zum Genozid in der „Judenpolitik" seit 1938 stetig angewachsen. Die bisherigen Ideen und Projekte einer „territorialen Endlösung" hatten mehr und mehr zum Ziel, die Juden des Reichs und schließlich Europas durch widrige Umstände sterben zu lassen. Die Gedankenspiele zum Deportationsziel Sowjetunion ließen auch die Bereitschaft erkennen, diesen Prozess der

174 Ermächtigung Hermann Görings für den Chef der Sicherheitspolizei und des SD, SS-Gruppenführer Reinhard Heydrich, zur Vorbereitung einer „Gesamtlösung der Judenfrage" vom 31. Juli 1941, in: Pätzold/Schwarz (Hrsg.), Tagesordnung, S. 79.

175 Wildt, Generation, S. 609; Friedländer, Reich, S. 620; Aly, „Endlösung", S. 307; auch Ogorreck, Einsatzgruppen, S. 205; Safrian, Eichmann, S. 105 f.

176 Browning, Entfesselung, S. 456 ff.; Benz, Holocaust, S. 51; Breitman, Himmler, S. 275 ff.

„natürlichen Verminderung“ durch härteste Zwangsarbeit und „Hungerpläne“ aktiv zu beschleunigen. Dass das Regime ohnedies vor der Anwendung physischer Gewalt gegen Juden bis hin zum Mord nicht zurückschreckte, war bereits im Novemberpogrom 1938 deutlich geworden. Die Judenmorde im besetzten Polen markierten einen weiteren traurigen Höhepunkt. Mit den Erschießungen jüdischer Männer, vereinzelt auch Frauen in den ersten Wochen des „Unternehmens Barbarossa“ war schließlich eine weitere Hemmschwelle in Richtung Völkermord gefallen.

Vor allem hatten Himmler und Heydrich, die zu den Wegbereitern des Genozids werden sollten, in der Sowjetunion gesehen, dass systematische Massentötungen von Menschen in kürzerer Zeit prinzipiell möglich waren. Auf der anderen Seite war ihnen nicht entgangen, dass die dort angewandte Mordmethode viele Probleme mit sich brachte: Massenerschießungen waren logistisch aufwendig und zudem äußerst personalintensiv. Hinzu kam die psychische Belastung der Schützen. Der Mordbefehl, den Oberst Montua am 11. Juli 1941 für die Polizeibataillone 307, 316 und 322 ausfertigte, enthielt bereits die Passage: „Die seelische Betreuung der bei dieser Aktion beteiligten Männer haben sich die Batl.-Kdre. und Kompanie-Chefs besonders angelegen sein zu lassen. Die Eindrücke des Tages sind durch Abhaltung von Kameradschaftsabenden zu verwischen.“[177] Von dem Bach-Zelewski, eigentlicher Initiator dieses Befehls, behauptete nach dem Krieg, er habe seinem Chef Himmler anlässlich der Exekution in Minsk gesagt: „Sehen Sie in die Augen der Männer des Kommandos, wie tief erschüttert sie sind! Solche Männer sind fertig für ihr ganzes Leben. Was züchten wir uns damit für Gefolgsmänner heran? Entweder Nervenkranke oder Rohlinge!“[178]

Ein weiteres Problem war, dass die Massenerschießungen in der Sowjetunion viel zu öffentlich stattfanden. In der Wehrmacht war das Wissen um die Judenmorde weit verbreitet. Soldaten machten unerlaubt Fotos von Exekutionen und berichteten darüber in Briefen oder auf Heimaturlaub, sodass es im Reich zu ersten Gerüchten über Massaker im Osten kam. Gestapo-Chef Müller sah sich am 30. August 1941 dazu veranlasst, den vier Einsatzgruppen folgende Weisung zu übermitteln: „[Der] Chef der Sipo und des SD bittet Sie, auf Grund der bisher gemachten Erfahrungen, nach Möglichkeit bei Massen-Exekutionen das Ansammeln von Zuschauern, auch wenn es sich um Wehrmachtsoffiziere handelt, zu verhindern.“[179] Auch die einheimische Bevölkerung hatte Kenntnis von den Exekutionen, wie die sich etablierende Zivilverwaltung beklagte. Freilich mochte in der Sowjetunion noch die Nähe der Kriegshandlungen, vor allem aber die angeblich notwendige „Partisanenbekämp-

177 Befehl des Polizei-Regiments Mitte, 11. 7. 1941, in: Benz/Kwiet/Matthäus (Hrsg.), Einsatz, S. 75 f., hier S. 76.

178 Zit nach Hilberg, Vernichtung, Bd. 2, S. 348.

179 Schreiben Heinrich Müllers an die Einsatzgruppen vom 30. 8. 1941, in: Klein, Einsatzgruppen, S. 349.

fung" als Vorwand für die Judenmorde dienen. Bei einer etwaigen Ausdehnung der Massenmorde musste jedoch eine effizientere und leichter geheim zu haltende Tötungsmethode gefunden werden. In dieser Perspektive erscheint Görings Bestellungsschreiben für Heydrich als Ermächtigung, eine „Machbarkeitsstudie" (Christopher Browning) zum Massenmord an den europäischen Juden anzufertigen und „in Bälde" vorzulegen. Die SS-Führung dürfte zu diesem Zeitpunkt bereits Grundzüge eines Genozid-Modells entwickelt haben. Naheliegend war sicherlich der Gedanke, die bisherigen Deportationsplanungen mit einem Massenmordprogramm zu kombinieren: Die europäischen Juden konnten in den Osten des deutschen Herrschaftsbereichs verschleppt und dort in noch zu errichtenden Tötungszentren umgebracht werden. Während Heydrich in Berlin konkrete Schritte zur Deportation der deutschen Juden einleitete, machte sich Himmler in Osteuropa auf die Suche nach möglichen Tatorten des Völkermordes. Die verkehrstechnische Lage der Orte, aber auch die Vertrauenswürdigkeit und Kompetenz der regionalen SS-Führerschaft waren wichtige Auswahlkriterien. Bereits Mitte Juli 1941 war Himmler nach Lublin gereist: Möglicherweise hatte er sich mit dem SSPF Globocnik auch in dieser Angelegenheit besprochen.[180]

SS-Sturmbannführer Rudolf Höß, Kommandant von Auschwitz, erinnert sich, im Sommer 1941 in Berlin folgende Unterredung mit Himmler geführt zu haben: „Der Führer hat die Endlösung der Judenfrage befohlen, wir – die SS – haben diesen Befehl durchzuführen. Die bestehenden Vernichtungsstellen im Osten sind nicht in der Lage, die beabsichtigten großen Aktionen durchzuführen. Ich habe daher Auschwitz dafür bestimmt, einmal wegen der günstigen verkehrstechnischen Lage, und zweitens läßt sich das dafür dort zu bestimmende Gebiet leicht absperren und tarnen. Ich hatte erst einen höheren SS-Führer für diese Aufgabe ausgesucht; um aber Kompetenzschwierigkeiten von vornherein zu begegnen, unterbleibt das, und Sie haben nun diese Aufgabe durchzuführen. [...] Nähere Einzelheiten erfahren Sie durch Sturmbannführer Eichmann vom RSHA, der in nächster Zeit zu Ihnen kommt. [...] – Die Juden sind die ewigen Feinde des deutschen Volkes und müssen ausgerottet werden. Alle für uns erreichbaren Juden sind jetzt während des Krieges ohne Ausnahme zu vernichten. Gelingt es uns jetzt nicht, die biologischen Grundlagen des Judentums zu zerstören, so werden einst die Juden das deutsche Volk vernichten."[181]

Ähnlich könnte sich Himmler Mitte August 1941 auch in Minsk geäußert haben. Sein Leibwächter Joseph Kiermaier gab nach dem Krieg an, der SS-Chef habe sich am

180 In Himmlers Dienstkalender ist der Besuch in Lublin für den 20. Juli verzeichnet, vgl. Himmlers Dienstkalender, S. 186; zum möglichen Kontext Breitman, Himmler, S. 271 ff.

181 Rudolf Höß, Kommandant in Auschwitz. Autobiographische Aufzeichnungen. Eingeleitet und kommentiert von Martin Broszat, Stuttgart 1958, S. 153. In Himmlers Dienstkalender ist im Sommer 1941 ein Treffen mit Höß nicht verzeichnet; allerdings fehlen in diesem Zeitraum einige Terminblätter.

Abend des 14. August mit von dem Bach-Zelewski, Prützmann und Wolff zu einer separaten Besprechung zurückgezogen.[182] Von dem Bach-Zelewski war als HSSPF Mitte Himmlers aktueller oberster Stellvertreter im Minsker Gebiet, das bis zum 31. August unter Militärherrschaft stehen sollte. Mit der bevorstehenden Übergabe der Region an die Zivilverwaltung würde Prützmann als HSSPF Nord bzw. Ostland diese Funktion übernehmen. Die Anwesenheit Prützmanns zeigt daher zumindest, dass Himmlers Besuch in Minsk mit einem auf längere Sicht geplanten Projekt zu tun hatte. In jedem Fall hätte Prützmann informiert sein müssen, sollte bei Minsk ein Vernichtungszentrum für die „Endlösung“ aufgebaut werden.

Auch das Besuchsprogramm des Reichsführers SS lässt sich in diese Richtung interpretieren: Das im Aufbau begriffene Ghetto, möglicherweise auch das Kriegsgefangenenlager, interessierten als zeitweilige Internierungsorte für die Verschleppten vor ihrer Ermordung. Die Klinik in Novinki, sechs Kilometer nordwestlich von Minsk gelegen, sollte möglicherweise hinsichtlich ihrer Eignung als geheimes Vernichtungszentrum in Augenschein genommen werden. Günstig war in jedem Fall, dass das Klinikgelände an eine Kolchose anschloss, die Himmler ebenfalls inspizierte und die die örtliche SS beschlagnahmen wollte. Somit war auch die Möglichkeit einer weiträumigen Absperrung gegeben.

Unstrittig ist, dass Himmlers Besuch in Minsk in Zusammenhang mit der Suche nach neuen Massentötungsverfahren stand. Dem SS-Chef und seinen Gefolgsleuten schien die Weiterentwicklung der bereits in der „Euthanasie“ erprobten Vergasungstechnologie naheliegend.

Mit der Durchführung der massenhaften Tötung von psychisch Kranken und Behinderten hatte Hitler im Oktober 1939 den Leiter der Kanzlei des Führers, Reichsleiter Philipp Bouhler, und seinen Begleitarzt Karl Brandt auf privatem Briefpapier beauftragt. Das Mordprogramm trug nach dem Sitz der „Euthanasie-Zentrale“ in der Berliner Tiergartenstraße die Chiffre T4. Die administrative und technische Leitung übernahm Viktor Brack vom Hauptamt II der Kanzlei des Führers. Das Kriminaltechnische Institut des Nebe unterstehenden Reichskriminalpolizeiamtes im RSHA erhielt den Auftrag zur Erprobung geeigneter Tötungsmethoden und empfahl als Mordmittel Kohlenmonoxid. Ab Winter 1939/1940 wurden sechs Heilanstalten im Reich mit stationären Gaskammern zu Mordzentren umgerüstet. Mehr als 300 Ärzte, Techniker und Verwaltungsangestellte wirkten in den Tarnorganisationen „Reichsausschuß zur wissenschaftlichen Erfassung von erb- und anlagebedingten schweren Leiden“, „Reichsarbeitsgemeinschaft Heil- und Pflegeanstalten“, „Gemeinnützige Krankentransport GmbH/Gekrat“ und „Gemeinnützige Stiftung für Anstaltspflege“ am Krankenmord mit.

Zehntausende Behinderte waren bereits getötet, als Hitler die „Aktion T4“ am 24. August 1941 offiziell (aber nicht wirklich) abbrechen ließ. Grund waren Proteste

182 Ogorreck, Einsatzgruppen, S. 180 (Fußnote 16); Himmlers Dienstkalender, S. 192 f.

aus der Bevölkerung, die von den Kirchen aufgegriffen worden waren. So hatte der Bischof von Münster, Clemens August von Galen, die Krankenmorde am 3. August zum Thema seiner Predigt gemacht. „Infolge der Entscheidung Hitlers", schreibt Richard Breitman, „standen die Vergasungsspezialisten des ‚Euthanasie'-Programms jetzt für andere Aufgaben zur Verfügung, und keiner erkannte das rascher als Himmler [...]."[183] Tatsächlich sind die personellen Kontinuitäten zwischen der „Euthanasie" und dem Völkermord an den europäischen Juden augenfällig: Knapp hundert Mordexperten aus dem Krankentötungsprogramm wurden Ende 1941 ins Generalgouvernement geschickt und bei der „Aktion Reinhardt" eingesetzt.[184]

Himmlers SS hatte allerdings noch weitere Erfahrungen mit Massenmorden durch Gas. In den neuen Reichsgauen Danzig-Westpreußen und Wartheland wurden Ende 1939 Vergasungswagen zum Krankenmord eingesetzt. Einen direkten administrativen Zusammenhang mit der „Aktion T 4" gab es wahrscheinlich nicht. Die Wagen bestanden aus einer Zugmaschine und einem hermetisch verschließbaren Anhänger, der angeblich die Aufschrift „Kaiser's Kaffee Geschäft" trug. Aus einer Stahlflasche, die an die Zugmaschine angebracht war, wurde Kohlenmonoxid in das Wageninnere eingeleitet. In diesen „mobilen Gaskammern" tötete ein Sonderkommando des RSHA unter SS-Obersturmführer Herbert Lange in den neuen Reichsgauen bis Mitte 1941 über 6000 polnische und deutsche Patienten verschiedener Heilanstalten.[185]

Langes Fachkunde war für Himmlers Sachwalter im besetzten Weißrussland im Sommer 1941 durchaus von Interesse. Unmittelbar nach Abreise des SS-Chefs aus Minsk bat von dem Bach-Zelewski per Funktelegramm um einen Besuch des Mordexperten. Er wolle sich, so von dem Bach-Zelewski, „das Verfahren von L. einmal persönlich vorführen lassen".[186] Eine Reise Langes nach Minsk kam allerdings nicht zustande, da der künftige Kommandant von Chełmno (Kulmhof) im Warthegau unabkömmlich war. Einsatzgruppenchef Nebe wiederum nutzte als Amtschef V des RSHA seine Kontakte ins Kriminaltechnische Institut. Er beorderte einschlägig erfahrene Mitarbeiter zur Erprobung effektiver Massenmordmethoden nach Weißrussland. Darunter war der Chemiker SS-Obersturmführer Dr. Albert Widmann, der während der „Euthanasie" mit der Beschaffung von Kohlenmonoxid für die Krankenmorde beauftragt war.

Widmann überführte im September 1941 eine größere Menge Sprengstoff sowie Gasschläuche nach Minsk. Mit Sprengstoff sollten in einem Bunker nahe der Stadt

183 Breitman, Himmler, S. 282.

184 Dazu u. a. Henry Friedlander, Der Weg zum NS-Genozid. Von der Euthanasie zur Endlösung, Berlin 1997.

185 Ausführlich Volker Rieß, Die Anfänge der Vernichtung „lebensunwerten Lebens" in den Reichsgauen Danzig-Westpreußen und Wartheland 1939–40, Frankfurt a. M./Berlin u. a. 1995, S. 273 ff.

186 Zit. nach Gerlach, Morde, S. 648; dazu auch Dienstkalender Himmlers, S. 195; Browning, Entfesselung, S. 452 u. 510; Longerich, Himmler, S. 565.

über zwanzig Patienten der Klinik von Novinki ermordet werden; das Experiment verlief aber nicht zu Nebes Zufriedenheit.[187] Aus dessen Sicht erfolgreicher waren Krankentötungen in abgedichteten Räumen, in die durch Gasschläuche Abgase von PKWs oder LKWs eingeleitet wurden. Auf diese Weise wurden unter Leitung von Widmann Mitte September mehrere Hundert Patienten einer psychiatrischen Klinik in Mogilev getötet. Nebe und Bradfisch waren bei dem Krankenmord anwesend. Am 18. September fand ein ähnliches Experiment im Badehäuschen der Heilanstalt von Novinki statt, das 120 Opfer forderte. Am Tag darauf holte ein Polizeikommando achtzig jüdische Patienten aus Novinki ab, die mehrheitlich erschossen wurden. Die Ausführenden dieser Mordaktionen sind unbekannt.[188] In jedem Fall waren Generalkommissar Kube und sein Abteilungsleiter Gesundheit, Dr. Weber, unterrichtet. Bis Mitte November 1941 wurden alle 350 Insassen von Novinki ermordet. Die Gebäude der Klinik gingen in den Bestand der Sowchose über, die offenkundig von SSPF Carl Zenner übernommen worden war.[189] Ein Massenmordzentrum wurde Novinki freilich nie, diese Funktion übernahm im Frühjahr 1942 – als Provisorium – Maly Trostinez.

Die Abgasversuche von Minsk und Mogilev dienten einerseits der Entwicklung eines neuen Typus von Gaswagen speziell für die „Endlösung“. Die Vergasungsfahrzeuge der „Euthanasie“ waren für den Einsatz in der Sowjetunion nicht geeignet, da die für sie notwendigen Kohlenmonoxid-Gasflaschen nicht über weite Strecken transportiert werden konnten.[190] Das Kriminaltechnische Institut unterbreitete Heydrich daher den Plan, Vergasungsfahrzeuge zu entwickeln, bei denen Zugmaschine, Anhänger und Giftgasquelle vereinigt waren. Im Oktober wandte sich Heydrich an den Leiter der Amtsgruppe II D 3 (Technische Angelegenheiten) des RSHA, SS-Obersturmführer Walther Rauff. Involviert wurde schließlich das Referat II D 3a mit seinem Leiter, SS-Hauptsturmführer Friedrich Pradel. Dieser ließ seinen Werkstattleiter Harry Wentritt prüfen, ob die Einführung von Auspuffgasen in geschlossene Kastenwagen möglich sei. Nach positivem Test ließ Rauff von der „Dienststelle für Kraftlastwagen der Wehrmacht“ fünf große Lastwagen der Marke „Saurer“ anliefern. Pradel und Wentritt wandten sich an die Firma „Gaubschat“ in Berlin-Neukölln, die auf die Herstellung von Kastenwagen spezialisiert war. Es erging der Auftrag an „Gaubschat“, Kastenaufbauten auf die fünf vom RSHA ange-

187 Dazu Angelika Ebbinghaus/Gerd Preissler, Die Ermordung psychisch kranker Menschen in der Sowjetunion. Dokumentation, in: Beiträge zur nationalsozialististischen Gesundheitspolitik: Aussonderung und Tod. Die klinische Hinrichtung des Unbrauchbaren (1985) 1, S. 75–107, hier S. 84 f.; Breitman, Himmler, S. 286; Browning, Entfesselung, S. 511.

188 Ausführlicher zu den Tötungsexperimenten in Mogilev und Minsk Gerlach, Morde, S. 648 f.; Ebbinghaus/Preissler, Ermordung, S. 87 ff.

189 Der Generalkommissar für Weißruthenien, Abteilung II e (Dr. Weber) an den Höheren SS- und Polizeiführer Minsk [sic!], Betrifft: Nowinki, 18. 11. 1941, NARB, 370-1-141a, Bl. 124.

190 Breitman, Himmler, S. 300.

lieferte „Saurer"-Fahrgestelle zu montieren. Ein Prototyp war Ende Oktober 1941 fertiggestellt. Wentritts Werkstatt übernahm als „Geheime Reichssache" die Umrüstung zum Vergasungsfahrzeug.

Der Werkstättenleiter schildert das Prozedere nach dem Krieg wie folgt: „Dort wurde am Auspuff ein abnehmbarer Abgasschlauch angebracht, der von außen zum Boden des Wagens geführt wurde. In diesen Wagen bohrten wir ein Loch im Durchmesser von etwa 58 bis 60 mm, in Stärke des Auspuffrohres. Im Wageninneren, über diesem Loch, wurde ein Metallrohr (Auspuffrohr) angeschweißt, das mit dem von außen herangeführten Abgasschlauch verbunden war bzw. verbunden werden konnte. Bei Anlassen des Motors und nach hergestellter Verbindung gingen die Auspuffgase des Motors durch den Auspuff in den Abgasschlauch und von dort in das im Wageninneren angebrachte Auspuffrohr, wo das Gas sich dann verteilte. Nähere Anweisungen hierzu hatte mir Pradel nicht gegeben, jedenfalls weiß ich das heute nicht mehr. Er gab mir den Auftrag, die Wagen so fertigzustellen, daß die Abgase des Motors in das Wageninnere gelangen konnten. Das war mit Hilfe des am Auspuffrohr angebrachten Abgasschlauchs möglich. Pradel erklärte mir weiterhin, daß im Wagen ein weiteres Rohr angebracht werden müsse, damit diese Einlaßstelle vor Eingriffen der Wageninsassen gesichert war."[191]

Am 3. November 1941 ließ das RSHA eine erste Probevergasung mit russischen Kriegsgefangenen aus dem Konzentrationslager Sachsenhausen durchführen; es folgten weitere Versuche. Die Ergebnisse waren offenbar aus Sicht der SS zufriedenstellend. Bis Ende 1941 entwickelte das Referat II D 3a zwei Baureihen von Gaswagen: Die erste Serie bestand aus kleineren Lastkraftwagen mit Fahrgestellen der Marke „Diamond" oder „Opel Blitz", in deren Kastenaufbauten zwischen dreißig und fünfzig Menschen getötet werden konnten. Bei der zweiten Serie wurden „Saurer"-Fahrgestelle verwendet, auf die Kastenaufbauten mit einem Fassungsvermögen von bis zu 100 Personen montiert waren. Die ersten Gaswagen kamen bereits ab November 1941 zum Einsatz, unter anderem in Chełmno am 8. Dezember 1941. Diese Mordinstrumente nutzte im (Früh)sommer 1942 auch die Minsker Sicherheitspolizei bei Maly Trostinez.

Zu berücksichtigen ist freilich, dass die Mordexperimente in Weißrussland in improvisierten Gaskammern stattfanden und somit auch mit deren Entwicklung in Verbindung standen.[192] Mit ausströmenden Motorenabgasen wie versuchsweise in Minsk und Mogilev wurde 1942 in großem Maßstab in den Vernichtungslagern der „Aktion Reinhardt", Bełżec, Sobibór und Treblinka, getötet. Diese Mordzentren

191 Zit. nach Eugen Kogon/Hermann Langbein/Adalbert Rückerl u. a. (Hrsg.), Nationalsozialistische Massentötungen durch Giftgas. Eine Dokumentation, Frankfurt a. M. 1983, S. 83. Zur Entwicklungsgeschichte der Gaswagen auch Mathias Beer, Die Entwicklung der Gaswagen beim Mord an den europäischen Juden, in: Vierteljahrshefte für Zeitgeschichte 35 (1987), S. 403–417.

192 Gerlach, Morde, S. 649.

lagen alle im Bezirk Lublin, der Region, die einmal als „Judenreservat“ hatte dienen sollen. Verantwortlich für die Lager war SSPF Globocnik. Die Entscheidung zum Bau von Bełżec fiel wahrscheinlich bereits im September 1941; die Bauarbeiten begannen Mitte November. Im Monat darauf wurde die Errichtung eines Lagers in Sobibór beschlossen, während der Standort Treblinka erst im Frühjahr 1942 feststand.[193] Im Herbst 1941 gab es ferner in Auschwitz erste Tötungsexperimente mit dem hochgiftigen Desinfektionsmittel Zyklon B. Im gleichen Zeitraum plante das NS-Regime zwei weitere Vernichtungsanlagen in den besetzten sowjetsch/baltischen Gebieten, die allerdings nie realisiert wurden: In Berlin sprachen Vertreter des „Euthanasie“-Programms, des RSHA und des Ostministeriums über die Errichtung einer Vergasungsanlage in Riga. Angedacht war möglicherweise eine Gaswagenstation, wie sie zeitgleich in Chełmno eingerichtet wurde. In einem Briefentwurf vom 25. Oktober 1941 kündigte der „Judenexperte“ des Ostministeriums, Dr. Erhard Wetzel, dem Reichskommissar Ostland jedenfalls an, Mitarbeiter von Oberdienstleiter Brack von der Kanzlei des Führers stünden bereit, in Riga „Vergasungsapparate“ zur „Lösung der Judenfrage“ herzurichten.[194] Zur gleichen Zeit, zwischen dem 23. und dem 25. Oktober 1941, hielt sich Himmler mit einer Delegation in Mogilev auf. Darunter war auch der HSSPF Nordsee, SS-Obergruppenführer Rudolf Querner. Der Reichsführer SS besichtigte ein Zwangsarbeiterlager, das von dem Bach-Zelewski auf dem Gelände der Dimitrov-Fabrik hatte einrichten lassen. Angeblich ordnete Himmler bei dieser Inspektion den Bau einer Gaskammer an. Wenige Wochen später gab das Amt II des RSHA bei der Erfurter Firma „Topf & Söhne“ den Bau eines groß angelegten Krematoriums in Mogilev in Auftrag. Die Anlage sollte über 32 Einäscherungskammern verfügen und eine Kapazität zur Verbrennung von 3000 Leichen am Tag haben. Am 30. Dezember wurde ein erster Ofen mit vier Einäscherungskammern nach Mogilev geliefert und dort aufgebaut. Die Firma Topf hielt weitere Öfen für Mogilev bereit, die aber schließlich im August 1942 nach Auschwitz geliefert wurden.[195] Es findet sich noch ein weiteres Indiz für die Planung eines großen Vernichtungslagers in Mogilev: Nach seiner Rückkehr aus Mogilev bestellte HSSPF Querner bei der Firma

193 Dazu ausführlich Yitzhak Arad, Belzec, Sobibor, Treblinka, The Operation Reinhardt Death Camps, Bloomington/Indianapolis 1987; Bogdan Musial (Hrsg.), „Aktion Reinhardt“. Der Völkermord an den Juden im Generalgouvernement 1941–1944, Osnabrück 2004. Als Überblick zur Geschichte der Lager vgl. Robert Kuwałek, Bełżec, in: Benz/Distel (Hrsg.), Ort des Terrors, Bd. 8, S. 331–371; Barbara Distel, Sobibór, in: ebenda, S. 375–404; Wolfgang Benz, Treblinka, in: ebenda, S. 407–443.

194 Das Reichsministerium für die besetzten Ostgebiete (Dr. Wetzel), 25. 10. 1941 (Abschrift), LHA Koblenz, Best. 584, 1, Nr. 3557, Bl. 1219. Christopher Browning und Christian Gerlach interpretieren „Vergasungsapparate“ als Gaswagen, vgl. Browning, Entfesselung, S. 527 f.; Gerlach, Morde, S. 649. Andere Darstellung bei Longerich, Himmler, S. 566 sowie Safrian, Eichmann, S. 145, die von stationären Gaskammern ausgehen.

195 Ausführlich Christian Gerlach, Failure of Plans for an SS Extermination Camp in Mogilev, Belorussia, in: Holocaust and Genocide Studies 11 (1997) 1, S. 60–78.

„Tesch & Stabenow" in Hamburg große Menge Zyklon B, die zunächst an den HSSPF in Riga gesandt werden sollten.[196]

Angesichts solcher Planungen lässt sich mit Christopher Browning schlussfolgern, dass das Konzept der „Endlösung" Ende Oktober 1941 in Grundzügen Gestalt angenommen hatte: „Die Juden Europas sollten in geheime Lager deportiert werden, die zu dem Zweck errichtet worden waren, Massenmorde mit Hilfe von Giftgas zu begehen, obwohl auch andere Tötungsmethoden nicht ausgeschlossen wurden."[197] Hierfür spreche auch, dass drei der projektierten Vernichtungsanlagen – Chełmno, Riga und Mogilev – in der Nähe der frühen Deportationsziele Łódź, Riga und Minsk lagen. Peter Longerich hingegen vertritt die These, dass der Völkermord an allen europäischen Juden auch im Herbst 1941 noch keineswegs beschlossen war. Zu diesem Zeitpunkt habe noch immer die Absicht bestanden, die Juden aus dem Reich und den westeuropäischen Ländern nach dem Krieg in ein abgelegenes Territorium in der Sowjetunion zu verschleppen und dort an widrigen Lebensumständen sterben zu lassen. In den geplanten Tötungszentren im Osten Europas sollte nach Longerich die ortsansässige (nicht arbeitsfähige) jüdische Bevölkerung ermordet werden.[198] Tatsächlich waren die ersten Opfer von Bełżec, Sobibór und Treblinka Juden aus dem Generalgouvernement. Auch in Chełmno tötete die SS zunächst polnische Juden. Andererseits hat Christian Gerlach nachgewiesen, dass zum Zeitpunkt der Planung des Vernichtungslagers in Mogilev die Mehrheit der Juden Ostweißrusslands bereits nicht mehr am Leben war. Das deutet darauf hin, dass in Mogilev mittel- und westeuropäische Juden ermordet werden sollten. Hinzu kommt, dass die SS zeitgleich ganz ernsthaft Deportationen auf dem Seeweg über Dnepr und Bug in die westliche Sowjetunion erwog. Ebenso existieren Hinweise auf projektierte Lager für deportierte Juden in der Ukraine.[199]

Einigkeit besteht in der Forschung darüber, dass der industrialisierte Massenmord an den europäischen Juden erst im Frühjahr 1942 in vollem Umfang in Gang gesetzt wurde. Die Monate zuvor lassen sich entsprechend als eine Phase des Übergangs von der „Judenpolitik" zur „Endlösung" beschreiben. Minsk war ein wesentlicher Schauplatz dieser Zeit der Experimente.

196 Angrick/Klein, „Endlösung", S. 204.
197 Browning, Entfesselung, S. 536.
198 Dazu u. a. Longerich, Himmler, S. 559 ff.
199 Gerlach, Morde, S. 652 ff.

4. Das Minsker Ghetto zwischen „Judenpolitik“ und „Endlösung“ (1941–1943)

4.1. Zuständigkeiten und Rahmenbestimmungen

Die zentralen Entscheidungen über die künftige Herrschaftsstruktur in den besetzten sowjetisch/baltischen Gebieten hatte Hitler bereits am 16. Juli (in Erwartung des nahen Triumphes über die UdSSR) in seinem Hauptquartier in Ostpreußen bekannt gegeben. Neben Martin Bormann, dem Chef der Parteikanzlei, und dem Chef der Reichskanzlei Hans-Heinrich Lammers waren mit Göring, Reichsleiter Rosenberg und OKW-Chef Keitel wichtige Protagonisten der Besatzungspolitik in der „Wolfsschanze“ zugegen. Himmler dagegen fehlte. Hitler eröffnete den Anwesenden, nun sei es an der Zeit, „den riesenhaften Kuchen handgerecht zu zerlegen, damit wir ihn erstens beherrschen, zweitens verwalten und drittens ausbeuten können“.[1] Am Tag darauf ergingen mehrere „Führererlasse“, die dieser Maxime Rechnung trugen.

Für die Verwaltung war seit spätestens Frühjahr 1941 wie geschildert Rosenberg vorgesehen. Ihn ernannte Hitler am 17. Juli per „Führererlaß“ zum Reichsminister für die besetzten Ostgebiete (RMO).[2] Offiziell wurde Rosenbergs neue Position erst im November 1941 bekannt gegeben. Im gleichen Monat regelte der „Organisationserlaß 4“ die Gliederung des „Reichsministeriums für die besetzten Ostgebiete“ (RMfdbO) in eine Hauptabteilung I Politik, eine Hauptabteilung II Allgemeine Verwaltung, eine Hauptabteilung III Wirtschaft und eine Hauptabteilung IV Technik. Die Hauptabteilungen waren jeweils in Abteilungen, Gruppen und Referate untergliedert. Außerdem gab es eine Vielzahl an Sonderreferaten und Nebenstellen. Bis 1945 erfuhren die Abteilungen jedoch zahlreiche Umgruppierungen; auch die Amtsbezeichnungen wechselten ständig. Einen einheitlichen Geschäftsverteilungsplan gab es nie. Selbst Zeitgenossen erschien die Organisationsstruktur der Rosenbergschen Behörde rätselhaft; bisweilen war gar von einem „Chaosministerium“ die Rede.[3]

Die vertikale Gliederung der Besatzungsverwaltung in Reichskommissariate, Generalbezirke, Hauptbezirke und Kreisgebiete legte der Erlass vom 17. Juli 1941 über die Verwaltung der neu besetzten Ostgebiete ebenfalls fest. Auch hier flossen

1 Zit. nach Piper, Rosenberg, S. 525.
2 Erlaß des Führers über die Verwaltung der neu besetzten Ostgebiete, 17. 7. 1941, abgedruckt in: Martin Moll (Hrsg.), „Führer-Erlasse“ 1939–1945, Stuttgart 1997, S. 186–188, hier S. 187.
3 Dazu zuletzt ausführlich Zellhuber, Verwaltung, S. 105 ff.

Vorkriegsüberlegungen ein. Den territorialen Einheiten sollten jeweils ein Reichskommissar, ein Generalkommissar, ein Hauptkommissar sowie ein Gebietskommissar vorstehen. Gleichfalls am 17. Juli verfügte Hitler, dass die baltischen Länder Litauen, Lettland und Estland sowie „der von Weißruthenen bewohnte Raum"[4] zukünftig das „Reichskommissariat Ostland" (RKO) bilden sollten. Zum Reichskommissar mit Sitz im lettischen Riga bestimmte der „Führer" den Oberpräsidenten und Gauleiter von Schleswig-Holstein, Hinrich Lohse (1896–1964). Lohses Behörde war analog zu Rosenbergs Ostministerium in Hauptabteilungen gegliedert und hatte mehrere Hundert Mitarbeiter.

Die einzelnen Territorien des „Ostlandes" schieden ab Ende Juli 1941 je nach militärischem Fortschritt aus dem Operationsgebiet des Heeres aus. Am 1. September gingen neben den lettischen Gebieten um Riga auch ein großer Teil des westlichen, ehemals polnischen Weißrussland sowie ein schmaler Streifen „altsowjetisches Gebiet" um Minsk und Sluck in den Bestand des RKO über. Diese Gebiete bildeten fortan das „Generalkommissariat Weißruthenien" mit dem Verwaltungszentrum Minsk. Anders als die Generalkommissariate Litauen, Lettland und Estland war „Weißruthenien" ein reines Kunstgebilde ohne historische Vorläufer. Am 1. April 1944 verfügte ein Führererlass die „Ausgliederung des Generalbezirks Weißruthenien aus dem Reichskommissariat Ostland". In der Folge war „Weißruthenien" der Berliner Zentralbehörde direkt unterstellt.[5]

Zum ersten Generalkommissar von „Weißruthenien" wurde der langjährige NSDAP-Funktionär und ehemalige Gauleiter von Brandenburg, Wilhelm Kube (1887–1943), ernannt. Seine Dienststelle in Minsk bestand aus den Hauptabteilungen I (Verwaltung), II (Politik), III (Wirtschaft) und IV (Technik bzw. ab 1943 Arbeit) mit ihren Unterabteilungen und war ebenso wie die übergeordneten Behörden in Berlin und Riga häufigen Umstrukturierungen ausgesetzt. Generalkommissar Kube erlag im September 1943 einem Attentat. Sein Nachfolger war der Siedlungsfunktionär Curt von Gottberg (1896–1945).[6] Der SS-Gruppenführer war bereits im November 1942 als SSPF ins Generalkommissariat abgestellt worden. In seiner Person vereinigten sich die Kompetenzen von SS und Polizei sowie der Zivilverwaltung.[7]

4 Erster Erlaß des Führers über die Einführung der Zivilverwaltung in den besetzen Ostgebieten, 17. 7. 1941, in: Moll (Hrsg.), „Führer-Erlasse", S. 189 f.

5 Erlaß des Führers über die Ausgliederung des Generalbezirks Weißruthenien aus dem Reichskommissariat Ostland, 1. 4. 1944, in: Moll (Hrsg.), „Führer-Erlasse", S. 408 f.; zu den Hintergründen Zellhuber, Verwaltung, S, 147 f.

6 Nach von Gottbergs Angaben bevollmächtigte ihn Rosenberg am 24. September 1942 „im Hinblick auf die besondere Lage im Generalbezirk Weißruthenien […] bis auf weiteres die Geschäfte des Generalkommissars in Minsk zu führen", vgl. Der Generalkommissar in Minsk, An die Herren Hauptabteilungsleiter und Abteilungsleiter, 1. Oktober 1943, gez. von Gottberg, SS-Gruppenführer und Generalleutnant der Polizei, NARB, 370-1-41, Bl. 33.

7 Zu von Gottberg Peter Klein, Curt von Gottberg – Siedlungsfunktionär und Massenmörder, in: Mallmann/Paul (Hrsg.), Karrieren, S. 95–103.

Die unterste Ebene der zivilen Administration bildete in Minsk das Stadtkommissariat. Vom Prinzip einer einheimischen kommunalen Selbstverwaltung, wie sie noch zur Zeit der Militärherrschaft präferiert worden war, rückte die Zivilverwaltung ab. Sie führte stattdessen eine „gemischte" Administration ein. Weißrussen waren in der Folge in die einzelnen Abteilungen integriert; Führungspositionen standen ihnen aber nicht offen.[8] Entsprechend löste Regierungsrat Dr. Kaiser im September 1941 den provisorischen Bürgermeister Dr. Tumaš ab. Kaiser versah die Ämter des Minsker Stadtkommissars und des Gebietskommissars Minsk-Land einige Wochen lang in Personalunion. Am 9. November 1941 traf der eigentlich als Stadtkommissar vorgesehene Wilhelm Janetzke (1911–1964) in Minsk ein. Er blieb bis kurz nach Kubes Ermordung Leiter des Stadtkommissariates. Ihm folgte Dr. Becker ins Amt. Dem Stadtkommissariat – zu Janetzkes erheblichem Unbill eigentlich Gebietskommissariat Minsk-Stadt geheißen – oblagen weitgehend die gleichen Aufgaben wie der provisorischen Vorgängerinstitution. Es war für die unmittelbaren städtischen Belange (Ernährung, Arbeit, Wohnen) zuständig. Allerdings regierte die übergeordnete Behörde des Generalkommissariates häufig in die städtischen Angelegenheiten hinein.

Das Recht zur Berufung und Abrufung der Reichs- und Generalkommissare behielt sich Hitler persönlich vor. Seinem Ostminister billigte er aber das Weisungsrecht gegenüber den Reichskommissaren sowie eine generelle legislative Kompetenz zu. Allerdings gab es in diesem Bereich zahlreiche Ausnahmen: Sie bezogen sich vorrangig auf die Sonderbefugnisse der Wehrmacht, der Vierjahresplanbehörde und der SS. Der Wehrmacht hatte Hitler bereits am 25. Juni per Erlass die militärische Sicherung des zivilverwalteten Gebietes übertragen und sie zugleich zur „Ausnutzung des Landes für die Versorgung der kämpfenden Truppe"[9] verpflichtet. Dazu wollte der „Führer" auf der Ebene der Reichskommissariate Wehrmachtsbefehlshaber ernennen. Sie sollten dem Chef des OKW unterstellt sein und „von diesen ihre Weisungen nach meinen Richtlinien" erhalten. Wehrmachtsbefehlshaber im „Ostland" wurde Generalleutnant Walter Braemer. Der ihm nachgeordnete Wehrmachtskommandant in „Weißruthenien" war zunächst Generalmajor Gustav Freiherr von Mauchenheim, genannt von Bechtolsheim. Er befehligte die 707. Infanteriedivision, die im Herbst 1941 maßgeblich an der massenhaften Ermordung von Juden im ländlichen „Weißruthenien" beteiligt war.[10]

Der „Erlaß des Führers über die Wirtschaft in den neu besetzten Ostgebieten" war vier Tage später am 29. Juni ergangen: Als Beauftragter für den Vierjahresplan

8 Gartenschläger, Besetzung, S. 34.

9 Erlaß des Führers über die Ernennung von Wehrmachtsbefehlshabern in den neu besetzten Ostgebieten, in: Moll (Hrsg.), „Führer-Erlasse", S. 178 f.

10 Zur Person vgl. Hannes Heer, Gustav Freiherr von Mauchenheim, genannt Bechtolsheim – ein Wehrmachtsgeneral als Organisator des Holocaust, in: Mallmann/Paul (Hrsg.), Karrieren, S. 33–46.

erhielt Reichsmarschall Göring das Recht zur Anordnung aller Maßnahmen, „die zur höchstmöglichen Ausnutzung der vorgefundenen Vorräte und Wirtschaftskapazitäten und zum Ausbau der Wirtschaftskräfte zu Gunsten der deutschen Kriegswirtschaft erforderlich sind".[11] Hierzu könne Göring auch den Dienststellen der Wehrmacht in den besetzten Gebieten Weisungen erteilen. Zur Durchführung dieses Erlasses wurde der Wirtschaftsführungsstab Ost (WiFüStabOst) mit dem Exekutivorgan „Wirtschaftsstab Ost" (WiStabOst) ins Leben gerufen. Die Chefgruppen des Wirtschaftsstabes Ost und des „Führungsstabes Wirtschaftspolitik" in Rosenbergs Ostministerium waren personenidentisch.[12] Vertreter des Wirtschaftsstabes Ost dominierten auch die Wirtschaftsabteilung des Generalkommissariats „Weißruthenien", während die Hauptabteilung IV ab August 1942 von der Organisation Todt übernommen wurde.[13]

Die Kompetenzen der SS schrieb Hitler am 17. Juni im „Erlaß des Führers über die polizeiliche Sicherung der neu besetzten Ostgebiete" fest. Diese wurde zur „Sache des Reichsführers-SS und Chef der Deutschen Polizei" erklärt. Nach Einführung der Zivilverwaltung sei Himmler berechtigt, „den Reichskommissaren im Rahmen seiner […] bezeichneten Aufgabe Weisungen zu erteilen".[14] Außer im akuten Gefahrenfall waren die Anweisungen allerdings über Reichsminister Rosenberg zu leiten. Himmler erhielt zudem das Recht, wie im Operationsgebiet HSSPF einzusetzen. Die Rolle seiner direkten Repräsentanten blieb jedoch diffus: Die HSSPF, die jedem Reichskommissar zur Seite standen, waren dem SS-Chef direkt unterstellt. Den Generalkommissaren sowie den Haupt- und Gebietskommissaren dagegen sollten SSPF zugeteilt werden, „die ihnen unmittelbar und persönlich unterstellt waren".

Zum ersten HSSPF Russland-Nord bzw. „Ostland" wurde SS-Gruppenführer Hans-Adolf Prützmann ernannt. Er wurde am 1. November gegen den HSSPF Russland-Süd bzw. Ukraine, Friedrich Jeckeln, ausgetauscht, da dieser nicht mit dem dortigen Reichskommissar Erich Koch zurechtkam. Als SSPF „Weißruthenien" war zwischen dem 12. August 1941 und dem 27. Juli 1942 SS-Brigadeführer Carl Zenner eingesetzt. Ihm folgte SS-Brigadeführer Walther Schimana nach, der im November 1942 durch von Gottberg ersetzt wurde. Kurz zuvor hatte der HSSPF Russland-Mitte, von dem Bach-Zelewski, das Kommando über die SS- und Polizeikräfte im „Generalkommissariat Weißruthenien" übernommen. Er führte ab März 1943 die Bezeichnung HSSPF Russland-Mitte und Weißruthenien. Von dem Bach-Zelewski war jedoch ab Sommer 1943 mehr und mehr von seiner neuen Aufgabe als Himmlers Beauftragter

11 Erlaß des Führers über die Wirtschaft in den neu besetzten Ostgebieten, 29. 6. 1941, in: Moll (Hrsg.), „Führer-Erlasse", S. 179 f.

12 Dazu Piper, Rosenberg, S. 538; Zellhuber, Verwaltung, S. 285.

13 Gartenschläger, Besetzung, S. 29 f.

14 Erlaß des Führers über die polizeiliche Sicherung der neu besetzten Ostgebiete, 17. 7. 1941, in: Moll (Hrsg.), „Führer-Erlasse", S. 188 f.

im Partisanenkampf in Anspruch genommen. Er übertrug daher einen Teil seiner Pflichten an attachierte Führer bzw. Vertreter. Von Gottberg übernahm ab Juli 1943 die Funktion des HSSPF Russland-Mitte und Weißruthenien, formal festgeschrieben wurde das allerdings erst im Juni 1944.

Zu Himmlers Imperium in den besetzten Gebieten gehörten auch die stationären Dienststellen der Sicherheitspolizei und des SD. Sie gingen aus den Einsatzgruppen hervor und unterstanden somit RSHA-Chef Heydrich. Ein weiterer Befehlsweg lief über die HSSPF. Auf der Ebene des Reichskommissariats wurden „Befehlshaber der Sicherheitspolizei und des SD" eingesetzt. Erster BdS Ostland war Stahlecker, der zugleich auch Chef der Einsatzgruppe A blieb. Nachdem Stahlecker Ende März 1942 im „Partisanenkampf" gefallen war, übernahm SS-Brigadeführer Heinz Jost die Geschäfte. Ihn löste im September 1942 SS-Oberführer Humbert Achamer-Pifrader ab. Zwischen September 1943 und März 1944 stand SS-Oberführer Friedrich Panziger der Dienststelle vor. Letzter BdS Ostland war SS-Oberführer Wilhelm Fuchs. Die beiden letztgenannten SS-Führer waren aber nicht mehr für „Weißruthenien" zuständig.

Auf der Ebene der Generalkommissariate wurden Dienststellen des „Kommandeurs der Sicherheitspolizei und des SD" eingerichtet. In Minsk gab es hierbei Verzögerungen. Im Spätjahr 1941 hatte es in „Weißruthenien" ein sicherheitspolizeiliches Vakuum gegeben: Mit der Übergabe an die Zivilverwaltung waren die Kräfte der Einsatzgruppe B aus dem westlichen Weißrussland abgezogen worden. Das Gebiet fiel nun der Einsatzgruppe A zu. Stahleckers Truppe hatte allerdings erhebliche organisatorische Schwierigkeiten beim Aufbau ihrer Dienststellen in „Weißruthenien". In Minsk waren im Oktober 1941 erst 16 deutsche und 25 lettische Sipo-Angehörige eingetroffen; ihre Zahl sollte kurzfristig auf 27 bzw. 55 erhöht werden. Hinzu kamen ein kleines Restkommando des EK 8 der Einsatzgruppe B sowie Kräfte des EK 3, darunter litauische Hilfswillige. Zwischen Oktober und Dezember 1941 wurde schließlich das SK 1b unter Erich Ehrlinger sukzessive nach Minsk verlegt. Es folgten noch einige Trupps des EK 2 aus Lettland sowie ein Zug Waffen SS.[15] Aus diesen Kräften konnte schließlich Anfang Dezember 1941 die stationäre Dienststelle des „Kommandeurs der Sicherheitspolizei und des SD Weißruthenien" gebildet werden.

Zum leitenden KdS ernannte Heydrich SS-Obersturmbannführer Dr. Eduard Strauch, der zuvor einen Monat lang das Einsatzkommando 2 kommandiert hatte.[16] Wegen einer Verletzung konnte Strauch seinen Dienst erst Mitte März 1942 antreten. SS-Sturmbannführer Regierungsrat Walter Hoffmann übernahm seine Vertretung. Strauch amtierte bis Juli 1943. Sein Nachfolger war SS-Obersturmbannführer Dr. Erich Isselhorst, der vor dem Krieg Gestapochef in Köln und München gewesen war.

15 Ausführlich Gerlach, Morde, S. 185 f.

16 Der Reichsführer SS und Chef der Deutschen Polizei (Heydrich) an SS-Obersturmbannführer Strauch, 3. 12. 1941, NARB, 370-1-180, Bl. 16.

Im Herbst 1943 wurde der KdS zur Dienststelle des „Befehlshabers der Sicherheitspolizei und des SD Russland-Mitte und Weißruthenien" (BdS) ausgebaut. Die Einsatzgruppe B hatte sich infolge des Rückweichens der Front nach Westen zurückziehen müssen und wurde nun mit dem Minsker KdS zusammengeschlossen. Die Minsker Dienststelle hatte bis zu diesem Zeitpunkt stets zwischen 130 und 150 deutsche Mitarbeiter gehabt; diese Zahl wuchs nun erheblich an. Ihr waren über 1000 Balten, Volksdeutsche, Ukrainer und Weißrussen unterstellt.[17] Erster BdS wurde Erich Ehrlinger, der bis zu seiner Abordnung zum Amtschef I ins RSHA am 1. April 1944 in Minsk blieb. Letzter BdS in Minsk war SS-Standartenführer Heinrich Seetzen.

Wie die Einsatzgruppen sollten die stationären Dienststellen der Sicherheitspolizei und des SD nach dem Vorbild des RSHA organisiert sein. Bis zum Frühjahr 1942 war der Minsker KdS allerdings nur in drei Abteilungen (Verwaltung, SD, Gestapo/Kripo) ohne straffe Geschäftsverteilung gegliedert. Verschiedene SS-Führer waren ressortübergreifend für einzelne Aufgaben zuständig. Judenreferent war in der Frühzeit des KdS SS-Obersturmführer Kurt Burkhardt. KdS Strauch teilte seine Dienststelle schließlich in klar getrennte Ressorts mit verantwortlichen Leitern ein. Abteilung I war mit Personalwesen, Abteilung II mit Wirtschaftsangelegenheiten befasst. Abteilung III stellte den SD, Abteilung IV die Gestapo und Abteilung V die Kriminalpolizei. Die Abteilung IV war noch einmal unterteilt in das Referat IVa, das sich mit der Bekämpfung von Spionage, Sabotage und Wirtschaftsdelikten sowie der Erkundung der Partisanenbewegung beschäftigte. 1942 wurde aus diesem Referat die Abteilung IVn herausgelöst, die sich ausschließlich der Ausspähung der immer stärker werdenden Partisanenbewegung widmete. Abteilung IVb hatte die Schwerpunkte „Juden- und Polenangelegenheiten". Zwischen Frühjahr 1942 und Herbst 1943 war SS-Obersturmführer Georg Heuser Gestapochef. Mit der „Judenfrage" war im Frühsommer 1942 SS-Obersturmführer Erich Lütkenhus befasst; er dürfte nach Burkhardts Tod im Juni 1942 Judenreferent der Sicherheitspolizei gewesen sein. Sein Nachfolger war ein SS-Obersturmführer namens Müller, („Juden-Müller" im KdS-Jargon).[18] Zur Zeit des BdS stand SS-Sturmbannführer Kurt Gornig der Abteilung IV vor; die Abteilung IV b übernahm SS-Hauptsturmführer Rudolf Sche.[19]

Die Ordnungspolizei war in analoge Strukturen eingebunden: Dem Hauptamt Ordnungspolizei unter Daluege sowie dem HSSPF „Ostland" war der „Befehlshaber der Ordnungspolizei" unterstellt. Diese Funktion versah über die gesamte Besatzungszeit hinweg SS-Brigadeführer und Generalmajor der Polizei Georg Jedicke. Ihm unterstand der „Kommandeur der Ordnungspolizei Weißruthenien" (KdO) mit Sitz in Minsk. Bis Ende März 1943 gehörte der KdO „Weißruthenien" zum Herrschafts-

17 Gerlach, Morde, S. 187.

18 Vgl. Vernehmung Georg Heuser, 28. 11. 1959, LHA Koblenz, Best. 584, 1, Nr. 8473, Bl. 1248, nach Heuser war kurzzeitig auch ein gewisser Pierre Leiter der Abteilung IV b.

19 Dazu u. a. Vernehmung Rudolf Sche., 12. 4. 1961, BArch B 162/1681, Bl. 1463 ff.

bereich des HSSPF Ostland, danach wurde er unter den Befehl des HSSPF Russland-Mitte gestellt. Leiter der Dienststelle waren zunächst Major der Schutzpolizei Otto Sokolowski, dann zwischen Oktober 1941 und März 1942 der SS-Brigadeführer und Generalmajor der Polizei Eberhard Herf. Sein Nachfolger war SS-Brigadeführer und Generalmajor der Polizei Erik von Heimburg, dem im August 1942 SS-Standartenführer und Oberst der Schutzpolizei Johann Klepsch nachfolgte. Herf war von August 1943 bis Januar 1944 erneut KdO in Minsk und wurde schließlich von Kurth abgelöst.[20] Dem KdO „Weißruthenien" waren in Minsk die Kommandeure der Schutzpolizei (KdSch) unterstellt. Das war im Herbst/Winter 1941 zunächst ein Major der Schutzpolizei namens Krumbiegel; zwischen Januar 1942 und März 1944 hatte Major der Schutzpolizei Kurt Bendzko diese Position inne.[21]

Die Instanzen der Besatzungspolitik im Osten standen wegen Hitlers mangelnder Bereitschaft, für klare Verhältnisse zu sorgen, in dauernder Konkurrenz zueinander. Auf Reichsebene waren insbesondere Rosenberg und Himmler mit den Kompetenzverteilungen unzufrieden. Der Reichsführer SS hatte noch am 10. Juni bei Lammers um die „polizeiliche und politische Sicherung" der zu besetzenden sowjetisch/baltischen Gebiete nachgesucht (was prompt Rosenbergs Widerspruch hervorgerufen hatte).[22] Himmler war zudem wie selbstverständlich davon ausgegangen, dass sich seine Kompetenzen als „Reichskommissar zur Festigung deutschen Volkstums" (RKF) auch auf die neu eroberten Regionen in der Sowjetunion erstrecken würden. Zwei Tage nach Kriegsbeginn hatte er seinen RKF-Planungschef, den Agrarwissenschaftler SS-Oberführer Konrad Meyer, offiziell mit dem Entwurf eines „Generalplanes Ost" zur ethnischen Umstrukturierung, dauerhaften „Germanisierung" und wirtschaftlichen Ausbeutung dieser Territorien beauftragt. Anknüpfend an die Erfahrungen im annektierten Westpolen sollte die „deutsche Volkstumsgrenze" auf dem Wege der Vertreibung „rassisch unerwünschter Elemente" und der Neuansiedlung von Deutschen weiter nach Osten bis hin zum Ural verschoben werden. Meyer legte am 15. Juli 1941 eine erste Fassung des „Generalplanes Ost" vor, die jedoch bis heute verschollen ist. Bis 1945 entstanden weitere Versionen, an deren Ausarbeitung schließlich auch das Ostministerium beteiligt war. Insgesamt sollten über dreißig Millionen Slawen nach Sibirien vertrieben werden; ein kleiner Teil der einheimischen Bevölkerung war als Zwangsarbeiter in der Landwirtschaft vorgesehen. Ausgebaute Stützpunkte deutscher Siedler sollten die NS-Herrschaft im Osten sichern.[23]

Angesichts seiner Ansprüche kam es für Himmler am 16. Juli 1941 einer persönlichen Niederlage gleich, dass Hitler ihm die erwünschte zentrale Rolle bei der politi-

20 Curilla, Ordnungspolizei, S. 398.

21 Ebenda, S. 333; Gartenschläger, Besetzung, S. 28.

22 Longerich, Himmler, S. 545.

23 Ausführlich u. a. Mechtild Rössler/Sabine Schleiermacher (Hrsg.), Der „Generalplan Ost". Hauptlinien der nationalsozialistischen Planungs- und Vernichtungspolitik, Berlin 1993.

schen Neugestaltung der Ostgebiete vorenthielt und stattdessen Rosenberg die nominelle Herrschaft übertrug.[24] Zudem erklärte der „Führer" erst Anfang September offiziell, dass der Zuständigkeitsbereich des „Reichskommissars zur Festigung deutschen Volkstums" auch die sowjetisch/baltischen Gebiete einschließen sollte. Gleichwohl ließ sich der SS-Chef durch solche (teilweise kurzzeitigen) Rückschläge nicht davon abhalten, einmal gesetzte Ziele weiter zu verfolgen. Zu Rosenbergs und Görings entschiedenem Unmut nutzte Himmler kurzerhand seine bestehenden polizeilichen Kompetenzen als Basis für eine ethnische „Neuordnung" des Ostraumes. „Als ersten Schritt zur ‚Ausschaltung' der ‚volksfremden Bevölkerungsteile'", so schreibt sein Biograf Longerich, „sollten nun ganze Regionen ‚judenfrei' gemacht werden: durch Massenexekutionen sowie durch Ghettoisierung derer, die noch als Zwangsarbeiter auszupressen waren".[25] Himmlers Bestrebungen in Richtung einer genozidalen „Endlösung" müssen daher auch im Kontext seiner weitergehenden Pläne zu einer Neuordnung Europas nach rassenpolitischen Kriterien gesehen werden.

Himmlers Vorstellungen hinsichtlich einer „Germanisierung" der sowjetisch/baltischen Gebiete standen nicht prinzipiell im Gegensatz zu den Ambitionen seines Kontrahenten Rosenberg. Immerhin hatte der Reichsleiter im Mai 1941 als Ziel für ein mögliches „Reichskommissariat Ostland" formuliert, „die Form eines deutschen Protektorats zu erstreben und dann durch Eindeutschung rassisch möglicher Elemente, durch Kolonisierung germanischer Völker und durch Aussiedlung nicht erwünschter Elemente dieses Gebiet zu einem Teil des Großdeutschen Reiches umzuwandeln".[26] Dass Juden zu den „unerwünschten Elementen" zählten, war zwischen Rosenberg, Himmler und ihren Sachwaltern unstrittig. Uneinigkeit bestand aber hinsichtlich des Prozederes der „Aussiedlung" sowie vor allem der Richtlinienkompetenz in der „Behandlung der Judenfrage".

Die „Judenpolitik", die der Zivilverwaltung zu Beginn vorschwebte, orientierte sich am „polnischen Modell" der Jahre 1939/40. Das zeigen die antisemitischen Bestimmungen in der „Braunen Mappe". In dieser Dokumentensammlung, die während des Sommers 1941 für den Dienstgebrauch veröffentlicht wurde, waren die wichtigsten Richtlinien zur Zivilverwaltung in den besetzten sowjetisch/baltischen Gebieten zusammengestellt. In den Passagen zur „Judenfrage" wird deren endgültige Lösung für die Zeit nach dem Krieg anvisiert, als „vorbereitende Teilmaßnahmen" waren Segregation, Zwangsarbeit und Enteignung vorgesehen.[27] Dass derlei Maß-

24 So Longerich, Himmler, S. 545; andere Darstellung bei Breitman, Himmler, S. 260 ff.

25 Longerich, Himmler, S. 547.

26 Instruktion von Alfred Rosenberg vom 8. Mai 1941 für einen Reichskommissar Ostland, in: Norbert Müller (Hrsg.), Die faschistische Okkupationspolitik in den zeitweilig besetzten Gebieten der Sowjetunion (1941–1944), Berlin 1991, S. 131 f.

27 Dazu Auszüge aus den vom RmfdbO herausgegebenen Richtlinien über „die Zivilverwaltung in den besetzten Ostgebieten (Braune Mappe), T. 1: RKO" vom Sommer 1941 betr. „Behandlung der Judenfrage", in: Benz/Kwiet/Matthäus (Hrsg.), Einsatz, S. 33–37.

nahmen in den Augen von SS und Polizei nicht ausreichend waren, zeigte sich Lohse, als er Ende Juli 1941 in Litauen erstmals direkt mit den mörderischen Aktivitäten der Einsatzgruppe A konfrontiert wurde. Der frisch ernannte Reichskommissar war befremdet; er sorgte sich um die öffentliche Ordnung und um die wirtschaftlichen Auswirkungen der Judenmorde – immerhin stellten die litauischen Juden einen großen Teil der kriegswichtigen Handwerker und Kleingewerbetreibenden. Sicher argwöhnte Lohse auch einen nicht hinnehmbaren Einbruch in seinen Kompetenzbereich.[28] Am 27. Juli gab er den neuen Gebietskommissaren an seinem vorläufigen Dienstsitz Kaunas mündliche Anweisungen zur „Judenfrage“, deren Inhalt nicht überliefert ist. Sie dürften allerdings nicht zwingend im Einklang mit der Tätigkeit der Einsatzgruppe gestanden haben. In den folgenden Wochen mehrten sich die Beschwerden der Kommandos über den Widerstand von Dienststellen der Zivilverwaltung gegen die Massenerschießungen von Juden und KPdSU-Funktionären. Am 23. August instruierte das RSHA die im „Ostland“ aktiven Einsatzgruppen A und B in dieser Angelegenheit: „Wie gemeldet wird, sind mehrfach die neu eingesetzten Gebietskommissare im Gebiet Ostland an die zuständigen Einsatzkommandos herangetreten, um Einstellung der Kommunisten- und Judenaktionen zu erreichen. Auf Befehl des Chefs der Sicherheitspolizei und des SD sind diese Ersuchen abzulehnen und sofort nach hier zu berichten.“[29]

Freilich war Lohse bereits am 29. Juli in Kaunas mit dem Reichsführer SS zusammengetroffen; eine erneute Unterredung fand zwei Tage später in Riga statt. Himmler dürfte den Reichskommissar zumindest in Grundzügen von den Absichten der SS hinsichtlich der sowjetischen Juden und möglicherweise auch von seinen Siedlungsplänen in Kenntnis gesetzt haben. Zumindest vordergründig zeigte sich Lohse einsichtig. Auf einer Besprechung zur wirtschaftlichen und politischen Zukunft des „Ostlandes“, zu der Rosenberg am 1. August in die Berliner Zentralbehörde geladen hatte, erklärte der Reichskommissar: „Nach der Entscheidung des Führers soll die Eindeutschung des Reichskommissariats Ostland das Endziel sein; die Juden sollten restlos aus diesem Gebiet entfernt werden.“[30]

Am Tag darauf jedoch legte Lohse einen ersten Entwurf zu „Vorläufigen Richtlinien für die Behandlung der Juden im Gebiet des Reichskommissariats Ostland“ vor. Sie reklamierten die Zuständigkeit der General- und Gebietskommissare für die Definition, Registrierung, Konzentration und Enteignung der Juden des „Ostlandes“. Die Definitionskriterien waren von den Nürnberger Gesetzen abgeleitet worden. Dass freilich nicht immer Zeit und Möglichkeit zu komplexer Stamm-

28 Zellhuber, Verwaltung, S. 220.

29 Zit. nach Danker, „Zivilverwaltung“, S. 53; dazu auch Breitman, Himmler, S. 272 f.; Einsatzgruppe A. Gesamtbericht bis zum 15. Oktober 1941 („Stahleckerbericht“, Abschrift), BArch Koblenz, All. Proz 6/125, T-304, Bl. 5–15, hier Bl. 11.

30 Zit. nach Piper, Rosenberg, S. 581; zu dieser Konferenz auch Zellhuber, Verwaltung, S. 220.

baumrecherche gegeben sein würde, war einkalkuliert: „Im Zweifel entscheidet der Gebiets-(Stadt-)kommissar nach pflichtgemäßem Ermessen darüber, wer Jude im Sinne dieser Richtlinien ist." Neben den nun schon sattsam bekannten diskriminierenden und schikanösen Bestimmungen (Zwangskennzeichnung, Aufhebung der Freizügigkeit, Berufs- und Handelsverbote) schrieben die Richtlinien die Beschlagnahme sämtlichen Eigentums der Juden vor. Alles Barvermögen, Wertpapiere und -gegenstände, aber auch Hausrat und Kleidung musste bis auf ein Existenzminimum an die Zivilverwaltung abgeliefert werden. Eine der Maßnahmen, die „unter Berücksichtigung der örtlichen insbesondere wirtschaftlichen Verhältnisse mit Nachdruck anzustreben" seien, war die Errichtung von Ghettos in den größeren Städten; das „flache Land" indes war von den Juden zu „säubern". Die Ghetto-Insassen sollten ihre internen Angelegenheiten in Selbstverwaltung unter Aufsicht des Gebiets- bzw. Stadtkommissars regeln. Ein jüdischer Ordnungsdienst konnte im Inneren der Ghettos eingesetzt werden, während einheimische Hilfspolizisten die äußere Bewachung übernehmen sollten. Nach „Maßgabe des Arbeitskräftebedarfs" sollten die Juden zur Zwangsarbeit herangezogen werden.

Diese Regelungen, die Lohse zur Kommentierung an den HSSPF Prützmann schickte, riefen sogleich massive Kritik bei Himmlers und Heydrichs Sachwaltern hervor.[31] Angehörige der Einsatzgruppe A schrieben im Entwurf einer mehrseitigen Stellungnahme, die anvisierten Maßnahmen der Zivilverwaltung stünden in entschiedenem Widerspruch zu den eigenen Befehlen. Der Reichskommissar strebe im „Ostland" offenbar eine vorläufige Lösung der „Judenfrage" nach dem Beispiel des Generalgouvernements an und lasse die „im Ostraum erstmalig mögliche radikale Behandlung der Judenfrage"[32] außer Betracht. Diese sei aber unumgänglich, da die sowjetischen Juden (im Gegensatz zu den polnischen) als „maßgebliche Träger der bolschewistischen Idee" eine ernsthafte politische Gefahr darstellten. Die Einsatzgruppe empfahl deshalb die Errichtung vorläufiger „Judenreservate […] in den Weiten des Ostlandes", in denen die Juden nach Geschlechtern getrennt untergebracht und zu verschärfter Zwangsarbeit herangezogen werden sollten. Das sei „eine wesentliche Erleichterung des späteren gesammelten Abtransportes in ein außereuropäisches Judenreservat".

Diese Absichten schienen noch in der Tradition der „territorialen Endlösung" zu stehen. Einsatzgruppenchef Stahlecker, der das Memorandum korrigierte, fügte allerdings handschriftlich hinzu: „Ich halte es für erforderlich, vor Herausgabe einer grundsätzlichen Anweisung, diese gesamten Fragen noch eingehend mündlich zu erörtern, zumal da der Entwurf grundsätzliche, schriftlich nicht zu erörternde

31 Ausführliche Darstellung in Angrick/Klein, „Endlösung", S. 107 ff.

32 Einsatzgruppe A. Stab, Entwurf über die Aufstellung vorläufiger Richtlinien für die Behandlung der Juden im Gebiet des Reichskommissariates Ost, gezeichnet Stahlecker, 6. 8. 1941 (Kopie), USHMM, RG-18002 M, reel 16.

Befehle von höherer Stelle an die Sicherheitspolizei erheblich berührt.“ Das deutet darauf hin, dass Stahlecker bereits in die genozidalen Planungen seiner Vorgesetzten Heydrich und Himmler eingeweiht war.

Der Einsatzgruppenchef verzichtete schließlich auf eine schriftliche Kritik der „Vorläufigen Richtlinien“. Stattdessen schickte er dem in Kaunas stationierten SS-Standartenführer Jäger vom EK 3 eine dreiseitige Stellungnahme zum mündlichen Vortrag bei Lohse. An seinen Chef Heydrich schrieb Stahlecker, er habe von einer endgültigen Stellungnahme Abstand genommen, „weil ich zunächst grundsätzlich beim CdS um die Weisung gebeten habe, ob der B. d. S. politischer Referent beim Reichskommissar werden soll, da in diesem Falle der B. d. S. ohnehin federführend für diese Frage ist“. Der SS-Brigadeführer bat nochmals um Weisung in dieser Angelegenheit und fügte abschließend hinzu, die Behandlung der Judenfrage gehöre zur polizeilichen Sicherung der besetzten Gebiete, „so daß nach Ziff. I. und II. des Erlasses des Führers über die polizeiliche Sicherung der neu besetzten Ostgebiete vom 17. Juli 1941 der Reichsführer-SS berechtigt ist, dem Reichskommissar Weisungen zu erteilen“.[33]

Angesichts der geschlossenen Abwehrfront von SS und Polizei modifizierte Lohse seine Richtlinien, bevor er sie an die Generalkommissare versandte. Die zweite Fassung vom 18. August 1941 unterschied sich vor allem insofern von der ersten, als einleitend festgehalten wird, dass „weitere Maßnahmen“ der Sicherheitspolizei durch die Richtlinien nicht berührt werden. Diese hätten ohnehin „nur die Aufgabe, dort und solange Mindestmaßnahmen der General- oder Gebietskommissare sicherzustellen, wo und solange weitere Maßnahmen im Sinne der endgültigen Lösung der Judenfrage nicht möglich sind“.[34]

Am 25. August ergingen weitere Zwangsbestimmungen für die Ghettos im Ostland. Sie zielten zum einen auf die vollständige Abschottung der Juden von der Außenwelt (Kappung von Telefonverbindungen, Verbot des Postverkehrs, Abriegelung von Durchgangsstraßen mit Stacheldraht). Zum anderen sollten die Lebensumstände der Juden in den Ghettos so miserabel als möglich gestaltet werden.[35] Ein Jahr später gab die Finanzabteilung des „Reichskommissariates Ostland“ weitere ergänzende Richtlinien für die Verwaltung der Ghettos aus. Zu diesem Zeitpunkt waren viele der kleinen Ghettos auf dem Lande bereits ausgelöscht. Die Richtlinien waren daher vorrangig für die großen Ghettos in Riga, Kaunas und Minsk gedacht. Ziel war, der Zivilverwaltung den Zugriff auf das „Mobiliarvermögen“ der eingesperrten

33 Einsatzgruppe A. An den Chef der Sicherheitspolizei und des SD, gezeichnet Stahlecker, 16. 8. 1941 (Kopie), USHMM, RG-18002 M, reel 16.

34 Vorläufige Richtlinien, in: Benz/Kwiet/Matthäus (Hrsg.), Einsatz, S. 47.

35 Schreiben des Reichskommissars für das Ostland, Abt. II (Trampedach), an den Generalkommissar in Lettland vom 25. August 1941 mit Zwangsbestimmungen für die Ghettos, in: Benz/Kwiet/Matthäus (Hrsg.), Einsatz, S. 124.

und vom Tode bedrohten Menschen zu sichern. Hierzu zählten neben der spärlichen persönlichen Habe auch die Arbeitskraft der Juden und die materiellen Hinterlassenschaften der Ermordeten.

Lohses Bestimmungen für die Ghettos reflektieren die grundsätzliche Haltung der Zivilverwaltung, der zufolge die „Judenfrage“ mitnichten alleiniger Bestandteil der polizeilichen Sicherung war. Sie war als politische Frage in ihrem Zuständigkeitsbereich angesiedelt. SS und Polizei sollten lediglich für die technische Umsetzung der „Ausscheidung der Juden“, das heißt für deren unmittelbare Ermordung, zuständig sein. Rosenberg und seine Untergebenen stellten sich nie prinzipiell gegen die Massentötungen von Juden. Im Gegenteil: Ein Radikalantisemit wie Erhard Wetzel, der Leiter des Sonderdezernats für Rassenfragen, zeigte sich Ende Oktober 1941 gegenüber der Idee, nicht arbeitsfähige Juden mit den „Brack'schen Hilfsmitteln“ (=Gaswagen) zu beseitigen, höchst aufgeschlossen.[36] In einem Memorandum über das Verhältnis zur SS stellte das Ostministerium Ende 1941 freilich klar: „In welcher Form im einzelnen und in welchem Tempo die Sicherung der Reichskommissariate durch die Ausscheidung des Judentums durchzuführen ist, kann nur der politischen Entscheidung der Reichs- und Generalkommissariate unterliegen. Selbstverständlich dabei ist, daß die Aussonderung des Judentums als <u>politische</u> vor allen <u>wirtschaftlichen</u> Überlegungen zu stehen hat, jedoch kriegswirtschaftliche Maßnahmen in den besetzten Ostgebieten <u>zunächst</u> noch berücksichtigt werden müssen.“[37]

Das bedeutete konkret, dass sich die Zivilverwaltung an der Brutalität und der teilweise öffentlichen Zurschaustellung der Exekutionen sowie an der frühzeitigen Tötung arbeitsfähiger Juden störte. So unterstrich auch Wetzel, dass beim Einsatz von Vergasungsapparaten „Vorgänge, wie sie sich bei den Erschießungen von Juden […] ergeben haben, und die auch im Hinblick darauf, daß die Erschießungen öffentlich vorgenommen wurden, kaum gebilligt werden können, nicht mehr möglich sein werden“.[38] Reichskommissar Lohse wiederum verbot im September 1941 in der lettischen Stadt Lipāja (Libau) erneut Massenerschießungen von Juden und zog sich damit Stahleckers entschiedenen Unmut zu. Lohses Abteilungsleiter Politik, Karl Friedrich Trampedach erklärte später, der Reichskommissar habe die „wilden Judenexekutionen“ unterbinden lassen, „weil sie in der Art ihrer Durchführung nicht zu verantworten waren“.[39] Erheblichen Verdruss erregten die Interventionen der Zivilverwaltung beim Führer des EK 3, Karl Jäger, in Litauen. In seinem Tätigkeitsbericht vermerkte er am 1. Dezember 1941: „Ich kann heute feststellen,

36 Reichsministerium für die besetzten Ostgebiete (Dr. Wetzel), Vermerk, 25. 10. 1941 (Abschrift), LHA Koblenz, Best. 584, 1, Nr. 3557, Bl. 1219.

37 Zit. nach Zellhuber, S. 225.

38 Ebenda.

39 Zit. nach Schriftwechsel zwischen dem Reichsminister für die besetzen Ostgebiete und dem Reichskommissar Ostland in Riga (Oktober–Dezember 1941) betr. die Vernichtung der Juden im Reichskommissariat, in: Pätzold/Schwarz (Hrsg.), Tagesordnung, S. 95–96, hier S. 95.

daß das Ziel, das Judenproblem für Litauen zu lösen, vom EK 3 erreicht worden ist. In Litauen gibt es keine Juden mehr, außer den Arbeitsjuden incl. ihrer Familien. [...] Diese Arbeitsjuden incl. ihrer Familien wollte ich ebenfalls umlegen, was mir jedoch scharfe Kampfansage der Zivilverwaltung (dem Reichskommissar) und der Wehrmacht eintrug und das Verbot auslöste: Diese Juden und ihre Familien dürfen nicht erschossen werden!"[40]

Auch in „Weißruthenien" gab es entsprechende Konflikte: Ende Oktober 1941 protestierte Gebietskommissar Heinrich Carl bei seinem Vorgesetzten Kube gegen eine „Judenaktion" des Polizeibataillons Nr. 11 in Sluck, die in ihrer Durchführung an Sadismus gegrenzt habe: „Mit einer unbeschreiblichen Brutalität [...]", schrieb der aufgebrachte Carl, „wurde das jüdische Volk [...] aus den Wohnungen herausgeholt und zusammengetrieben. Überall in der Stadt knallte es, und in den einzelnen Straßen häuften sich die Leichen der erschossenen Juden."[41] Bei diesem Massaker sei auch ein Großteil der dringend benötigten jüdischen Handwerker getötet worden, sodass einige Slucker Werkstätten auf Notbetrieb hätten umstellen müssen. Nicht zu vernachlässigen sei ferner, dass die „Judenaktion" in ihrer Grausamkeit einen verheerenden Eindruck bei den nicht jüdischen Stadtbewohnern hinterlassen habe und es geraume Zeit dauern werde, das gerade gewonnene Vertrauen der Bevölkerung wiederzuerlangen. In einem Schreiben an Lohse beschwerte sich Kube Anfang November grundsätzlich über die Methoden, die SS und Polizei bei Mordaktionen in „Weißruthenien" angewandt hätten: „Daß man Schwerverwundete lebendig begraben hat, ist eine so bodenlose Schweinerei, daß der Vorfall als solcher dem Führer und dem Reichsmarschall gemeldet werden müßte."[42]

In Kubes Dienstsitz Minsk gab es derlei Konflikte im Herbst 1941 noch nicht, dies möglicherweise auch aus Gründen mangelnder sicherheitspolizeilicher Präsenz. Mit seinem SSPF Zenner stellte sich der Generalkommissar gut, wie Nachkriegsaussagen ehemaliger Gefolgsleute nahelegen.[43] Kube erhob allerdings auch keinerlei Einwände gegen den ersten großen Massenmord im Ghetto Minsk Anfang November 1941. Die „Aktion" leiteten Angehörigen des SK 1b; Zenners ukrainische Bataillone waren zur Unterstützung eingesetzt. Erste ernste Konflikte des Generalkommissars mit der Sicherheitspolizei entzündeten sich an der Behandlung der „Reichsjuden" im Minsker Ghetto. Streit gab es schließlich auch um den Arbeitseinsatz der Juden. Hinzu kam die heftige gegenseitige Antipathie zwischen Kube und dem langjährigen KdS Strauch.

40 „Jäger-Bericht", in: Klee/Dreßen/Rieß (Hrsg.), „Schöne Zeiten", S. 59.

41 „In den Straßen häuften sich die Leichen". Der Gebietskommissar Sluck am 30. 10. 1941 an den Generalkommissar in Minsk, in: Klee/Dreßen/Rieß (Hrsg.), „Schöne Zeiten", S. 164–167, hier S. 165.

42 Zit. nach Safrian, Eichmann, S. 147.

43 Vernehmung L. S. (Adjutant Kubes), 16. 1. 1959, LHA Koblenz, Best. 584, 1, Nr. 3557, Bl. 142–144; Vernehmung J. R. (Abteilungsleiter im Generalkommissariat), 21. 1. 1959, ebenda, Bl. 153.

Zivilverwaltung und Sicherheitspolizei waren in Minsk in der „Judenfrage" durch das Ghetto aneinander gebunden: Gemäß Lohses „Vorläufigen Richtlinien" unterstand das Ghetto verwaltungstechnisch dem Stadtkommissariat unter Janetzke. Hier waren verschiedene Abteilungen zuständig. Das Arbeitsamt, das am 1. Oktober 1941 gegründet wurde, regelte den Zwangsarbeitseinsatz der Juden. Dem Wirtschaftsamt war die Versorgung der Ghetto-Insassen mit Lebensmitteln aufgegeben. Das Wohnungsamt kontrollierte den Häuserbestand des Ghettos. Zerstörungen oder Schäden wurden freilich erst erfasst, als die entsprechenden Gebäude nach einer Verkleinerung des Ghetto-Areals wieder zum „russischen Bezirk" kamen.[44] Die Behörde des Generalkommissars allerdings griff beständig in die Verwaltung des Ghettos ein. Gesundheitsfragen etwa scheinen hauptamtlich von Kubes Abteilungsleiter IIe (Gesundheit), Dr. Weber, entschieden worden zu sein.

In seinen „Vorläufigen Richtlinien" vom 18. August 1941 hatte Lohse verfügt, dass zur Bewachung der Ghettos „tunlichst Hilfspolizisten aus Landeseinwohnern" einzusetzen seien. Inwieweit dies in Minsk im Herbst 1941 geschah, ist aus Quellenmangel ungewiss. Wahrscheinlich ist der Einsatz der ukrainischen Schuma-Bataillone 46, 47 und 48 von SSPF Zenner sowie von litauischen und lettischen Hilfskräften der Einsatzgruppen. Der erste „Kommandant" des Ghettos, Aleksej Gorodeckij, war wahrscheinlich Angehöriger eines der Schuma-Bataillone. Er stammte nach Smolars Informationen aus einer russischen Familie, die nach Deutschland emigriert war. Die Ghetto-Insassen habe er nur mit „dreckige jüdische Bolschewisten" angeredet und diese Worte mit einem Gummiknüppel unterstrichen.[45]

Im August 1942 legte Lohse fest, die Ghettos unterstünden polizeilich der Sicherheitspolizei und dem SD. Das war offenkundig eine nachträgliche Sanktionierung bereits etablierter Verhältnisse. In Minsk zumindest hatten Heydrichs Gefolgsleute bereits im Dezember 1941 das Kommando im Ghetto übernommen. Den Judenreferenten des KdS waren SS-Unterführer unterstellt, die als „Ghetto-Kommandanten" auftraten. Sie taten nach Angaben von Gestapo-Chef Heuser in einer kleinen „Ghetto-Wache der Kommandeursdienststelle" am Eingang des Zwangsbezirkes Dienst.[46] Ein Angehöriger der Luftwaffenbrigade erinnert sich, dass 1942 im Ghetto insgesamt etwa 100 „SD-Leute" sowie vierzig bis fünfzig lettische und litauische Hilfswillige gelegen hätten.[47]

44 Zur Wohnungsfrage vgl. den entsprechenden Schriftwechsel zwischen Kube und Janetzke zwischen 17. und 20. 11. 1942, NARB, 370-1-486, Bl. 22 f.

45 Smolar, Ghetto, S. 27, Grossman/Ehrenburg, Schwarzbuch, S. 238, Smolars Angaben zu den Ghetto-Tätern sind allerdings etwas verworren. Möglicherweise gehörte Gorodeckij zu der Gruppe weißrussischer Emigranten, die die Einsatzgruppe B nach Weißrussland bringen ließ. Grossman und Ehrenburg wiederum bezeichnen ihn als „Weißgardisten", stützen sich hierbei allerdings wohl auch auf Smolar.

46 Vernehmung Georg Heuser, 27. 11. 1959, LHA Koblenz, Best. 584, 1, Nr. 8473, Bl. 1243. Zur Ghetto-Wache auch Vernehmung L. S., 3. 12. 1959, ebenda, Best. 584, 1, Nr. 8473, Bl. 1320.

47 Vernehmung M. H. L., 11. 3. 1960, LHA Koblenz, Best. 584, 1, Nr. 8480, Bl. 2299. Das Gebäude

Im Winter 1941 leitete wahrscheinlich SS-Hauptsturmführer Franz Stark die Ghetto-Wache. Für die „Sonderghettos" der „Reichsjuden" war bis zum Frühjahr SS-Oberscharführer Michael Schmiedel zuständig. Danach übernahmen drei oder vier Schutzpolizisten unter Führung von Hauptwachtmeister Otto Hattenbach das Kommando im ganzen Ghetto. Im Februar oder März 1943 wurde SS-Hauptscharführer Adolf Rübe „Ghetto-Kommandant".

4.2. Existenzbedingungen

4.2.1. Anzahl und Herkunft der Ghetto-Insassen

Wie viele Juden im Sommer 1941 im Minsker Ghetto eingeschlossen wurden, ist ungewiss. In der Forschungs- und Erinnerungsliteratur schwanken die Angaben zwischen 30 000 und 100 000 Menschen. Die Gründe für diese erheblichen Diskrepanzen sind bereits angesprochen worden: Valide Daten zur jüdischen Vorkriegsbevölkerung von Minsk liegen nicht vor. Weiterhin ist die Zahl der Minsker Juden unbekannt, die die Stadt in den Tagen zwischen Kriegsbeginn und Besetzung noch verlassen konnten. Ungewiss ist auch, wie viele jüdische Flüchtlinge aus dem westlichen Weißrussland auf dem Weg nach Osten in der Hauptstadt strandeten. Verlässlich ist indes die Angabe, dass die Minsker Stadtbevölkerung Ende Juli 1941 bei rund 150 000 lag.[48] Dass tatsächlich zwei Drittel davon Juden waren, ist nicht anzunehmen. Die Zahl von 30 000 ursprünglichen Ghetto-Insassen allerdings dürfte in Anbetracht der jüdischen Vorkriegsbevölkerung von Minsk zu niedrig gegriffen sein.[49]

In der Forschungs- und Erinnerungsliteratur wird zumeist angenommen, dass im Sommer 1941 um die 55 000 Menschen im Ghetto Minsk eingeschlossen wurden. Diese Zahl nennt Girš Smolar in einem Erinnerungsbericht aus den 1960er-Jahren.[50] Der Untergrundkämpfer verfügte über gute Kontakte zum ersten Judenrat, der für die Registrierung bei der Ghetto-Bildung verantwortlich war. Auch Reuben Ainsztein geht, allerdings ohne Beleg, von einer anfänglichen Häftlingszahl von über 50 000 aus; Christian Gerlachs Schätzungen liegen bei 50 000 bis 60 000 Menschen.[51]

der Luftwaffenbrigade lag nur hundert Meter vom Ghetto entfernt auf einer Anhöhe, von der aus man einen guten Einblick in den Zwangsbezirk hatte.

48 Gerlach, Morde, S. 419; Ainsztein, Widerstand, S. 222.

49 Dazu Erinnerungen Roza Lipskaja, USHMM, RG-02.022: Minsk survivor testimonies, Bl. 2 („mehr als 30 000 Menschen"); Reitlinger, Endlösung, S. 251 („weniger als 40 000").

50 Girš Smolar, Naselenie Minskogo ghetto v borb'e protiv nemeckich zachvačikov. Kopija [Die Bevölkerung des Minsker Ghettos im Kampf gegen die deutschen Invasoren. Kopie], USHMM, RG-02.022, Bl. 1. In seiner späteren Publikation gibt Smolar allerdings die deutlich höhere Zahl von 80 000 ursprünglichen Insassen an, dazu ders., Ghetto, S. 52.

51 Ainsztein, Widerstand, S. 222; Gerlach, Morde, S. 625.

Nach Angaben des Judenrates fielen bis zur Jahreswende rund 30 000 Juden den Massenmordaktionen von SS und Polizei zum Opfer; wahrscheinlich sind in dieser Zahl auch die Getöteten von Drozdy enthalten.[52] Quellenmäßig verbürgt ist, dass von Ende August bis Mitte Dezember 1941 zwischen 14 000 und 16 000 Juden aus dem Minsker Ghetto „Großaktionen" von SS und Polizei zum Opfer fielen.[53] Eine nicht bekannte Zahl wurde in Razzien und „kleinen Aktionen" ermordet oder starb an Hunger und Krankheiten. Bei einer ursprünglichen Gefangenenzahl von 55 000 müssten demnach Ende 1941 etwa 30 000 bis 35 000 weißrussische Juden im Ghetto Minsk eingeschlossen gewesen sein. Hinzu kamen im Herbst 1941 knapp 7000 Juden aus dem Deutschen Reich sowie eine unbekannte Zahl jüdischer Handwerker aus dem Minsker Umland.

Nachkriegsaussagen scheinen eine Zahl Gefangenenzahl von 35 000 bis 40 000 Menschen für das Spätjahr 1941 zu bestätigen: Gestapochef Heuser etwa schätzt, dass bei seiner Ankunft Anfang Dezember 1941 etwa 35 000 weißrussische und deutsche Juden im Minsker Ghetto gefangen gehalten wurden.[54] Der im November nach Minsk deportierte Brünner Jude Franz Spitzer geht von 30 000 bis 40 000 weißrussischen Ghetto-Insassen bei seiner Ankunft aus.[55]

Zeitgenössischen Angaben zufolge lag die Gefangenenzahl um die Jahreswende 1941/42 jedoch bei rund 25 000 Menschen: KdS-Judenreferent Burkhardt berichtete dem RSHA Anfang Januar 1942 von 18 000 einheimischen und 7000 deutschen Ghetto-Insassen.[56] Zur gleichen Zeit schrieb Stadtkommissar Janetzke an das Ostministerium, dass sich in Minsk 7000 Juden aus Deutschland sowie noch 15 000 bis 18 000 russische Juden aufhielten.[57] Der Wirtschaftsabteilung des Generalkommissariates zufolge gab es in Minsk zur Jahreswende 1941/42 insgesamt 20 000 „einsatzfähige" Juden (11 000 Männer, 9000 Frauen).[58] Diese übereinstimmenden Daten legen eine ursprüngliche Insassenzahl von etwa 45 000 bis 50 000 Menschen nahe.

Im Minsker Ghetto waren nicht nur Juden aus der Stadt eingesperrt. Wie angesprochen, kamen neben den jüdischen Flüchtlingen aus dem westlichen Weißrussland und den Deportationsopfern aus dem Reich auch Juden aus den kleinen Städten und Dörfern um Minsk ins Ghetto der Hauptstadt. Ab Ende September vernichteten

52 Smolar, Ghetto, S. 52; so auch aufgrund eigener Berechnungen Gerlach, Morde, S. 626 (Fußnote 686).

53 Vgl. dazu S. 139 ff. dieser Darstellung.

54 Vernehmung Georg Heuser, 27. 11. 1959, LHA Koblenz, Best. 584, 1, Nr. 8473, Bl. 1243.

55 Vernehmung F. S., 25. 4. 1962, BArch B 162/1687, Bl. 3175–3184, hier Bl. 3181.

56 Burkhardt-Bericht, NARB, 4683-3-1022, Bl. 4. Die Zahlen beziehen sich auf Dezember 1941.

57 Der Stadtkommissar Minsk (Janetzke) an den Reichsminister für die besetzten Ostgebiete, 5. 1. 1941 (Kopie), LHA Koblenz, Best. 584, 1, Nr. 3555, Bl. 739 [Umschlag].

58 Der Generalkommissar Weißruthenien, Hauptabteilung III, ca. Januar 1942, NARB, 370-1-245. Bl. 27, als Faksimile abgedruckt in: Nacional'nyj Archiv Respubliki Belarus' u. a. (Hrsg.), Cholokost v Belarusi 1941–1944. Dokumenty i materialy [Der Holocaust in Weißrussland 1941–1944. Dokumente und Materialien], Minsk 2002, S. 26.

zwei Kompanien des Reserve-Polizeibataillons II und litauische Schutzmannschaften sowie das EK 3 der Einsatzgruppe A in mehreren Großaktionen fast die gesamte jüdische Bevölkerung des Gebietes Minsk-Land. Das Reserve-Polizeibataillon war während dieses Einsatzes der 707. Infanterie-Division unterstellt.

Das Gebiet Minsk-Land wurde im November 1941 als „judenrein" gemeldet.[59] Einige der wenigen Überlebenden dieser Massaker flüchteten sich in das Minsker Ghetto. Darunter war der damals 13-jährige Arkadij Teif aus Smiloviči als einziger Überlebender seiner Familie. Am 14. Oktober erschoss die II. Litauische Schutzmannschaftsabteilung im Verein mit einheimischen Hilfswilligen fast alle Juden des Städtchens an einer großen Grube auf dem jüdischen Friedhof.[60] Teif überlebte versteckt auf einem Dachboden und machte sich nach dem Abzug der Litauer auf nach Minsk. Er habe nicht gewusst, wo er sonst hingehen solle, erklärte er im Rückblick. Aus der Vorkriegszeit sei ihm bekannt gewesen, dass in Minsk viele Juden lebten. Als er am 17. oder 18. Oktober in der Hauptstadt ankam, habe ihm jemand das Ghetto gezeigt, und er sei „als Jude zu den Juden"[61] gegangen. Ein ähnliches Schicksal erlitt der 1930 geborene Lazar' Cirlin aus Uzljany. Angehörige des Reserve-Polizei-Bataillons II ermordeten die Juden dieses Örtchens am 8. Oktober auf dem jüdischen Friedhof.[62] Cirlin, sein Vater, zwei jüngere Geschwister und weitere Familienangehörige konnten dem Massaker entkommen. Sie wussten bereits durch Verwandte vom Minsker Ghetto und entschlossen sich zur Flucht dorthin. Die Älteren erklärten, dort gebe es keine Pogrome, überdies bleibe mit kleinen Kindern auch kein anderer Ausweg.[63]

Bei den Aktionen der SS- und Polizeikräfte im Minsker Gebiet fanden vereinzelt bereits Selektionen statt. In dem 75 Kilometer von Minsk entfernt gelegenen Städtchen Uzda tötete das EK 3 am 16. und 17. Oktober 1941 1740 Juden.[64] 18 Handwerkerfamilien wurden am Leben gelassen, zunächst vor Ort eingesetzt und im ersten Quartal 1942 in das Ghetto Minsk verbracht.[65] Selektionen gab es ferner in Sluck und in Kleck. Jüdische Fachleute aus Sluck kamen ebenfalls ins Minsker Ghetto,

59 Ausführlich Gerlach, Morde, S. 611 ff.

60 Ebenda, S. 612 (1228 Opfer); Oral History Interview with Arkadiy Sergeyevich Teif, USHMM, RG-50.378#005 (2200 Opfer).

61 Ebenda.

62 Gerlach, Morde, S. 612 (617 Opfer); Tsirlin, USHMM, RG-50.378#009.

63 Zur Flucht von Landjuden in das Minsker Ghetto vgl. auch Krasnopërko, Briefe, S. 16 f.

64 Gerlach, Morde, S. 614.

65 Zeugenaussage von Jacob Greenstein, 11. 6. 1968, Tel Aviv (Abschrift), Landesarchiv Berlin, 1 Js 1/65 (RSHA)/Zeugenordner/Opfer/Ostland (Minsk)/(gelb) 42, B Rep. 057-01, Nr. 1291, ohne Paginierung. Greenstein gibt an, am 1. März von Uzda in das Minsker Ghetto verschleppt worden zu sein. Zu seinem Schicksal vgl. auch Epstein, Ghetto, S. 101. Zu Uzda ebenfalls Kaplan, USHMM, RG-50.378#17 sowie Sima Maxowna Margolina, Interview vom 30. 5. und 4. 6. 2001, in: Projektgruppe Belarus (Hrsg.), Ghetto, S. 78–103. Nach Kaplan wurden die Juden von Uzda am 28. 2. 1942 nach Minsk gebracht; Zima Margolina nennt den 29. 1. 1942 als Datum.

allerdings erst im Februar 1943.[66] Die Zahl der Juden aus dem Minsker Umland, die in das Ghetto der Hauptstadt flüchteten oder als Facharbeiter dorthin verschleppt wurden, ist unsicher. Smolar geht von etwa 20 000 bis 25 000 Menschen aus; die Zahl erscheint jedoch überhöht. Zu den Insassen des Minsker Ghettos gehörten schließlich auch einige wenige Nichtjuden, die ihre jüdischen Ehepartner freiwillig ins Ghetto begleiteten.[67]

4.2.2. Unterkunft, Ernährung und Gesundheitswesen

Zwangsumzug und Isolation im Ghetto waren für die Minsker Juden eine bestürzende Erfahrung. „Es war schwer, sich an den Gedanken zu gewöhnen, dass wir Gefangene sind", resümiert Al'bert Lapidus, „in den ersten Tagen befanden sich alle in einem Schockzustand."[68] Die Eingeschlossenen litten unter erheblichem Platzmangel. Diejenigen, die in den ersten Kriegstagen ausgebombt worden waren und keinen Wohnungstausch mit Nichtjuden hatten vornehmen können, hausten zunächst in Sammelunterkünften, wie Michail Trejster schildert: „Wir hatten keine Wohnung mehr und mussten anfangs in einem ehemaligen kleinen Kinosaal wohnen, zusammen mit 60 bis 80 anderen, die ebenfalls keine Wohnung mehr hatten."[69] Massenunterkünfte waren auch die für das Ghetto typischen kleinen Holzhäuser. In ihren Zimmern drängten sich jeweils zwischen 15 und 20, manchmal sogar 30 Personen. Überlebende erinnern sich, dass die Besatzer den Ghetto-Insassen nur 1,5 Quadratmeter „Wohnraum" pro Person zustanden; Kinder wurden nicht mitgezählt.[70]

Die beengte Wohnsituation veranschaulicht die damals sechsjährige Frida Rajsman: „In einem einzigen Zimmer wohnten so viele Menschen wie Betten hineinpassten. […] Ein Gedränge war das. Manche schliefen auf der Straße. […] Und wir drei, das heißt meine Mutter, mein mittlerer Bruder und ich, schliefen alle in einem Bett. Das war unsere Wohnfläche."[71] Ähnlich erinnert sich die Untergrundkämpferin Roza Lipskaja: „Außer dem Bett hatte ich nichts. In ihm schlief ich mit meinem […] Sohn Feliks. Direkt daneben stand das Bett der Nachbarn."[72] In anderen Häusern mussten die Menschen auf dem Fußboden schlafen.[73] Nachts war in den

66 Grossman/Ehrenburg, Schwarzbuch, S. 266.

67 Frida Wulfowna Raisman. Interview vom 28. 5. 1999, in: Projektgruppe Belarus (Hrsg.), Ghetto, S. 14.

68 Lapidus, USHMM, RG-02.174, Bl. 8.

69 Treister, in: Projektgruppe Belarus (Hrsg.), Ghetto, S. 133.

70 Dazu u. a. Felix Lipski, Eine Kindheit im Minsker Ghetto, in: Projektgruppe Belarus (Hrsg.), Ghetto, S. 157–171, hier S. 159; Lapidus, USHMM, RG-02.174, Bl. 8; Grossman/Ehrenburg, Schwarzbuch, S. 236.

71 Raisman, in: Projektgruppe Belarus (Hrsg.), Ghetto, S. 14 f.

72 Lipskaja, USHMM, RG-02.022, Bl. 6.

73 Wladimir Lasarewitsch Trachtenberg. Interview vom 10. 6. 2000, in: Projektgruppe Belarus (Hrsg.), Ghetto, S. 57–65, hier S. 58.

überfüllten Zimmern kaum an Schlaf zu denken, wie Maria Epstein berichtet: "The nights were horrible; it was impossible to sleep in a tiny room where 16 people were breathing, snoring and screaming in their sleep."[74] Solange die Witterung es zuließ, nächtigte die junge Frau auf der Veranda ihrer Unterkunft. Im Sommer litten die Ghetto-Insassen unter großer Hitze, während ihnen im Winter die Kälte zusetzte. Im Winter 1941/42 etwa herrschten in Minsk selbst für osteuropäische Verhältnisse extreme Minusgrade. Die Ghetto-Insassen erhielten keinerlei Heizmaterial und sahen sich daher gezwungen, alles Holz (Fensterläden u. Ä.) aus unbewohnten Häusern zu holen und zu verheizen.[75]

Nach dem langen Winter 1941/42 bot das Minsker Ghetto einen verheerenden Anblick. Jakov Greenstein aus Uzda schildert es am Tag seiner Ankunft am 1. März 1942: „Das Ghetto war furchteinflößend. Um den Jubilejnaja Platz, im alten Teil der Stadt, waren mehrere Straßen mit Stacheldraht eingezäunt. Die Häuser waren zerschlagen und kaputt. Alle Zäune, jedes Stückchen Holz waren ausgegraben und weggeschleppt worden, um sie als Feuerholz zu benutzen. Die Menschen waren blass und voller Erfrierungen. Die meisten Fenster hatten keine Scheiben mehr, die Löcher waren mit Lumpen oder alten, dreckigen Pappen zugestopft."[76]

Unerträglich waren auch die hygienischen Verhältnisse im Ghetto. Fließendes Wasser etwa gab es nicht. Die Eingeschlossenen mussten es aus den wenigen Ziehbrunnen mühsam nach oben pumpen. Im Winter tauten die Menschen Schnee auf. Da die knappen Wasserrationen zum Trinken und Kochen benötigt wurden, waren tägliche Körperwäsche, ja selbst das Zähneputzen unerreichbarer Luxus. Die wenigen Latrinen waren primitiv und manchmal nicht abgeschlossen. Unter den gegebenen Umständen war auch an das Waschen und Wechseln von Kleidung kaum zu denken. Die Menschen trugen Hosen, Hemden, Kleider und Röcke häufig so lange, bis sie nur noch aus Fetzen bestanden.[77] Alles halbwegs Tragbare wurde im Laufe der Monate ohnedies gegen Essbares eingetauscht. Die zuständigen Behörden kümmerten diese Probleme selbstredend nicht. Eingegriffen wurde nur, wenn der Arbeitseinsatz der Juden beeinträchtigt war. Ende September 1942 etwa wandte sich der Judenrat des „Sonderghettos" mit der Bitte um die Lieferung von 500 Paar Holzsohlen aus der Minsker Bürstenfabrik an das Generalkommissariat. „Diese Holzsohlen", hieß es, „werden benötigt, da es bei sehr vielen Juden, die auf Außenarbeit gehen, an Schuhzeug mangelt."[78] Hauptwachmeister Otto Hattenbach vom 5. Polizeirevier, der zu dieser Zeit – unterstützt von zwei Kollegen – die Aufgaben eines „Ghetto-

74 Epstein, USHMM, RG-02#132, Bl. 13 f.

75 Rubenčik, Pravda, S. 52, 56.

76 Zit. nach Romanowsky, Ghetto, S. 215.

77 Dazu Jackson, Joseph Gavi, S. 18.

78 Judenrat-Minsk, An das Generalkommissariat Minsk, 24. 9. 1942, NARB, 370-1-480, Bl. 12R.

Kommandanten" versah, befürwortete das Anliegen ausdrücklich: „Da viele Juden kein Schuhzeug besitzen, besteht die Möglichkeit, daß bei Eintritt kälterer Witterung viele Juden von der Arbeit wegbleiben. Ein Teil wegen Krankheit, der andere Teil wegen Fehlens von Schuhzeugs. Um diesem Umstand vorzubeugen, wäre die Lieferung der Holzsohlen angebracht."[79] Die Bürstenfabrik kam dem Ersuchen etwa einen Monat später nach.

Das existenziellste Problem war die extreme Nahrungsmittelknappheit im Ghetto, die von Anfang an bestand: Die deutschen Planungen zum „Unternehmen Barbarossa" hatten bekanntlich vorgesehen, den größten Teil der sowjetischen landwirtschaftlichen Erzeugnisse zur Ernährung der Truppe „aus dem Lande" und der Reichsbevölkerung zu beschlagnahmen. Für die einheimische Zivilbevölkerung waren je nach Region nur geringe bis gar keine Lebensmittelbestände vorgesehen. Einer Großstadt wie Minsk war das Schicksal weitgehender Aushungerung zugedacht. Dass eine solche „Hungerpolitik" nicht realisierbar war, wurde den deutschen Besatzungsinstanzen bereits in der Anfangsphase des Ostkrieges bewusst. Anfang Juli meldete die Abteilung VII (Kriegsverwaltung) der Feldkommandantur Minsk, die deutschen Kommandobehörden hätten sich dahingehend geeinigt, „dass die arbeitende landeseigene und erforderlichenfalls auch arbeitslose Bevölkerung – auch in den Städten – ausreichend ernährt werden muss".[80] Um dieses sicherzustellen, seien allen Stadtgemeinden ein oder zwei Kolchosen zuzuweisen. Die Einsatzgruppe B meldete Mitte des Monats nach Berlin, die einheimische Stadtverwaltung plane die Einrichtung von Gemeinschaftsküchen, um der Versorgungsprobleme in Minsk Herr zu werden. Die Feldkommandantur habe hierzu verfügt, „dass von jetzt ab von erbeuteten Warenlagern nur ein Teil für die Truppe in Anspruch genommen wird und der Rest der Zivilbevölkerung zugeführt werden soll".[81]

Die Rationen für die Zivilbevölkerung waren freilich äußerst knapp bemessen. Juden waren noch deutlich schlechter gestellt als Nichtjuden. Nicht jüdischen Zivilisten waren pro Person und Woche 1750 Gramm Brot, 200 Gramm Mehl, 150 Gramm Grütze, 200 Gramm Fleisch, 60 Gramm Fett und Kartoffeln nach Bedarf zugedacht. Juden indes sollten in der Woche nur 875 Gramm Brot, 100 Gramm Mehl und 75 Gramm Grütze erhalten. Fleisch, Fett oder Kartoffeln waren für sie nicht vorgesehen.[82] Vielerorts nutzte die Militärverwaltung die Ghettoisierung, um Juden gänzlich von der Lebensmittelversorgung auszuschließen. Auch in Minsk weigerten sich deutsche Behördenvertreter nach der Schließung des Ghettos, die eingesperrten Menschen regelmäßig mit Nahrungsmitteln zu beliefern.[83]

79 5. Polizeirevier, 23. 9. 1942 (Hattenbach), NARB, 370-1-480, Bl. 12.

80 Feldkommandantur Minsk, Abt. VII-Kriegsverwaltung, Anweisung für die Versorgung der Zivilbevölkerung, gez. Kraatz (ohne Datum, vor dem 13. Juli 1941), NARB, 409-1-1, Bl. 14.

81 Ereignismeldung UdSSR 23, 15. 7. 1941, BArch Berlin R 58/214, Bl. 167.

82 Feldkommandantur, NARB, 409-1-1, Bl. 14.

83 Gerlach, Morde, S. 669.

Noch während des Zwangsumzuges ins Ghetto, am 25. Juli 1941, untersagten die Feldkommandantur 812 und das Provisorische Stadtkommissariat zudem jedweden Handel mit Juden.[84] Dieses Verbot hatte folgenden Hintergrund: Unmittelbar nach der Anordnung zur Ghettoisierung hatte die Feldgendarmerie bei Kontrollen an der Stadtgrenze festgestellt, dass Bauern aus den umliegenden Dörfern auf ihren Fuhrwerken – unter Schichten von „Grünfutter" verborgen – größere Mengen Lebensmittel, insbesondere Kartoffeln, nach Minsk transportierten. „Auf dem freien Platz am Ghetto", meldete ein Stabsfeldwebel, „machte ich die Wahrnehmung, daß die Bauern einen regen Austausch dieser Lebensmittel gegen Betten und sonstige Wohnungseinrichtung mit den dort wohnenden Juden tätigen. / Am 23. 7. habe ich anläßlich einer solchen Kontrolle etwa 5 Ztr Kartoffel für die Küche der F.K. 812 beschlagnahmt."[85] Ganz offenkundig hatten die von der Isolierung bedrohten Juden versucht, vor der endgültigen Schließung des Ghettos Vorräte anzulegen, während die Dorfbevölkerung von ihrer Notlage profitieren wollte.[86] Mit dem Handelsverbot wurde ihnen diese Möglichkeit genommen. Viele Ghetto-Insassen hungerten bereits in den ersten Wochen erbärmlich. Am besten stellten sich zunächst Familien, die bereits vor dem Krieg auf dem Areal des späteren Ghettos gelebt hatten und noch über Vorräte verfügten.[87]

Eine leichte Verbesserung der Ernährungslage brachte die Einführung der Zivilverwaltung. Die Untergrundkämpferin Elena Majzelis berichtete 1943 einer Partisaneneinheit, ein „Amt" – wohl das Stadtkommissariat – habe das Ghetto im September und Oktober 1941 zumindest mit Brot beliefert. Auch sei der Tauschhandel mit den Bauern an der Ghetto-Grenze vorübergehend gestattet gewesen.[88] Nach Smolar erhielt der Leiter der Versorgungsabteilung des Judenrates, Michail Zorov, von der Zivilverwaltung Nahrungsmittel zur Unterstützung der Ärmsten im Ghetto. Zorov richtete eine Suppenküche ein und übertrug seinem Assistenten Rozenberg die Leitung.[89] Später war der Untergrundkämpfer Zjama Okun' zuständig.[90] Die Suppenküche musste fast ausschließlich Abfälle aus deutschen Großküchen im „russischen Bezirk" verwenden, insbesondere Kartoffelschalen.[91] Mehrere Ghetto-Überlebende erwähnen auch eine Bäckerei in der „Ostrovskogo", die offenbar ebenfalls vom Judenrat betrieben wurde. Ein Lager für Mehl soll sich in der „Ratomskaja" in der Nähe des Judenrates befunden haben.[92]

84 Ebenda, S. 528.

85 Feldkommandantur 812/Feldgendarmerie, Meldung, gez. unleserl., 24. 7. 1941, NARB, 409-1-6, Bl. 3; dazu auch Smolar, Ghetto, S. 18.

86 Dazu auch Chiari, Alltag, S. 257 ff.

87 Lapidus, USHMM, RG-02.174, Bl. 9.

88 Majzelis, Stol'b, S. 184.

89 Smolar, Ghetto, S. 21.

90 Erinnerungen Slava Breslava, USHMM, RG-02.022, Bl. 6.

91 Epstein, Ghetto, S. 89.

92 Ebenda, S. 91; Rubenčik, Pravda, S. 55; Fiterson, USHMM, RG-02.022, Bl. 5.

Von einer ausreichenden Lebensmittelversorgung konnte in der gesamten Zeit, in der das Ghetto existierte, freilich niemals die Rede sein. Mangelernährung und quälender Hunger blieben für die Eingeschlossenen allgegenwärtig. Manche kauten Sonnenblumenkerne gegen das permanente Hungergefühl.[93] „Wenn man sich auch an die räumliche Enge irgendwie gewöhnen konnte – an den Hunger niemals", konstatiert Al'bert Lapidus.[94] Der damals Zehnjährige wachte in der Nacht oft vor Hunger auf; seine Gedanken kreisten immerfort um Essen. Ähnlich erinnert sich Feliks Lipskij, der als Dreijähriger mit seiner Mutter Roza in das Minsker Ghetto kam: „Insbesondere das Hungergefühl hat sich mir eingeprägt. Ich wollte ständig essen. Meine Mutter versuchte immer etwas Essbares zu finden."[95] Die Beschaffung von Nahrung wurde in allen Familien zur dringlichsten Aufgabe. In den ersten Wochen gruben viele Insassen in den direkt an das Ghetto grenzenden „Tataren-Gärten" Kartoffeln, Mohr- und Steckrüben aus. Diese „Vorräte" erschöpften sich jedoch rasch. Später sammelten die Menschen wilde Kräuter auf dem jüdischen Friedhof.[96] Eine Konstante war der Tauschhandel mit Nichtjuden am Rande des Ghettos oder in späterer Zeit am Stacheldrahtzaun. Im Laufe der Monate tauschten die eingesperrten Menschen alle Wertgegenstände, die ihnen noch geblieben waren, gegen etwas Brot, Mehl, Fett, ein paar Gurken oder Zwiebeln ein. Joseph Gavi erinnert sich an die Unverhältnismäßigkeit der Tauschaktionen: "Grandfather Shaya had a gold pocket watch, given to him many years before by his own grandfather. It was of great sentimental value to him. After the family had traded everything it had, it came down to grandfather's watch. He refused to give it to the family. Only when some members of the family threatened to take it from him by force, did he begin to weep, and hand it over. As it was, it only brought in a few slices of bread."[97]

An den (Tausch)geschäften mit Juden beteiligten sich trotz ausdrücklichen Verbotes deutsche Wehrmachts- und SS-Angehörige. Ende Oktober 1941 erhielt der Soldat Willy S. eine Strafe von fünf Tagen verschärftem Arrest, „weil er in verbotener Weise das Ghetto betreten hat, um angeblichen [sic] bei jüdischen Frauen einen Ring zu kaufen".[98] Mit fortschreitender Besatzungsdauer wurden auch Alltagsgegenstände, vor allem halbwegs intakte Kleidung und Schuhe, gegen Essbares gehandelt.[99] Nach

93 Rubenčik, Pravda, S. 52.

94 Lapidus, USHMM, RG-02.174, S. 9.

95 Lipski, Kindheit, in: Projektgruppe Belarus (Hrsg.), Ghetto, S. 160.

96 Krasnopërko, Briefe, S. 17 u. 63.

97 Jackson, Joseph Gavi, S. 18.

98 Der Standortälteste Minsk, Standort-Befehl Nr. 7, 24. 10. 1941, NARB, 412-1-19, Bl. 125. Zum Handelsverbot vgl. u. a. Ortskommandantur, Merkblatt für Soldaten und Einheiten im Standort Minsk, September 1941, NARB, 412-1-19, Bl. 117 R: „Das Betreten des Ghettos ist allen Militärpersonen verboten. / Die Zugänge zum Ghetto sind mit Schildern zu versehen, die auf das Verbot hinweisen. / Keine Handelsgeschäfte mit Juden abschließen oder Juden Aufträge zur Beschaffung von Waren geben."

99 Rubenčik, Pravda, S. 54.

Errichtung der Ghetto-Zäune wuchs für die Insassen das Risiko, betrogen zu werden. Sie konnten die Lebensmittel nicht mehr direkt in Augenschein nehmen und mussten sich auf die Ehrenhaftigkeit der nicht jüdischen Verkäufer verlassen. Das ging nicht immer gut, wie Al'bert Lapidus und seine Mutter erfahren mussten. Sie wollten Schuhe und einen Anzug des Vaters – den wertvollsten Besitz der Familie – gegen Essbares eintauschen. Der Tauschpartner auf der anderen Seite des Zaunes bot einen Sack Mehl als Gegenwert an, ein unvorstellbarer Reichtum für die hungernde Familie. Als die Lapidus' den Sack in ihrer Unterkunft öffneten, stellten sie jedoch fest, dass er – unter einer dünnen Schicht Mehl verborgen – Chlor enthielt. „Die Hinterlist dieses ‚Müllers' [...] erschütterte uns", schreibt Lapidus. „Der Krieg entblößte alles."[100] Hinzu kam, dass der Tauschhandel an den Ghetto-Grenzen den Juden bei Todesstrafe untersagt war. Die Wachmannschaften und die häufig patrouillierenden „Kommandanten" erschossen viele Menschen direkt bei den Transaktionen an den Stacheldrahtzäunen, darunter auch Joseph Gavis Tante Manja.[101]

Lebensgefährlich war auch eine weitere Strategie der Nahrungsmittelbeschaffung: Einige Insassen verließen nahezu täglich das Ghetto, um im „russischen Bezirk" bei nicht jüdischen Freunden und Nachbarn Essbares aufzutreiben oder zu betteln. Vor der Umzäunung des Ghettos war das verhältnismäßig leicht. Später nutzten die Menschen schlecht einsehbare Winkel bei den Stacheldrahtzäunen, um von den Wachleuten unbemerkt hinausschlüpfen zu können, so etwa an der „Šornaja". Andere mischten sich frühmorgens unter die Arbeitskolonnen auf dem Jubiläumsplatz und verließen mit ihnen das Ghetto. Am Abend kehrten sie auf demselben Wege zurück.[102] Auch dabei bestand Lebensgefahr. Einem Brünner Juden zufolge erschossen die Ghetto-Kommandanten regelmäßig Kinder, die sich mit den Arbeitskolonnen hinausgeschmuggelt hatten, bei ihrer Rückkehr.[103] Erwachsene traf dieses traurige Los ebenfalls, wie Grossman und Ehrenburg schildern: „Die Familie des Arbeiters Tscherno zählte sechs Personen: zwei Erwachsene und vier Kleinkinder. Tschernos Frau Anna konnte die Qualen ihrer hungernden Kinder nicht länger mit ansehen. Sie verließ die Einzäunung, um bei Freunden Hilfe zu erbitten. Auf dem Rückweg wurde sie von Polizisten angehalten, die alles, was sie bei sich trug, konfiszierten, sie ins Gefängnis brachten und dort erschossen. Das gleiche Schicksal ereilte Rosalia Taubkina, die die Umzäunung verlassen hatte, um sich mit ihren russischen Verwandten zu treffen."[104]

Im „russischen Bezirk" konnten Juden zudem von missliebigen Bekannten entdeckt und schlimmstenfalls an die deutschen Behörden verraten werden. Rachil'

100 Lapidus, USHMM, RG-02.174, Bl. 13.
101 Jackson, Joseph Gavi, S. 18.
102 Rubenčik, Pravda, S. 53.
103 Vernehmung Franz Spitzer, 25. 4. 1962, BArch B 162/1687, Bl. 3179.
104 Grossman/Ehrenburg, Schwarzbuch, S. 237.

Gavi suchte im Winter 1941/42 zusammen mit ihrem kleinen Sohn ihre ehemalige Wohnung außerhalb des Ghettos auf. Die neuen Bewohner erkannten sie wieder und drohten, sie an die Polizei auszuliefern, wenn sie nicht unverzüglich verschwände. Gefahr drohte auch von der einheimischen Hilfspolizei. Ihre Angehörigen kannten viele Minsker Juden vom Sehen her.[105]

Auf der anderen Seite versorgten Weißrussen aus dem „russischen Bezirk" ihre eingesperrten jüdischen Freunde und Bekannten mit Lebensmitteln. Das war vor allem vor der Umzäunung des Ghettos der Fall. Asja Tretjakova wurde von einem ehemaligen Nachbarn unterstützt, der ihr schließlich auch zur Flucht aus dem Ghetto verhalf. Auch ein Freund von Aron Fiterson kam häufig ins Ghetto und brachte etwas Mehl oder ein paar Kartoffeln mit.[106] Die anhaltende Lebensmittelknappheit in Minsk machte solche Unterstützung mit der Zeit jedoch immer schwieriger.

Die schlechte Ernährungslage in der Stadt zwang die Juden auch, die Nahrungsmittelsuche schließlich bis in die umliegenden Dörfer auszudehnen. Die Mutter von Valerij Mysgajev nahm Fußmärsche von bis zu dreißig Kilometer am Tag auf sich, um auf dem Lande Handelsgüter gegen Essbares einzutauschen. „Sie riskierte ständig ihr Leben", erklärte ihr Sohn nach dem Krieg. „Ja, so war es, man musste überleben. […] Sie war nicht die einzige, die so was tat. Viele taten dasselbe, weil es keine Lebensmittel gab."[107] Häufig übernahmen Kinder und Jugendliche die Aufgabe der Nahrungsbeschaffung außerhalb des Ghettos. Die damals 13-jährige Vera Smirnova etwa war die alleinige Ernährerin ihrer Familie. Sie ging für gewöhnlich bis an den Stadtrand von Minsk und bettelte bei den dort lebenden Bauern.[108] Auch die um sieben Jahre jüngere Majja Krapina berichtet: „Wir Kinder krochen unter dem Stacheldraht durch und gingen betteln. Irgend etwas haben wir immer bekommen. Oder wir holten uns alte Kartoffeln vom Feld."[109] Wagemutige Jungen wie der 1928 geborene Abram Rubenčik beschränkten sich nicht auf das Betteln: Am Minsker Güterbahnhof trieben sie Handel mit verwundeten deutschen Soldaten oder stahlen Lebensmittel aus Versorgungszügen. Auch das war gefährlich: Eines Tages wurde eine größere Gruppe Jugendlicher von den Bahnhofswachen aufgegriffen, zum jüdischen Friedhof gebracht und erschossen.[110]

Die Mahlzeiten, die im Ghetto aus den so mühsam und unter Lebensgefahr beschafften Nahrungsmitteln zubereitet wurden, waren kärglich. Im Sommer kochten die Eingeschlossenen häufig Suppen aus Brennnesseln, anderen krautigen Pflan-

105 Jackson, Joseph Gavi, S. 24; dazu auch Epstein, Ghetto, S. 87; Rubenčik, Pravda, S. 45 f.

106 Trityakova, USHMM, RG-50.378; Fiterson, ebenda, RG-02.022, Bl. 6; dazu auch Krasnopërko, Briefe, S. 31.

107 Walerij Wassiljewitsch Mysgajew. Interview vom 4. 6. 2001, in: Projektgruppe Belarus (Hrsg.), Ghetto, S. 111–115, hier S. 114.

108 Smirnova, USHMM, RG-50.378#025.

109 Krapina, in: Projektgruppe Belarus (Hrsg.), Ghetto, S. 29.

110 Rubenčik, Pravda, S. 55 f.

zen wie Melde und manchmal etwas Mehl. Ein Gericht, „ljog“ genannt, bestand aus Heringssalzlake mit ein paar Kohlblättern. Fleisch gab es nie. Als „Festmahl“ bezeichnen viele Ghetto-Überlebende Fladen oder Frikadellen, die aus Kartoffelschalen gebacken wurden.[111] Wie die Suppenküche des Judenrates waren auch die privaten Haushalte auf Abfälle angewiesen: Rubenčik und seine Freunde zum Beispiel stahlen aus den Mülltonnen der deutschen Kantinen im „russischen Bezirk“ bereits ausgekochte Knochen. Ihre Mütter kochten diese Knochen ein weiteres Mal aus und gewannen so ein wenig Fett oder Brühe.[112]

Unter den gegebenen Umständen schätzten sich Familien glücklich, in denen ein oder mehrere Angehörige für deutsche Behörden und Betriebe arbeiten mussten. Sie erhielten auf ihren jeweiligen Arbeitsstätten eine minimale Verpflegung, damit ihre Leistungsfähigkeit erhalten bliebe. Gewöhnlich wurde eine Wassersuppe mit ein paar Erbsen – „Balanda“ genannt – und ein Kanten Brot ausgegeben.[113] Viele Zwangsarbeiter aßen die zwischen 120 und 250 Gramm umfassende Brotration nicht oder nicht vollständig auf. Sie schmuggelten das Brot abends für ihre hungernden Angehörigen ins Ghetto. Einige Juden begingen kleine Diebstähle an ihren Arbeitsplätzen. Der Brünner Jude Franz Spitzer erklärt, dass es im Minsker Ghetto wie in allen anderen Lagern zugegangen sei: „Wer nicht gestohlen hat, der hat nicht leben können.“[114] Ähnlich äußert sich Michail Trejster, der in der von der Wehrmacht beschlagnahmten Textilfabrik „Krasnyj Oktjabr’“ als Schuster arbeiten musste. „Diese Arbeit ermöglichte mir zu überleben, diese ‚Balanda‘ und dieses Brot, und ich klaute hier und da, dann verkaufte ich es.“[115] Roza Zelenko, die in der gleichen Fabrik als Näherin für das Ausbessern von Militärmänteln zuständig war, fertigte aus Abfällen Stoffschuhe an, die sie im Ghetto für ein oder zwei Mark verkaufte. Dafür wiederum konnte sie etwas Brot erwerben.[116]

Die Unterernährung und die erbärmlichen Existenzbedingungen im Ghetto bedingten das rasche Ausbreiten von Krankheiten. Fast alle Insassen litten unter Hungerödemen, Geschwüren und Hautausschlägen. Spätestens ab Winter 1941/42 wurde Typhus zu einer ernsten Gefahr. Die deutschen Behörden hielten das Ghetto aufgrund entsprechender Erfahrungen in Polen von Anfang an für einen potenziellen Seuchenherd. Der Sanitätsoffizier der Feldkommandantur V 184, die seit Ende Juli für die Stadt Minsk zuständig war, ordnete daher frühzeitig die Errichtung eines

111 Dazu ebenda, Raisman, in: Projektgruppe Belarus (Hrsg.), Ghetto, S. 15 sowie Lipski, Kindheit, in: ebenda, S. 160.

112 Rubenčik, Pravda, S. 55.

113 Lapidus, USHMM, RG-02.022, Bl. 13; Treister, in: Projektgruppe Belarus (Hrsg.), Ghetto, S. 136.

114 Interview Franz Spitzer, Code 34302, Visual History Archive, ©USC Shoah Foundation Institute 1997.

115 Treister, in: Projektgruppe Belarus (Hrsg.), Ghetto, S. 139.

116 Roza Efimovna Zelenko, in: Arkad’eva, Perekrestkach, S. 32–46, hier S. 38.

„jüdischen Spitals" im Ghetto an.[117] Ein Großteil der jüdischen Mediziner, die von den Massenmorden an der Intelligenz in Drozdy verschont geblieben waren, sollte hier eingesetzt werden. Die Feldkommandantur beauftragte den jüdischen Arzt Dr. Freidin, die Errichtung des Spitals voranzutreiben und darüber am 8. August Bericht zu erstatten.[118] Freidin meldete an jenem Tag die erstaunliche Tatsache, dass das als Ghetto-Krankenhaus vorgesehene Gebäude an der Kreuzung „Obuvnaja"/ „Suchaja" noch von deutschem Militär belegt sei. „Es wird gebeten", so die Feldkommandantur daraufhin an die Ortskommandantur Minsk, „das Haus sofort von Militär freimachen zu lassen, da ohnehin das Ghetto von deutschem Militär weder belegt noch unbefugt betreten werden darf."[119] Rund zehn Tage später konnte das Krankenhaus mit Infektionsabteilung in Betrieb genommen werden.[120] Es stand längere Zeit unter der Leitung von Dr. Lejb Kulik und spielte eine wichtige Rolle im Ghetto-Untergrund. In den ersten Monaten gab es auch eine Apotheke im Ghetto. Deren Medikamentenbestand raubten deutsche Schutzpolizisten während der ersten großen Mordkampagne zwischen dem 7. und dem 11. November 1941. Auch medizinische Gerätschaften verschwanden aus dem Krankenhaus.[121]

Im Ghetto-Krankenhaus sollten nach Planungen der Feldkommandantur 60 bis 70 jüdische Ärzte arbeiten. Am 9. August waren allerdings noch 68 jüdische Ärzte in den zehn Krankenhäusern und drei Ambulatorien außerhalb des Ghettos eingesetzt.[122] Offenkundig auf Anraten des einheimischen Stadtkommissariates war die Militärverwaltung zu dem pragmatischen Schluss gekommen, dass im Minsker Gesundheitswesen zunächst nicht vollständig auf den Einsatz jüdischer Ärzte, insbesondere Fachärzte, verzichtet werden könne.

Stabsarzt Dr. Paarmann beauftragte den Leiter des Städtischen Gesundheitsamtes, Professor Lynovskij, binnen zwei Tagen eine Liste von höchstens 25 jüdischen Medizinern vorzulegen, die in den städtischen Krankenhäusern unabkömmlich seien. Lynovskij reduzierte diese Zahl zunächst eigenmächtig auf 16 Personen, wobei diese Ziffer offenkundig zu niedrig gegriffen war. Am 16. August wurde Lynovskij auf einer neuerlichen Ärztebesprechung angewiesen, „die endgültige Mindestzahl

117 Feldkommandantur V 184/San. Offizier (Dr. Paarmann), Vorläufiger Bericht, 1. 8. 1941, NARB, 408-1-1, Bl. 17.

118 Feldkommandantur V 184/Sanitätsoffizier, An die Stadtverwaltung Minsk, 7. 8. 1941, NARB, 370-1-142, Bl. 25.

119 Feldkommandantur V 184/San.-Offizier, An die Ortskommandantur Minsk, Eilt!, 8. 8. 1941 (Kopie), NARB, 370-1-142, Bl. 29.

120 Dazu Aktennotiz, ohne Datum sowie Bericht des jüdischen Arztes Dr. Freidin, 14. 8. 1941, NARB, 370-1-142, Bl. 31 u. 62.

121 Der SS- und Polizeistandortführer, Kommandeur der Schutzpolizei an den Herrn Stadtkommissar, Wegnahme von Medikamenten und medizinischem Inventar aus der jüdischen Poliklinik und Apotheke, 2. 2. 1942, GAMO 688-3-1, Bl. 161.

122 San.-Offizier, Zivilkrankenhäuser usw. im Kommandanturbereich Minsk-Stadt, 9. 8. 1941, NARB, 408-1-1, Bl. 25–27 R.

der in den russischen Zivilspitälern benötigten jüdischen Ärzte baldigst, spätestens bis 20. 8., mit einer Namensliste zu melden".[123] Einzelversetzungen der Ärzte innerhalb der Krankenhäuser könne der Professor selbst vornehmen; bei Neueinstellungen sei allerdings das Einverständnis des Kommandanturarztes herbeizuführen. Nach einer von Lynovskij erstellten Namensliste waren Mitte August 21 jüdische Ärzte außerhalb des Ghettos beschäftigt. Darunter waren Chirurgen, Kinderärzte, Augen- und Ohrenärzte, Bakteriologen, Hautärzte und Kiefernorthopäden.[124] Die Fachärzte erhielten Arbeitsgenehmigungen und durften, zumeist mit ihren Familien, in den Krankenhäusern und Ambulanzstationen im „russischen Bezirk" wohnen.[125] Die Feldkommandantur 812, nunmehr zuständig für das Gebiet Minsk-Land, setzte im September auch jüdische Ärzte zur Untersuchung von Fleckfieberfällen im Dorf Samjačnaja ein. Als Begründung wurde allen Ernstes angeführt, dass Juden der allgemeinen Erfahrung nach „fleckfieberfest" seien.[126]

Die Zivilverwaltung begann allerdings rasch mit der Reduzierung des jüdischen Personals der Minsker Krankenhäuser. In seinen „Vorläufigen Richtlinien" zur antijüdischen Politik im Ostland hatte Reichskommissar Lohse am 18. August verfügt, dass jüdische Ärzte und Zahnärzte ausschließlich Juden behandeln dürften. Bestünden Ghettos oder Lager, „so sind sie auf diese zur Betreuung ihrer Insassen zu verteilen".[127] Auf eine mündliche Weisung der Medizinalabteilung des Generalkommissariates entließ Stadtkommissar Dr. Kaiser Ende September 1941 bis auf zehn Fachärzte sämtliche jüdische Beschäftigte aus den Kliniken. Die Fachärzte sollten fortan im Ghetto wohnen. Dr. Weber, Leiter der Gesundheitsabteilung des Generalkommissariates (II e), wies den Judenrat am 2. Oktober 1941 an, Arbeitsausweise für sie auszustellen.[128] Bis zum Jahresende wurden einige jüdische Fachärzte aus den städtischen Krankenhäusern entlassen, darunter die Kinderärztin A. Gurevič. Angesichts einer drohenden Typhusepidemie wandte sie sich im Januar 1942 an das Stadtkommissariat und bot erneut ihre Dienste an. Stadtkommissar Janetzke schrieb

123 Feldkommandantur V 184 (Dr. Paarmann), Ärztebesprechung, 16. 8. 1941, NARB, 408-1-1, Bl. 50. Zum Auftrag Lynovskijs auch Ärztebesprechung, 9. 8. 1941 sowie San.-Offizier, Ärzte-Besprechung am 13. 8. 1941, ebenda, Bl. 45 u. 48.

124 An Kommissaren [sic!] der Stadt Minsk, gez. Professor Lynowskij, Leiter Gesundheitsamt, August 1941, NARB, 370-1-142, Bl. 41 f.

125 Vgl. hierzu das Fragment der entsprechenden Erlaubnis für den Kiefernorthopäden Napelbaum, die allerdings bereits vom Generalkommissariat ausgestellt wurde, GAMO 688 3-1, Bl. 14.

126 Vgl. dazu den entsprechenden Schriftwechsel zwischen den Feldkommandanturen 812 und V 184, NARB, 370-1-142, Bl. 104–108.

127 Vorläufige Richtlinien, in: Benz/Kwiet/Matthäus (Hrsg.), Einsatz, S. 39

128 Dazu Stadtkommissar Minsk (Dr. Kaiser), Herrn Generalkommissar, Medizinalabteilung, Betrifft: Jüdische Ärzte, 30. 9. 1941, NARB, 370-1-141a, Bl. 200; Generalkommissar Weißruthenien/Abteilung IIe, An den Judenrat Ghetto-Minsk, Betrifft: Jüdische Ärzte, 2. 10. 1941, ebenda, Bl. 199.

an Dr. Weber: „Die Verwendung der genannten Ärztin scheint gegenwärtig angebracht zu sein, falls nicht politische Gründe dagegen sprechen. Ich bitte um Entschließung, ob die jüdische Ärztin beschäftigt werden soll."[129] Webers Antwort war knapp und eindeutig: „Die ärztliche Versorgung der weißruthenischen Bevölkerung mit einheimischen Ärzten ist bei weitem sichergestellt. Ich lehne grundsätzlich die Verwendung von jüdischen Ärzten und Ärztinnen ab, solange mir ausreichend einheimische Ärzte zur Verfügung stehen."[130]

Ungeachtet dessen fragte das Stadtkommissariat nur wenig später erneut wegen der Einstellung des jüdischen Psychotherapeuten Dr. Berkovskij im 1. Krankenhaus an. Dort war bereits („mit Erlaubnis des Generalkommissars") Berkovskijs Ehefrau Dr. Rachil' Lopatko als Augenärztin beschäftigt und mit ihrem siebenjährigen Sohn untergebracht. Als das 1. Krankenhaus einen Psychotherapeuten suchte, regte sie beim Stadtkommissariat die Einstellung ihres Mannes an. Weber lehnte daraufhin nicht nur jedwede Neuanstellung jüdischen medizinischen Personals „ausnahmslos" ab. Er forderte überdies einen nicht jüdischen weißrussischen Augenarzt aus Mogilev an, der zum 1. Februar die Leitung der Augenabteilung im 1. Krankenhaus übernahm. Dr. Lopatko und ihr Vorgesetzter, Prof. Dvoržec, wurden entlassen und mussten ins Ghetto umziehen.[131] Ein jüdischer Ohrenarzt namens Šukovski sowie der Kiefernorthopäde Napelbaum erhielten hingegen noch am 12. Februar 1942 die Erlaubnis, im Minsker Krankenhaus Nr. 1 zu arbeiten und dort mit ihren Familien zu wohnen.[132] Ein Großteil des medizinischen Personals im Ghetto-Krankenhaus fiel der Mordkampagne im Juli 1942 zum Opfer. Nach Erkenntnissen von Grossman und Ehrenburg wurden 48 Ärzte getötet. Darunter waren auch der Augenarzt Prof. Dvoržec und die Kinderärztin Gurevič.[133]

4.3. Ausbeutung und Terror

4.3.1. Arbeit

Die Verpflichtung zur Arbeit gehörte zu den frühen antisemitischen Maßnahmen der Besatzer. Mitte Juli 1941 berichtete die Einsatzgruppe B über die Anweisung an

129 Stadtkommissariat Minsk, An den Herrn Generalkommissar, Abt. IId, GAMO, 688-1-3, Bl. 31.

130 Der Generalkommissar für Weißruthenien (Dr. Weber), An den Gebietskommissar Minsk-Stadt, Herrn Stadtkommissar Janetzke, Jüdische Ärztin Dr. Gurewitsch, 12. 1. 1942, GAMO, 688-3-1, Bl. 33.

131 Dazu Briefwechsel des Stadtkommissars Minsk (Janetzke) mit dem Generalkommissar Weißruthenien, Abt. II (Weber), vom Januar 1942 betr. den jüdischen Arzt Dr. Berkowski, in: Benz/Kwiet/Matthäus (Hrsg.), Einsatz, S. 129 f.

132 Erlaubnis Dr. Napelbaum, GAMO, 688-3-1, Bl. 47.

133 Grossman/Ehrenburg, Schwarzbuch, S. 257.

die Judenräte, sämtliche männlichen sowie einige weibliche Juden im Alter von 15 bis 55 Jahren zu Arbeitsgruppen zusammenzustellen. Sie sollten vor allem Aufräumarbeiten in den zerstörten Städten leisten.[134] Am 24. Juli 1941 verfügte der Berück Mitte eine Arbeitspflicht für Juden: Männer zwischen 14 und 60 Jahren sowie Frauen im Alter von 16 bis 50 Jahren sollten „Zwangsarbeitertrupps" bilden und auf Abruf deutscher Dienststellen zum Einsatz kommen, dies allerdings nur, wenn einheimische „arische" Arbeitskräfte nicht zur Verfügung stünden. Ein Barlohn dürfe jüdischen Arbeitern nicht ausgezahlt werden; es könne jedoch Verpflegung ausgegeben werden.[135] Ein geregelter Arbeitseinsatz von Juden war damit nicht zwingend geplant, sie sollten vielmehr als Reserve-Arbeitskräfte bereitstehen.

Ähnliche Verfügungen traf Lohse in seinen „Vorläufigen Richtlinien". Auch hier hieß es, arbeitsfähige Juden seien „nach Maßgabe des Arbeitskräftebedarfs" heranzuziehen. Die Zwangsarbeit könne in Arbeitskommandos außerhalb der Ghettos oder in Werkstätten innerhalb der Ghettos geleistet werden. Die Vergütung habe keinesfalls der tatsächlichen Arbeitsleistung zu entsprechen. Sie diene nur dazu, den notdürftigsten Lebensunterhalts des Zwangsarbeiters und seiner nicht arbeitenden Angehörigen zu bestreiten. Stattdessen müssten Einrichtungen und Personen, „zu deren Gunsten die Zwangsarbeit erfolgt, […] ein angemessenes Entgelt an die Kasse des Gebietskommissars"[136] zahlen, die ihrerseits Barlöhne an die jüdischen Zwangsarbeiter entrichte.

Der stellvertretende Stadtkommissar von Minsk, Dr. Kaiser, erließ am 28. Oktober eine „Anordnung über den Arbeitseinsatz der Juden", die diesen Vorgaben entsprach. Einleitend wurde festgehalten, dass allein das Arbeitsamt des Stadtkommissariats den Einsatz jüdischer Arbeiter regelte. Betriebe und Behörden mussten demnach entsprechende Anträge beim Arbeitsamt einreichen. Direkt an den Judenrat durften sie sich nicht wenden. Jüdische Arbeiter waren mindestens für zwei Wochen zu beschäftigen. Das Arbeitsamt stellte ihnen eine Bestätigung und einen Arbeitsausweis aus, der zugleich als Passierschein diente. Ungelernte Arbeiter durften nur in Kolonnen beschäftigt werden und waren auch als solche aus dem Ghetto zu führen. Ab dem 1. November 1941 sollten alle arbeitenden Juden einen Barlohn erhalten. Jüdischen Handwerkern und Facharbeitern stand die gleiche Entlohnung wie nicht jüdischen Weißrussen zu. Es galten aber folgende Einschränkungen: „Vom tarifmässigen Gesamtlohn sind 20 % als Lohnabzüge auf Sonderkonten zu verbuchen. Der jüdische Facharbeiter selbst erhält 30 % des Bruttolohnes als Barauszahlung.

134 Ereignismeldung UdSSR Nr. 31, 23. 7. 1941, BArch Berlin R 58/215, Bl. 9.

135 Der Befehlshaber des rückwärtigen Heeresgebietes Mitte (v. Schenckendorff) Verwaltungs-Anordnungen Nr. 3, 24. 7. 1941, NARB, 409-1-1, Bl. 69–70 R, hier Bl. 70 R.

136 Schreiben des Reichskommissars Ostland, Abt. II, an den HSSPF vom 2. August 1941 mit „vorläufigen Richtlinien für die Behandlung der Juden", abgedruckt in: Benz/Kwiet/Matthäus (Hrsg.), Einsatz, S. 38–42, hier S. 41.

Die verbleibenden 50 % des Bruttolohnes sind an die Stadt abzuführen, die hiervon die seitens der Stadt gelieferte Verpflegung verrechnet und den Restbetrag einem besonderen ‚Aufbaufonds' zuführt."[137] Für ungelernte Arbeiter im Kolonnen-Einsatz sollte „je Arbeitstag der Betrag von 1,60 Reichsmark je Jude" an die Stadt Minsk entrichtet werden, die hiervon wiederum die Verpflegung bestritt und den Restbetrag dem Aufbaufonds zuführte.

Diese Regelungen wurden in der Folge mehrfach modifiziert, blieben aber in ihrer Grundtendenz – die Stadt als Profiteur jüdischer Arbeitsleistung – bestehen.[138] Allerdings ist ungewiss, ob jüdischen Facharbeitern tatsächlich jemals Barlöhne ausgezahlt wurden.[139] Die deutschen Juden jedenfalls scheinen bei ihren Arbeitseinsätzen nur mit Naturalien entlohnt worden zu sein.[140]

Wie bereits angesprochen, gab es in der Frage der jüdischen Arbeitskräfte einen Dissens zwischen den verschiedenen Besatzungsinstanzen. Auf Reichsebene beschwerte sich Heydrich Anfang Oktober 1941, dass die Wirtschaft immer wieder Juden als unentbehrliche Arbeitskräfte reklamiere. Dies, so Heydrich, mache aber den „Plan einer totalen Aussiedlung der Juden aus den von uns besetzten Gebieten zunichte".[141] Im Generalkommissariat „Weißruthenien" mit seinem hohen jüdischen Bevölkerungsanteil stimmten Sicherheitspolizei und SD sowie Zivilverwaltung aber zunächst (stillschweigend) überein, dass auf jüdische Arbeitskräfte nicht verzichtet werden könne.[142]

Am 29. Januar 1942 erklärte der neu eingeführte KdS Hoffmann auf einer Besprechung im Generalkommissariat, eine „restlose Liquidierung" der Juden in „Weißruthenien" sei gegenwärtig nicht möglich. Grund sei einerseits der starke Bodenfrost, der das Ausheben von Massengräbern nicht zulasse. „Eine völlige Ausmerzung der Juden", so räumte Hoffmann aber auch ein, sei „auch deshalb nicht möglich, weil aus den Reihen der Juden immer noch Arbeitskräfte benötigt werden".[143] Mit „starken Exekutionen" werde jedoch im Frühjahr wieder begonnen werden. Generalkommissar Kube stimmte dem zu.

137 Der Stadtkommissar Minsk (Dr. Kaiser/Janetzke), Anordnung über den Arbeitseinsatz der Juden, 28. 10. 1941, NARB, 370-1-655, Bl. 5. Im Dokument wurde der Name von Dr. Kaiser später durchgestrichen und durch Janetzke ersetzt.

138 Dazu u. a. Der Stadtkommissar Minsk (Janetzke) an den Generalkommissar Weißruthenien, 50 % Lohnabzug der jüdischen Arbeiter, 29. 1. 1942, NARB, 370-1-655, Bl. 4; Der Stadtkommissar Minsk (Janetzke), Verordnung über Arbeitseinsatz, Verpflegung und Entlohnung der Juden, 25. 8. 1942, NARB, 379-2-4, Bl. 47 ff.

139 Gerlach, Morde, S. 661.

140 Aufzeichnungen aus dem Ghetto Minsk, T. 2 (Tagebuchblätter), Archiv des IfZ, ED 424, Bl. 55.

141 Zit. nach Wildt, Generation, S. 642.

142 Dazu Gerlach, Morde, S. 689.

143 Protokoll über den Hergang der Hauptabteilungs- und Abteilungsleitersitzung, 29. 1. 1942, NARB, 370-1-53, Bl. 164.

Gerade im entvölkerten Minsk dürften jüdische Arbeitskräfte besonders gefragt gewesen sein. Jedenfalls beschäftigte ab Herbst 1941 fast jeder Betrieb und jede Behörde in Minsk Arbeitskräfte aus dem Ghetto. Weißrussische wie deutsche Juden arbeiteten in der ehemaligen Fabrik „Oktjabr'", bei den Firmen „Trewitz", im Kaufhaus „Troll & Co", bei der Firma „Hochbau Bendkowsky", in der Luftwaffen- und Rundfunkgerätefabrik bei Telefunken und im „Werlin"-Werk, das Daimler-Benz unterstand. Die Zahl der jüdischen Arbeitskräfte lag jeweils zwischen 100 und 170 Menschen, „Troll & Co" sowie Telefunken beschäftigten noch im Jahr 1944 Juden. Teilweise waren sie in den Betrieben untergebracht, so im „kleinen Ghetto" der Telefunken-Radiofabrik. Im strengen Winter 1941/42 setzte die Reichsbahn jüdische Zwangsarbeiter zum Schneeräumen ein. Weitere Arbeitsstätten waren eine Teerfabrik und diverse Betriebe der Wehrmacht. Darunter waren Lazarette, in denen 300 bis 350 deutsche Juden arbeiteten, das Soldatenheim, das Materiallager der Luftwaffe („Beutelager"), die Panzerreparaturwerkstatt, die Waffenwerkstatt und der Heeresfeldzeugpark. Juden arbeiteten auch auf verschiedenen Baustellen der Organisation Todt. Selbst die Minsker Zeitung und die Landesbibliothek im Gebiet Minsk-Land griffen auf jüdische Arbeiter zurück.[144]

Besonders beliebte Arbeitskräfte waren deutsche Juden. Eine Krankenschwester aus dem SS-Lazarett erinnert sich nach dem Krieg an ihren Einsatz 1942: „Wie auf jedem Gebiete herrschte am Minsker Krankenhaus auch ein großer Mangel an Schreibkraeften. Aber dieses Problem verursachte keinerlei Schwierigkeiten, gab es doch im Ghetto genuegend qualifizierte, gebildete deutsche Juden, mit denen solche Posten leicht zu fuellen waren."[145] KdS Hoffmann wiederum meinte bei den Deportierten eine besondere Arbeitsmotivation entdeckt zu haben, die für eigene Zwecke ausgenutzt werden könne. Im Protokoll der erwähnten Besprechung im Generalkommissariat wird er wie folgt zitiert: „Die russischen Juden seien sture Naturen und arbeitsunwillig. Die deutschen Juden legen einen starken Arbeitseifer an den Tag, der dadurch erklärlich sei, dass sie glauben, nach siegreicher Beendigung des Krieges wieder ins Altreich zurückgeführt zu werden. Es handele sich also um einen Daseinskampf. Man muss ihren Glauben an eine Rückkehr nach Deutschland nur unterstützen, da man sie auf diese Weise zu höheren Arbeitsleistungen bringen kann."[146]

Der Bedarf an jüdischen Arbeitskräften sollte freilich stets hinter den Erfordernissen der „Endlösung der Judenfrage" zurückstehen. Wegen des notorischen

144 Dazu Gerlach, Morde, S. 659; Epstein, USHMM, RGG-02#132, Bl. 14 ff.; Rosenberg, Jahre, S. 38 ff.; Liste der jüdischen Arbeiter und Angestellten bei der Firma Bendkowsky, NARB, 379-1-229, Bl. 6 ff.; Schreiben an Ltn. Stamm, 28. 5. 1942, NARB, 370-1-1, Bl. 5.

145 E. Bachler, Meine Begegnung mit einigen Juden aus dem Minsker Ghetto, Archiv des ZfA, Wiener Library, P.III.n. No. 721 (Minsk).

146 Protokoll, 29. 1. 1942, NARB, 370-1-53, Bl. 165.

Arbeitskräftemangels in Minsk allerdings blieb das Ghetto zwischen Sommer 1942 und Sommer 1943 als Arbeitslager erhalten. Während der großen Massenmordaktion Ende Juli 1942 töteten der KdS und seine Helfershelfer einen Großteil der „arbeitsunfähigen" Insassen. Zurück blieben knapp 9000 Menschen (davon etwa 3000 „Reichsjuden"), die mehrheitlich als Zwangsarbeiter Einsatz fanden.[147] Der Judenrat wurde aufgelöst. Lediglich das Arbeitsbüro blieb bestehen. Es stand unter der Leitung eines polnischen Juden namens Epštejn. Er war wahrscheinlich vom KdS als Kollaborateur in den vormaligen Judenrat eingeschleust worden und koordinierte nun die Zwangsarbeit der Juden.[148]

Um deren möglichst gewinnbringenden Einsatz sorgte sich das Arbeitsamt des Stadtkommissars. Amtsleiter Moos ließ im März 1943 unter dem Betreff „Judeneinsatz" folgendes Schreiben aufsetzen: „Wie ich beobachtet habe, werden die Judenkolonnen zum Teil erst gegen 8 Uhr vormittags abgeholt und schon zwischen 15 u. 16 Uhr zurückgebracht. Dadurch werden die jüdischen Arbeitskräfte nicht in vollem Umfange ausgenützt. Es muß aber unter allen Umständen sichergestellt werden, daß die jüdischen Arbeitskräfte in einem Höchstmaße zu produktiver oder sonst nutzbringender Arbeit herangezogen werden. Dazu gehört, daß sie am Tage mindestens 9 Stunden arbeiten. / Ich bitte Sie daher, dafür zu sorgen, daß die Juden spätestens um 6.30 Uhr aus dem Ghetto abgeholt werden. Kolonnen mit weiten Marschwegen sind entsprechend früher abzuholen. Ich habe angeordnet, die Kolonnen, die um 6.30 Uhr noch nicht abgeholt sind, für den betreffenden Tag anderweitig einzusetzen. Es liegt somit im Interesse aller Betriebsführer und Dienststellenleiter, für eine rechtzeitige Abholung Sorge zu tragen. Die Kolonnen sollen vor Anbruch der Dunkelheit nicht ins Ghetto zurückgebracht werden; bei der gegenwärtigen Jahreszeit also nicht vor 17.30 Uhr. / Diejenigen Betriebsführer, die bisher ihre Juden erst nach 7 Uhr abgeholt haben, müssen sich einen Abzug, der durch die Erhöhung der Arbeitszeit prozentual errechnet wird, gefallen lassen."[149]

Auch anderen Besatzungsinstanzen war an einer höchstmöglichen Ausnutzung der Arbeitskraft von Juden gelegen. Mitarbeiter einer nicht genannten Dienststelle, möglicherweise der Wehrmacht, fertigten Ende November 1942 ein Memorandum zum „Arbeitseinsatz der Juden für die Kriegswirtschaft"[150] an, das an Menschenverachtung kaum zu überbieten ist.

Einleitend hieß es darin, Voraussetzung für einen wirksamen Einsatz jüdischer Arbeitskraft sei die „Kasernierung der Juden in Ghettos, die nicht nur Wohngebiet

147 Chiari, Alltag, S. 240.

148 Dazu Smolar, Ghetto, S. 65.

149 Der Stadtkommissar Minsk, Arbeitsamt (Moos) an Nebenbüro b/G. K, Judeneinsatz, 3. 3. 1943, NARB, 370-1-551, Bl. 6.

150 Vgl. zum Folgenden: Arbeitseinsatz der Juden für die Kriegswirtschaft, 30. 11. 1942, NARB, 370-1-486, Bl. 20.

des Juden sondern auch seine Arbeitsstätte sind". Dies biete unter anderem den unbestreitbaren Vorteil, dass Anmarschwege zur Arbeitsstelle fortfielen und die tägliche Arbeitszeit um mindestens zwei Stunden erhöht werden könne. In jedem Fall müsse, zur Erhöhung der Arbeitsleistung, das Ergebnis der Arbeit an die auszuteilende Nahrungsmenge gekoppelt werden. Im Falle einer „Mehrleistung" könne eine zusätzliche Essensration gewährt werden. Diesen abscheulichen Gedanken trieben die Verfasser noch weiter auf die Spitze: „Das Koppeln von Ernährung und Arbeitsleistung darf sich aber nicht auf den einzelnen Juden beschränken, sondern muss sich grundsätzlich auf die gesamte Ghetto-Belegschaft erstrecken. [...] Dies führt zwangsläufig dazu dass das Interesse des Juden an einer besseren Arbeit die Gesamtheit erfasst und die Juden zwingt, eine straffe Arbeitsdisziplin einzuhalten, weil jeder Verstoss dagegen die Ernährungsgrundlage der Gesamtheit gefährdet."

Bedauerlicherweise, so die Autoren weiter, ließen die Verhältnisse in Minsk es nicht zu, große Fabriken im Ghetto zu errichten. Als behelfsmäßige Lösung wurden folgende Vorschläge gemacht: Jüdische Arbeitskräfte sollten gruppenweise an Industrieunternehmen vermietet und dort kaserniert werden. Diese Maßnahme binde nicht nur „den Juden" an den Betrieb, es unterbleibe auch das „unproduktive Herumlaufen auf den Straßen". Im Minsker Ghetto selbst sollten, der schlechten Baulichkeiten wegen, kleinere Werkstätten zur Textilausbesserung und zur Verwertung von Abfällen eingerichtet werden. Abschließend empfahlen die Verfasser, „dass in den Ghettos überwiegend Wehrmachtsaufträge gearbeitet werden. Die Wehrmachtsaufträge bieten die Gewähr für eine gewisse Stetigkeit, sie erzeugen bei den Juden ein Gefühl der persönlichen Sicherheit und tragen dazu bei, die jüdische Arbeitskraft im verstärkten Maße für die unmittelbare Kriegswirtschaft einzusetzen."

Solche radikalen Vorschläge kamen freilich in Minsk nicht flächendeckend zur Anwendung. Allerdings gab es in den ersten Monaten wahrscheinlich einige Werkstätten auf dem Gebiet des Ghettos. Wie die Untergrundkämpferin Elena Majzelis berichtet, betrieb der Judenrat im Zwangsbezirk eine Mützenmacherei, eine Schusterei und eine Schneiderei. Die Deutschen hätten jedoch nur einen Teil der Produktion erhalten; viele Sachen, insbesondere warme Kleidung, Handschuhe und Filzumhänge, seien für Partisaneneinheiten angefertigt worden.[151] Diesen Hilfsleistungen kam die Sicherheitspolizei wahrscheinlich im März 1942 auf die Spur; die Werkstätten dürften daraufhin geschlossen worden sein.

Der Arbeitsalltag der Juden – schwerste körperliche Arbeit bei Hungerrationen – war außerordentlich hart. Chaim Baram etwa, der bei verschiedenen Betrieben der Wehrmacht arbeiten musste, war im Frühjahr 1942 am Ende seiner Kräfte: „Wie lange ich dieses Hungern noch aushalten konnte, wußte ich nicht. Erst später erzählten mir meine Freunde, daß sie mich schon als Todeskandidaten bezeichnet hatten,

151 Majzelis, Stol'b, S. 188.

da man bei mir schon die weißen Stellen unter meinen Augen bemerkte; ein Zeichen des Hungertodes.“[152] Den jungen Mann rettete schließlich eine Arbeit bei der OT. Er wurde in einem sogenannten Außenkommando eingesetzt, dessen 120 Mitglieder nicht im Ghetto wohnen mussten. Sie waren in einem Barackenlager am Arbeitsort in der Minsker Panzerkaserne untergebracht. Es gab einige solcher Außenkommandos mit jüdischen Arbeitskräften in Minsk. Sie waren bei den Juden (unter den gegebenen Umständen) beliebt, da sie bessere Verpflegung und Schutz vor Razzien im Ghetto boten.[153]

Um die jüdischen Arbeiter entbrannte schließlich doch ein Konflikt zwischen Zivilverwaltung und SS. Hauptkontrahenten waren Generalkommissar Kube und der leitende KdS Strauch, der im Frühjahr 1942 seinen Dienst angetreten hatte. Strauch kritisierte Kube heftig dafür, dass er in seiner Behörde eine große Zahl an Juden für sich arbeiten lasse. Einer überlieferten Liste zufolge waren im Februar 1942 über 150 jüdische Handwerker aus dem Ghetto im Generalkommissariat beschäftigt. Sie arbeiteten unter anderem als Maler, Tischler, Ofensetzer, Schuster, Schneider und Friseure.[154] Im Juli 1942 war die Zahl auf 302 angewachsen; ein Jahr später standen immer noch 70 Juden in Diensten des Generalkommissars.[155]

Auf einer Tagung der Zivilverwaltung zwischen dem 8. und dem 10. April 1943 war Kube deswegen von SSPF Curt von Gottberg und Strauch implizit kritisiert worden. „Es ist ein unmöglicher Zustand“, äußerte zunächst der SSPF, „wenn man durch die Lande als Soldat zieht und feststellt, dass ausgerechnet die Brennstoffempfangstelle von einem Juden geleitet wird, wenn Nachrichten- oder sonstige Büros von Juden geleitet werden und wenn in den Zentralbüros in Minsk Juden sitzen. Aber nicht nur an diesen Stellen findet man sie, <u>sondern auch die Idee des Hofjuden lebt noch immer!</u> Gauleiter, ich bitte gehorsamst, dass in aller Schärfe auch bei der Wehrmacht durchgegriffen wird und so was aufhört.“[156] Strauch sekundierte dem SS-Brigadeführer: Er bat darum, „dahin zu wirken, dass der Jude zumindestens da verschwindet, wo er überfällig ist. Wir können nicht einsehen, dass es jüdische Putzfrauen, Telefonistinnen usw. geben soll und können auch nicht einsehen, dass so viele Stiefelputzer gebraucht werden, diese sind überflüssig und müssen daher verschwinden. Wir kommen da auch ohne Juden weiter. Wir werden die Zahl auf die Hälfte erniedrigen, ohne wirtschaftliche Schwierigkeiten zu haben.“[157]

152 Baram, Erinnerungen, Archiv des Zentrums für Antisemitismusforschung, S. 12.

153 Dazu ebenda, S. 18 ff.; Rosenberg, Jahre, S. 40 ff.

154 Jüdische Handwerker, beschäftigt beim Generalkommissar, für Februar 1942, NARB, 370-1-468, Bl. 28 ff.

155 Chiari, Alltag, S. 240; Gerlach, Morde, S. 659.

156 Protokoll über die Tagung der Gebietskommissare, Hauptabteilungsleiter und Abteilungsleiter des Generalkommissars in Minsk, 8.–10. 4. 1943 (Kopie), BArch R 93/20, Bl. 131; Hervorhebungen im Original.

157 Ebenda, Bl. 144.

Nur wenig später, am 21. Juni 1943, befahl Himmler schließlich die Auflösung aller Ghettos im „Ostland" und die Überführung arbeitsfähiger Insassen in Konzentrationslager.[158] Alle übrigen Ghetto-Häftlinge sollten getötet werden. Das erschien Strauch wahrscheinlich als willkommene Gelegenheit. Am 20. Juli 1943, so schrieb er in einem Aktenvermerk, „habe ich befehlsgemäß gegen 7.00 Uhr die beim Generalkommissar Weißruthenien beschäftigten 70 Juden in Haft genommen und der Sonderbehandlung zugeführt".[159] Der Generalkommissar war über diese Mordaktion über die Maßen aufgebracht. Er sah darin nicht nur einen Eingriff in seine Hoheitsrechte, sondern auch einen persönlichen Affront. Offenkundig seien nur die bei ihm beschäftigten Juden getötet worden, während die jüdischen Arbeitskräfte von Wehrmachts- und sonstigen Dienststellen noch am Leben seien. Damit meinte Kube sicherlich auch die jüdischen Zwangsarbeiter bei Strauchs Dienststelle. Der KdS unterhielt nicht nur ein Arbeitskommando von ca. 100 Juden in seiner Minsker Dienststelle. Auf seinem Landgut bei Maly Trostinez unweit von Minsk ließ er mehrere Hundert Juden für sich arbeiten. Darunter waren viele deportierte Juden aus dem erweiterten Reichsgebiet. Der KdS dürfte die Verschleppten nicht nur wegen ihrer Fach- und Sprachkenntnisse, sondern auch wegen ihrer extremen Abhängigkeit geschätzt haben: In der ihnen völlig fremden Umgebung gab es für die „Reichsjuden" keinerlei Fluchtmöglichkeit.

Bei Strauchs Verhalten muss freilich berücksichtigt werden, dass bei ihm nach dem Krieg klinische Schizophrenie ausbrach. Eine gewisse Inkonsistenz seines Charakters war bereits seinen Vorgesetzten im „Ostland" aufgefallen. Der dortige BdS, SS-Oberführer Dr. Humbert Achamer-Pifrader, schrieb in einer Personalbeurteilung am 1. April 1943 über seinen Untergebenen, zwar habe sich dieser in schwierigen Situationen stets als tapferer und außerordentlich kaltblütiger Führer bewiesen. Auch seien seine fachlichen Leistungen gut. Hingegen sei Strauchs „Gemütsleben [...] nicht sonderlich stark entwickelt. Er vermag sich schlecht in andere Menschen einzufühlen und kann sie daher selten gewinnen und richtig beurteilen. [...] Seine Handlungen sind vorwiegend triebhaft und oft wenig verstandesmäßig beeinflußt. / Seine Reaktionsweise ist impulsiv und explosiv. Daraus ergibt sich eine starke Unausgeglichenheit seines Charakters, Ungerechtigkeit in der Menschenführung sowie eine Inkonsequenz zwischen grundsätzlicher Einstellung und Handlungsweise. Daraus erklären sich auch oftmals seine allzu schnellen und nicht durchdachten Entschlüsse."[160]

158 Befehl Himmlers an den HSSPF Ostland: Restliche sowjetische Juden in Konzentrationslager oder „zu evakuieren", 21. 6. 1943, abgedruckt in: Longerich, Ermordung, S. 148 f.

159 Zit. nach Heiber, Akten S. 78.

160 Abschrift einer Personalbeurteilung des KdS Weißruthenien (Strauch) durch den BdS Ostland (Pifrader) vom 1. April 1943, in: Benz/Kwiet/Matthäus (Hrsg.), Einsatz, S. 235 f.

4.3.2. Plünderungen und legalisierter Raub

Die deutschen Besatzungsinstanzen in „Weißruthenien" waren nicht nur an der Ausbeutung der Arbeitskraft von Juden, sondern auch an deren Eigentum interessiert. Im zerstörten Minsk herrschte während der gesamten Okkupationszeit ein extremer Mangel an Gebrauchsgütern jeder Art. „Judensachen", von der Kleidung bis hin zu Möbeln, waren daher auch bei der einheimischen Zivilbevölkerung begehrt.

Bereits in der Frühphase deutscher Herrschaft betrachteten die Besatzer und ein Teil der Einheimischen den Besitz der entrechteten und isolierten Minsker Juden quasi als Allgemeingut. Das Ghetto wurde in den ersten Monaten fast jede Nacht von Plünderern heimgesucht. Das konnten gewöhnliche Kriminelle, aber auch Wehrmachts-, SS- und Polizeiangehörige sein. Sarra Gimel'štejn, die als Zehnjährige ins Minsker Ghetto kam, erinnert sich, dass ihr Haus in einer Nacht gleich zweimal überfallen wurde: „Einmal war es schon dunkel auf dem Hof, unsere Fensterläden waren geschlossen. Da ertönte ein Klopfen am Fenster, und nach einiger Zeit gingen die Läden auf; wir hörten Glas splittern und durch das Fenster stiegen zwei Burschen ein. Beide hatten Revolver. Sie drängten uns in eine Ecke. Einer stand mit dem Revolver neben uns, und der andere raubte uns aus. Er öffnete alle Säcke und Koffer und nahm alles, was ihm gefiel. In diesem Moment ertönte ein Klopfen an der Tür – das waren die Deutschen. Die Burschen erschraken und sprangen aus dem Fenster. Die Deutschen kamen ins Haus hinein und nahmen sich all das, was die Burschen vor ihnen übrig gelassen hatten."[161]

Sarra Gimel'štejns Familie hatte noch Glück im Unglück. Während solcher Raubzüge wurden etliche Juden, zum Teil auf bestialische Weise, getötet.[162] Unter nächtlichen Plünderungen hatten später auch die Insassen der deutschen „Sonderghettos" zu leiden. Der Berliner Chaim Baram berichtet: „Trotz der Wachen gelang es in einer Nacht zwei Uniformierten, ins Ghetto einzudringen. Sie kamen in unser Haus und schlugen mit Peitschen auf die nichtsahnenden Schlafenden wütend ein und forderten Uhren und Geld."[163] Bereits Ende August hatte die Militärverwaltung (auf Klagen des Judenrates hin) gegen solche Überfälle einzuschreiten versucht. Die Ortskommandantur Minsk verfügte am 27. August 1941 bezeichnenderweise: „Der Judenrat hat wiederholt darüber Klage geführt, dass Wäsche, Gebrauchsgegenstände und auch Möbel aus dem Ghetto, zum Teil unter Bedrohung mit der Waffe, geholt werden. Es wird darauf hingewiesen, dass Plünderungen im Ghetto genau so bestraft werden wie jede andere Plünderung."[164]

Knapp ein Jahr später wiederum gab KdO von Heimburg in einem Tagesbefehl bekannt, dass Angehörige eines Schutzmannschaftsbataillons wegen Plünderungen

161 Gimelshtein, USHMM, 1995.A.162, Bl. 8 f.

162 Dazu Rubenčik, Pravda, S. 12 ff.; Grossman/Ehrenburg, Schwarzbuch, S. 237 f.

163 Baram, Erinnerungen, Archiv des ZfA, S. 12.

164 Kommandanturbefehl Nr. 9 der Ortskommandantur Minsk, 27. 8. 1941, NARB, 419-1-19, Bl. 140.

im Ghetto standrechtlich erschossen worden seien. „Ich ersuche“, so der Kommandeur abschließend, „die Angehörigen der Batl. und der Schutzmannschaften, auf das Verbot des Betretens des Ghettos und das Plündern in demselben aus nichtdienstlichen Gründen nochmals hinzuweisen.“[165]

Tatsächlich hatte der Raub des Besitzes von Juden mit Einführung der Zivilverwaltung den Anschein von Legalität erhalten. Im Reich hatte die staatliche Aneignung jüdischen Eigentums – zu unterschiedlichen Konditionen und in unterschiedlicher Form – den Verdrängungsprozess seit 1933 begleitet; die Bürokratie hatte zweifellos in keinem anderen Verwaltungsbereich ein so hohes Maß an Perfektion erreicht. Im „Reichskommissariat Ostland“ waren die Verwaltungsspitzen nicht nur bestrebt, rasch auf ein ähnliches Niveau zu kommen. Im Rahmen der „Endlösung“ verfuhren die Beamten auch wesentlich brutaler. Neben dem Kapitalvermögen waren die persönliche Habe der Juden sowie die materiellen Hinterlassenschaften der Ermordeten Gegenstand staatlicher und privater Begierden. Das fand seinen Ausdruck in einer unermesslichen Fülle an peniblen Verordnungen zum „Umgang mit dem beweglichen jüdischen Vermögen“ sowie zum „Judennachlaß“ auf allen Herrschaftsebenen.

Bereits in seinen „Vorläufigen Richtlinien“ hatte Reichskommissar Lohse den Anspruch der Zivilverwaltung auf sämtliches Eigentum der jüdischen Bevölkerung des „Ostlandes“ dokumentiert. Das Kapitalvermögen der Juden unterliege einer Anmeldepflicht, der nicht nur der Eigentümer selbst nachkommen müsse. Dieser Pflicht unterlägen auch Personen, die das Eigentum von Juden vorübergehend in Gewahrsam genommen hätten. Die Anmeldung solle nach Möglichkeit beim Gebietskommissar erfolgen. Auf dessen Verlangen hin müsse das jüdische Vermögen auch abgeliefert werden. Die Gebietskommissare ordneten überdies durch Aufruf die sofortige Ablieferung von in- und ausländischen Zahlungsmitteln, Wertpapieren und Beweisurkunden jeder Art sowie Wertsachen und Kostbarkeiten an.[166]

In diesem Sinne traf der Minsker Stadtkommissar Dr. Kaiser am 14. Oktober folgende Anordnung in deutscher und russischer Sprache: „Das gesamte Vermögen der jüdischen Bevölkerung ist bis zum 1. 11. 41 anzumelden. Zur Anmeldung ist jeder verpflichtet, der jüdisches Vermögen in Besitz oder Verwahrung hat; ferner jeder, der – ohne Eigentümer, Besitzer oder Gewahrsamsinhaber zu sein – rechtlich oder tatsächlich über jüdisches Vermögen verfügt oder verfügen kann. Ich fordere danach insbesondere diejenigen zur Anmeldung auf, die jüdisches Vermögen zur Aufbewahrung übernommen oder auf andere Weise erlangt haben.“[167]

165 Auszug aus Tagesbefehl Nr. 12 des KdO Weißruthenien vom 8. August 1942 u. a. betr. „unberechtigtes Betreten von Ghettos“, in: Benz/Kwiet/Matthäus (Hrsg.), Einsatz, S. 167.

166 Vgl. dazu Vorläufige Richtlinien, 18. 8. 1941, in: ebenda, S. 40.

167 Auszug aus der zweisprachigen (deutsch und russisch) Anordnung des Stadtkommissars Minsk vom 14. Oktober 1941 betr. die Anmeldung des jüdischen Vermögens, in: ebenda, S. 137.

Ganz offenkundig ging der Stadtkommissar davon aus, dass die inzwischen im Ghetto eingeschlossenen Juden von Minsk ihr Vermögen Nachbarn und Freunden zur Verwahrung überlassen hatten. Nach Vorgabe des Reichskommissars reklamierte er nun den Anspruch der Zivilverwaltung darauf.[168] Unterdessen sorgte sich Lohse darum, dass das Vermögen von Juden während „polizeilicher Maßnahmen" in die Hände von SS und Polizei fallen könnte. Am 25. September 1941 stellte er gegenüber HSSPF Prützmann klar: „Die Verwaltung des gesamten dem Reich im Ostland angefallenen und noch anfallenden Vermögens ist ausschließlich Angelegenheit des Reichskommissars, der mit den Ihnen bekannten ‚Vorläufigen Richtlinien für die Behandlung der Juden im Gebiet des Reichskommissariats Ostland' die zunächst erforderlichen Maßnahmen angeordnet hat. Ich lasse daneben keinerlei Zugriff auf jüdisches Vermögen zu und erwarte, sofort alle Maßnahmen zu treffen, die notwendig sind, um die Ihnen unterstellten Polizeidienststellen zur Unterlassung jeder Eigenmächtigkeit zu veranlassen."[169]

Dass solche Bedenken nicht ganz unberechtigt waren, zeigte sich in Minsk in einem freilich etwas anders gelagerten Fall. Als im November und Dezember 1941 sieben Deportationstransporte mit Juden aus dem Reich in Minsk eintrafen, beschlagnahmten Sicherheitspolizei und SD bei der Ankunft einen Großteil des mitgeführten Gepäcks. Berthold Rudner, deportiert aus Berlin, stellte im Januar als Zwangsarbeiter beim KdS Minsk fest: „‚Unser' Materiallager, also das der S. S., ist voll mit Öfen, die den jüdischen Namen und Herkunftsort der früheren Besitzer aufgemalt tragen. Den Juden also wurden ihre mitgebrachten Öfen, Matratzen, Musikinstrumente, Nähmaschinen, ein Teil der Bettwäsche <u>ohne</u> Entschädigung oder Ersatz weggenommen."[170] Doch damit nicht genug: Als um Silvester 1941/42 die Temperaturen in Minsk auf extreme Minusgrade sanken, führte der KdS in den „Sonderghettos" kurzerhand eine „Pelzaktion" durch. Das bedeutete, dass die Insassen sämtliche Pelzsachen, auch Bekleidung mit Pelzverbrämung, abliefern mussten. Judenreferent Burkhardt notierte im Anschluss befriedigt das Ergebnis: „329 Mäntel/159 Jacken/128 Felle/300 Muffe/2146 Pelzkragen/100 Pelzkappen/440 Boas".[171]

Auch die Zivilverwaltung sah im Minsker Ghetto, insbesondere im „reichsdeutschen" Teil, ein allzeit verfügbares Materiallager. Sie ging freilich bei der Konfiskation

168 Vgl. dazu auch Reichskommissar für das Ostland (Dr. Vialon) an die Generalkommissare Riga, Reval, Kauen, Minsk, Erfassung, Verwaltung beweglichen, nichtgewerblichen jüdischen Vermögens, hier von Juden bezogene Gegenstände, 20. 10. 1942, BArch R 90/446, Bl. 70.

169 Der Reichskommissar für das Ostland (Lohse) an den Höheren SS- und Polizeiführer, Polizeiliche Maßnahmen und Behandlung jüdischen Vermögens, 25. 9. 1941, NARB, 391-1-39, Bl. 38.

170 Aufzeichnungen aus dem Ghetto Minsk, T. II (Tagebuchblätter), Archiv des IfZ, ED 424, Bl. 28.

171 „Burkhardt-Bericht", in: Benz/Kwiet/Matthäus (Hrsg.), Einsatz, S. 115, dazu auch Loewenstein, Minsk, S. 40 f.; Aufzeichnungen aus dem Ghetto Minsk, T. 1 (Tagebuchblätter), Archiv des IfZ, ED 424, Bl. 28.

bürokratisch „korrekter" vor. Im August 1942 regte Dr. Eisengarten vom „Reichskommissariat Ostland" bei Kube an, in Minsk einen größeren Textilbetrieb einrichten zu lassen. Das Generalkommissariat möge sich in dieser Angelegenheit mit der Firma „Ostland-Faser" in Verbindung setzen. Im Herbst 1942 traten die Planungen in ihre konkrete Phase ein. Allerdings gab es Probleme bei der Beschaffung der notwendigen Nähmaschinen. Daraufhin erging an den Judenrat der „Sonderghettos" der Auftrag, eine Liste mit sämtlichen im Zwangsbezirk befindlichen Nähmaschinen anzufertigen. Wenig später stellte das Generalkommissariat der Firma „Ostland-Faser" folgende Bescheinigung aus: „Zum Aufbau eines für den Wirtschaftsaufbau notwendigen Konfektionsbetriebes habe ich die Ostland-Faser GmbH, Hauptstelle Minsk, beauftragt, die im Ghetto befindlichen Nähmaschinen ebenfalls zu einem planvollen Einsatz zu bringen. Die dadurch notwendig gewordene Beschlagnahme ist durch den Herrn Generalkommissar persönlich angeordnet worden. Die Ostland-Faser GmbH wird durch die Schutzpolizei Entsprechendes veranlassen. Es handelt sich um die im Anhang aufgeführten Maschinen."[172]

Mit der Errichtung einer Textilfabrik sollte dem extremen Mangel an Bekleidungsstücken in Minsk entgegengewirkt werden, der bereits im Winter 1941 zum Problem geworden war. Der Bedarf der Zivilbevölkerung sollte zunächst offenbar aus den Hinterlassenschaften der im November 1941 ermordeten Ghetto-Insassen gedeckt werden. Im Dezember 1941 schrieb der (einheimische oder volksdeutsche) Leiter des Fürsorgeamtes Minsk an Stadtkommissar Janetzke, 2000 obdachlose Familien müssten mit Schuhen und Kleidung ausgestattet werden. Jedoch könnten „die Sachen, die aus dem Ghetto ausgeführt sind, [...] nicht alle Bedürfnisse der Abgebrannten der Stadt befriedigen".

Der findige Funktionär wartete zugleich mit einem Lösungsvorschlag auf: „Im Dorfe Usda in den Lagern der Kreisverwaltung gibt es viele Sachen, die aus dem Ghetto des Umkreises genommen waren, sie liegen dort ohne Bedarf [...]. Wir bitten um Erlaubnis die obengenannten Sachen in unser Lager überführen zu dürfen."[173] Tatsächlich waren die Juden von Uzda im Oktober 1941 bis auf wenige Handwerkerfamilien vom EK 3 ermordet worden.[174] Dass ihre Habseligkeiten nun nach Minsk transportiert werden sollten, befürworteten sowohl das Stadtkommissariat wie auch das für Uzda zuständige Gebietskommissariat.[175] Berthold Rudner, der aus Berlin ins Ghetto Minsk deportiert worden war und für die Sicherheitspolizei arbeiten musste, notiert am 18. 12. 1941 zum Textilmangel in Minsk: „Der nun eingesetzte

172 Der Generalkommissar in Weißruthenien (Dr. Rudolf), Bescheinigung, 11. 11. 1942, NARB, 370-1-979, Bl. 33. Der gesamte Vorgang ist überliefert in: ebenda, Bl. 9 ff.

173 Fürsorgeamt Minsk, An den Herrn Stadtkommissar Minsk, Dezember 1941, GAMO 688-3-15, Bl. 23.

174 Gerlach, Morde, S. 614.

175 Vgl. dazu den entsprechenden Schriftwechsel zwischen Stadt- und Gebietskommissariat, GAMO 688-3-15, Bl. 25 ff.

Reichskommissar für Weißruthenien, Kube, erließ einen doppelsprachigen Aufruf, der den Hinweis enthält, die Bolschewisten und Juden hätten die Zerstörungen [der Stadt] angerichtet, die Bevölkerung sei in Sommerkleidung geflüchtet und nun sei die Not groß, die durch Sammelhilfe gemildert werden müßte.“[176]

Generalkommissar Kube forderte im Frühjahr 1942 vom „Sonderbeauftragten für die Erfassung des Judenvermögens im Ostland“ in Riga mehrfach die Lieferung großer Mengen von Kleidungsstücken aus dem „Judennachlaß“ an. Am 4. März 1942 waren es zum Beispiel sechs Lastkraftwagen.[177] In der Minsker Oper ließ der Generalkommissar ein riesiges Lager mit Bekleidung aus dem „Judennachlaß“ einrichten.[178] Juden aus dem Ghetto mussten die Kleidungsstücke sortieren.[179] Aus der Minsker Oper erhielten Behörden, Betriebe und Privatpersonen gegen Bezahlung Textilerzeugnisse, aber auch Lederwaren aller Art.[180] Der Erlös wurde dem Konto „Judenvermögen“ des Generalkommissariats zugeschrieben,[181] hinsichtlich der weiteren Verbuchung besteht noch Forschungsbedarf.

Um die „Kleidungsstücke aus Judennachlaß“ entbrannten oftmals kleinliche Streitereien. So sah sich die Ostland Öl Vertriebsgesellschaft m. b. H. bei der Verteilung erheblich benachteiligt. Sie prangerte zudem an, dass „bessere Kleidungsstücke aus der Oper [...] auf dem schwarzen Markt gehandelt“[182] würden. Hinzu kamen Kompetenzstreitigkeiten zwischen den Abteilungen Finanzen sowie Industrie und Handel des Generalkommissariats über Verfügung und Verteilung der Textilien aus der Oper. Sie gründeten auf den Vorschriften des Reichkommissariats zur Erfassung von „Spinnstofferzeugnissen“ aus dem Besitz von Juden.[183] Generalkommissar Kube behielt sich schließlich Ende November 1942 vor, „über die Verteilung an die Bedarfsträger, in erster Linie die Stadt Minsk, selbst zu entscheiden“.[184]

176 Aufzeichnungen aus dem Ghetto Minsk, T. II (Tagebuchblätter), Archiv des IfZ, ED 424, Bl. 14.

177 Der Generalkommissar für Weißruthenien (Russiger) an den Sonderbeauftragten für die Erfassung des Judenvermögens im Ostland, 4. 3. 1942, BArch R 90/446, Bl. 34.

178 Der Generalkommissar für Weißruthenien (Kube) an den Stadtkommissar Minsk, 17. 1. 1942, GAMO, 688-3-36, Bl. 3.

179 Baram, Erinnerungen, S. 24.

180 Dazu z. B. Übersicht über die ausgeschriebenen Rechnungen über Lieferungen auf Zielzahlung aus dem Judenvermögen (Oper), NARB, 370-1-221, Bl. 1 ff.

181 Vgl. u. a. Der Generalkommissar in Minsk/Abteilung II Fin, Rechnungsausgangsbuch Nr. 16, 7. 8. 1943, NARB, 370-1-1598, Bl. 100.

182 Abschrift. Ostland Öl Vertriebsgesellschaft m.b.H./Vertriebsabteilung Minsk, 11. 12. 1942, NARB, 370-1-634, Bl. 2 f., hier Bl. 3.

183 Vgl. dazu die verschiedenen Aktenvermerke der Abteilungen aus dem Herbst 1942, NARB, 370-1-634, Bl. 13 ff.

184 Der Generalkommissar in Minsk, H. A. III, An den Herrn Reichskommissar f. d. Ostland (Abschrift), 27. 11. 1942, NARB, 370-1-634, Bl. 8.

4.3.3. Razzien und Massenmorde

Anders als die Ghettos in Polen waren die Zwangsbezirke in den besetzten sowjetisch/baltischen Gebieten von Beginn an Orte systematischer Vernichtung. Das gilt auch für das Ghetto Minsk. Den Großteil der Insassen, mehrere Zehntausend Menschen, ermordeten SS und Polizei in einer Reihe von „Großaktionen" zwischen November 1941 und Oktober 1943 sowie in unzähligen Razzien. Bereits im August 1941, unmittelbar nach der Schließung des Ghettos, gab es erste Razzien: Am 14. August 1941 wurden mindestens 100 Männer zusammengetrieben und ins Minsker Gefängnis gebracht. Einen Tag später erschoss das EK 8 die Juden außerhalb der Stadt. Bei dieser Exekution war der Reichsführer SS Himmler anwesend. Am 26. und 31. August fanden zwei weitere Razzien statt: SS und Polizei verschleppten über 2000 Menschen, darunter erstmals auch eine kleine Zahl Frauen (mindestens 64) aus dem Ghetto. Nach Angaben des EK 8 wurden am nächsten Tag 2278 Juden außerhalb von Minsk erschossen.[185] Beteiligt war auch das Polizeibataillon 322 des Polizeiregiments Mitte. In dessen Kriegstagebuch ist zu dieser „Aktion" vermerkt: „31. 8. 41 / 15:00 Durchführung einer Judenaktion im Ghetto der Stadt Minsk. / Die 9. Komp. übernahm die äußere Absperrung, während die 7. Komp., H. S. K. K. Komp. und der SD. die Durchsuchung vornahmen. Es wurden alle Juden im Alter von 15 bis 60 Jahren festgenommen. Darüber hinaus alle Jüdinnen, die nicht den vorgeschriebenen gelben Fleck auf ihrer Bekleidung trugen. Insgesamt wurden festgenommen und ins Pol. Gefängnis überführt: 916 Juden beiderlei Geschlechts. / 1. 9. 41 / 5:30 Durchführung der Exekution der am Vortage festgenommenen Juden etwa 10 km ostwärts Minsk, nördl. der Autobahn Minsk–Smolensk–Moskau. Es wurden 3 Exekutionskommandos gestellt. Das Kommando der 9. Komp. erschoß insgesamt 330 Juden (davon 40 Jüdinnen)."[186]

Nach diesen Massenmorden herrschte zunächst relative Ruhe im Ghetto. Allerdings waren nächtliche Raubzüge deutscher Soldaten, einheimischer Krimineller und Hilfspolizisten eine konstante Bedrohung für die Insassen. Ab November 1941 begann die Zeit der Pogrome. So nannten die Ghetto-Insassen die großen „Aktionen" von SS und Polizei, denen vor allem Frauen, Kinder, Alte und Gebrechliche zum Opfer fielen. Das war der Unterschied zu den Razzien im August 1941, bei denen vorrangig Männer im wehrfähigen Alter getötet worden waren.

Die erste große „Aktion" im Minsker Ghetto war keine lokale Initiative. Den Bezugsrahmen bildeten Pläne der NS-Führung, 25 000 Juden aus dem erweiterten Reichsgebiet nach Minsk zu deportieren. Sie sollten ins örtliche Ghetto eingewiesen und wahrscheinlich im Frühjahr weiter nach Osten verschleppt werden. Ende Okto-

185 Ereignismeldung UdSSR Nr. 92, 23. 9. 1941, BArch R 58/217. Im Ghetto kursierte die Zahl von 5000 Opfern aller „Aktionen" im August, vgl. Grossman/Ehrenburg, Schwarzbuch, S. 239.

186 Kriegstagebuch des Polizeibataillons 322, auszugsweise als Faksimile abgedruckt in: Klee/Dreßen/Rieß (Hrsg.), „Schöne Zeiten", S. 18–29, hier S. 28 f.

ber oder November 1941 unterrichtete der Stab der Einsatzgruppe A einen bereits nach Minsk abgestellten SS-Führer vom SK 1b von diesem Vorhaben. SS-Sturmbannführer Hans-Hermann Remmers erhielt zugleich den Auftrag, im Minsker Ghetto Platz für die bald eintreffenden „Reichsjuden" zu schaffen. Das bedeutete, dass einige Tausend weißrussische Juden ermordet werden sollten. Möglicherweise wurde auch die vollständige Liquidierung des Ghettos angeordnet. Im Herbst 1941 waren Sicherheitspolizei und SD in Minsk allerdings personell äußerst schwach besetzt. Remmers sah sich daher außerstande, die Massenexekutionen ausschließlich mit eigenen Kräften durchzuführen und suchte bei SSPF Zenner um Unterstützung nach. Der SS-Brigadeführer stellte ihm unterstehende ukrainische Hilfswillige für die Massenmorde zur Verfügung.[187] Das waren Angehörige der Schutzmannschaftsbataillone 46, 47 und 48. Neben Ukrainern gehörten auch Weißrussen dazu. Die Schuma-Bataillone hatten lettische und estnische Unterführer. Geleitet wurden sie von den deutschen Polizeihauptleuten Kummer und Neefischer. Mit dem Zusammentreiben der Ghetto-Insassen und der Absperrung der Hinrichtungsstätte beauftragte Zenner Kräfte der Ordnungspolizei.[188]

Der Beginn der „Aktion" war auf den frühen Morgen des 7. November 1941 gelegt. Am Abend zuvor waren die Mitglieder des Judenrates sowie etwa 700 Facharbeiter aus dem Ghetto in das SS-Arbeitslager in der Širokaja-Straße gebracht worden. Das hatte bereits gewisse Unruhe unter den Ghetto-Insassen ausgelöst. Nach zwei Monaten relativer Ruhe hofften die meisten jedoch, dass nichts Schlimmes passieren werde.[189] Am folgenden Morgen sperrten einheimische Hilfswillige und deutsche Polizei ungefähr 15 Häuserblocks im Ghetto ab. Sie lagen in einem Areal zum jüdischen Friedhof hin, das von den Straßen „Obuvnaja", „Suchaja", „Chlebnyj Pereulok" und „Šornaja" eingeschlossen wurde.[190] Die Menschen wurden aus den Häusern hinaus in die „Chlebnyj Pereulok" getrieben. An dieser Sammelstelle mussten sie sich in Kolonnen aufstellen und wurden einer oberflächlichen Selektion unterzogen. Inhaber von Arbeitsausweisen und ihre Familien durften sich aus den Kolonnen zurückziehen. Sie wurden angewiesen, sich auf dem Hof der nahe gelegenen Brotfabrik zu versammeln. Dort mussten sie bis um vier Uhr unter Bewachung ausharren. Alle anderen mussten bereitstehende Lastkraftwagen besteigen oder wurden zu Fuß in Kolonnen von 200 bis 250 Personen aus dem Ghetto geführt.[191] Ziel war die Kaserne

187 Vernehmung Hans-Hermann Remmers, 21. 3. 1960, LHA Koblenz, Best. 584, 1, Nr. 3566, Bl. 16 ff.

188 Curilla, Ordnungspolizei, S. 332 f.

189 Dazu Majzelis, Stol'b, S. 187; Vernehmung P. J. D., 22. 12. 1945, BArch B 162/1764, Bl. 205. Das erwähnte SS-Arbeitslager unterstand dem SSPF Zenner. Es wurde Anfang 1943 vom KdS übernommen und zu einem Sammellager umfunktioniert.

190 Vgl. dazu den Plan in Rubenčik, Pravda, S. 184 f.

191 Dazu Jamin, Nas, S. 354; Vernehmung P. J. D., BArch B 162/1764, Bl. 206; Vernehmung V. R. O., 24. 12. 1945, BArch B 162/1764, Bl. 247; Rubenčik, Pravda, S. 57 ff.; Krasnopërko, Briefe, S. 23 f.; Wenn Worte schreien und weinen. Tagebücher der Ljalja und Berta Bruk, S. 13.

von Tučinka nördlich von Minsk. In der Nähe war in den Tagen zuvor eine große Grube ausgehoben worden.

Was im Einzelnen in Tučinka geschah, schilderte Remmers nach dem Krieg: „Ich sah, wie die Insassen der LKW's das Fahrzeug verlassen mußten und sich in Reihe durch eine Postenkette bewegen mußten. Die Postenkette führte in Richtung Grube hin. [...] Am Ende der Postenkette hin, mußten sich die Juden, gleichgültig ob weiblichen oder männlichen Geschlechts, entkleiden. [...] Das Entkleiden ging, wie ich sehen konnte, ziemlich grob vor sich. Die Bewachungsmannschaften haben beim Entkleiden der Juden in grober Weise nachgeholfen. [...] Ich kann heute nicht mehr sagen, ob deutsche Polizei an der Exekutionsstätte anwesend war, jedenfalls Ukrainer sind dort gewesen. Sie bildeten auf jeden Fall das Erschießungskommando. [...] Von der Stelle, wo die Juden sich ihrer Kleider entledigen mußten, wurden sie dann zur Grube hingetrieben. Dort nahmen die Juden in der Weise Aufstellung, daß sie sich am Grubenrand mit dem Gesicht zur Grube und dem Rücken zum Schützen in einer Linie aufstellten. Es dürften sich immer jeweils 10 Juden auf diese Weise vor der Grube aufgestellt haben. Die Juden wurden dann von dem Exekutionskommando entweder mit Gewehren oder Maschinenpistolen im Einzelfeuer, und zwar immer in einer Salve, erschossen."[192]

Nach eigenen Angaben töteten SS und Polizei in Tučinka 6624 Juden aus dem Minsker Ghetto.[193] Die Mordaktion nahm mehrere Tage in Anspruch und dauerte bis zum 11. November. Die Opfer wurden zwischenzeitlich in einer großen Baracke eingeschlossen. Das berichteten Überlebende des Massakers. Einige waren durch die Schusssalven nur leicht verletzt worden. Sie konnten sich anschließend aus der Grube befreien und ins Ghetto zurückkehren. Ihre Berichte lösten bei den im Zwangsbezirk zurückgebliebenen Angehörigen und Freunden großes Entsetzen aus.[194] Die Menschen hatten sich von diesem Schrecken noch nicht erholt, als am 20. November eine weitere „Aktion" über sie hereinbrach. Sie dürfte ebenfalls unter der Federführung des SK 1b gestanden haben und von Zenners „fremdvölkischen" Schutzmannschaften exekutiert worden sein.[195] Wieder war das Ziel, Platz für deportierte Juden aus dem Reich zu schaffen. Mordort war erneut die Kaserne von Tučinka. Wie viele Opfer diese „Aktion" forderte, ist nicht genau bekannt. Wahrscheinlich ist eine Zahl von 5000 bis 7000 Menschen.[196] Betroffen waren diesmal die Straßen um die „Špalernaja".

192 Vernehmung Hans-Hermann Remmers, 21. 3. 1960, LHA Koblenz, Best. 584, 1, Nr. 3566, Bl. 21.

193 Ereignismeldung UdSSR, Nr. 141, 1. 12. 1941, BArch R 58/219.

194 Dazu u. a. Krasnopërko, Briefe, S. 24; Vernehmung V. R. O., 24. 12. 1945, BArch B 162/1764, Bl. 210; Grossman/Ehrenburg, Schwarzbuch, S. 243.

195 Im Verfahren gegen Zenner und Remmers war der Massenmord vom 20. November 1941 noch nicht bekannt und wurde deshalb nicht verhandelt. Aufgrund der zeitlichen Nähe ist es jedoch mehr als wahrscheinlich, dass diese „Aktion" ebenfalls von den Angeklagten verantwortet wurde, dazu auch Curilla, Ordnungspolizei, S. 334.

196 Gerlach, Morde, S. 625; Grossman/Ehrenburg, Schwarzbuch, S. 246.

Möglicherweise erschossen Sicherheitspolizei und SD am 10. und 11. Dezember 1941 unter Leitung des kurz zuvor eingetroffenen Georg Heuser noch einmal 2000 Juden aus dem Ghetto.[197] Danach blieben „Großaktionen" zunächst aus.

Die Juden des Minsker Ghettos lebten dennoch weiter in beständiger Todesgefahr. Das lag nicht nur an den katastrophalen Lebensbedingungen, die sich im harten Winter 1941/42 noch weiter verschlechterten, sondern auch an den „Ghetto-Kommandanten" des KdS und ihren Helfershelfern. In den deutschen „Sonderghettos" patrouillierte wahrscheinlich ab Dezember 1941 SS-Oberscharführer Michael Schmiedel aus Bayern. Schmiedel war mit dem SK 1b aus Tosno nach Minsk gelangt.

Ein Angehöriger des Kommandos erinnert ihn als „Wichtigmacher und rücksichtslosen Menschen […]. Während wir in Tosno meistens ohne Pistole umhergingen, hatte Schmiedel immer die Pistole umgeschnallt. Er stritt auch häufiger mit Kameraden und tat so, wie wenn er alles zu sagen hätte."[198] Schmiedels herrische Art und vor allem seine Vorliebe für den Einsatz von Schusswaffen blieb auch den Ghetto-Insassen nicht verborgen. Karl Loewenstein aus Berlin, der den Ordnerdienst der „Sonderghettos" leiten und täglich „Ronde" mit Schmiedel gehen musste, erinnert ihn als wahren Kunstschützen. Er habe mit beiden Händen gleich gut schießen können. Berthold Rudner, der als Zwangsarbeiter beim KdS eingesetzt war und Schmiedel ebenfalls gut kannte, berichtet Ähnliches. Nach Angaben beider Herren spazierte Schmiedel gern als Jude verkleidet durchs Ghetto. Dabei erschoss er etliche Insassen, etwa beim verbotenen Tauschhandel am Ghettozaun.[199] Ein Deportierter aus Bremen erinnert sich, dass der kleinwüchsige Schmiedel im Ghetto unter dem Namen „der kleine Schießer" bekannt war: „Wo er auftauchte, gab es Tote."[200] Schmiedel wurde im Frühjahr seines Postens enthoben. Möglicherweise war entdeckt worden, dass seine Frau nach NS-Terminologie „Halbjüdin" war.[201]

Mordtaten im Ghetto sind auch von anderen KdS-Angehörigen überliefert. Girš Smolar berichtet, KdS-Judenreferent Burkhardt habe eines Tages sieben deutsche Juden bei Tauschaktionen erschossen.[202] SS-Hauptscharführer Franz Stark, ehemals Bursche bei Heydrich und Leiter der Ghetto-Wache im Winter 1941/42, tötete um den 5. März 1942 drei Juden aus Brünn. Sie waren bei Generalkommissar Kube als Friseure eingesetzt gewesen. Kube hatte Stark bei einem Besuch im Ghetto mit harschen Worten zurechtgewiesen.

197 So Gerlach, Morde, S. 625.

198 Vernehmung H. M., 21. 4. 1959, LHA Koblenz, Best. 584, 1, Nr. 8565, Bl. 117.

199 Loewenstein, Minsk, S. 24 ff.; Aufzeichnungen aus dem Ghetto Minsk, T. II (Tagebuchblätter), Archiv des IfZ, ED 424, Bl. 19 f.

200 Vernehmung R. F., 27. 1. 1960, LHA Koblenz, Best. 584, 1, Nr. 8476, Bl. 1808 ff., hier Bl. 1813.

201 Das war mitnichten ein Gerücht beim KdS, sondern entsprach den Tatsachen; vgl. Vermerk über den Besuch bei Frau H. S. (Witwe Schmiedels), 24. 7. 1960, LHA Koblenz, Best. 584, 1, Nr. 8491, Bl. 4063 f.

202 Smolar, Ghetto, S. 49.

Kubes Begleitung, ein Hauptabteilungsleiter, erinnert den Vorfall wie folgt: „In der Nähe von uns stand ein SS-Führer mit einer Lederpeitsche in der Hand. Als Kube diesen erblickte, geriet er derart in Wut, daß er ihn mit etwa folgenden Worten scharf anfuhr: ‚Sie wollen SS-Führer sein und stehen hier mit einer Lederpeitsche herum, schämen Sie sich.' Der SS-Führer machte daraufhin formell seine Ehrenbezeugung und schwieg."[203] Dabei blieb es jedoch nicht, wie Stark nach dem Krieg freimütig zugab: „Über den Vorfall mit der Peitsche hatte ich mich über Kube geärgert. Ich wollte nunmehr dem Kube eins ‚auswischen'. Kurz nach Mitternacht bin ich mit unserem Waffenmeister, den ich entsprechend informiert hatte, zum Ghetto gegangen und habe mir von der jüdischen Ghettopolizei das Haus zeigen lassen, in dem die Friseure wohnten."[204] Stark und sein Kompagnon verjagten den jüdischen Hilfspolizisten, zerrten die Friseure aus dem Haus und schlugen sie in einem Schuppen zusammen. Anschließend erschossen sie die Männer.

Auch Starks Vorgesetzter, Kommandeur Strauch, war nachts im Ghetto unterwegs, nachdem er im März 1942 seinen Dienst in Minsk angetreten hatte. Ein ehemaliger Untergebener sagte nach dem Krieg aus: „Strauch hat verschiedentlich nächtliche Streifzüge durch das Ghetto unternommen. Er hatte immer eine Klique [sic!] um sich, die er dazu mitnahm. […] Er bekam ganz plötzlich solche Anwandlungen und fuhr dann mit einigen Leuten ins Ghetto. Vom Ghetto sah man dann Feuerschein. […] Als Strauch zurückkam gab es immer ein großes Hallo und eine Sauferei."[205] Ähnliches berichtet Strauchs Sekretärin: „Ich habe selbst wiederholt erlebt, daß Strauch abends, wenn er dem Alkohol zugesprochen hatte, sich verschiedene Dienststellenangehörige zusammenholte und mit diesen ins Ghetto fuhr. Wenn die Leute dann zurückkamen, erzählten sie davon, daß im ‚Ghetto wieder was los war'."[206] Wie viele Todesopfer diese Ausflüge des Kommandeurs forderten, ist nicht bekannt.

Am 2. und 3. März 1942 gab es die nächste große „Aktion" im Minsker Ghetto, offenbar aus lokaler Initiative. Sie stand noch unter der Leitung von Strauchs Vertreter, SS-Sturmbannführer Hoffmann. Mit Generalkommissar Kube war zuvor abgesprochen worden, dass die deportierten Juden von den Massenmorden ausgenommen bleiben sollten.[207] Das bedeutete freilich nicht, dass sich Kube grundsätzlich gegen die Ermordung der „reichsdeutschen" Juden stellte. Er wünschte sich für „Menschen aus unserem Kulturkreis" allerdings eine andere Tötungsmethode als

203 Vernehmung J. R., 27. 1. 1959, LHA Koblenz, Best. 584, 1, Nr. 3553, Bl. 153 ff., hier Bl. 154.

204 Vernehmung Franz Stark, 26. 7. 1950, LHA Koblenz, Best. 584, 1, Nr. 8491, Bl. 4106. Zur Datierung dieser Mordtat: Aufzeichnungen aus dem Ghetto Minsk, T. II (Tagebuchblätter), Archiv des IfZ, ED 424, Bl. 48. Zu Kubes Reaktion Heiber, Akten, S. 79 sowie Vernehmung L. S., 3. 12. 1959, LHA Koblenz, Best. 584, 1, Nr. 8473, Bl. 1315 ff., hier Bl. 1321 f.

205 Vernehmung P. R., 20. 7. 1960, LHA Koblenz, Best. 584, 1, Nr. 8492, Bl. 4158; ähnlich auch Vernehmung F. G., 4. 1. 1961, ebenda., Nr. 8506, Bl. 6335.

206 Vernehmung I. S., 13. 2. 1962, ebenda, Nr. 8534, Bl. 10380.

207 Heiber, Akten, S. 87.

Erschießen. Der KdS konnte diesem Wunsch Kubes entsprechen, da zu diesem Zeitpunkt bereits Gaswagen auf dem Weg nach Minsk waren. An die deutschen Juden erging daher am 1. März der Befehl, ihre Wohnstätten am folgenden Tag auf keinen Fall zu verlassen.[208] Dem Judenrat des weißrussischen Ghettos indes erteilte der KdS den Auftrag, 5000 Juden auszuwählen und auf dem Jubiläumsplatz antreten zu lassen. Sie sollten zur Arbeit fortgebracht werden und dürften fünf Kilogramm Gepäck mitnehmen. Der Judenrat, inzwischen unter Mojsej Ioffe, misstraute diesen Angaben und kam der Anordnung nicht nach. Die Sicherheitspolizei behauptete später, das Generalkommissariat habe ihre Mordpläne an den Judenältesten verraten. „Infolge des Verrats", empörte sich Strauch im Jahr darauf, „war kein Jude zum angegebenen Termin zur Stelle. Es blieb nun nichts mehr übrig als mit Anwendung von Gewalt die Juden zusammenzutreiben. Hierbei wurde Widerstand geleistet, und es mußte von den eingesetzten Kräften von der Schußwaffe Gebrauch gemacht werden."[209]

Tatsächlich ging der KdS, dieses Mal unterstützt von deutscher, weißrussischer und litauischer Schutzpolizei,[210] bei dieser „Aktion" noch brutaler als sonst vor. Berthold Rudner notiert in sein Tagebuch: „Nachmittags hörte man ununterbrochen Schüsse! Ganze Straßenzüge wurden gewaltsam geräumt. Von russischen Juden. Frauen und Kinder, 3jährig, lagen tot auf den Straßen. In einer ausgebrannten Tapetenfabrik trieb man viele Juden zusammen, die dort erschossen und verbrannt sein sollen."[211] Mehrere Hundert Menschen, darunter viele Kinder, erschoss die Sicherheitspolizei an einer großen Baugrube in der „Ratomskaja".

Diese Morde beobachtete vermutlich Adolf Eichmann, der zu der Zeit in Minsk war. Am Tag darauf wurden weitere Opfer zu Fuß aus dem Ghetto getrieben und in Tučinka erschossen. Andere verbrachte der KdS per Eisenbahn bis nach Kojdanovo und tötete sie dort. Nach Angaben der Sicherheitspolizei wurden bei dieser Aktion 3412 Menschen ermordet; im Ghetto kursierte die Zahl von 5000 Opfern.[212] Rudner schreibt am Abend des 3. März 1941: „Das ist die dritte Aktion hier in Minsk. Die Menschen, vor allem die russischen Juden, sind sehr bedrückt. / Heut' abend am 3. findet im Saal der S. S. ein bunter Abend statt."[213] Die Zivilverwaltung wiederum nutzte die Gelegenheit, das Ghetto zu verkleinern.[214]

208 Aufzeichnungen aus dem Ghetto Minsk, T. II (Tagebuchblätter), Archiv des IfZ, ED 424, Bl. 47.

209 Zit. nach Heiber, Akten, S. 79.

210 Zu den beteiligten Einheiten Gerlach, Morde, S. 691; Curilla, Ordnungspolizei, S. 334, 480 f.

211 Aufzeichnungen aus dem Ghetto Minsk, T. II (Tagebuchblätter), Archiv des IfZ, ED 424, Bl. 47 f.; zum Massenmord in der Tapetenfabrik auch Vernehmung V. R. O., 24. 12. 1945, BArch B 162/1764, Bl. 249.

212 Dazu Gerlach, Morde, S. 691; Smolar, Ghetto, S. 71 ff.

213 Aufzeichnungen aus dem Ghetto Minsk, T. II (Tagebuchblätter), Archiv des IfZ, ED 424, Bl. 48.

214 Grossman/Ehrenburg, Schwarzbuch, S. 250.

Zum Zeitpunkt dieses Massakers unterstand die Ghetto-Wache bereits einem Schutzpolizisten, dem Hauptwachtmeister der Schutzpolizei Otto Hattenbach aus Sachsen. Die damals sechzehnjährige Anna Krasnopërko erinnert ihn als „eine quadratische Figur in einem grünen Mantel".[215] Er sei jedoch nur einer der „Kommandanten" gewesen. Tatsächlich waren außer Hattenbach noch weitere Schutzpolizisten in der „Ghetto-Wache" eingesetzt. Für die Dauer ihres Einsatzes sollen sie dem KdS unterstellt worden sein.[216] Es war jedoch der Kommandeur der Ordnungspolizei in „Weißruthenien", von Heimburg, der den Männern am 18. April 1942 eine Belobigung aussprach: „Dem Meister d. SchP. Bruno Viertler, Hptw. d. SchP. Otto Hattenbach und Wachtm. d. SchP. d. Res. Willi Menzel Kdo. d. Schutzpol. Minsk, spreche ich für ihr umsichtiges, unerschrockenes und tatkräftiges Verhalten bei der Festnahme je einer Partisanenbande am 11. 4. und 15. 4. 1942 im Ghetto Minsk meine besondere Anerkennung aus."[217]

Solche Razzien gegen Widerstandskämpfer mehrten sich ab Frühjahr 1942 im Ghetto Minsk. Das Vorurteil der Besatzer vom „jüdischen Partisanen" hatte inzwischen einen realen Hintergrund erhalten. Bereits im August 1941 waren, als Reaktion auf die ersten Razzien, erste Zellen einer jüdischen Untergrundbewegung im Ghetto entstanden. Aufgrund der deutschen Terrorpolitik gegen die Minsker Juden vergrößerte sie sich rasch. Viele Menschen wollten sich nicht willenlos ihrem Schicksal ergeben. Auch der Judenrat unter Il'ja Muškin arbeitete mit dem Ghetto-Untergrund zusammen. Ab Dezember 1941 bestand eine Verbindung zum kommunistischen Untergrund im „russischen Bezirk". Dessen erstes Führungskomitee verhaftete der KdS jedoch am 12. Februar 1942.[218] Etwa zeitgleich wurden Il'ja Muškin und andere Mitglieder des Judenrats festgenommen. Sein Nachfolger Ioffe erhielt wenig später die Aufforderung, die führenden Mitglieder des Ghetto-Untergrundes, darunter Smolar, an den KdS auszuliefern. Als Ioffe sich weigerte, überzogen Sicherheitspolizei und SD das Ghetto mit einer Welle nächtlicher Razzien, die für etliche Juden tödlich endeten. Kollaborateure leisteten Unterstützung. Nach Angaben von Grossman und Ehrenburg gab es solche Razzien am 31. März sowie am 3., 15. und 23. April 1942. Dabei geschah in der Regel Folgendes: „Spürte die Gestapo einen Ghettobewohner auf, der Verbindung zur illegalen Parteiorganisation hatte, dann zog sie nicht nur

215 Krasnopërko, Briefe, S. 40.

216 So Vernehmung G. S., 13. 4. 1962, BArch B 162/1680, Bl. 2345.

217 Tagesbefehl Nr. 3 des KdO Weißruthenien (v. Heimburg) vom 18. April 1942 u. a. mit Belobigung von Schutzpolizisten für ihren Einsatz im Ghetto Minsk, auszugsweise abgedruckt in Benz/Kwiet/Matthäus (Hrsg.), Einsatz, S. 166.

218 Zur Datierung vgl. Aufzeichnungen aus dem Ghetto Minsk, T. II (Tagebuchblätter), Archiv des IfZ, ED 424, Bl. 42. Rudner schreibt hier: „Böse Nachtwache hinter mir. Musste alle fahrfertigen Wagen volltanken, mitten in der Nacht, um ca. 4 Uhr setzten sich viele Fahrzeuge bemannt, ohne Licht, in Bewegung. [...] Ein Rudel Russen wurde eingebracht. Auch Frauen. Jedenfalls ganz dicke Luft."

ihn zur Verantwortung, sondern alle Bewohner des Hauses, in dem er wohnte, bzw. alle Mitglieder seiner Kolonne. Ein solches Haus wurde dann für gewöhnlich nachts umstellt, alle Bewohner wurden hinausgeführt und erschossen.“[219]

Diese Mordzüge entgingen auch den Insassen der „Sonderghettos“ nicht. Zum 31. März 1942 notiert Berthold Rudner: „Ca. 70 russische Juden, Frauen, Männer und Kinder wurden erschossen und heut’ bündelweise auf Schlitten weggebracht.“[220] Am 3. April heißt es: „Erneut kleine ‚Aktion‘. 28 russische Juden, Männer, Frauen und Kinder wurden erschossen. Deutsche und russische Juden mußten während der letzten Nacht die Leichen beerdigen.“[221] Noch mehr Opfer forderte die „Aktion“ vom 15. April, wie Rudner schreibt: „Partisanenkämpfe. Wegen Waffenbesitzes und eines geheimen Senders wurden 100 Mann erschossen und im Haus durch Feuer vernichtet. Die Straße, durch die der Abtransport der Leichen vor sich ging, war von Blutspuren gezeichnet.“[222]

Um Sicherheitspolizei und SD die Suche nach jüdischen Untergrundkämpfern zu erleichtern, ließ Hauptwachtmeister Hattenbach Anfang Mai 1942 die Häuser des Ghettos neu nummerieren. Am 10. Mai erteilte er den Befehl zu einer zusätzlichen Zwangskennzeichnung der Insassen: Außer dem gelben Flecken bzw. „Judenstern“ mussten die Menschen nun auch einen weißen Stoffflicken mit ihrer Hausnummer auf Brust und Rücken tragen. Dies, so Hattenbach, erleichtere die Identifizierung bei etwaigen Vergehen.[223] Zugleich führte der „Ghetto-Kommandant“ eine weitere Neuerung ein: Allwöchentlich gab es künftig Generalappelle aller Ghetto-Insassen, weißrussischer wie deutscher Juden, auf dem Jubiläums-Platz. Franz Spitzer aus Brünn mutmaßt, dass diese Zusammenkünfte vorrangig der Ruhigstellung der Insassen gedient hätten. Die Juden sollten sich daran gewöhnen, dass Appellen nicht automatisch eine „Aktion“ folgen würde.[224]

Unterdessen war KdS Strauch bereits damit beschäftigt, die größte Massenmordaktion in der Geschichte des Minsker Ghettos vorzubereiten. Von ihr sollten erstmals auch Insassen der „Sonderghettos“ betroffen sein. Ziel war die „Liquidierung“ aller als arbeitsunfähig kategorisierten Insassen. Das war wahrscheinlich auch ein Resultat des Besuchs von Heydrich Ende März 1942. Immerhin wurde der Massen-

219 Grossman/Ehrenburg, Schwarzbuch, S. 251.

220 Aufzeichnungen aus dem Ghetto Minsk, T. II (Tagebuchblätter), Archiv des IfZ, ED 424, Bl. 51.

221 Ebenda.

222 Ebenda, Bl. 52. Entsprechende Angaben zum 23. April 1942 finden sich nicht. Möglicherweise gab es 500 Tote, vgl. Grossman/Ehrenburg, Schwarzbuch, S. 252.

223 Ebenda, S. 235; Aufzeichnungen aus dem Ghetto Minsk, T. II (Tagebuchblätter), Archiv des IfZ, ED 424, Bl. 54; dazu auch Interview Berny Lane, Code 3066, Visual History Archive, © USC Shoah Foundation 1995.

224 Interview Franz Spitzer, Code 34302, Visual History Archive, © USC Shoah Foundation Institute 1997.

mord als „Heydrich-Aktion“ bezeichnet,[225] dies möglicherweise auch im Angedenken an den RSHA-Chef, der am 4. Juni 1942 in Prag den Folgen eines Attentats erlegen war.

In jedem Fall waren die Mordpläne mit Generalkommissar Kube abgesprochen. Kube erhob offenbar keine neuerlichen Einwände gegen die Ermordung von „Reichsjuden“. Das dürfte wesentlich mit der Ankunft von Gaswagen beim KdS in Zusammenhang gestanden haben. Absprachen traf Strauch ferner mit BdS Heinz Jost, dem KdO von Heimburg und dem Kommandeur der Schutzpolizei, Bendzko.[226] Bei den Unterredungen mit den Letztgenannten dürfte es auch um die Gestellung von Absperrkommandos gegangen sein.

Strauch ließ im Vorfeld der „Aktion“ zudem alle jüdischen Zwangsarbeiter der Stadt erfassen. Am 15. Mai 1942 versandte der Kommandeur folgendes Rundschreiben an Betriebe und Behörden in Minsk: „Um den jüdischen Facharbeitern im Interesse der sie beschäftigenden Wehrmachtsteile, Behörden und Firmen einen erhöhten Schutz bei den von Fall zu Fall sicherheitspolizeilich erforderlichen Suchaktionen zu gewährleisten, bitte ich um baldmögliche Beantwortung folgender Fragen: / 1. Welche Juden (volle Personalien anhand der Ausweise) werden dort beschäftigt? / 2. Welche sind Hilfs-, welche Facharbeiter? / 3. Welche Juden (Namensangabe) wohnten bisher außerhalb des Ghettos? Ggf. welche außerhalb des Betriebsgeländes und wo (genaue Angaben)? / 4. Welche Wege werden von den Kolonnen von und zum Ghetto berührt? / 5. Tragen die Juden die vorgeschriebene Kennzeichnung an der Kleidung auch bei Arbeit im Betrieb? / 6. Welche Vergütungen bzw. Gratifikationen in Sachwerten werden gewährt? / Ich bitte, die Antwort in doppelter Ausfertigung zu übersenden. Da ich Anweisung gegeben habe, alle Facharbeiter in kürzester Frist in einem Sonderviertel im Ghetto zusammenzufassen, darf ich auf die Dringlichkeit der Beantwortung hinweisen. Insoweit muß eine vorzeitige Warnung der noch verstreut wohnenden Juden wegen der beabsichtigten Verbringung ins Ghetto unbedingt unterbleiben.“[227]

Knapp zwei Monate später, am 27. Juli 1942, erteilte die Sicherheitspolizei den Menschen im Ghetto einen neuerlichen Zwangskennzeichnungsbefehl: Ab dem folgenden Tag müssten arbeitende Juden ein rotes, nicht arbeitende Familienmitglieder und Arbeitslose ein grünes Abzeichen an ihrer Kleidung tragen.[228] Ob dieser Befehl tatsächlich umgesetzt wurde, ist ungewiss. Am frühen Morgen des 28. Juli verließen die Arbeitskolonnen wie gewöhnlich das Ghetto. An ihre Arbeitgeber war die Ordner ergangen, sie in den kommenden Tagen nicht ins Ghetto zurückzubringen.

225 Vernehmung M. L., 11. 3. 1960, LHA Koblenz, Best. 584, 1, Nr. 8480, Bl. 2299.
226 Gerlach, Morde, S. 704; Curilla, Ordnungspolizei, S. 488.
227 Der Kommandeur der Sicherheitspolizei und des SD (Strauch) an die Rayonverwaltung Minsk, 15. 5. 1942, GAMO, 623-1-202, Bl. 108.
228 Grossman/Ehrenburg, Das Schwarzbuch, S. 256.

Nach Abzug der Zwangsarbeiter ließ der KdS (im Unterschied zu allen vorherigen Aktionen) das gesamte Gelände des Zwangsbezirks absperren.[229] Neben Schutzpolizei und Schutzmannschaften kamen dabei auch Wehrmachtseinheiten, darunter eine Flakbatterie, zum Einsatz. Im Ghetto, zunächst im weißrussischen Teil, trieben Sicherheitspolizei und SD mit ihren Helfershelfern (vermutlich Letten) die Juden zusammen und nötigten sie, in Lastkraftwagen einzusteigen. Die Wagen waren teilweise von der Reichsbahn bereitgestellt, die die „Aktion" auch mit 100 bis 200 Freiwilligen unterstützte.[230]

Die Menschen wurden nach Blagovščina bei Maly Trostinez gebracht und dort an großen Gruben erschossen. Am nächsten Tag griff die „Aktion" auf das „Sonderghetto II" der Berliner, Brünner, Bremer und Wiener Juden über. Hier dürften bei Abtransport und Ermordung vor allem Gaswagen zum Einsatz gekommen sein. Der KdS verfügte zu dem Zeitpunkt über vier solcher Fahrzeuge. Für die großen „Aktionen" im Sommer 1942 hatte Strauch zudem zusätzliche der mobilen Mordinstrumente bei weiter östlich operierenden Kommandos der Einsatzgruppe B angefordert. Auch die Gaswagen verließen das Ghetto in Richtung Maly Trostinez. SS-Unterscharführer Gerhard Arlt, dessen Zug Waffen-SS an dem Massaker beteiligt war, resümiert später in einem Tätigkeitsbericht: „Vom 25. 7. bis 27. 7. werden neue Gruben ausgehoben. / Am 28. 7. Großaktion im Minsker russ. Ghetto. 6000 Juden werden zur Grube gebracht. / Am 29. 7. 3000 deutsche Juden werden zur Grube gebracht."[231] Damit war das Massaker jedoch noch nicht beendet: Die folgenden zwei Tage durchsuchten der KdS und seine Helfer sämtliche Häuser des Ghettos nach Insassen, die sich versteckt gehalten hatten. Wahrscheinlich wurden weitere 1000 Juden aus dem Ghetto abtransportiert und bei Petraškeviči nördlich von Minsk erschossen.[232]

Die Gruben, in denen die Opfer der „Großaktion" verscharrt wurden, löschte die Sicherheitspolizei wie üblich mit Chlorkalk ab. Den Chlorkalk, immerhin 50 Fässer, hatte eine unbekannte Stelle des Generalkommissariats am 2. Juli 1942 bei der Zentralhandelsgesellschaft Ost in Minsk geordert.[233] Das belegt erneut das enge Zusammenwirken von Zivilverwaltung und Sicherheitspolizei bei der Vorbereitung der „Großaktion". Die Bestellung, getätigt mit unleserlicher Unterschrift, war aber offenbar eher inoffizieller Natur und möglicherweise nur Kubes engsten Mitarbeitern bekannt. Als die Zentralhandelsgesellschaft Ost dem Generalkommissariat im Frühjahr 1943 schließlich 128,34 Reichsmark für den Bezug von Chlorkalk in Rechnung stellte, herrschte unter den Mitarbeitern Ratlosigkeit über diesen Vorgang. Eine

229 Vernehmung P. J. D., 22. 12. 1945, BArch B 162/1764, Bl. 208.
230 Zu den beteiligten Einheiten Gerlach, Morde, S. 704.
231 Zit. nach Baade, Treue, S. 252.
232 Zum Mordort Petraškeviči Gerlach, Morde, S. 704 f.
233 Der Generalkommissar für Weißruthenien, An die Zentralhandelsges. Ost, 2. Juli 1942, NARB, 370-1-1598, Bl. 172.

akribische Suche – inklusive Unterschriftenüberprüfungen – brachte Mitte August 1943 schließlich das Ergebnis, es handele „sich hier um Klorkalk, der anlässlich der Judenaktion benötigt wurde. Kosten für diesen Klorkalk sind deshalb von den Einnahmen aus dem Judenvermögen durch Rotabsetzung zu decken".[234]

Unmittelbar nach dem Massenmord, am 31. Juli 1942, schrieb Kube selbst an Reichskommissar Lohse: „In Minsk-Stadt sind am 28. und 29. Juli rund 10 000 Juden liquidiert worden, davon 6500 russische Juden – überwiegend Alte, Frauen und Kinder – der Rest bestand aus nicht einsatzfähigen Juden, die überwiegend aus Wien, Brünn, Bremen und Berlin des v. J. nach Minsk auf Befehl des Führers geschickt worden sind."[235]

Die Mordaktion Ende Juli 1942 bedeutete auch das Ende des „Sonderghettos II". Die jüdischen Zwangsarbeiter, die dort hatten leben müssen, mussten nun in das Areal des „Sonderghettos I" am jüdischen Friedhof umziehen.[236] Von den ursprünglich 7000 „Reichsjuden" des Minsker Ghettos lebten im Sommer 1942 noch knapp 3000. Insgesamt gab es nach der „Großaktion" vom Juli 1942 im Minsker Ghetto etwa 9000 Menschen.[237] Sie fristeten in den folgenden Monaten ein kärgliches Dasein als Arbeitssklaven für deutsche Betriebe und Behörden in Minsk. Der Judenrat des weißrussischen Ghettos war bis auf das Arbeitsbüro unter Leitung eines polnischen Juden namens Epštejn aufgelöst worden. Gleiches geschah mit dem Zwangsgremium im „Sonderghetto"; der Leiter des Arbeitsbüros war ein etwa 30-jähriger Mann namens Wagner. Neben den Arbeitsbüros bestanden Ordnerwachen in beiden Ghettos weiter. Die jüdische Polizei im weißrussischen Ghetto leitete ein Mann namens Rozenblat.[238]

Besonders trostlos war die Situation der Überlebenden des „Sonderghettos II", wie Heinz Rosenberg erinnert: „Die Not im Ghetto war noch größer geworden. Die SS hatte die Überlebenden auf engem Raum zusammengedrängt. Diese hatten weder Kleidung noch irgend etwas, das sie zum Leben benötigten. Jeder teilte mit diesen Ärmsten, was er nur irgend entbehren konnte. Da wir nun alle wußten, was uns bevorstand, wurde bedenkenloser getauscht. Wir können ja doch nichts mehr verlieren, sagte man sich. Aber ein Brot war inzwischen fast unbezahlbar, Kartoffeln ein Luxus."[239]

234 Der Generalkommissar in Mink (Steinmaurer), Vermerk, 13. 8. 1943, NARB, 370-1-1598, Bl. 170.

235 Der Generalkommissar für Weißruthenien (Kube) an den Reichskommissar für das Ostland, 31. 7. 1942 (Abschrift), BArch B 162/1652, Bl. 1173 f.

236 Interview Franz Spitzer, Code 34302, Visual History Archive, ©USC Shoah Foundation Institute 1997.

237 So übereinstimmtend ebenda; Erinnerungen Roza Lipskaja, USHMM, RG-02.022, Bl. 2; Grossman/Ehrenburg, Schwarzbuch, S. 265.

238 Dazu Vernehmung Adolf Rübe, 2. 9. 1959, BArch B 162/1675, Bl. 616.

239 Rosenberg, Jahre, S. 50.

Große „Aktionen“ immerhin blieben bis zum kommenden Frühjahr aus. Wie der Leiter des städtischen Arbeitsamtes im April 1943 verlautbaren ließ, gab es zu diesem Zeitpunkt noch 8500 jüdische Arbeitskräfte in Minsk.[240] Ein Teil war wahrscheinlich nicht im Ghetto, sondern auf den jeweiligen Arbeitsstellen untergebracht. SS-Hauptscharführer Adolf Rübe aus Karlsruhe, den der KdS ab Februar oder März 1943 als „Ghetto-Kommandanten“ einsetzte, fand nach eigenen Angaben bei seiner Ankunft etwa 6000 Juden im Ghetto vor. Davon seien 3000 aus Minsk und 3000 aus dem Reich gewesen.[241] Rübe war wahrscheinlich von Kommandeur Strauch und Gestapochef Heuser instruiert worden, nicht mehr arbeitsfähige Ghetto-Insassen aufzuspüren und zu töten. So war Rübe an der Ermordung von Insassen der Krankenstation sowie eines Waisenhauses beteiligt.[242]

Die meisten Überlebenden erinnern Rübe als Exzesstäter, der täglich Menschen zum jüdischen Friedhof brachte und dort tötete. Erwin Marcus aus Frankfurt, auf dessen Initiative hin Rübe im Dezember 1946 verhaftet wurde, berichtet: „Als Rübe die Aufsicht über das Ghetto übernommen hatte, begann eine Zeit der infamsten Morde. So stellte ich fest, dass Rübe bei seinen täglichen Rundgängen durch das Ghetto einzelne Juden heraussuchte und mit diesen in seinem Auto die Ghettostrasse davon fuhr. [...] Wie mitinhaftierte Juden mir öfters erzählt haben, u. a. meine eigene Mutter, haben diese persönlich gesehen, wie Rübe mit den Juden [...] in Richtung Friedhof fuhr [...]. Aus dem Friedhof hörten sie dann Schüsse fallen und kurze Zeit später kam Rübe ohne die Juden ins Ghetto zurück.“[243]

Einen Teil seiner Opfer wies Rübe jedoch zunächst in das Minsker Justizgefängnis ein. Darunter waren am 13. April 1943 auch der Zahnarzt Ernst Tichauer (geb. 1888) und seine Frau Elise (geb. 1887), die aus Hamburg ins Ghetto Minsk verschleppt worden waren. Wie der Gefängnisleiter Ende Mai 1943 an Generalkommissar Kube schrieb, wurde Tichauer in den folgenden Wochen mehrfach gezwungen, „bei den eingelieferten deutschen und russischen Juden die Goldbrücken, Kronen und Plomben“[244] zu ziehen. Ein bis zwei Stunden später wurden die Menschen in Gaswagen gepfercht und nach Maly Trostinez gebracht. Solchen „Aktionen“ fielen allein zwischen dem 13. April und dem 31. Mai 1943 516 Menschen zum Opfer.[245]

Wahrscheinlich war Rübe auch an einem Massaker im Mai 1943 beteiligt, dem viele noch lebende „Reichsjuden“ zum Opfer fielen.[246] Ab Juni 1943 begann der KdS,

240 Protokoll über die Tagung der Gebietskommissare, Hauptabteilungsleiter und Abteilungsleiter des Generalkommissars in Minsk, 8.–10. 4. 1943 (Kopie), BArch R 93/20, Bl. 129.
241 Vernehmung Adolf Rübe, 2. 9. 1959, BArch B 162/1675, Bl. 616.
242 Rosenberg, Jahre, S. 53; Grossman/Ehrenburg, Schwarzbuch, S. 269 ff.
243 Vernehmung Erwin M., 30. 12. 1946, GLAK, 465 A/51/5/460, Ordner I, Bl. 3.
244 Gerichtsgefängnis an Generalkommissar Kube, 31. 5. 1963, NARB, 4683-3-1022a, Bl. 28, abgedruckt in Kohl, Krieg, S. 248; dazu auch Vernehmung K. K. (Gefängniswärter), 21. 8. 1961, Staatsarchiv Hamburg 213-12-0597/004, B. 1614.
245 Gerichtsgefängnis an Generalkommissar Kube, 31. 5. 1963, NARB, 4683-3-1022a, Bl. 28.
246 Loewenstein, Minsk, S. 56.

ganze Arbeitskolonnen zu töten.[247] Am 21. Juni erging Himmlers Befehl zur Auflösung der Ghettos im „Ostland“: Arbeitsfähige Häftlinge sollten in Konzentrationslager verbracht, alle anderen ermordet werden. In Minsk begann am 1. September die mehrwöchige Phase der Auflösung des Ghettos. Unter Leitung von Rübe brachte die Sicherheitspolizei ab diesem Tag zunächst Insassen des „Sonderghettos“ in das SS-Sammellager in der „Širokaja“. Als erste Gruppe kamen junge Männer im Alter zwischen 16 und 30 Jahren aus den Arbeitskolonnen in das Lager. Darunter waren Heinz Rosenberg, Chaim Baram, Arthur Menke und Franz Spitzer. Die Männer durften Briefe mit ihren im Ghetto verbliebenen Angehörigen austauschen. Franz Spitzer beschreibt das später als äußerst raffinierte Maßnahme des KdS: So habe sich unter den noch im Ghetto lebenden Juden herumgesprochen, dass im Lager in der Širokaja-Straße keine Gefahr drohe.[248] Es brach daher keine Panik aus, als die Sicherheitspolizei nach und nach alle Insassen des „Sonderghettos“ in dieses Sammellager überführte.

Am 14. September wurde ein Transport mit 300 jungen Männern aus dem Reich sowie 480 Insassen aus dem Arbeitslager Maly Trostinez nach Majdanek zusammengestellt.[249] Die meisten der im Sammellager zurückgebliebenen Juden aus dem Reich wurden wahrscheinlich am gleichen Tag in Blagovščina erschossen oder in Gaswagen erstickt.[250] Die Opferzahl dürfte bei knapp 2000 Menschen gelegen haben. Danach brachte der KdS auch „arbeitsfähige“ weißrussische Ghetto-Insassen in das Sammellager in der „Širokaja“. Sie wurden einer neuerlichen Selektion unterzogen. Am 16. September 1943 kam ein Zug mit einer unbekannten Zahl jüdischer Männer aus Minsk im Vernichtungslager Sobibór an; ihm folgte drei Tage später ein weiterer Transport mit 400 bis 500 Minsker Jüdinnen.[251] Noch ein Zug nach Sobibór mit rund 2000 Juden aus Minsk verließ die Stadt am 18. September. Unter den Verschleppten war auch der spätere Anführer des Aufstandes von Sobibór, Aleksandr Pečerskij.[252] Anfang Oktober 1943 gab es vermutlich noch einen Transport mit weißrussischen und deutschen Juden aus Minsk nach Auschwitz.[253] Nur wenige überlebten diese Transporte.

Unterdessen waren die letzten noch lebenden Juden von Minsk auf dem Gelände des ehemaligen „Sonderghettos“ nahe dem jüdischen Friedhof zusammengedrängt worden. Zwischen dem 21. und dem 23. Oktober fiel hier letztmalig die Sicherheitspo-

247 So Gerlach, Morde, S. 678.

248 Interview Franz Spitzer, Code 34302, Visual History Archive, ©USC Shoah Foundation Institute 1997.

249 Zu diesem Transport u. a. ebenda, Rosenberg, Jahre, S. 72 ff., Vernehmung R. F., 27. 1. 1960, LHA Koblenz, Best. 584, 1, Nr. 8476, Bl. 1811; Baram, Erinnerungen, Archiv des ZfA, S. 26 f.

250 Gerlach, Morde, S. 741.

251 Ebenda.

252 Ebenda; Ainsztein, Widerstand, S. 233.

253 Gerlach, Morde, S. 741.

lizei, inzwischen unter BdS Ehrlinger, ein. Das Ghetto wurde restlos geräumt; die verbliebenen Insassen, wahrscheinlich um die 1000 Menschen, in Blagovščina getötet.

Sarra Gimel'štejn, damals zwölf Jahre alt, schildert die letzten Tage im Ghetto Minsk in ihren Erinnerungen: „Eines Tages – es war wohl der 21. Oktober 1943 – wurde das Ghetto von der Gestapo umstellt. Wir beschlossen, uns in unserem Zufluchtsort zu verstecken. Er war unter den Boden gegraben. [...] Wir nahmen Zucker und einen Eimer Wasser mit. Wir waren 17 Menschen, vor allem Frauen und Kinder. Wir hörten, wie die Deutschen und die [einheimische] Polizei oben durch die Zimmer gingen. Sie schrieen, dass wir ‚Drecksjuden' herauskommen sollten. [...] So vergingen ein Tag und eine Nacht. Am zweiten Tag erschien niemand. Wir blieben bis zur nächsten Nacht sitzen. Dann musste irgend jemand hinaus und Wasser holen. Mama ging hinaus. [...] Sie kam zurück, brachte Wasser mit und einige Neuigkeiten. Vor allem war nirgends auch nur das geringste Lebenszeichen, die Türen der Häuser standen sperrangelweit offen und alles war geplündert. Wir blieben sechs weitere Tage in unserem Versteck. Mama ging jede Nacht hinaus, um Wasser zu holen. In der letzten Nacht kehrte sie sehr aufgeregt zurück. Sie erzählte, dass in einigen Häusern Frauen erschienen seien, es seien aber keine Jüdinnen. Wir begriffen, dass das Ghetto liquidiert worden war und die Deutschen russische Bevölkerung im Bezirk ansiedelten. / Wir beratschlagten, was wir tun sollen. [...] Da erschienen plötzlich wieder Deutsche in unserem Haus. Sie wussten, dass wir uns im Keller verbargen, konnten aber den Eingang zum Versteck nicht finden. Sie klopften auf den Boden, schossen [...]. Dann begannen sie, den Boden aufzubrechen und schrieen, wir sollten herauskommen, sonst würden sie das Haus abbrennen. Bei lebendigem Leibe verbrennen – das wollte niemand, besser ein Tod mit der Kugel."[254]

16 Menschen, darunter Sarras Mutter Dora Brudner, wurden wahrscheinlich noch am selben Tag ermordet. Nur der Zwölfjährigen gelang es in einem unbeobachteten Moment zu fliehen. Ihre Flucht führte sie über hundert Kilometer nach Westen bis nach Baranoviči, wo sie als Kindermädchen in einer weißrussischen Familie das Kriegsende erlebte.

4.4. Überlebens- und Widerstandsstrategien der Juden in Minsk

Die Menschen im Minsker Ghetto ergaben sich nicht widerstandslos ihrem Schicksal. Die ungewöhnlich starke kommunistische Untergrundbewegung ist relativ gut erforscht.[255] Im Folgenden soll es deshalb vorrangig um Überlebensstrategien gehen,

254 Gimelshtein, USHMM, 1995.A.162, ohne Paginierung.

255 Vgl. dazu vor allem die Studie von Barbara Epstein, The Minsk Ghetto 1941–1943. Jewish Resistance and Soviet Internationalism, Berkeley u. a. 2008.

die außerhalb dieser Strukturen entwickelt wurden. Ein knapper Überblick über die Widerstandsbewegung des Ghettos ist gleichwohl geboten.

Erste Untergrund-Zellen entstanden bereits kurz nach der Errichtung des Ghettos infolge der Razzien im August 1941. Zu ihnen gehörte die Gruppe um Girš Smolar. Smolar, überzeugter Kommunist, war zu Kriegsbeginn aus Białystok nach Osten geflohen und in Minsk gestrandet. In seiner Gruppe versammelten sich Männer und Frauen mit ähnlichem Schicksal und ähnlicher Gesinnung, die sogenannten Westler („zapadniki"). Etwa zeitgleich entstand eine Gruppe um Naum Fel'dman, einem gelernten Drucker. Die Mitglieder rekrutierten sich aus Minsker Angehörigen der KP und des Komsomol. Darunter waren Elena Majzelis und Zjama Okun'. Auch andere Parteimitglieder bildeten Untergrundgruppen, so Boris Chaimovič und Michail Gebelev. Im Oktober 1941 schlossen sich die Gruppen zu einer gemeinsamen Untergrundbewegung zusammen. Die Führung der Organisation übernahmen zunächst die „Westler". Da viele von ihnen vor 1939 in Polen gelebt hatten, verfügten sie bereits über Erfahrung im Untergrundkampf. Das erste Organisationszentrum bestand aus Smolar selbst, Jakov Kirkaešto sowie Notke Vajngaus. Die beiden Männer fielen jedoch den Massenmorden vom November 1941 zum Opfer. Ihre Nachfolger waren Michail Gebelev und Matvej Pruslin.[256]

Die Untergrundbewegung war in Zehnergruppen („desjatki") aufgeteilt: Jede Einheit bestand aus bis zu zehn Personen und einer leitenden Person, die Kontakt zum Organisationszentrum hielt. Die Mitglieder der „Zehnergruppen" kannten sich nicht. Nach Angaben von Roza Lipskaja, die später eine der „desjatki" führte, gab es insgesamt zwölf solcher Einheiten.[257] Die Judenräte kooperierten mit dem Ghetto-Untergrund, Unterstützung leisteten auch die Ärzte des jüdischen Krankenhauses. Ende 1941 knüpften Smolar, Gebelev und Pruslin Kontakte zum nicht jüdischen sowjetischen Untergrund in Minsk. Diese Beziehungen gestalteten sich nicht unproblematisch, Gleiches galt für die Verbindungen mit Partisaneneinheiten in den Wäldern um Minsk. Antisemitismus war in der sowjetischen Partisanenbewegung durchaus verbreitet. Juden galten als feige und als schlechte Kämpfer, oftmals auch als Verräter und Spione der Besatzungsmacht.[258] Dieses Vorurteil schürte die Sicherheitspolizei zusätzlich, in dem sie (unter Todesandrohung zur Kollaboration erpresste) jüdische V-Leute in die Partisanenbewegung schleuste.

Dennoch gelang es dem Ghetto-Untergrund 1942 und verstärkt 1943, mehrere Tausend Juden aus dem Minsker Ghetto zu sowjetischen Partisaneneinheiten zu bringen. Die genaue Zahl ist unbekannt. Ältere Studien nennen 10 000 Menschen; die heutige weißrussische Forschung geht von 3000 geretteten Juden aus.[259] Als Gegen-

256 Dazu ebenda, S. 113 ff.

257 Erinnerungen Roza Lipskaja, USHMM, RG-02.022, Bl. 2 f.

258 Dazu grundsätzlich Smilovitskii, Antisemitism; auch Smolar, Ghetto, S. 68 ff.

259 Ainsztein, Widerstand, S. 234; Vortrag Ėmanuil Ioffe in der Internationalen Bildungs- und Begegnungsstätte „Johannes Rau", Minsk, 22. 10. 2008.

leistung mussten die Juden warme Kleidung, Medikamente, Lebensmittel und Waffen zu den Partisaneneinheiten bringen. Die „desjatki“ im Ghetto hatten deshalb auch die Aufgabe, solche Dinge zu beschaffen oder herzustellen. Neben den Werkstätten des Judenrates gab es illegale Werkstätten im Ghetto, in denen Mäntel, Handschuhe und Ähnliches für die Partisanen produziert wurden. Roza Lipskaja sammelte bei Freunden und Bekannten Kleidungsstücke ein. Die Ärzte des Krankenhauses halfen, soweit möglich, mit Medikamenten und Verbandsstoffen.[260] Aron Fiterson erhielt den Auftrag, Waffen zu besorgen. Das gelang ihm durch Kontakte zu einem nicht jüdischen Freund im „russischen Bezirk“, der in einem Waffenlager arbeitete. Zudem stieß er bei der Suche nach Heizmaterial zufällig auf sechs Gewehre und etwa 100 Patronen, die unter dem Boden einer Häuserruine im Ghetto versteckt waren.[261]

Eine weitere Aufgabe der „desjatki“ war es, Nachrichten über die Kriegslage unter der Ghetto-Bevölkerung zu verbreiten. Die Untergrundbewegung unterhielt deshalb mehrere illegale Radioempfänger im Ghetto. Elena Rol’bina, Tochter eines Untergrundkämpfers, berichtet nach dem Krieg: „In unserem Haus waren einige geheime Verstecke eingerichtet worden, in denen Waffen, Medikamente und warme Kleidung versteckt wurden. Es gab auch ein großes Versteck, dessen Eingang durch den russischen Kachelofen eingerichtet worden war. In diesem Versteck gab es einen unterirdischen Gang zur Straße. Dort befand sich ein Radioempfänger, mit dem wir die Berichte des Sovinformbüros empfingen. Mein Bruder schrieb sie mit der Schreibmaschine ab. Danach wurden diese Berichte unter der Ghettobevölkerung verteilt. Diese Schreibmaschine verschaffte uns der Genosse Fiterson, sie wurde später in eine Partisaneneinheit gebracht.“[262] In der frühen Phase des Untergrunds waren nach Smolar vor allem zwei Aufgaben zentral: “(1) Spread these slogans among the population: ‘Ghetto means death! Break down the ghetto walls! Out of the ghetto!’ (2) Send some of our people who looked ‘Aryan’ into various neighborhoods to find places where Jews could hide and survive.”[263]

Die Aufklärung der Ghetto-Insassen über den Ernst ihrer Lage schien den Untergrundkämpfern dringend geboten. Nach dem Ende der Razzien vom August 1941 hofften viele Juden, dass das Schlimmste nunmehr überstanden sei und sie bald gerettet werden würden. In den ersten Monaten fanden sich die Menschen jeden Abend auf den Höfen des Ghettos zu hitzigen Diskussionen zusammen. Dabei zirkulierten vor allem Gerüchte. Die einen berichteten, die Rote Armee bewege sich bereits wieder auf Minsk und werde die Eingeschlossenen bald befreien. Andere erzählten, die Regierung der UdSSR verhandele mit der NS-Führung über einen Austausch sowjetischer Juden mit deutschen Kriegsgefangenen. Wieder andere woll-

260 Dazu u. a. Erinnerungen Slava Breslava, USHMM, RG-02.022, Bl. 6 ff.
261 Erinnerungen Aron Fiterson, USHMM, RG-02.022, Bl. 9.
262 Erinnerungsbericht Elena Rol’bina, MGVK, n/V 23505, Bl. 2 f.
263 Smolar, Ghetto, S. 30.

ten erfahren haben, dass amerikanische Juden Gold gesammelt hätten, um Hitler die sowjetischen Juden gleichsam abzukaufen und in die USA zu bringen. Wie Smolar berichtet, hätten sich einige wenige Ghetto-Insassen mit dem Fabrizieren und der Verbreitung guter Neuigkeiten sogar ein Zubrot verdient.[264]

Diese Gerüchtebildung war eine frühe Überlebensstrategie im Ghetto Minsk. Al'bert Lapidus betont die psychisch aufbauende Wirkung der Gerüchte bei allen Insassen: „Unabhängig von Bildung und Intellekt ernähren sich hier alle von ein und derselben geistigen Nahrung – den Gerüchten."[265] Positive Gerüchte gab es später auch in den deutschen „Sonderghettos". Im Frühjahr 1942 hieß es zum Beispiel, Mitarbeiter des Schwedischen Roten Kreuzes hielten sich in Minsk auf und hätten das Angebot gemacht, deutsche Juden in ihrem Land aufzunehmen.[266]

Im weißrussischen Ghetto stoppte die positive Gerüchtebildung bereits nach den „Aktionen" im November, die mindestens 12 000 Opfer forderten. Den Menschen war nicht entgangen, dass im Gegensatz zum Sommer 1941 nicht mehr vorrangig wehrfähige Männer, sondern Alte, Frauen und Kinder getötet worden waren. Viele nahmen nun an, dass die deutsche Besatzungsmacht die Ermordung aller Ghetto-Insassen plante. „[D]enn wer systematisch Kinder tötet", schreibt auch Christian Gerlach, „hat die letzte Schwelle überschritten und will auf lange Sicht niemanden mehr übrig lassen."[267] Auf die Insassen der „Sonderghettos" hatte das mehrtägige Massaker vom Juli 1942 einen ähnlichen Effekt.

Ab November 1941 bauten weißrussische Juden in ihren Häusern sorgfältig getarnte Verstecke aus. Sie sollten Schutz vor den „Aktionen" der Sicherheitspolizei und ihrer Helfershelfer bieten. Die sogenannten *maliny* entstanden auf Dachböden hinter falschen Wänden, in Gruben unter dem Fußboden oder hinter den Öfen der Holzhäuschen. *Maliny* wurden vereinzelt bereits nach den Razzien im August 1941 angelegt; spätestens nach dem Massenmord im März 1942 waren sie im weißrussischen Teil des Zwangsbezirks ein Massenphänomen. Sicherheitspolizei und SD freilich dürften durch V-Leute von dieser Überlebensstrategie erfahren haben. Bei der „Großaktion" im Juli 1942 verbrachten sie zwei Tage damit, die Häuser des Ghettos nach Versteckten zu durchsuchen. Gleiches geschah bei der Auflösung des Ghettos im Jahr darauf. Dennoch dürften die *maliny* einer unbekannten Zahl weißrussischer Juden das Überleben gesichert haben.[268]

In den deutschen „Sonderghettos" gab es solche getarnten Verstecke nicht. Die verschleppten Juden gingen bis zum Sommer 1942 nicht davon aus, ermordet zu

264 Ebenda S. 25.

265 Lapidus, USHMM, RG-02.174, Bl. 10.

266 Baram, Erinnerungen, S. 14; Loewenstein, Minsk, S. 49.

267 Gerlach, Morde, S. 637.

268 Vgl. dazu den Bericht einer Überlebenden der „Aktion" im Juli 1942 in: Grossman/Ehrenburg, Schwarzbuch, S. 257 f. sowie Genja Aronowna Sawolner, Interview vom 9. 6. 2000, in: Projektgruppe Belarus (Hrsg.), Ghetto, S. 66–76, hier S. 71.

werden.[269] Zu diesem Eindruck trug bei, dass die „Reichsjuden" auf den Arbeitsstellen und im Ghetto ein wenig besser behandelt wurden als einheimische Juden. Lea Gutkovič aus Minsk war in einer Arbeitskolonne aus deutschen und weißrussischen Juden bei der Wehrmacht eingesetzt. Über ihren ersten Arbeitstag berichtet sie: „Dann folgte der Befehl: Die Hamburger Juden stellen sich zu fünft an eine Lore, die russischen Juden zu dritt. ‚Ihren' gaben sie ein Privileg, weil sie nicht bolschewistisch waren."[270] Im Ghetto selbst erhielten die Verschleppten eine etwas bessere Verpflegung und medizinische Versorgung.

Aus der „Großaktion" vom Juli 1942, die die „Arbeitsunfähigen" im Ghetto getroffen hatte, zogen einige Deportierte den Schluss, dass der Einsatz in „Außenkommandos" das Überleben sichern könnte. Diese Hoffnung jedoch trog. Das berichtet Chaim Baram aus Berlin: „Gleich nach dem großen Pogrom ließ ich meine Frau zu uns [ins Außenkommando] kommen. Sie arbeitete bei der Firma Max Schaade und wurde bald darauf vom SD verhaftet und ins Gefängnis von Minsk überführt. Seitdem hörte ich nie mehr etwas von ihr."[271]

Unterdessen versuchte die Untergrundbewegung des weißrussischen Ghettos, mehr und mehr Insassen bei den Partisaneneinheiten in den Wäldern um Minsk unterzubringen. Darunter waren viele Frauen und Kinder, die im Ghetto besonders vom Tod bedroht waren. Viele kamen zur jüdischen Partisaneneinheit Nr. 106 unter dem Kommandanten Šolom Zorin. Die Einheit unterhielt auch ein Familienlager. Dieser Fluchtweg war den deportierten Juden versperrt. Smolar schreibt in seinen Erinnerungen, die „Reichsjuden" hätten eine Teilnahme am Widerstand und eine Flucht zu den Partisanen von vornherein abgelehnt.[272] Wahrscheinlicher ist jedoch, dass die Partisanenbewegung Vorbehalte gegen eine Aufnahme deutscher Juden hatte. Schließlich galten manchem Kommandeur bereits jüdische Einheimische als mögliche deutsche Spione. Mangelnde Sprachkenntnisse dürften ein weiterer Grund für den fehlenden Kontakt deportierter Juden zur Untergrundbewegung gewesen sein. Juden aus Brünn hatten es wegen ihrer Tschechisch-Kenntnisse offenbar leichter. So stand Franz Spitzer, Jahrgang 1925, in Verbindung zu einer „desjatka" aus Komsomolzen; zu einer Flucht des jungen Mannes kam es aber nicht.[273] Im März 1943 allerdings gelang Ilse Stein aus Frankfurt zusammen mit ihren Schwestern und einigen weißrussischen Juden ein spektakulärer Durchbruch zu den Partisanen. Die junge Frau hatte in einer Kolonne aus deutschen und weißrussischen Juden bei der Wehrmacht Zwangsarbeit geleistet. Dort verliebte sich der deutsche Hauptmann

269 Dazu u. a. Vernehmung F. S. (Überlebender aus Brünn), 25. 4. 1962, BArch B 162/1687, Bl. 3183.

270 Lea Gutkovič, Ljubov Gauptmana Villi Šulc (Die Liebe des Hauptmanns Willy Schulz), in: Levin/Mel'cer, Kniga, S. 139–150, hier S. 141.

271 Baram, Erinnerungen, Archiv des ZfA, S. 21.

272 Smolar, Ghetto, S. 103.

273 Interview Franz Spitzer, Code 34302, Visual History Archive, ©USC Shoah Foundation Institute 1997.

Willi Schulz in sie. Schulz beschloss, seine Freundin und ihre Schwestern zu retten. Wohl wissend, dass eine Flucht nur mit Einheimischen gelingen konnte, plante der Hauptmann den Ausbruch gemeinsam mit Lea Gutkovič aus Ilses Arbeitskommando. Schulz organisierte schließlich einen Wehrmachts-LKW, der als Kiesfuhre getarnt wurde. Insgesamt 25 Insassen des Minsker Ghettos kamen so zu einer Partisaneneinheit bei Rudensk.[274] Im Ghetto allerdings leitete der KdS umgehend Vergeltungsmaßnahmen ein, wie Chaim Baram und Günther Katzenstein berichten. Alle noch verbliebenen Mitglieder aus Ilse Steins Arbeitskommando seien mitsamt ihren Familien erschossen worden.[275]

Ein anderer Fluchtversuch wurde etwa zeitgleich vereitelt, wie ein Tagesbefehl des KdO Weißruthenien von Mitte März 1943 zeigt: „Jüdische Arbeitskräfte, die in der Opernkaserne in Minsk beschäftigt waren, versuchten den Schutzmann Michael Biluha, ukr. Schutzm.-Batl. 46, abgeordnet zur Abt. K meines Stabes als Kraftfahrer gegen Versprechung von 15 000 Rubel zu bestechen, sie mittels eines Wkw. in ein bestimmtes Bandenlager zu fahren. B. ging zum Schein auf den Vorschlag ein und meldete das Geschehene sofort seinem Dienstvorgesetzten. Hierdurch wurde die Ausführung des Planes verhindert und die Rädelsführer mit ihren Komplizen, die sich bereits im Besitz von Waffen befanden, konnten unschädlich gemacht werden. / Auf Anordnung des Bevollmächtigten des RFSS f. d. Bandenbekämpfung ist dem Schutzmann Biluha für sein mustergültiges Verhalten aus der Polizeikasse eine Belohnung von 1000,00 Reichsmark gezahlt worden. Ich spreche meinerseits dem Kraftfahrer Biluha für seine Unbestechlichkeit, seine Umsicht und Unerschrockenheit […] meine vollste Anerkennung aus."[276]

Unbemerkt blieb indes die Flucht eines Berliner Juden im Januar 1942, der bei der Reichsbahn Zwangsarbeit geleistet hatte. Dem jungen Mann gelang es, als Verwundeter getarnt in einem Lazarettzug der Wehrmacht aus Minsk zu entkommen. Ein Reichsbahnmitarbeiter half ihm wahrscheinlich dabei.[277] Andere Deutsche in Minsk konnten deportierten Juden zwar nicht zur Flucht verhelfen. Sie ermöglichten ihnen aber einen Briefwechsel mit Verwandten in der Heimat und versorgten sie mit Lebensmitteln und Medikamenten. So unterstützte der Wehrmachtssoldat Max Luchner die Ärztin Dr. Hedwig Jung-Danielewicz, die aus Düsseldorf ins Ghetto Minsk verschleppt worden war.[278]

274 Dazu ausführlich Winter, Liebe; Gutkovič, Ljubov; Epstein, Ghetto, S. 221 ff.

275 Baram, Erinnerungen, Archiv des ZfA, S. 18; mündliche Mitteilung von Günther Katzenstein am 4. 7. 2006.

276 Auszug aus Tagesbefehl Nr. 7 des KdO Weißruthenien (Klepsch) vom 15. März 1943 u. a. mit Belobigung eines Angehörigen der Schutzmannschaft für seinen Einsatz bei der Vereitelung eines jüdischen Fluchtversuchs, in: Benz/Kwiet/Matthäus (Hrsg.), Einsatz, S. 169.

277 Interview Fred Alexander, Code 48006, Visual History Archive, © USC Shoah Foundation Institute 1998.

278 Dazu ausführlich Paul Unschuld, Die Ärztin und der Maler. Carl Jung-Dörfler und Hedwig Danielewicz, Düsseldorf 1994.

Die Möglichkeit einer Flucht zu den Partisanen stand auch weißrussischen Juden nicht automatisch offen. Hierfür waren gute Beziehungen zum Untergrund notwendig, wie Sarra Gimel'štejn betont.[279] Entsprechend suchten einige Häftlinge selbstständig nach Fluchtmöglichkeiten. Dabei wurden sie von weißrussischen Freunden unterstützt, die zum Beispiel falsche Papiere besorgten. Den Flüchtlingen erschien ein Verbleib in Minsk, wo man sie kannte, zu unsicher. Viele zogen in die umliegenden Dörfer und verdingten sich dort als Landarbeiter. Aber auch dort schwebten sie beständig in der Gefahr, als Juden entdeckt zu werden. Asja Tretjakova entkam mit ihrem kleinen Sohn aus dem Minsker Ghetto und arbeitete danach auf einem Bauernhof bei Minsk. Sie unterstreicht, dass sie vor allem ihr helles Haar geschützt habe. Die Deutschen hätten eine einfache Gleichung aufgestellt: Wer hellhaarig gewesen sei, habe als Weißrusse gegolten; wer dunkles Haar hatte, wurde als Jude angesehen. Asja Tretjakova wurde allerdings im April 1944 als Zwangsarbeiterin nach Deutschland verschleppt. Sie ist damit einer doppelten Verfolgung ausgesetzt gewesen.[280]

Individuelle Fluchten aus dem Ghetto Minsk sind auch für Kinder und Jugendliche dokumentiert, deren Eltern ermordet worden waren. Der 1931 geborene Bertol'd Vil'ner floh zusammen mit seinem fünf Jahre jüngeren Bruder im April 1942 aus dem Ghetto. Er kam bis in das Gebiet Puchoviči, wo er zunächst den dort lebenden Bauern bei der Arbeit half. "My brother and I wandered around within Byelorussia until July, 1944, when Minsk was liberated by the Soviet Army",[281]resümiert Vil'ner seine Flucht und Rettung.

Kinder rettete jedoch auch der Untergrund.[282] Er stellte Kontakt zu Mitarbeitern eines Waisenhauses im „russischen Bezirk" von Minsk her. Sie nahmen elternlose jüdische Kinder aus dem Ghetto auf und gaben sie als Weißrussen aus. Die Kinder befanden sich indes nicht in völliger Sicherheit. Im Waisenhaus gab es oft Razzien von SS und Polizei. Wahrscheinlich lieferten V-Leute Hinweise auf diese Rettungsstrategie des Untergrundes. Wegen der Durchsuchungen mussten die Kinder ihre jüdische Identität vor ihren weißrussischen Altersgenossen verbergen. Diese hätten sie aus Unachtsamkeit oder gar Absicht verraten können. Die jungen Weißrussen hatten zum Teil selbst antisemitisches Gedankengut verinnerlicht. Für die jüdischen Kinder bedeutete dies eine zusätzliche psychische Belastung, wie eine ehemalige Waisenhausbewohnerin erzählt: „Ich war damals drei Jahre alt. Die Kinder im Waisenhaus sagten, dass Juden schwarzes Blut hätten. Ich fürchtete immer, mir in den Finger zu schneiden oder das Knie aufzuschlagen. Dann würde sofort Blut fließen und alle würden sehen, dass ich Jüdin bin."[283]

279 Gimelshtein, USHMM, 1995.A.162, Bl. 18.
280 Interview Asja Trityakova, USHMM, RG-50.378#003.
281 Erinnerungsbericht Bertold G. Vilner, USHMM, 1995.A.1048, Bl. 2.
282 Dazu ausführlich Epstein, Ghetto, S. 171 ff.
283 Zit nach Lapidus, USHMM, RG-02.174, Bl. 16.

5. Deutsche Juden im Ghetto Minsk

5.1. Minsk als Deportationsziel

Die Entscheidung, die Juden des deutschen Herrschaftsbereichs zu deportieren, hatte das NS-Regime bereits im Herbst 1939 kurz nach dem Überfall auf Polen getroffen. Seither unternommene Versuche scheiterten jedoch in Ermangelung geeigneter Zielgebiete. Während der Vorbereitungen des „Unternehmens Barbarossa“ schlug der für die Zwangsverschleppungen verantwortliche Heydrich die Sowjetunion als Deportationsziel vor. Diese Idee fand in der NS-Führungsriege durchaus Zuspruch. Allerdings sollte mit der „Judenevakuierung“ erst nach einem Sieg über die UdSSR begonnnen werden. Im Juli 1941 ging das Regime noch davon aus, dass das spätestens zum Jahresende der Fall sein würde. Heydrich und sein Vorgesetzter Himmler hielten es daher für angezeigt, konkrete Vorbereitungen der Deportationen einzuleiten. Hinzu kamen erste Planskizzen der SS-Führung zu einem Völkermord an den europäischen Juden, in deren Kontext Heydrich am 31. Juli eine neuerliche Vollmacht von Göring zur Vorbereitung der „Endlösung“ erhielt. Etwa zeitgleich wurde die jüdische Bevölkerung im „Altreich“ noch einmal gezählt: Ihre Anzahl betrug im Sommer 1941 167 245 Menschen. Davon lebte knapp die Hälfte – über 70 000 – in Berlin.[1]

Ende Juli/Anfang August legte Heydrich seinem „Führer“ einen Antrag auf unverzüglichen Beginn umfassender Deportationen vor. Hitler lehnte eine Gesamtdeportation zum damaligen Zeitpunkt ab, genehmigte jedoch „Teilevakuierungen“ von Juden aus größeren Städten.[2] Wahrscheinlich war aber auch diese Genehmigung an einen Sieg über die UdSSR geknüpft.

Heydrich begann unverzüglich mit der Ausarbeitung eines „Stufenplans“ für die Teilaktionen. Anfang August teilte das RSHA der „Reichsvereinigung der Juden in Deutschland“ mit, dass jüdischen Männern zwischen 18 und 45 Jahren jede Ausreise aus dem Reich untersagt sei. Das Verbot schloss die illegale Auswanderung nach Palästina ein, die Gestapo und SD bislang unterstützt hatten. Wenig später wurde das Ausreiseverbot auf jüdische Frauen gleichen Alters ausgedehnt. „Da zu diesem Zeitpunkt alle arbeitsfähigen Juden längst zwangsbeschäftigt waren“, schreibt Wolf Gruner in diesem Zusammenhang, „zielte dieses Emigrationsverbot nicht auf den Arbeitsmarkt, sondern auf bevorstehende Transporte.“[3]

1 Gruner, Kollektivausweisung, S. 46
2 So Eichmann auf einer Sitzung in Berlin vom 15. 8. 1941, vgl. ebenda, S. 47.
3 Ebenda, S. 46.

Unterdessen drängte Goebbels als Gauleiter von Berlin auf eine rasche Abschiebung der noch in der Reichshauptstadt lebenden Juden. Am 15. August 1941 ließ er eine Sitzung im Propagandaministerium anberaumen, auf der Eichmann die aktuellen Deportationsplanungen des RSHA zur „Teilevakuierung" deutscher Großstädte referierte. Zudem diskutierten die Anwesenden über eine Kennzeichnungspflicht für die „Reichsjuden". Hierüber sei, so Eichmann, bereits mit Göring gesprochen worden. Der Reichsmarschall habe die Zwangskennzeichnung als Angelegenheit des „Führers" ausgewiesen. Diese Informationen dürfte Goebbels am 19. August veranlasst haben, Hitler auf den gegenwärtigen Stand der „Judenpolitik" anzusprechen. Danach vermerkte der Propagandaminister in seinem Tagebuch, dass es augenblicklich zwar noch nicht möglich sei, „aus Berlin eine judenfreie Stadt zu machen, [...]. Darüber hinaus aber hat der Führer mir zugesagt, daß ich die Juden aus Berlin unmittelbar nach der Beendigung des Ostfeldzuges in den Osten abschieben kann."[4]

Immerhin genehmigte Hitler die Kennzeichnung der deutschen Juden, die am 1. September 1941 mittels einer Polizeiverordnung in die Wege geleitet wurde. Ab dem 19. September mussten die Juden im erweiterten Reichsgebiet einen gelben sechszackigen Stern, auf dem in gekrümmten Buchstaben das Wort „Jude" geschrieben stand, an ihrer Oberbekleidung tragen. Die Polizeiverordnung war gekoppelt mit dem Verbot, den Wohnort ohne Genehmigung zu verlassen. Damit war eine weitere Grundvoraussetzung für bevorstehende Transporte aus dem Reich geschaffen. Die Berliner Gestapo füllte entsprechend mehrere Tausend für Oktober vorgedruckte Vermögenseinziehungserklärungen aus und datierte sie auf den 3. September zurück. Einen Monat zuvor, am 21. August, war auch eine Sitzung zur „Endlösung der Judenfrage" im Geheimen Staatspolizeiamt abgehalten worden: Hohe Ministerialbeamte hatten vor allem die Frage diskutiert, ob auch „Halbjuden" deportiert werden sollten.[5] Allerdings waren zu diesem Zeitpunkt die Militäroperationen in der Sowjetunion ins Stocken geraten. Bereits am 11. August hatte Generalstabschef Halder sorgenvoll vermerkt: „In der gesamten Lage hebt sich immer deutlicher ab, daß der Koloß Rußland, der sich bewußt auf den Krieg vorbereitet hat, mit der ganzen Hemmungslosigkeit, die totalitären Staaten eigen ist, von uns unterschätzt worden ist. Diese Feststellung bezieht sich ebenso auf die organisatorischen wie auf die wirtschaftlichen Kräfte, [...] vor allem aber auf rein militärische Leistungsfähigkeit."[6] In diesem Sinne stellte eine von Hitler genehmigte Denkschrift des OKW am 26. August 1941 fest, dass der Feldzug gegen die Sowjetunion im laufenden Jahr nicht mehr beendet werden könne.

Das bedeutete aber zugleich, dass die Zielgebiete für die geplanten Teildeportationen der Juden (zumindest zeitweise) außer Reichweite gerieten. Für Himmler wie

4 Die Tagebücher von Joseph Goebbels, T. II, Bd. 1, S. 278 (Eintrag 20. 8. 1941).

5 Gruner, Kollektivausweisung, S. 47.

6 Generaloberst Halder, Kriegstagebuch, Bd. III, S. 170.

Heydrich war es allerdings ausgeschlossen, die anvisierten Transporte aus Deutschland erneut zurückzustellen. Nachdem sie am 1. September miteinander konferiert hatten, sprach Himmler am Tag darauf mit dem HSSPF des Generalgouvernements, SS-Obergruppenführer Friedrich Wilhelm Krüger, über die „Judenfrage – Aussiedlung aus dem Reich".[7] Offenkundig kam das Generalgouvernement als Zielort für die Zwangsverschleppungen aus Deutschland aber nicht infrage, wie Eichmann einige Tage später verlautbaren ließ.[8] Weiterhin auf der Suche nach einer Übergangslösung, traf sich Himmler am 4. September mit dem HSSPF Wartheland, SS-Gruppenführer Wilhelm Koppe, und diskutierte mit ihm die Frage nach möglichen Aufnahmegebieten in dessen Machtbereich. Sechs Tage später meldete Koppe seinem Vorgesetzten, dass 60 000 Juden im Ghetto Litzmannstadt aufgenommen werden könnten.[9]

Nun musste freilich noch Hitler davon überzeugt werden, die bereits genehmigten „Teilevakuierungen" von Juden aus deutschen Großstädten nicht mehr von einem Sieg über die Sowjetunion abhängig zu machen. Möglicherweise war Himmler dies bereits am 2. oder 4. September gelungen, als er mit dem „Führer" zu Mittag aß.[10] Wahrscheinlicher ist jedoch, dass Hitler erst Mitte September seine Meinung änderte. Hierzu trugen eine Reihe von Faktoren bei: So war zwischenzeitlich auf verschiedenen Funktionsebenen des NS-Regimes die Forderung nach „Judendeportationen" auch im europäischen Maßstab laut geworden.

In Paris beispielsweise hatte der „Judenreferent" der deutschen Botschaft, Legationsrat SS-Sturmbannführer Carltheo Zeitschel, seinem Dienstherrn Otto Abetz bereits am 22. August entsprechende Vorschläge unterbreitet. Unter Verweis auf die „fortschreitende Eroberung und Besetzung der weiten Ostgebiete" hatte Zeitschel die Errichtung eines „Judenreferates" in den sowjetisch/baltischen Gebieten angeregt. Hier lebe immerhin ein Drittel des „Weltjudentums". Im Unterschied zum Madagaskar-Plan, der auf die Zeit nach dem Krieg verschoben worden war und zudem erhebliche Transportprobleme aufwarf, könne im Osten bereits während des Krieges mit der Konzentration der Juden begonnen werden. „Es dürfte bei dieser Gelegenheit", so der eifrige Legationsrat weiter, „kein allzu großes Problem sein, wenn aus allen übrigen europäischen Staaten die Juden noch hinzukommen und auch die z. Zt. in Warschau, Litzmannstadt, Lublin u. s. w. in Ghettos zusammengepferchten Juden auch dorthin abgeschoben werden".[11] Zeitschel bat Botschafter Abetz, diese Möglichkeit mit Göring, Rosenberg und Himmler zu erörtern. Tatsächlich konnte der Botschafter die Angelegenheit am 16. September 1941 anlässlich eines Mittagessens

7 Dienstkalender Himmlers, S. 202 f.
8 Safrian, Eichmann, S. 113.
9 Dienstkalender Himmlers, S. 205 f. (insbesondere Fußnote 19).
10 Ebenda, S. 201, 205; Friedländer, Reich, S. 648.
11 Aufzeichnung für Herrn Botschafter Abetz, gez. Zeitschel, 22. 8. 1941, in: Serge Klarsfeld, Vichy-Auschwitz. Die Zusammenarbeit der deutschen und französischen Behörden bei der „Endlösung der Judenfrage" in Frankreich, Nördlingen 1989, S. 367 f., hier S. 368.

mit dem „Führer“ (bei dem auch der bereits informierte Himmler zugegen war) vortragen.[12]

Ferner gab es eine Initiative Rosenbergs, der im Spätsommer 1941 von Stalins Anordnung zur Deportation der 400 000 Wolgadeutschen nach Sibirien erfahren hatte. Am 14. September sandte der Ostminister seinen Gefolgsmann Otto Bräutigam mit dem Vorschlag ins Führerhauptquartier, als Vergeltung für diese Verschleppungsaktion alle mitteleuropäischen Juden nach Osten abzuschieben. Hitlers oberster Wehrmachtsadjutant, der die Denkschrift entgegennahm, äußerte überraschend, es handele sich um eine „sehr wichtige und dringliche Angelegenheit [...], für die sich der Führer sehr interessiere“.[13] In der Tat hatte Hitler wahrscheinlich bereits Anfang September von Stalins Deportationsplänen erfahren.[14] Diese als Vorwand für eigene Zwecke zu nutzen, erschien ihm möglicherweise einleuchtend. Als Bräutigam am 15. September nach dem Verbleib des Papiers fragte, wurde ihm jedenfalls mitgeteilt, dass Hitler mit Außenminister Ribbentrop über Rosenbergs Vorschlag reden wolle.

Etwa zeitgleich drängten nach Goebbels auch weitere Gauleiter unabhängig voneinander auf eine baldige Verschleppung der „Reichsjuden“: Nach einem Luftangriff auf Hamburg in der Nacht zum 16. September suchte der dortige Gauleiter Karl Kaufmann bei Hitler um die Erlaubnis nach, die Juden aus der Stadt evakuieren zu dürfen. So sollte in der teilweise zerstörten Stadt Wohnraum für ausgebombte „Volksgenossen“ geschaffen werden.[15] Der Kölner Gauleiter, Josef Grohe, schickte sogar eine mehrköpfige Delegation nach Berlin, um die Abschiebung der Juden aus der „luftgefährdeten“ Domstadt zu verlangen.[16]

Diese verschiedenen Initiativen dürften insgesamt ihre Wirkung auf Hitler nicht verfehlt haben. Hinzu kam, dass sich an der Ostfront mit den erfolgreichen Offensiven gegen Leningrad und in der Ukraine das Kriegsglück wieder zugunsten des Deutschen Reiches zu wenden schien. Dies löste nach dem Sommer 1941 eine zweite Welle euphorischer Siegesstimmung innerhalb der NS-Führungsriege aus.[17] Andererseits mehrten sich im Spätsommer die Anzeichen für einen bevorstehenden Kriegseintritt der USA. Bereits im Januar 1939 hatte Hitlers Prophezeiung, den Juden drohe im Falle eines neuerlichen, von ihnen angezettelten Weltkrieges ihre endgültige Vernichtung, auch außenpolitische Funktionen gehabt: Die Westmächte

12 Dienstkalender Himmlers, S. 211; dazu Browning, Entfesselung, S. 469; Longerich, Himmler, S. 560.

13 Zit. nach Gerlach, Morde, S. 749. Zu Rosenbergs Initiative auch Adler, Mensch, S. 176 f.

14 So Friedländer, Reich, S. 646.

15 Frank Bajohr, „... dann bitte keine Gefühlsduseleien.“ Die Hamburger und die Deportationen, in: Forschungsstelle für Zeitgeschichte in Hamburg/Institut für die Geschichte der deutschen Juden (Hrsg.), Die Deportation der Hamburger Juden 1941–1945, Hamburg 2002, S. 13–39, hier S. 15.

16 Browning, Entfesselung, S. 468.

17 So ebenda, S. 470 ff.

sollten davon abgehalten werden, der von NS-Deutschland bedrohten Rest-Tschechoslowakei militärisch beizuspringen. Die deutschen Juden wurden damit quasi in Geiselhaft genommen.

Die Aufnahme von Deportationen von Juden aus dem Reich, möglicherweise aus ganz Europa, könnte Hitler über zwei Jahre später ganz ähnlich als Druckmittel gegen US-Präsident Franklin D. Roosevelt angesehen haben. In der kruden Vorstellungswelt des „Führers" konnte dieses Druckmittel in zwei Richtungen wirken, wie Saul Friedländer schreibt: „Entweder würde das Schicksal, das den Juden Deutschlands drohte, Roosevelt schließlich (infolge jüdischen Drucks) zum Einlenken zwingen, oder – wenn Roosevelt und die Juden auf einen Krieg mit dem Reich versessen waren – der gefährlichste innere Feind wäre bereits von deutschem Boden vertrieben."[18] Dieses Gedankenspiel stand in enger Verbindung zur Parole vom „Krieg gegen die Juden", die Hitler im August 1941 ausgegeben hatte. Der sich abzeichnende Kriegseintritt der USA und die entsprechende Allianz zwischen Kapitalismus und Bolschewismus waren für Hitler eindeutiges Ergebnis der „jüdischen Weltverschwörung". In dieser Perspektive waren auch die Juden des deutschen Herrschaftsbereichs ein Teil des feindlichen Lagers und ihre Deportation eine legitime Verteidigungsmaßnahme des deutschen Volkes.[19]

Welche Motive tatsächlich für den Meinungsumschwung Hitlers im Hinblick auf die Aufnahme von „Judenevakuierungen" während des Ostkrieges ausschlaggebend waren, ist freilich ungewiss. Erster eindeutiger Beleg hierfür ist jedenfalls ein Brief Himmlers an den Gauleiter und Reichsstatthalter des Warthelandes, SS-Obergruppenführer Arthur Greiser, vom 18. September 1941: Der „Führer", so schrieb der SS-Chef (vermutlich mit einiger Genugtuung), wünsche ausdrücklich, „daß möglichst bald das Altreich und das Protektorat vom Westen nach dem Osten von Juden geleert und befreit werden. Ich bin daher bestrebt, möglichst noch in diesem Jahr die Juden des Altreichs und des Protektorats zunächst einmal als erste Stufe in die vor zwei Jahren neu zum Reich gekommenen Ostgebiete zu transportieren, um sie im nächsten Frühjahr noch weiter nach dem Osten abzuschieben. / Ich beabsichtige, in das Litzmannstädter Ghetto, das, wie ich höre, an Raum aufnahmefähig ist, rund 60 000 Juden des Altreichs und des Protektorats für den Winter zu verbringen."[20]

Im Wartheland jedoch gab es massiven Widerstand dagegen, das Ghetto in Łódź zu einer Durchgangsstation für mehrere Zehntausend deutsche und tschechische Juden umzufunktionieren. Der zuständige Regierungspräsident, SS-Brigadeführer Friedrich Uebelhör, machte gegenüber Himmler sicherheitspolizeiliche, wehrwirtschaftliche und ernährungspolitische Bedenken geltend. „Wäre das Ghetto Litz-

18 Friedländer, Reich, S. 647; dazu auch Wildt, Generation, S. 632.
19 Longerich, Himmler, S. 561.
20 Schreiben Himmlers an den Gauleiter im Wartheland Greiser: Ankündigung von Judentransporten aus dem Reich nach Lodz, 18. 9. 1941, in: Longerich, Ermordung, S. 157.

mannstadt ein reines Dezimierungsghetto", bemerkte Uebelhör aufschlussreich, „dann könnte man an eine noch größere Zusammenpferchung der Juden denken."[21] Es handele sich aber um ein „Arbeitsghetto"; auch müsse bei einer noch stärkeren Belegung des Ghettos die Seuchengefahr für die 120 000 deutschen Einwohner der Stadt bedacht werden. Ähnliche Argumente brachten höhere Wehrmachtsdienststellen bei der SS-Führung vor.[22] Himmler und Heydrich setzten nach drastischen Diskussionen mit Uebelhör schließlich eine Zahl von 25 000 Menschen durch, die zusätzlich in das Ghetto Litzmannstadt eingewiesen werden sollten. Es handelte sich um 20 000 Juden aus dem „Altreich" sowie 5000 Sinti und Roma aus dem Burgenland.

Die deutliche Reduktion der Transporte nach Łódź zwang die NS-Führung zur Suche nach weiteren (zeitweiligen) Aufnahmegebieten. Günstig war dabei die vermeintliche Verbesserung der militärischen Lage an der Ostfront. Am 2. Oktober 1941 startete das „Unternehmen Taifun", die Wiederaufnahme der Offensive gegen Moskau. Erste Meldungen ließen auf überwältigende Siege hoffen. Hitler rechnete wieder mit einem baldigen Ende des „Unternehmens Barbarossa", wie Goebbels am 7. Oktober in seinem Tagebuch notierte: „An der Front steht es gut. Der Führer ist [...] außerordentlich optimistisch. Er hofft nur, daß das Wetter noch einige Wochen so schön bleibt; wenn das der Fall ist, dann wird der Bolschewismus in vernichtenden Schlägen zertrümmert werden."[23] Am Tag zuvor war der Diktator auch auf das Thema der „Judendeportationen" zu sprechen gekommen. Wie der Verbindungsmann des Ostministeriums im Führerhauptquartier, Werner Koeppen, an Rosenberg schrieb, habe Hitler gefordert, dass alle Juden aus dem Protektorat Böhmen und Mähren entfernt werden müssten, „und zwar nicht erst ins Generalgouvernement, sondern gleich weiter nach Osten".[24] Dies sei aber augenblicklich wegen des großen Transportbedarfs der Militärs fast unmöglich. Einige Tage später indes änderte Hitler offenkundig seine Meinung und genehmigte mit Riga und Minsk zwei Deportationsziele im „Reichskommissariat Ostland" in den besetzten sowjetisch/baltischen Gebieten: Am 10. Oktober 1941 gab Heydrich, der kurz zuvor zusätzlich die Amtsgeschäfte des „Reichsprotektors für Böhmen und Mähren" übernommen hatte, in Prag bekannt, dass 50 000 der „lästigsten Juden" nach Minsk und Riga verschleppt werden sollten.[25]

Unterdessen waren auf Reichsebene die unmittelbaren Vorbereitungen für die erste Transportwelle nach Łódź angelaufen. Am 1. Oktober hatte das RSHA die Jüdische Gemeinde von Berlin über die bevorstehende „Teilevakuierung" unterrichtet;

21 Zit. nach Safrian, Eichmann, S. 117.
22 Ebenda, S. 118; Longerich, Himmler, S. 564
23 Die Tagebücher von Joseph Goebbels, T. II, Bd. 2, S. 73.
24 Zit. nach Browning, Entfesselung, S. 473.
25 Niederschrift über eine Sicherheitspolizei-Besprechung in Prag über die „Lösung der Judenfrage" im Protektorat, 10. 10. 1941, in: Longerich, Ermordung, S. 172–176, hier S. 173.

gleichzeitig ergingen entsprechende Informationen an die betroffenen Stapo(leit)-stellen. Zwei Tage später ordnete das RSHA die „Sammeleinziehung“ des gesamten Vermögens der Deportationsopfer an. Als Grund wurden angebliche volks- und staatsfeindliche Bestrebungen der in das „Ghetto Litzmannstadt abzuschiebenden Juden“[26] angegeben. Am 4. Oktober verbreitete der Chef der Ordnungspolizei Daluege die Information, dass ab dem 15. des Monats unter Leitung der Sicherheitspolizei insgesamt 20 000 Juden sowie 5000 „Zigeuner“ in von der Orpo bewachten Reichsbahnzügen „nach dem Ghetto in Litzmannstadt“[27] abtransportiert werden würden. Die Kosten für die Gestellung der Begleitkommandos trage der Chef der Sicherheitspolizei und des SD.

Zwischen dem 16. Oktober und dem 5. November 1941 gelangten insgesamt 19 873 „Reichsjuden“ zwangsweise nach Litzmannstadt/Łódź. Fünf Transporte kamen jeweils aus Wien und Prag. Vier Transporte waren aus Berlin, zwei aus Köln, je ein Zug kam aus Luxemburg, Frankfurt/Main, Hamburg und Düsseldorf. Die Insassen stammten aber nicht ausschließlich aus den genannten Großstädten; die Transporte waren oft regionale Sammeltransporte. So wurden im Zug aus Düsseldorf auch Juden aus Wuppertal, Essen, Krefeld, Oberhausen und weiteren Städten der Region in das Ghetto Litzmannstadt zwangsverschickt. Regierungspräsident Uebelhör und der Polizeipräsident SS-Brigadeführer Dr. Albert ließen es sich nicht nehmen, die „Auffanglager“ der Juden im Ghetto zu besichtigen. Zwischen dem 5. und dem 9. November trafen zudem 5000 „Zigeuner“ aus der „Ostmark“ in Łódź ein.[28]

Während die Transporte nach Łódź rollten, sprach Himmler ein allgemeines Auswanderungsverbot für die Juden des deutschen Machtbereiches aus. Es wurde zum 23. Oktober wirksam, als der Reichsführer SS in Mogilev weilte.[29] Gleichzeitig leitete das RSHA die zweite Deportationswelle des Jahres 1941 nach Minsk und Riga ein. Dabei wurden Erfahrungen der Zwangsverschickungen ins Wartheland berücksichtigt. Unter den ersten verschleppten Juden waren viele Zwangsarbeiter gewesen. Dagegen hatte das Wirtschafts- und Rüstungsamt des OKW, das auch die Kriegsindustrie überwachte, energisch Protest eingelegt. In den „Richtlinien zur Durchführung der Evakuierung von Juden“, die das RSHA Ende Oktober erstellte, wurde als Ergebnis dieser Diskussion zugesagt, dass jüdische Zwangsarbeiter nicht deportiert

26 Zit. nach Gruner, Kollektivausweisung, S. 50 f.

27 Der Chef der Ordnungspolizei, Schnellbrief, Evakuierung von Juden aus dem Altreich und dem Protektorat, in Vertretung/gez. Bomhard, 4. 10. 1941 (Abschrift von Abschrift), Landesarchiv Berlin, 1 Js 1/65 (RSHA). Regionalordner III, Reichsgebiet, Hefter Wien, ohne Paginierung (B Rep. 057-01, Nr. 1479).

28 Dazu Bericht der Schutzpolizei über die Ankunft von Deportationszügen mit Juden aus Deutschland und Luxemburg im Ghetto Litzmannstadt im Oktober/November 1941, in: Pätzold/Schwarz (Hrsg.), Tagesordnung, S. 87 f. Ausführlich Gottwaldt/Schulle, „Judendeportationen“, S. 52 ff.

29 Ebenda, S. 61.

würden, „wenn dadurch die fristgerechte Durchführung vordringlicher Rüstungsaufträge in Frage gestellt“[30] sei.

Am 23. Oktober hielt Eichmann in Berlin eine Besprechung zum „Führerbefehl (Evakuierung von 50 000 Juden aus dem Altreich einschliesslich Ostmark und Protektorat Böhmen-Mähren)“[31] ab. Anwesend waren Mitarbeiter der beteiligten Stapo(leit)stellen. Eichmann verbot ausdrücklich, ausländische Staatsangehörige, Familien von Rüstungsarbeitern, Menschen über 60 Jahre sowie „arische Ehepartner“ von Juden zu verschleppen. Die lokalen Gestapostellen hielten sich in der Folge nur teilweise an diese Vorgaben: Die Richtlinien für Ausländer und Angehörige von „Mischehen“ wurden weitgehend eingehalten, nicht aber die für Zwangsarbeiter und ältere Menschen, wie auch das Beispiel Minsk zeigen wird.

Eichmann ordnete am 23. Oktober ferner an, dass jedem Transportinsassen fünfzig Reichsmark in Reichskreditscheinen und außerdem „Bettzeug, Decke, Eimer, Waschschüssel, Besen, Essgeschirr, [...] eine Marschverpflegung für 5 Tage, sowie ein weiterer Lebensmittelvorrat für 3 Wochen, bestehend aus Mehl, Graupen, Grütze, Brot, Marmelade, Margarine usw.“[32] mitzugeben sei. Ebenso müsste in den Zügen ausreichend Sanitätsmaterial vorhanden sein. Vor der Abfahrt seien die Juden penibel nach Waffen (!), Schmuckgegenständen und Devisen zu durchsuchen. Bis auf Eheringe müssten alle Wertgegenstände eingezogen werden, gleiches gelte für Lebensmittelkarten und Personalpapiere. Die Juden dürften lediglich ihre Kennkarte und ihren Reisepass behalten; beide Dokumente seien mit dem Aufdruck „Evakuiert“ zu versehen. Am Tag nach dieser Besprechung teilte Daluege seiner Ordnungspolizei mit, zwischen 1. November und 4. Dezember würden 50 000 Juden in die Gegend um Minsk und Riga abgeschoben; die Ordnungspolizei stelle wiederum „Begleitkommandos in Stärke von je 1/12“.[33] Dieser Zeitrahmen konnte aber nicht ganz eingehalten werden.

Ähnlich wie im Wartheland regte sich jedoch auch im Zielgebiet des zweiten Deportationsschubs Widerstand gegen die Aufnahme von „Reichsjuden“. Einsatzgruppenchef Stahlecker, inzwischen zugleich BdS „Ostland“, hatte ab Anfang Oktober vor Ort mit der Suche nach Unterbringungsmöglichkeiten für die Zwangsverschleppten begonnen. Am 11. Oktober erklärte er dem Generalkommissar Lettland, Dr. Otto-Heinrich Drechsler, dass „dem Wunsch des Führers entsprechend

30 Zit. nach Gruner, Kollektivausweisung, S. 52.

31 Vermerk: Besprechung in Berlin am 23. 10. bei IV B 4 unter dem Vorsitz von SS-Sturmbannführer Eichmann, gez. Abromeit, SS-Hauptsturmführer, 24. 10. 1941, LAB, 1 Js 3/69 (RSHA)/ Referatsakten I/geheime Generalia/1940–1941/(grün), Hefter 2963/41g, ohne Paginierung (B Rep. 057-01, Nr. 1539).

32 Ebenda.

33 Erlaß des Chefs der Ordnungspolizei, SS-Obergruppenführer Kurt Daluege, betr. „Evakuierungen von Juden aus dem Altreich und dem Protektorat“ nach Riga und Minsk vom 24. Oktober 1941, in: Pätzold/Schwarz (Hrsg.), Tagesordnung, S. 81 f., hier S. 82.

im Raume Riga, Mitau, Tukkum ein großes Konzentrationslager für die aus dem Protektorat und dem Reich ausgewiesenen Juden errichtet werden“[34] solle. Drechsler möge bei der Beschaffung von Baumaterial helfen. Zehn Tage später präzisierte der Führer des EK 2 und KdS Lettland, SS-Sturmbannführer Dr. Rudolf Lange, das Lager solle zwanzig Kilometer von Riga entfernt errichtet werden und ein „Fassungsvermögen“ für 25 000 Menschen haben. Ein weiteres Lager für 25 000 Juden sei „im Rahmen des Minsker Ghettos“[35] zu bilden.

Sowohl Drechsler als auch sein Vorgesetzter Reichskommissar Lohse standen diesen Ideen äußerst reserviert gegenüber. Bei einem Treffen mit Lange am 24. Oktober bemängelten sie vor allem, nicht rechtzeitig über die geplanten Deportationsmaßnahmen informiert worden zu sein, wiewohl diese doch von erheblicher politischer Bedeutung seien. Lange berief sich auf einen Befehl seines Chefs Heydrich, demzufolge allerhöchste Eile geboten sei. Der erste Transport solle schließlich bereits am 10. November im „Ostland“ eintreffen. Lohse reiste am folgenden Tag nach Berlin und erwartete dort eine Klärung der Angelegenheit.[36]

Währenddessen setzte KdS Lange Lohses Gefolgsleute in Riga über die Einzelheiten der Zwangsverschickungen von Juden aus allen größeren Städten des Reichs und des Protektorats ins „Ostland“ in Kenntnis. Der erste Transport mit 1000 Juden werde am 10. 11. in Minsk eintreffen. Weiter teilte der SS-Sturmbannführer mit: „Bis zum 16. 12. 1941 wird an jedem zweiten Tag ein weiterer Transport nach Minsk in Marsch gesetzt. Die restlichen Transporte werden zwischen dem 10. und 20. 1. 1942 durchgeführt. / Die Transporte nach Riga beginnen am 17. 11. 41. Der erste Transport trifft am 19. 11. hier ein. Bis zum 17. 12. trifft an jedem zweiten Tag je ein weiterer Transport von 1000 Juden ein. Die restlichen Transporte werden in der Zeit zwischen dem 11. und 29. 1. 1942 durchgeführt. Es ist vorgesehen, die ersten fünf für Riga bestimmten Transporte in das Ghetto in Kauen einzuweisen.“[37]

Das RSHA plante demnach, im November und Dezember 1941 zwanzig Transporte mit Juden aus dem Reich nach Minsk sowie 15 Deportationszüge nach Riga bzw. Kaunas zu schicken. Im Januar 1941 sollten weitere fünf Transporte nach Minsk und zehn Transporte nach Riga geschickt werden.

Diese Planungen teilte Regierungsrat Karl Friedrich Trampedach, Leiter der Abteilung Politik im „Reichskommissariat Ostland“, seinem in Berlin weilenden Chef Lohse telegrafisch mit. Er verband die Nachricht mit der dringenden Bitte, „Judentransporte

34 Aktennotiz Dr. Drechsler, 20. 10. 1941, unsignierter handschriftlicher Zusatz, 21. 10. 1941 (Kopie), LHA Koblenz, Best. 584, 1, Nr. 3555, Bl. 793 [Umschlag].

35 Ebenda.

36 Dazu Safrian, Eichmann, S. 144; Browning, Entfesselung, S. 479. Ausführlich Angrick/Klein, „Endlösung“, S. 198 f.

37 Der Befehlshaber der Sicherheitspolizei und des SD/Einsatzgruppe A an den Reichskommissar für das Ostland in Riga, Judentransporte aus dem Reich in das Ostland, 8. 11. 1941, LHA Koblenz, Best. 584, 1, Nr. 3555, Bl. 793 [Umschlag].

zu verhindern, da Judenlager erheblich weiter nach Osten verlegt werden müssen".[38] Trampedachs Pendant im Ostministerium, Dr. Georg Leibbrandt, antwortete wenige Tage später, die Juden kämen in der Tat „weiter nach Osten. Lager in Minsk und Riga nur vorläufige Maßnahmen".[39] Berlin werde daher keine Einwände gegen die Deportationen ins „Ostland" erheben. Diese Auskunft Leibbrandts steht vermutlich in Zusammenhang mit Himmlers Besuch in Mogilev und ersten Planungen des RSHA, ein Vernichtungszentrum in der ostweißrussischen Stadt zu errichten.

Wie Generalkommissar Kube und sein Stadtkommissar Janetzke in Minsk auf die Ankündigung der Deportationen reagierten, ist aus Quellenmangel ungewiss. Der Generalkommissar wusste vermutlich bereits seit September oder Oktober, dass sein Herrschaftsbereich als Zielgebiet von Zwangsverschleppungen jüdischer Menschen in der Diskussion war. Gegenüber Gefolgsleuten erklärte er angeblich, „alle Juden" sollten nach „Weißruthenien" verbracht werden.[40] In Anbetracht ihrer späteren Proteste gegen die Aufnahme von „Reichsjuden" in Minsk ist eine ablehnende Haltung Kubes und Janetzkes aber mehr als wahrscheinlich. Überliefert ist eine Beschwerde des Wehrmachtsbefehlshabers „Ostland" Braemer zum Deportationsziel „Weißruthenien". Sie ging auf eine Initiative der 707. Infanterie-Division zurück, die Braemer zeitweilig unterstellt war.

Die Division tötete in den letzten Monaten des Jahres 1941 eigenmächtig mindestens 19 000 weißrussische Zivilisten, vor allem in den Gebieten um Slonim, Novogrudek, Baranoviči und Lida. Ihr Kommandeur, Generalmajor Gustav Freiherr von Mauchenheim, genannt von Bechtolsheim, war Wehrmachtskommandant in „Weißruthenien" und als fanatischer Antisemit bekannt. Seine Befehle und Anweisungen bezüglich der einheimischen jüdischen Bevölkerung waren innerhalb der Wehrmachtsgeneralität in ihrer Radikalität einzigartig. Am 9. September 1941 etwa ließ er kategorisch verlautbaren: „Die jüdische Bevölkerung ist bolschewistisch und zu jeder deutschfeindlichen Handlung fähig. Zu ihrer Behandlung bedarf es keinerlei Richtlinien."[41] Wenig später erklärte er, es bestätige sich immer wieder, „daß sie [die Juden] die einzigen Stützen sind, die die Partisanen finden".[42]

38 Fernschreiben des Reichskommissars für das Ostland, Abt. II a 4, an das Reichsministerium für die besetzten Ostgebiete, 9. 11. 1941 (Kopie), LHA Koblenz, Best. 584, 1, Nr. 3555, Bl. 793 [Umschlag].

39 Telegramm des Reichsministeriums für die besetzten Ostgebiete (Dr. Leibbrandt) an den Reichskommissar für das Ostland, 13. 11. 1941 (Kopie), LHA Koblenz, Best. 584, 1, Nr. 3555, Bl. 793 [Umschlag].

40 Gerlach, Morde, S. 751.

41 Zit. nach Peter Lieb, Täter aus Überzeugung? Oberst Carl von Andrian und die Judenmorde der 707. Infanteriedivision 1941/42, in: Christian Hartmann/Johannes Hürter/ders./Dieter Pohl, Der deutsche Krieg im Osten 1941–1944. Facetten einer Grenzüberschreitung, München 2009, S. 271–304, hier S. 283.

42 Ebenda. Zur 707. Infanteriedivision u. a. auch Gerlach Morde, S. 609 ff.; Hannes Heer, Killing Fields. The Wehrmacht and the Holocaust in Belorussia, 1941–1942, in: Holocaust and Genocide Studies 11 (1997) 1, S. 79–101.

Bechtolsheims Gedankengut übernahm Wehrmachtsbefehlshaber Braemer teilweise wortwörtlich, als er am 20. November 1941 in seinem Schreiben an Reichskommissar Lohse einleitend schwerste Sicherheitsbedenken gegen die Verbringung deutscher Juden nach „Weißruthenien" geltend machte: „Der Zuzug deutscher Juden, die der Masse der weißruthenischen Bevölkerung an Intelligenz weit überlegen sind, bedeutet eine große Gefahr für die Befriedung Weißrutheniens. Die jüdische Bevölkerung Weißrutheniens ist bolschewistisch und zu jeder deutschfeindlichen Haltung fähig. [...] Wie überall, wo Meldungen über Sabotageakte, Aufhetzung der Bevölkerung, Widerstand usw. zu Aktionen zwangen, Juden als Urheber und Hintermänner, größtenteils auch als Täter festgestellt wurden, so werden die neu einwandernden Juden mit allen Mitteln trachten, mit kommunistischen Organen usw. in Verbindung zu treten und zu hetzen."[43]

Darüber hinaus argumentierte der Generalmajor auch mit der angespannten Transportlage der Wehrmacht: Die Heeresgruppe Mitte habe ihn dringend gebeten, „die Transporte der Juden abzustoppen, da die Bahn für erhöhten Nachschub benötigt wird".[44] Darunter fiel vor allem das Heranschaffen von Bau- und Heizmaterial für die Winterquartiere der Militärs. Der Befehlshaber des rückwärtigen Heeresgebietes Mitte wiederum intervenierte zudem gegen Planungen des KdS Minsk, zwei Deportationstransporte von Minsk nach Borisov und Bobruisk ins militärverwaltete Gebiet weiterzuleiten.[45]

Ebenfalls am 20. November 1941 schrieb KdS Lange dem Reichskommissar, dass nun die „Judentransporte [...] in Minsk in der vorgesehen Weise laufend"[46] einträfen. Überdies seien die ersten fünf der für Riga bestimmten 25 Transporte nach Kaunas geleitet worden. Das war zwischen dem 17. und dem 25. November geschehen. Die Insassen waren allerdings nicht, wie vom KdS knapp zwei Wochen zuvor angekündigt, ins dortige Ghetto eingewiesen worden. Das EK 3 unter Karl Jäger erschoss die knapp 5000 verschleppten Menschen in zwei Aktionen am 25. und 29. November.[47] Diese Massenmorde waren mit der SS-Führung im Reich nicht abgesprochen. Gleiches galt für die Ermordung von Insassen eines Deportationszuges aus Berlin in Riga, die HSSPF Jeckeln am 30. November veranlasste. Himmler hatte noch ver-

43 Schreiben von Generalleutnant Walter Braemer, Wehrmachtbefehlshaber Ostland, an Hinrich Lohse vom 20. November 1941 zur Unterbindung von Deportationen jüdischer Bürger aus Deutschland in das Generalkommissariat Weißruthenien, in: Müller (Hrsg.), Okkupationspolitik, S. 225 f.

44 Ebenda.

45 Dazu Angrick/Klein, „Endlösung", S. 203.

46 Der Befehlshaber der Sicherheitspolizei und des SD/Einsatzgruppe A an den Reichskommissar Ostland, Judentransporte aus dem Reich, gez. Lange, 20. 11. 1941 (Kopie), Landesarchiv Berlin, 1/Js 1/65 (RSHA), Schicksalsordner I/Ostland/Warthegau/Generalgouvernement/Theresienstadt/(gelb), (B Rep 057-01, Nr. 1527), Hefter Ostland, ohne Paginierung.

47 „Jäger-Bericht", in: Klee/Dreßen/Rieß (Hrsg.), „Schöne Zeiten", S. 57; zu den Transporten nach Kaunas Gottwaldt/Schulle, „Judendeportationen", S. 101 f.

sucht, die Morde zu stoppen. Am Tag darauf rügte er Jeckeln wegen dessen eigenmächtigen Handelns und des Verstoßes gegen die von Himmler und Heydrich erteilten Richtlinien, wie die „in das Gebiet Ostland ausgesiedelten Juden"[48] zu behandeln seien. Offenkundig sollten die aus dem Reich verschleppten Juden im Herbst 1941 noch nicht ermordet werden.[49] Wahrscheinlich wollte die SS-Führung den Aufbau der Vernichtungszentren in Riga und Mogilev abwarten.

Unterdessen schien sich Reichskommissar Lohse mit den Transporten von Juden aus dem Reich in sein Herrschaftsgebiet abgefunden zu haben. Leibbrandts Schreiben vom 13. 11. versah er am 28. November mit der Bemerkung „Wegen irgendwelcher Transporte aus dem Reich sind in Zukunft keine Einwände von uns zu erheben."[50] Von dieser Haltung rückte der Reichskommissar bis zum Ende der Deportationen ins „Ostland" im Herbst 1942 nicht mehr ab. Generalkommissar Kube in Minsk sah das freilich anders, wie noch zu zeigen sein wird.

Der erste für Minsk bestimmte Deportationszug war fast plangemäß am 11. November 1941 am dortigen Güterbahnhof eingetroffen. Er hatte drei Tage zuvor den „Hannoverschen Bahnhof" von Hamburg, einen Güterbahnhof in der Nähe des Oberhafens, verlassen. Die Zuggarnitur bestand aus zwanzig Personenwaggons der Dritten oder Vierten Klasse für knapp Tausend Menschen; angehängt waren fünf Güterwaggons mit Gepäck und Gerätschaften für die Zwangsverschickten.[51] Dem Zug aus Hamburg folgten wie vorgesehen im Abstand von zwei Tagen fünf weitere Transporte. Sie kamen aus Düsseldorf, Frankfurt am Main, Berlin, Brünn und Hamburg/Bremen. Wie bei der Deportation nach Litzmannstadt war der Zug aus Düsseldorf ein Sammeltransport: 244 der knapp 1000 Insassen stammten aus Wuppertal, mindestens 128 aus Essen.[52] Auch der Transport aus Hamburg und Bremen war ein Sammeltransport: 440 Insassen stammten aus Bremen, 130 aus dem Regierungsbezirk Stade und etwa 500 aus Hamburg.[53]

Nach Abfahrt dieses Transportes am 18. November gab es eine Unterbrechung von zehn Tagen, bis vom Wiener Aspangbahnhof aus ein weiterer Deportationszug in

48 Zit. nach Longerich, Himmler, S. 568.

49 So auch ebenda.

50 Telegramm des Reichsministeriums für die besetzten Ostgebiete (Dr. Leibbrandt) an den Reichskommissar für das Ostland, 13. 11. 1941 (Kopie), LHA Koblenz, Best. 584, 1, Nr. 3555, Bl. 793 [Umschlag], dazu Safrian, Eichmann, S. 149; Angrick/Klein, „Endlösung", S. 206.

51 Rosenberg, Jahre, S. 17.

52 Zur Zahl der Deportierten aus Wuppertal vgl. Ulrich Föhse, Die Appels aus Elberfeld. Das Schicksal einer jüdischen Familie im Nationalsozialismus, in: Bastian Fleermann/Ulrike Schrader (Hrsg.), Jüdischer Alltag. Geschichte und Kultur der Juden im Bergischen Land von 1500 bis zur Gegenwart, Wuppertal 2009, S. 120–133, hier S. 130. Zur Deportation aus Essen vgl. Hermann Schröter, Geschichte und Schicksal der Essener Juden. Gedenkbuch für die jüdischen Mitbürger der Stadt Essen, Essen 1980, S. 371 ff. Die hier abgedruckte Liste mit 128 Namen beruht auf Angaben des Internationalen Suchdienstes Arolsen.

53 Günther Rohdenburg, Die letzten 26 Tage in Bremen, in: Staatsarchiv Bremen (Hrsg.), Minsk, S. 7–22, hier S. 18.

Richtung Minsk losfuhr. Nach diesem Transport wurden die Zwangsverschleppungen nach Minsk vorerst eingestellt. Vorrangiger Grund waren die von Wehrmachtsbefehlshaber Braemer schon befürchteten Transportschwierigkeiten der Heeresgruppe Mitte.[54] Von den geplanten zwanzig Transporten, die das RSHA im Herbst 1941 nach Minsk hatte fahren lassen wollen, kamen demnach tatsächlich sieben Züge mit mindestens 6937 Insassen in der besetzten weißrussischen Hauptstadt an.[55]

Abgangsort	**Abfahrt**	**Ankunft**	**Insassen**
Hamburg	8. 11./9. 11.	11. 11.	968, 1004
Düsseldorf	10. 11.	15. 11.	993
Frankfurt a. M.	11. 11./12. 11.	17. 11.	1042, 1052
Berlin	14. 11.	18. 11.	956, 1030
Brünn	16. 11.	20./21. 11.	999, 1000
Hamburg/Bremen	18. 11./19. 11.	22. 11.	978, 1010
Wien	28. 11.	5. 12.	1001

Von den meisten dieser Transporte sind Deportationslisten überliefert. Die Staatspolizeileitstelle Bremen erstellte auch eine Übersicht zum Alter der 570 Menschen (255 Männer, 315 Frauen), die im November 1941 aus der Hansestadt und dem Regierungsbezirk Stade nach Minsk verschleppt worden waren:[56]

Alter	**Männer**	**Frauen**
0 bis 14 Jahre	29	34
14 bis 20	20	21
20 bis 30	26	23
30 bis 40	29	48
40 bis 50	42	54
50 bis 60	63	71
60 bis 70	44	55
70 bis 80	2	9

46 Männer und 64 Frauen hatten demnach zum Zeitpunkt der Deportation das 60. Lebensjahr überschritten. Eichmanns Vorgabe, Menschen ab diesem Alter nicht zu deportieren, entsprach die Bremer Gestapo mithin nicht.

Einige der ursprünglich für Minsk bestimmten Züge wurden nach Riga umgeleitet. Das ist für einen Zug aus Hamburg am 6. Dezember (geplant für Minsk am 4.

54 Gerlach, Morde, S. 753; Safrian, Eichmann, S. 150 f.

55 Zu den folgenden Daten Gerlach, Morde, S. 752; Gottwald/Schulle, „Judendeportationen“, S. 91 f.

56 Geheime Staatspolizei/Staatspolizeileitstelle Bremen (Linnemann) an den Herrn Regierenden Bürgermeister, SA-Obergruppenführer Böhmcker, 12. 1. 1942, abgedruckt in: Staatsarchiv Bremen (Hrsg.), Minsk, S. 123 f.

Dezember) und einen Transport aus Köln am 7. Dezember (geplant für Minsk am 8. Dezember) nachgewiesen.[57] Die geplante Gesamtzahl der für Riga/Kaunas vorgesehenen Transporte indes erhöhte sich nicht. Insgesamt erreichten zwischen dem 27. November und dem 15. Dezember 1941 zehn Transporte mit 10 132 Juden aus Berlin, Nürnberg, Stuttgart, Wien, Hamburg, Köln, Kassel, Düsseldorf, Münster/Bielefeld/Osnabrück und Hannover die lettische Hauptstadt. Im Januar und Februar 1942 kamen weitere zehn Deportationszüge mit 9997 Menschen aus dem Protektorat, der „Ostmark“ und dem „Altreich“ an.[58] Zuzüglich der fünf Transporte nach Kaunas wurden damit plangemäß im Herbst/Winter 1941/42 etwa 25 000 „Reichsjuden“ nach Riga und Kaunas verschleppt.

5.2. Die „Sonderghettos“

Die Deportationen, die Heydrichs RSHA mit verwaltungstechnischer Präzision plante und umsetzte, waren für die betroffenen Juden ein nicht enden wollender Schrecken. „Brutal und bürokratisch korrekt zugleich“[59] aus ihrer häuslichen Umgebung gerissen, fanden sich die Menschen binnen weniger Tage in einem lebensunwirtlichen bis -feindlichen Umfeld weit entfernt der Heimat wieder. Das übertraf alle bisherigen Erfahrungen von Diskriminierung, Ausgrenzung und Entwurzelung. Viele der knapp 7000 nach Minsk verschleppten Menschen hatten in den vergangenen Jahren bereits ihr angestammtes Zuhause verlassen müssen. Sie waren aber immerhin noch im eigenen Land in halbwegs vertrauter Umgebung verblieben. Die Familie von Heinz Rosenberg etwa war seit Generationen in Göttingen ansässig gewesen. Rosenbergs Vater und Onkel betrieben dort eine Leinenweberei. Anfang Mai 1933 warf der Hauswirt, ein überzeugter Nationalsozialist, die Familie buchstäblich von einem Tag auf den anderen aus ihrer Wohnung. Die Rosenbergs zogen daraufhin nach Hamburg. In der weltoffenen Hansestadt, erinnert sich Heinz Rosenberg, „war der Antisemitismus nicht so schlimm wie in den kleineren Städten. Wir hatten viele Verwandte und Freunde dort, und das Leben war noch halbwegs normal für uns.“[60]

Etwas anders, aber doch ähnlich erging es der Familie Stein aus dem oberhessischen Geiß-Nidda. Leopold Stein, Veteran des Ersten Weltkrieges, hatte dort gemeinsam mit seiner Frau Hilda den von den Eltern ererbten Dorfladen geführt. Während des Novemberpogroms plünderte der örtliche Mob Wohnhaus und Geschäft der Familie. Leopold Stein wurde ins KZ Buchenwald verschleppt, aus dem er Ende

57 Ebenda, S. 125 f.
58 Ebenda, S. 121 ff.; ausführliche Schilderung des Schicksals der nach Riga Deportierten bei Angrick/Klein, „Endlösung“, S. 212 ff.
59 Ebenda, S. 218.
60 Rosenberg, Jahre, S. 10.

Dezember 1938 gebrochen zurückkehrte. Im Frühjahr 1939 schließlich flüchteten die Steins in die Anonymität der Großstadt Frankfurt, wo sie in einem „Judenhaus“ im Baumweg Quartier bezogen. Dort wurde ihnen im Herbst 1941 der „Evakuierungsbefehl“ zugestellt, obgleich die Töchter Lilli und Ilse als Fallschirmnäherinnen Zwangsarbeit für die deutsche Rüstungsindustrie leisteten. Beigefügt waren eine Vermögenserklärung und eine Liste zur Bestandsaufnahme des Besitzes. Auf acht Seiten musste Leopold Stein penibel über Konten, Bankmittel, Wertpapiere, Versicherungen, Grundbesitz, Geschäftsanteile bis hin zu Möbeln, Wäsche und Besteck Auskunft ablegen. Zur „Evakuierung“ durften lediglich fünfzig Kilogramm Gepäck mitgenommen werden.[61]

Die zur Deportation bestimmten Juden mussten sich nach Planung des RSHA zunächst in „Sammelstellen“ einfinden. Solche Stützpunkte vor der Zwangsverschickung richteten die Behörden in größeren Veranstaltungshäusern möglichst abseits von Wohnvierteln ein: In Hamburg zum Beispiel diente die ehemalige „Provinzialloge für Niedersachsen“ (Logenhaus) in der Moorweidenstraße nahe dem Bahnhof Sternschanze als Sammellager. Die Frankfurter Juden mussten sich zur Großmarkthalle begeben, während in Berlin die Synagoge in der Levetzowstraße zum Sammellager umfunktioniert wurde. In Wien wiederum war ein Sammellager in einer Schule in der Sperlgasse der Leopoldstadt, dem alten jüdischen Wohnviertel, eingerichtet. Die Aufenthaltsdauer in den Sammelstellen betrug in der Regel ein bis zwei Nächte. In Wien allerdings waren die Deportationsopfer über zwei Wochen in der Sammelunterkunft eingepfercht, bevor sie den Zug nach Minsk besteigen mussten.

Immerhin war den Eingeschlossenen über die Israelitische Kultusgemeinde Postverkehr erlaubt; sie durften sich auf dem Wege auch Lebensmittel schicken lassen. Das belegen drei Postkarten, die die Wienerin Irma Huppert zwischen dem 11. und dem 26. November aus der „Sperlschule“ an nahe Verwandte und Freunde schrieb. Diese letzten Lebenszeichen einer offenkundig vitalen und patenten Frau vermitteln ein Bild von den Zuständen in der Wiener Sammelstelle. Um den 16. November, zwei Tage vor ihrem 52. Geburtstag, schrieb Irma Huppert: „Liebste Poldi und Ignatz, / Nachdem es mir nicht mehr möglich war mich von Euch meine Lieben zu verabschieden, so tue ich es auf diesem Wege. Wie Ihr seht, bin ich seit Dienstag in der Sperlschule. Hier ist ein unglaubliches Leben und Treiben, das könnt ihr Euch gar nicht vorstellen. Liebe Poldi, sei so gut, wenn Du etwas Eßbares erstehen kannst, so sende mir, hier ist man für alles sehr dankbar. Die Leute bekommen sehr viel Pakete mit Eßware für die Reise. Man kann mir durch die Kultusgemeinde senden, und Ordner bringen es zu mir, meine No ist 1241, Zimmer 28 [...]. Ich helfe sehr viel im Hause und bin hier sehr beliebt, ich greife halt überall zu. Meine Lieben, es tut mir schrecklich leid, daß ich Euch nicht mehr sehen konnte, doch hoffen wir, dass wir

61 Winter, Liebe, S. 22 ff.; zum Raub des Vermögens von Juden ausführlicher Benz, Holocaust, S. 69 ff.

uns so Gott will wieder sehen werden. Das essen läßt hier viel zu wünschen übrig, man muß sehr lange auf das Essen warten. / Frühstück oft um 9–10 Uhr, Mittag Suppe Gemüse erst oft um ½ 3, dabei stehe ich um 5 Uhr früh auf, wir schlafen sehr dicht gedrängt auf nur 1 Matratze am Fußboden. Fürchterlich. […] Seid vielmals geküßt, Eure Irma."[62]

Berthold Rudner, gleichfalls Wiener, aber seit den 1920er-Jahren in Berlin ansässig, findet noch schärfere Worte über die Wartezeit in der dortigen Sammelstelle. Zwei Tage, so notiert er bitter, hätten genügt, „um aus einem Kulturmenschen einen Primitiven zu machen, der auf dünnen Papiermatratzen auf dem Boden zu nächtigen hatte, sich kaum reinigen noch seine funktionellen persönlichen Bedürfnisse befriedigen konnte".[63] Kreuz und quer hätten die Menschen gelegen, mit Gepäckstücken als Kissen oder Lehnen, gegen die herbstliche Kälte eingehüllt in Decken und Kleidung. Gegessen worden sei aus Blechgefäßen der Jüdischen Gemeinde; für das Essen mussten alle Berliner Juden ihre Lebensmittelmarken bereitstellen.

Die Sammelstellen waren auch Orte einer letzten Ausplünderung der Juden. Eichmanns peniblen Vorgaben folgend nahmen Gestapo-Beamte den Menschen ihre letzten Habseligkeiten ab. Karl Loewenstein aus Berlin berichtet, man habe verschiedene Tische passieren müssen: „Daneben saßen die Beamten und Beamtinnen, an denen jeder Transportteilnehmer vorbeizugehen hatte, um die in Frage kommenden Papiere, Arbeitsbuch, Brotmarken, Steuerbelege und Geld abzugeben. Dann fand eine Leibesvisitation statt, hinterher wurden die Koffer durchsucht … und schamlos beraubt! […] Zum Schluß kam der reine Hohn! Durch einen Obergerichtsvollzieher wurde mir eine Zustellung übergeben, wonach mein gesamtes Vermögen – als das eines Staatsfeindes – konfisziert worden sei. So korrekt arbeitete die Gestapo!"[64] Heinz Rosenberg erinnert sich, vor der Ausplünderung zur Unterschrift unter folgende Erklärung genötigt worden zu sein: „Ich, der unterzeichnete Jude, bestätige hiermit, ein Feind der Deutschen Regierung zu sein und als solcher kein Anrecht auf das von mir zurückgelassene Eigentum, auf Möbel, Wertgegenstände, Konten oder Bargeld zu haben. Meine deutsche Staatsbürgerschaft ist hiermit aufgehoben, und ich bin vom 8. November 1941 ab staatenlos."[65]

Von den Sammelstellen aus brachte die örtliche Gestapo die Juden mit Lastkraftwagen zum nächstgelegenen Bahnhof. Häufig waren das Güterbahnhöfe, so in Hamburg und Düsseldorf. Dort diente der Bahnhof Derendorf vier Kilometer nördlich des Hauptbahnhofes als Abgangsstation. In Berlin erfolgte die Deportation nach

62 Postkarte II von Irma Huppert, 16. 11. 1941, USHMM, 1996.63, 1–3. Franziska Nunnally Papers. Auch in Brünn mussten die Menschen zehn bis zwölf Tage in einer Sammelstelle ausharren, dazu Interview Franz Spitzer, Code 34302, Visual History Archive, ©USC Shoah Foundation Institute 1997.

63 Aufzeichnungen aus dem Ghetto Minsk, T. 1 (Gedenkschrift), Archiv des IfZ, ED 424, Bl. 1.

64 Loewenstein, Minsk, S. 14.

65 Rosenberg, Jahre, S. 16.

Minsk von einer abgelegenen Rampe des Bahnhofs Grunewald. Hier standen altersschwache Personenwaggons für die Menschen bereit. Berthold Rudner schreibt: „Ein langer Zug mit uralten Beutewagen aus Frankreich, verdreckt, mit fehlenden oder schlecht schließenden Scheiben wartete unser. Die Verladung nahm Stunden in Anspruch. Alles fror, Kinder weinten, die Großen stöhnten und krochen in sich hinein, wartend, endlich die schützenden Wagen besteigen zu dürfen. Erst gegen Abend, mit einfallender Dämmerung, setzte sich der Zug mit dieser Menschenfracht in Bewegung, um gen Osten zu stampfen. Wir erhielten nur unsere Kennkarten ausgehändigt, die den Stempelvermerk aufwiesen: ‚Evakuiert nach Minsk‘.“[66]

Für alle Transporte musste vor Abfahrt ein Leiter bestimmt werden. In Hamburg war das der Rechtsanwalt Dr. Edgar Franck (1896–1942). Franck wiederum ernannte für jeden einzelnen Waggon einen Ordner, der mit einer gelben Armbinde ausgestattet wurde. Einer davon war Heinz Rosenberg.[67] Die eigentliche Fahrt nach Minsk dauerte von allen Abgangsorten im Reichsgebiet mehrere Tage und war äußerst strapaziös. Die Menschen saßen dicht gedrängt auf Holzbänken, jeweils fünfzig Personen in einem Waggon. Der Reiseproviant, den die jüdischen Gemeinden ausgeteilt hatten, war bald aufgebraucht, Gleiches galt für die spärlichen Wasservorräte. Berny Lane aus Frankfurt erinnert sich vor allem an den quälenden Durst auf der sechs- oder siebentägigen Fahrt: „Wir haben, als es regnete, die Finger rausgehalten und sie abgeleckt, um Flüssigkeit zu bekommen.“[68] In manchen Transporten, so in denen aus Berlin und aus Hamburg, funktionierte die Heizung nicht. Die Menschen froren erbärmlich, je weiter der Zug nach Osten rollte.[69] In Berthold Rudners Waggon fror schließlich die Toilette ein. „Jauche rann ins Koupe“, notiert er später, „4 Personen badeten ihre Schuhe in diesem Morast. Auch ich. Morast wurde mit Hand und Essgeschirr ausgelöffelt!“[70] Gleichwohl sei die Stimmung an sich recht gehoben gewesen. Ein Geiger habe abends mitreißende Konzerte gegeben. „Und wenn nachts“, so Rudner, „[…] etwa die ‚Legende‘ von Wiamski oder hebräische Lieder erklangen, die mit Inbrunst mitgesungen wurden, so ergab sich eine Art heilige Stimmung einer von Sehnsucht und nach Erlösung dürstenden Menge.“[71]

Dass die Menschen versuchten, in der ungewissen Situation Zuversicht und Haltung zu bewahren, zeigen auch Postkarten eines Insassen des Bremer Transportes an

66 Aufzeichnungen aus dem Ghetto Minsk, T. 1 (Gedenkschrift), Archiv des IfZ, ED 424, Bl. 2.

67 Rosenberg, Jahre, S. 19; zum Prozedere in Brünn Interview Franz Spitzer, Code 34302, Visual History Archive, © USC Shoah Foundation Institute 1997.

68 Zit. nach Monica Kingreen, Gewaltsam verschleppt aus Frankfurt. Die Deportationen der Juden in den Jahren 1941–1945, in: dies. (Hrsg.), Nach der Kristallnacht. Jüdisches Leben und antijüdische Politik in Frankfurt am Main 1938–1945, Frankfurt a. M. 1999, S. 357–402, hier S. 363.

69 Loewenstein, Minsk, S. 15; Rosenberg, Jahre, S. 18.

70 Aufzeichnungen aus dem Ghetto Minsk, T. II (Tagebuchblätter), Archiv des IfZ, ED 424, Bl. 58.

71 Aufzeichnungen aus dem Ghetto Minsk, T. I (Gedenkschrift), ebenda, Bl. 3, Hervorhebungen im Original.

seine Tochter. Insgesamt konnte Nathan Felczer (1894–1942) drei Karten versenden. Aus Warschau schrieb er: „Warschau 20. 11. / Liebe Julia! / Sind jetzt in Polen u[nd] habe zufällig Gelegenheit, einige Zeilen zu schreiben. Es geht soweit ganz gut, ist natürlich alles anstrengend, aber unser Vertrauen ist groß. Bis jetzt ist es noch nicht kalt. Es geht tatsächlich nach Minsk, es ist dort augenblicklich eine Kälte von 25°. Die Karte ist so schmutzig, weil ich im Augenblick hinter der Lokomotive sitze. […] Wir haben von Warschau immer noch ca. 1000 Km[gestr.] Kilometer. Sobald ich von Minsk Gelegenheit habe, schreibe ich. / Bleibt alle recht gesund. Hoffentlich sehen wir uns alle mal wieder. Herzliche Grüße an Mutti, Tante Selma […] u[nd] Kindern. Dein Papa."[72]

Tatsächlich konnten die zwangsverschickten Menschen nicht ahnen, was sie am Zielort Minsk erwartete. Im Rückblick resümiert Curt Parker aus Achim bei Bremen, dass die Fahrt noch recht angenehm gewesen sei, „verglichen mit dem, was dann kam".[73] Die Ankunft in Minsk beschreiben alle Überlebenden der Transporte als neuerlichen Schock. Zumeist blieben die erschöpften Menschen nach dem Eintreffen noch für einige Zeit in den Zügen eingeschlossen. Der Transport aus Hamburg etwa lief erst am späten Abend in den Minsker Güterbahnhof ein; die Insassen mussten noch eine weitere Nacht in den überfüllten Waggons zubringen. Um fünf Uhr morgens schließlich trieben SS- und Polizeiangehörige die Hamburger Juden aus dem Zug. Ein SS-Führer verlangte den Transportleiter zu sprechen. Was dann geschah, berichtet Heinz Rosenberg: „Dr. Frank ging sofort zu ihm, nahm Haltung an und sagte: ‚Ich melde 971 Männer, Frauen und Kinder aus Hamburg.' Der Offizier sah ihn an und sagte: ‚Du dreckiger Jude, wenn du mit einem Offizier sprichst oder mit irgendeinem anderen Deutschen, nimm den Hut ab und warte, bis du angesprochen wirst!' Bei diesen Worten nahm er seine Lederpeitsche und schlug Dr. Frank mit solcher Wucht mitten ins Gesicht, daß dieser auf den Boden fiel und man ihm helfen mußte aufzustehen."[74]

Die Verschleppten der folgenden Deportationszüge erlebten ähnlich rüde Szenen bei der Ankunft. Welche Dienststelle für den „Empfang" der deportierten Juden in Minsk zuständig war, ist unklar. Wahrscheinlich übernahmen Angehörige des SK 1b die Federführung. In jedem Fall kamen lettische und litauische Hilfswillige der Einsatzgruppe A sowie Angehörige der ukrainischen Schuma-Bataillone von SSPF Zenner zum Einsatz. Karl Loewenstein und Chaim Baram berichten übereinstimmend, dass der Berliner Transport von lettischen SS-Angehörigen mit gezückter

72 Zit. nach Staatsarchiv Bremen (Hrsg.), Minsk, S. 134.

73 Interview Curt Parker, Code 6424, Visual History Archive, ©USC Shoah Foundation Institute 1995; ähnlich Lowenstein, Minsk, S. 15.

74 Rosenberg, Jahre, S. 19. Die gleiche Episode schildert ein weiterer Überlebender des Hamburger Transportes, vgl. Interview Arthur Menke, Code 16399, Visual History Archive, ©USC Shoah Foundation Institute 1996.

Waffe gestürmt worden sei. Auch Rudner erwähnt solche Hilfswilligen. Fred Alexander wiederum, gleichfalls aus Berlin, erinnert sich an „ukrainische SS", die die Menschen unter Peitschenhieben aus dem Zug geprügelt habe.[75] Von Peitschenhieben lettischer oder litauischer sowie ukrainischer SS-Kräfte spricht auch ein Überlebender des Bremer Transportes.[76] Bei Ankunft des Frankfurter Deportationszuges kamen ebenfalls litauische und lettische Hilfswillige zum Einsatz.[77]

Diese Hilfskräfte bewachten die Neuankömmlinge auch auf ihrem Weg ins Ghetto. Die meisten mussten die weite Strecke quer durch Minsk zu Fuß zurücklegen. Der Anblick der in Trümmern liegenden Stadt verstörte viele. Chaim Baram schreibt: „Die Stadt ist fast vollständig vernichtet. Zerbombte und ausgebrannte Ruinen hinterlassen uns einen trostlosen Eindruck."[78]

Noch schlimmer war freilich das Ghetto. Die Hamburger Juden, die als erste Deportierte in den Zwangsbezirk eingewiesen wurden, stießen sofort auf die Spuren eines Massenmordes: Zwischen dem 6. und dem 11. November hatten SS und Polizei über 6000 weißrussische Juden ermordet, um Platz für die bald eintreffenden „Reichsjuden" zu schaffen. Die Opfer waren teilweise direkt im Ghetto getötet worden, wie die Hamburger entsetzt feststellen mussten. Ihnen wurde bei ihrem Einzug ein großes Gebäude aus rotem Ziegelstein zugewiesen.

Heinz Rosenberg erinnert es als das „Schreckenshaus": „Wir erhielten den Befehl, das rote Gebäude sofort auszuräumen. Als wir das Haus betraten, erwartete uns ein zweiter entsetzlicher Eindruck von Minsk: Hunderte Leichen bedeckten den Boden … Überall war Blut, und auf den Öfen und Tischen stand noch das Essen. Alle Räume waren in einem vollständigen Durcheinander. Es war nicht eine lebende Seele zu finden. […] Schließlich aber mußten die ‚Reinigungsarbeiten' beginnen. Die Toten wurden auf einen Platz in den Hof getragen, das Inventar wurde einfach aus den Fenstern geworfen und später auf dem Hof verbrannt. Da alle Sachen verschmutzt und verlaust waren, dachten wir, sie wären unbrauchbar. Später haben wir diesen Fehler noch oft bereut, denn die verbrannten Sachen waren gebrauchsfähige Gegenstände, die man nur hätte reinigen müssen."[79] Das „rote Haus", wahrscheinlich ein ehemaliges Schulgebäude, war in den folgenden Tagen erste proviso-

75 Loewenstein, Minsk, S. 15 f.; Baram, Erinnerungen, Archiv des ZfA, S. 7 f.; Aufzeichnungen aus dem Ghetto Minsk, T. 1 (Gedenkschrift), Archiv des IfZ, ED 424, Bl. 3; Interview Fred Alexander, Code 48006, Visual History Archive, © USC Shoah Foundation Institute 1998.

76 Staatsarchiv Bremen (Hrsg.), Minsk, S. 55.

77 Interview Berny Lane, Code 3066, Visual History Archives, © USC Shoah Foundation Institute; Interview Eric Floss, Code 16025, ebenda 1996; Vernehmung S. G., 18. 5. 1960, LHA Koblenz, Best. 584, 1, Nr. 8485, Bl. 3152.

78 Baram, Erinnerungen, Archiv des ZfA, S. 8.

79 Rosenberg, Jahre, S. 20 f. Diese Situation schildern auch weitere Überlebende des Hamburger Transportes, vgl. Vernehmung W. M., 8. 12. 1959, LHA Koblenz, Best. 584, 1, Nr. 8468, Bl. 1390; Interview Arthur Menke, Code 16399, Visual History Archive, © USC Shoah Foundation Institute 1996.

rische Unterkunft für weitere verschleppte Juden aus dem Reich. Sie verteilten sich anschließend auf die kleinen Holzhäuschen in der Umgebung. Hier stand ihnen, wie den weißrussischen Juden, knapp 1,5 Quadratmeter Wohnraum zu. Die Küche wurde dabei als Wohnraum mitgerechnet.[80] Gleichwohl erwies sich das Areal, das für die „Reichsjuden" vorgesehen war, rasch als zu begrenzt. Kurz nach Ankunft des Berliner Transportes, am 20. November 1941, töteten SS und Polizei erneut mehrere Tausend weißrussische Juden, um weiteren Platz für die Deportierten zu schaffen. In der Folge wurden die „Sonderghettos" I und II gebildet. Im „Sonderghetto I" waren die Hamburger, Düsseldorfer und Frankfurter Juden untergebracht, während die Juden aus Berlin, Brünn, Hamburg/Bremen und Wien im „Sonderghetto II" leben mussten. Die Verschleppten erhielten den Auftrag, die „Sonderghettos" mit Stacheldraht zu umzäunen.[81]

Ihre genaue Lage im Minsker Zwangsbezirk lässt sich kaum mehr ermitteln. Nach Angaben von Abram Rubenčik lag das „Sonderghetto I" in der Nähe des jüdischen Friedhofes. Es umfasste das Areal zwischen der „Suchaja", „Obuvnaja", „Šornaja" und „Respublikanskaja". Jenseits dieser Straße befand sich in der Gegend um die „Zamkovaja" und „Ostrovskogo" das etwas kleinere „Sonderghetto II".[82] Obgleich die „Sonderghettos" etwas entfernt voneinander lagen, waren sie durch einen gemeinsamen Judenrat verbunden. Erster „Judenältester" war der Hamburger Transportleiter Dr. Franck (1896–1942). Er stand einem Zwangsgremium aus acht bis zwölf Männern vor, die gleichfalls aus Hamburg stammten.[83] Der Judenrat nahm seinen Sitz in einem der kleinen Holzhäuser. Es befand sich neben dem sogenannten weißen Haus, einem weiteren Gebäude aus Stein. Im „weißen Haus" wurde eine provisorische Krankenstation eingerichtet.[84] Unter den Deportierten waren einige Mediziner, so die Kinder- und Frauenärztin Dr. Hedwig Jung-Danielewicz. Sie war im Alter von knapp 61 Jahren gemeinsam mit ihrer Schwester Else Danielewicz aus Düsseldorf nach Minsk verschleppt worden und praktizierte kurzzeitig im Ghetto.[85]

Ferner betrieb der Judenrat eine Gemeinschaftsküche. Hierfür gab es zunächst keinerlei Zuteilungen durch das Stadtkommissariat; Dr. Franck beschlagnahmte daher die Lebensmittel aus neu ankommenden Transporten.[86] Der Judenrat der

80 Loewenstein, Minsk, S. 20.

81 Vgl. u. a. Aufzeichnungen aus dem Ghetto Minsk, T. 1 (Tagebuchblätter), Archiv des IfZ, ED 424, Bl. 60; Baram, Erinnerungen, Archiv des ZfA, S. 8; vgl. auch Kingreen, Frankfurt, S. 364.

82 Vgl. den auf S. 78 abgedruckten Lageplan sowie den Plan des Frankfurter Überlebenden B. A., LHA Koblenz, Best. 584, 1, Nr. 8474, Bl. 1516.

83 Loewenstein nennt acht Mitglieder namentlich (Frank, Bieber, Behrend, Cohn, Jacob, Satz, Spiegel, Rappolt), vgl. ders., Minsk, S. 31. Die Zahl von zwölf Mitgliedern findet sich bei Rosenberg, Jahre, S. 25. Zum Judenrat auch Cholawsky, Jews, S. 230; Interview Arthur Menke, Code 16399, Visual History Archive, © USC Shoah Foundation Institute 1996.

84 Zum Gesundheitsdienst Loewenstein, Minsk, S. 38 f.

85 Unschuld, Ärztin, S. 188 ff.

86 Rosenberg, Jahre, S. 28 f.

„Sonderghettos“ übernahm wie sein weißrussisches Pendant auch die Koordinierung der Arbeitskräfte. Das Arbeitsbüro unterstand zunächst einem Hamburger Juden namens Spiegel, später übernahm Loewenstein diese Aufgabe. Er berichtet: „Jeden Morgen hatten sich die zur Arbeit bestimmten Lagerinsassen im Hofe zwischen dem Roten und dem Weißen Haus – nach Arbeitskommandos getrennt – aufzustellen; ihre Namen wurden verlesen und dann wurden sie den Abholern als ‚Zahl‘ übergeben. In einem eigens zu diesem Zweck geführten Buch mußte der Empfang dieser ‚Ware Mensch‘ quittiert werden.“[87]

Loewenstein war zudem die Aufgabe übertragen worden, einen jüdischen Ordnungsdienst zu bilden und zu leiten. Die Wachleute, die Armbinden und Knüppel erhielten, sollten an den Grenzen der „Sonderghettos“ patrouillieren. Loewenstein zufolge oblag ihnen auch die Aufgabe, die Insassen vor Plünderern zu schützen.[88]

Die Angehörigen des ersten Judenrates ließ der KdS Anfang Februar 1942 verhaften. Ihnen wurde vorgeworfen, mit Unterstützung eines Schutzpolizisten Post ins Reich versandt zu haben.[89] Im Zuge der Ermittlungen wurden die Männer schwer gefoltert. Am 12. Februar wurde in den „Sonderghettos“ offiziell verkündet, dass jeder Postverkehr mit dem Ausland untersagt sei; Briefpapier, Umschläge und Briefmarken müssten unverzüglich abgegeben werden.[90] Dr. Franck kam am 8. März in desaströsem Zustand ins Ghetto zurück und starb unmittelbar darauf. Die anderen Mitglieder des Judenrates brachte ein KdS-Kommando unter Leitung von Judenreferent Kurt Burkhardt am 13. April ebenfalls mehr tot als lebendig ins Ghetto. Rudner notiert dazu in seinem Tagebuch: „Nur zwei Männer konnten gehen. Die bekamen Knüppelhiebe, fielen mit der Nase auf den aufgeweichten Boden und wurden der Reihe nach mit nach unten gehaltenem Revolver durch Genickschuß erledigt. Die Männer sollen teilweise furchtbar ausgesehen haben. Die Angehörigen, auch Kinder, mußten Zeuge der Exekution sein. – Die Leichen wurden auf einen zweirädrigen Karren gehoben und begraben, und zwar neben und übereinander gelegt.“[91]

Über die folgenden Judenräte der „Sonderghettos“ finden sich nur spärliche Informationen in den Quellen. Dr. Francks Nachfolger war der Bremer Erich Harf. Er wurde wahrscheinlich im Sommer 1942 getötet. Nach dem Massenmord vom Juli 1942 gab es im Minsker Ghetto keine Judenräte mehr, lediglich die Sektionen für Arbeit blieben erhalten. Dem Arbeitsbüro des „Sonderghettos“ stand Dr. Wagner vor.[92]

87 Loewenstein, Minsk, S. 32.

88 Ebenda, S. 19 u. 37 f.; Cholawsky, Jews, S. 230.

89 Vernehmung W. B., 12. 2. 1960, LHA Koblenz, Best. 584, 1, Nr. 8478, B. 2016.

90 Aufzeichnungen aus dem Ghetto Minsk, T. II (Tagebuchblätter), Archiv des IfZ, ED 424, Bl. 42 f.

91 Aufzeichnungen aus dem Ghetto Minsk, T. II (Tagebuchblätter), Archiv des IfZ, ED 424, Bl. 52, Bl. 42; zu dieser Exekution auch Loewenstein, Minsk, S. 31; Vernehmung W. M., 8. 12. 1959, LHA Koblenz Best. 584, 1, Nr. 8474, Bl. 1394.

92 Loewenstein, Minsk, S. 41; Interview Franz Spitzer, Code 34202, Visual History Archive, ®USC Shoah Foundation Institute 1997.

Die „Sonderghettos“ waren in Lager unterteilt, die nach der Herkunft der Insassen gebildet wurden. Das „Sonderghetto I“ bestand aus dem Hamburger Lager, in dem nach Angaben Loewensteins allerdings auch die Juden aus Frankfurt lebten, sowie dem Lager Rheinland für die Juden aus Düsseldorf, Essen und Wuppertal. Im „Sonderghetto II“ gab es das Berliner, das Brünner und das Wiener Lager.[93] Den einzelnen Lagern standen jeweils eigene Leiter vor. Im Berliner Lager war das zunächst der Transportleiter Günter Freudenthal (1914–1942). Er wurde im Februar 1942 wegen angeblichen Handels mit Pelzen abgesetzt und später erschossen.[94] Für eine bestimmte Anzahl an Häusern war offenbar ein „Blockwart“ zuständig. In den Wohnhäusern selbst gab es „Stubenälteste“ bzw. „Hausväter“.[95] Diese Organisationsstrukturen wurden den Insassen wahrscheinlich von SS und Polizei aufgezwungen.

Gesichert ist, dass auf Verlangen von Sicherheitspolizei und SD ein „Lagergericht“ gebildet werden musste. Das Gremium, in dem Loewenstein als Beisitzer fungierte, sollte kleinere Vergehen in den „Sonderghettos“ eigenständig ahnden. Rudner notiert: „Lager-Justiz. Das Ghetto-Lager ist ein Staat im Staate. Es ‚regelt‘ sein Leben teilweise nach eigenen Gesetzen. Kleinere Vergehen werden mit Auspeitschungen und Anpfahlen gesühnt. Gestern wurde beim ‚Appell‘ verkündet, ein Dieb sei entdeckt worden, anderen käme man auf die Spur. Heut’ früh in bitterer Kälte war nun ein Mann, Berliner, am Pfahl gebunden, der ein Brustschild trug mit der Aufschrift: ‚Ich bin ein Dieb‘. / Schwere Vergehen müssen der SS gemeldet werden, die nicht lange fackelt und mit Schnelljustiz sühnt. Der Platon’sche Satz, das Recht dient dem Stärkeren, hat hier seine volle und krasse Umsetzung erfahren.“[96]

Die Insassen der „Sonderghettos“ litten wie die weißrussischen Juden unter entsetzlichen Existenzbedingungen. Die Menschen hausten in drangvoller Enge in den kleinen Holzhäuschen. Chaim Baram schreibt: „Sieben Leute sind wir in unserem Zimmer, das eine Bodenfläche von 5 x 5 Metern hat. […] Wasserleitungen und elektrisches Licht gibt es nicht. […] Die sanitären Verhältnisse spotteten aller Beschreibungen. Es gab noch keine Latrine. Die erste Arbeit im Berliner Ghetto war daher das Ausheben von kleinen Gruben.“[97] Die hygienischen Zustände beklagt auch Berthold Rudner. Am 6. 1. 1942 vermerkt er: „Mangel an Seife verhindert u. a. reine Wäsche am Körper zu tragen. Seit Berlin kein Bad mehr! Dabei nagen einen schier die Ratten an. Nichts ist vor ihnen sicher.“[98]

93 Loewenstein, Minsk, S. 20; Cholawsky, Jews, S. 230.

94 Aufzeichnungen aus dem Ghetto Minsk, T. II (Tagebuchblätter), Archiv des IfZ, ED 424, Bl. 46.

95 Ebenda, Bl. 20; Zeugenaussage M. A., 3. 7. 1947, GLAK, 309, Zugang 1990–37, 552, Bl. 31.

96 Ebenda, Bl. 24. Nach Loewenstein trat das „Lagergericht“ allerdings nur einmal im Falle des erwähnten Diebstahls zusammen, vgl. ders., Minsk, S. 41.

97 Baram, Erinnerungen, Bl. 9.

98 Aufzeichnungen aus dem Ghetto Minsk, T. 1 (Tagebuchblätter), Archiv des IfZ, ED 424, Bl. 30.

Hinzu kam der allgegenwärtige Hunger. Wie im weißrussischen Ghetto erhielten nur die Zwangsarbeiter eine halbwegs ausreichende Verpflegung. Im Arbeitseinsatz standen im Winter 1941 aber nur 900 der knapp 7000 Insassen der „Sonderghettos“.[99] Die Strategien der Nahrungsmittelbeschaffung, die die weißrussischen Juden entwickelt hatten, kamen für die Deportierten nur eingeschränkt infrage. Beim Tauschhandel an den Ghetto-Zäunen wurden sie wegen mangelnder Sprachkenntnisse oft übervorteilt. Günther Katzenstein, ein Überlebender des Düsseldorfer Transportes, erinnert sich: „Der Tauschhandel war ein sehr schlechtes Geschäft für uns, weil die Leute auf der anderen Seite ja alle Trümpfe in der Hand hatten. Dadurch konnten sie uns auspressen, wie sie wollten. [...] Es war uns geglückt, einige Sachen von Deutschland mitzunehmen, aber nach einer gewissen Zeit waren wir gezwungen, diese Sachen gegen Brot, Kartoffeln usw. einzutauschen und das war natürlich ein sehr schlechtes Geschäft für uns.“[100]

Völlig ausgeschlossen war es, das Ghetto-Areal zu verlassen und im „russischen Bezirk“ um Essbares zu betteln. Die Insassen der „Sonderghettos“ waren daher in hohem Maße auf die spärlichen Nahrungsmittelzuteilungen des Stadtkommissariats angewiesen. Dazu schreibt Rudner am 21. 12. 1941: „Hunger, Hunger, Hunger! Die Verpflegung des Lagers ist grauenhaft. Mal erhalten die Lagerinsassen um 9 Uhr eine Wassersuppe und abends etwas Brot. Mal gibt's solch ‚Essen‘ erst spät nachmittags. Es fiel auch schon ganz aus.“[101] Loewenstein erinnert sich an die überaus schlechte Qualität der Nahrung: Das Brot, so berichtet er, „war aus Buchweizenmehl gebacken und schmeckte scheußlich; und doch – wie hungerten wir danach, während die Pferde es ablehnten.“[102] Dass die Ernährungslage der „Sonderghettos“ äußerst prekär war, mussten sogar Sicherheitspolizei und SD einräumen. Judenreferent Kurt Burkhardt berichtete dem RSHA Anfang Januar 1942 von Plänen, die deutschen Juden in die Wehrmachtsverpflegung einzubeziehen, dies allerdings nur, um die Arbeitskraft der verschleppten Menschen zu erhalten.[103]

Die Unterernährung, die katastrophalen hygienischen Zustände und schließlich die Kälte des Winters 1941/42 ließen rasch Krankheiten unter den Deportierten ausbrechen. Burkhardt vermerkt für Dezember 1941 penibel folgende Erkrankungen in den „Sonderghettos“: „370 Fälle Hungerruhr / 102 Erfrierungen / 135 eitrige Wunden / 20 Augenbindehautentzündung / 25 Lungenentzündung / 63 Grippe und rheumatische Erkrankungen / 30 Blasenkatarrhe.“[104] Die gesundheitliche Verfassung der

99 „Burkhardt-Bericht“, in: Benz/Kwiet/Matthäus (Hrsg.), Einsatz, S. 114.

100 Zit. nach Barkai, Jews, S. 263; zum Tauschhandel auch Loewenstein, Minsk, S. 35; Interview Eric Floss, Code 16025, Visual History Archive, © USC Shoah Foundation Institute 1996.

101 Aufzeichnungen aus dem Ghetto Minsk, T. 1 (Tagebuchblätter), Archiv des IfZ, ED 424, Bl. 25.

102 Loewenstein, Minsk, S. 22.

103 „Burkhardt-Bericht“, in: Benz/Kwiet/Matthäus (Hrsg.), Einsatz, S. 114.

104 Ebenda, S. 113.

Verschleppten besserte sich im Frühjahr 1942 nicht, wie Heinz Rosenberg schreibt: „Frühling und Sommer hatten uns zwar von der Kälte befreit, aber sonst unsere Lage kaum erleichtert. Ungeziefer, Dreck und Krankheiten waren eine neue Quelle der Gefahren. Die Menschen starben in größerer Zahl als im Winter."[105]

Freilich hatte es auch im Winter schon viele Tote gegeben. Hinzu kamen Selbstmorde. Hans Meinhardt aus Hamburg berichtet, dass sein Vater Ernst sich mit Pillen das Leben nahm. Der hochdekorierte Frontkämpfer des Ersten Weltkrieges hatte als Apotheker für die SS arbeiten müssen und die Demütigungen im Minsker Ghetto nicht ertragen.[106] Wie Rudner und Loewenstein übereinstimmend angeben, waren bereits Mitte Dezember 1941 etwa 20 der Berliner Juden gestorben. In den folgenden Wochen schnellte die Todesrate weiter in die Höhe. Dazu schreibt Rudner am 13. Januar 1942: „Der Tod geht um! Im Lager. Die Alten und Kranken gehen ein. Es gibt auch nur noch Massengräber. Alle paar Tage werden an die 20 Toten begraben! – Es ist ein schauerlicher Zustand."[107] Am 25. Januar 1942 starb auch Rudners gute Bekannte und Mitbewohnerin Martha Crohn. Zu diesem Zeitpunkt war der Boden jedoch so stark gefroren, dass keine Gräber ausgehoben werden konnten. Die Toten des Ghettos mussten daher vorübergehend in einer Scheune gelagert werden. Erst am 8. März 1942 konnten sie in einem Massengrab auf dem jüdischen Friedhof beerdigt werden. Noch im Dezember 1941 waren die Toten des Hamburger Lagers in der Nähe der Gemeinschaftsküche direkt im Ghetto bestattet worden. Dr. Weber, Leiter des Gesundheitsamts im Generalkommissariat, hielt das bei einer Inspektion für ein hygienisches Problem. Im Anschluss sorgte er dafür, „daß in dem jüdischen Friedhof den deutschen Juden ein bestimmter Teil für die Beerdigung ihrer Rassegenossen zugewiesen wird".[108]

Todesopfer gab es auch bei den ständigen Razzien von Sicherheitspolizei und SD in den „Sonderghettos". Ein Überlebender aus Hamburg sagte nach dem Krieg aus: „Kleinere Exekutionen, und damit meine ich Exekutionen von Personen, fanden etwa alle 4–5 Tage statt. Dies während meines ganzen Aufenthaltes in Minsk."[109] Von „Großaktionen" indes waren die Verschleppten bis zum Sommer 1942 ausgenommen. Viele glaubten deshalb, dass sie, im Gegensatz zu den weißrussischen Juden, am Leben gelassen werden sollten.[110]

Diese Hoffnungen blieben auch Sicherheitspolizei und SD nicht verborgen. KdS-Judenreferent Burkhardt vermerkt dazu Anfang Januar 1942 mit dem ihm

105 Rosenberg, Jahre, S. 42.

106 Interview Hans Meinhardt, Code 17039, Visual History Archive, ®USC Shoah Foundation Institute 1996.

107 Aufzeichnungen aus dem Ghetto Minsk, T. 1 (Tagebuchblätter), Archiv des IfZ, ED 424, Bl. 35.

108 Zit. nach Chiari, Alltag, S. 244.

109 Vernehmung W. B., 12. 2. 1960, LHA Koblenz, Best. 584, 1, Nr. 8478, Bl. 2017.

110 Barkai, Jews, S. 263.

eigenen Zynismus: „Die reichsdeutschen Juden fühlten sich bei ihrer Ankunft in Minsk durchaus als Ostpioniere und glaubten größtenteils zur Lösung von kolonisatorischen Aufgaben herangezogen zu werden. Als sie dann aber ins Ghetto Minsk getrieben wurden und dort seit geraumer Zeit unter außerordentlich ungünstigen Verhältnissen leben müssen, verbreitete sich unter ihnen die Ansicht, daß es sich bei der Umsiedlung nur um eine vorübergehende Maßnahme handele und sie nach Kriegsschluß wieder in das Reich zurückkehren dürfen. An diesem Gedanken richten sich die meisten Juden auf und ertragen leichter die derzeitigen Schwierigkeiten. Der geringe Teil der Juden, der über die Zukunft völlig klar sieht, läßt seine Meinung nicht laut werden."[111]

Spätestens mit der großen Massenmordaktion Ende Juli 1942 wurde den noch lebenden deutschen Juden klar, dass auch sie getötet werden sollten. Zwischen dem 28. und dem 31. Juli 1942 wurden 6500 weißrussische und 3500 „reichsdeutsche" Juden aus dem Ghetto bei Maly Trostinez ermordet.[112] Bei diesen Opfern handelte es sich um die als nicht arbeitsfähig eingestuften Insassen des „Sonderghettos II", das in diesen Tagen aufhörte zu existieren. Die überlebenden Berliner, Brünner, Bremer und Wiener Juden mussten in das „Sonderghetto I" umziehen.[113] Dessen als „arbeitsunfähig" geltende Insassen wurden insbesondere nach dem Antritt von SS-Hauptscharführer Adolf Rübe als „Ghetto-Kommandant" ab Frühjahr 1943 in beständigen Selektionen dezimiert. Tatort war oft der jüdische Friedhof.

Die arbeitenden Insassen des „Sonderghettos I" wurden größtenteils bei einem Massaker am 8. Mai 1943 und bei der endgültigen Auflösung des Ghettos im Oktober erschossen oder in Gaswagen erstickt. Als die mehrwöchige Phase der Liquidierung des Ghettos im September 1943 begann, wurde eine nicht bestimmbare Anzahl an Juden aus dem Reich – vor allem junge, alleinstehende Männer – zur Zwangsarbeit in die Lager im besetzten Polen verschleppt. Darunter waren Heinz Rosenberg und Chaim Baram.

Dennoch lebten auch nach dem Herbst 1943 noch einige Juden aus dem Reich in und um Minsk: Sie waren zum einen im sogenannten kleinen Ghetto in der Minsker Radiofabrik untergebracht, das der Luftwaffe unterstand. Beim deutschen Rückzug wurden die jüdischen Zwangsarbeiter von der Wehrmacht in Richtung Westen mitgenommen und kamen schließlich mehrheitlich nach Bergen-Belsen.[114] Überdies hielt sich der KdS in seinem Minsker Dienstgebäude bis zum Sommer 1944 ein jüdisches Arbeitskommando. Es bestand aus etwa 50 bis 100 Personen. Bis auf wenige Ausnahmen wurde dieses Arbeitskommando allerdings vor dem deutschen Rück-

111 „Burkhardt-Bericht", in: Benz/Kwiet/Matthäus (Hrsg.), Einsatz, S. 114.

112 Baade, Ehre, S. 254.

113 Dazu u. a. Interview Curt Parker, Visual History Archives, Code 6462. ®USC Shoah Foundation Institute.

114 Mündliche Mitteilung von Günther Katzenstein, 22. 10. 2008.

zug erschossen.[115] Jüdische Zwangsarbeiter gab es zwischen 1942 und 1944 auch auf dem Landgut des KdS bei Maly Trostinez. Von den rund 7000 in das Ghetto Minsk deportierten Juden haben nach gegenwärtigem Kenntnisstand knapp 50 überlebt. Es handelt sich mehrheitlich um Männer der Jahrgänge 1920 bis 1929, die in die Lager auf polnischem Boden verschleppt worden waren. Die Überlebenden verteilen sich wie folgt auf die einzelnen Transporte:

Abgangsort des Transportes	**Überlebende**
Hamburg	10 (Männer)
Düsseldorf	4 (3 Männer, 1 Frau)
Frankfurt am Main	8 (6 Männer, 2 Frauen)
Berlin	4 (3 Männer, 1 Frau)
Brünn	13 (12 Männer, 1 Frau)
Bremen/Hamburg	6 (Männer)
Wien	3 (1 Mann, 2 Frauen)

115 Vernehmung W. M., 8. 12. 1959, LHA Koblenz, Best. 584, 1, Nr. 8474, Bl. 1396 ff.

6. Maly Trostinez (1942–1944)

6.1. Entstehungsgeschichte

Die Entstehungsgeschichte von Maly Trostinez, Vernichtungsstätte und Arbeitslager der Minsker Sicherheitspolizei, ist bis heute ungeklärt. Die weißrussische Forschung geht gemeinhin davon aus, dass Haft- wie Erschießungsstätte nahe dem Dörfchen Maly Trostinez elf Kilometer südöstlich von Minsk bereits im November 1941 betrieben wurden. Den Erschießungsplatz im Wald von Blagovščina habe der Kommandeur des SK 1b, Erich Ehrlinger, persönlich ausgesucht. Dort seien ab Herbst 1941 vorrangig nicht jüdische weißrussische Zivilisten und Kriegsgefangene getötet worden.[1] Für diese Thesen haben sich bislang jedoch noch keinerlei überzeugende Belege gefunden.[2] Gegen Aufbau und Unterhaltung des Lagerkomplexes im Herbst 1941 spricht auch der eklatante Kräftemangel der Minsker Sicherheitspolizei zu diesem Zeitpunkt.

Dass aber möglicherweise Anfang 1942 ein vom KdS geführtes Arbeitslager nahe Maly Trostinez existierte, scheinen Nachkriegsaussagen eines ehemaligen Häftlings zu belegen: Lev Lanskij berichtet, er sei im Januar 1942 aus dem Lager Koldyščevo bei Baranoviči ins Lager von Maly Trostinez verschleppt worden. Weiter gibt er an, am Tage seiner Ankunft seien zwei deutsche Jüdinnen „wegen intimer Beziehungen zu Deutschen" vor den Augen aller Lagerinsassen erhängt worden.[3] Eine solche Mordaktion gab es in Maly Trostinez tatsächlich: Die Hinrichtung der Wiener Jüdinnen Leonora Peschek (1901–1943) und Hermine Hermann (1899–1943) fand jedoch nachweislich am 4. Januar 1943 statt.[4] Das spricht dafür, dass Lanskij erst

1 Dazu u. a. Ėmanuil Ioffe, Aktual'nye voprosy izučenija cholokosta na territorii sovetskoj Belorussii v gody vtoroj mirovoj vojny [Aktuelle Fragen der Forschung zum Holocaust im sowjetischen Weißrussland während des Zweiten Weltkrieges], in: Istoričeskaja masterskaja v Minske u. a. (Hrsg.), Aktual'nye voprosy izučenija cholokosta territorii Belarusi v gody nemecko-fašistskoj okkupacii. Sbornik naučnych rabot [Aktuelle Fragen der Forschung zum Holocaust in Weißrussland während der deutsch-faschistischen Besatzung. Aufsatzsammlung], Minsk 2005, S. 60–99, hier S. 69.

2 Dazu bereits Gerlach, Morde, S. 768.

3 Protokol doprosa svitel'ja Lanskogo Levy Šaeviča [Protokoll der Zeugenvernehmung von Lev Šaevič Lanskij], 9. 8. 1944, NARB, 861-1-8, Bl. 62 ff. Diese Aussage ist in deutscher Übersetzung leicht verändert abgedruckt in: Grossman/Ehrenburg, Schwarzbuch, S. 380 ff. Vgl. auch Vernehmungsprotokoll Lew Schaewitsch Lanskij, 8. 12. 1962 (Übersetzung aus dem Russischen), LHA Koblenz, Best. 584, 1, Nr. 8647, ohne Paginierung.

4 Vgl. hierzu Vernehmung L. G., 19. 8. 1960, BArch B 162/1681, Bl. 1571 f.; Vernehmung J. S., 20./21. 3. 1962, BArch B 162/3225, Bl. 354 ff., sowie Schreiben E. H. an die Staatsanwaltschaft Koblenz, 17. 12. 1959, LHA Koblenz, Best. 584, 1, Nr. 8474, Bl. 1515.

Anfang Januar 1943 nach Maly Trostinez kam. Weitere Häftlingsaussagen erlauben den Schluss, dass der KdS ab Ende April 1942 bei Maly Trostinez schrittweise ein Arbeitslager aufbauen ließ.[5]

Nur wenig später gab es den ersten zweifelsfrei nachgewiesenen Massenmord im Waldmassiv von Blagovščina: Am 11. Mai 1942 erschossen Sicherheitspolizei und SD zusammen mit ihren Helfershelfern knapp tausend Juden an einer zuvor ausgehobenen Grube. Die Opfer waren Insassen eines Deportationszuges, der fünf Tage zuvor in Wien losgefahren war.[6] Es handelte sich um den ersten Transport nach dem Abbruch der Zwangsverschickungen nach Minsk im November 1941. In den folgenden Monaten töteten Angehörige des KdS in Blagovščina fast ausschließlich deportierte Juden aus dem Reich und dem Protektorat. Dieser Opferkreis lässt die These zu, dass die neuerlichen Deportationen von Juden in Richtung Minsk einen wichtigen, wahrscheinlich den entscheidenden Bezugsrahmen für die Errichtung von Maly Trostinez bildeten.

Nach den Planungen des RSHA sollten zwischen November 1941 und Januar 1942 insgesamt 25 000 „Reichsjuden" nach Minsk verschleppt und ins dortige Ghetto eingewiesen werden. Möglicherweise beabsichtigte die SS-Führung, die Zwangsverschickten im Frühjahr darauf weiter nach Osten zu verbringen und im Vernichtungslager von Mogilev mittels Gas zu töten. Diese Pläne indes waren bereits zur Jahreswende 1941/42 Makulatur: Die Deportationen nach Minsk mussten wegen der katastrophalen Nachschublage der Heeresgruppe Mitte nach dem siebten Transport eingestellt werden. Das Projekt eines Vernichtungslagers in Mogilev wiederum scheiterte unter anderem am Widerstand der Militärverwaltungsspitze um General Max von Schenckendorff.[7]

Ungeachtet dessen hielt das RSHA am Deportationsziel Minsk fest. Anfang Januar 1942 verbreiteten sich in Minsk erste Gerüchte über eine Wiederaufnahme der Deportationen. Angeblich sollten nun 50 000 weitere Juden aus dem Reich in das Ghetto der Stadt verbracht werden. Stadtkommissar Janetzke, dessen Dienststelle für die Verwaltung des Zwangsbezirkes zuständig war, war alarmiert. Am 5. Januar besichtigte er die „Sonderghettos" und erklärte in Gegenwart einiger Insassen, „die Unterkünfte wären unwürdig und die Verpflegung unter aller Kritik".[8] Noch am selben Tag legte Janetzke über die Köpfe von Kube und Lohse hinweg beim Ostministerium Protest gegen neuerliche Deportationen ein. Eine Unterbringung mehrerer Zehntausend weiterer Juden in der „Trümmerstadt" Minsk sei völlig ausgeschlossen,

5 Vgl. dazu insbesondere den Erinnerungsbericht von Fjodor Vasil'evič Šumaev, 31. 1. 1960 (Fragment), in: Komitet, Lager 'smerti, S. 187 f.

6 Baade, Ehre, S. 246.

7 Dazu Angrick/Klein, „Endlösung", S. 204 f.

8 Aufzeichnungen aus dem Ghetto Minsk, T. II (Tagebuchblätter), Archiv des IfZ, ED 424, Bl. 29.

zumal auch deren Ernährung nicht sichergestellt werden könne. Bereits jetzt habe seine Verwaltung immense Probleme, die Stadtbewohner einschließlich Juden mit Lebensmitteln zu versorgen. Der Zuzug weiterer Juden käme nachgerade einer Katastrophe gleich. Janetzke schloss mit den Worten: „Ich bitte deshalb dringend, bei allen zuständigen Stellen dafür eintreten zu wollen, dass die Absicht, weitere Juden nach Minsk zu schicken, auf jeden Fall unterbleibt. Sollte dies aber nicht mehr möglich sein, so bedaure ich, schon jetzt erklären zu müssen, dass ich / 1. weder die Verantwortung für die Unterbringung dieser Juden noch / 2. die Verantwortung für ihre Ernährung übernehmen kann.“[9]

Die Reaktion des Ostministeriums auf dieses Schreiben war verhalten, wahrscheinlich auch wegen der unterschwelligen Drohung Janetzkes. Am 16. Januar 1942 ließ „Judenexperte“ Erhard Wetzel Reichskommissar Lohse eine Abschrift des Schreibens zukommen. Hinsichtlich der „Judenevakuierung“ teilte Wetzel mit, nach Angaben des RSHA seien für Minsk 25 000 Juden vorgesehen gewesen, von denen bislang 7000 bis 8000 angekommen seien. „Der verbleibende Rest“, so Wetzel weiter, „kann zur Zeit infolge der bestehenden Transportschwierigkeiten nicht nach Minsk überführt werden. Sobald aber diese Schwierigkeiten behoben sind, ist damit zu rechnen, dass diese Juden nach Minsk gelangen.“[10] Lohse möge den Stadtkommissar entsprechend instruieren und ihn hinsichtlich der Unterbringung und Ernährung der Zwangsverschleppten an den „Höheren Polizeiführer“ verweisen. Überdies sei Janetzke dazu aufzufordern, künftig den Dienstweg einzuhalten. Der Reichskommissar unterrichtete daraufhin (dienstwegsgemäß!) Janetzkes unmittelbaren Vorgesetzten Kube über die Angelegenheit; das Schreiben ist allerdings nicht überliefert. Sicherlich dürfte Lohse seine Weisung vom November 1941 wiederholt haben, dass gegen die „Judendeportationen“ aus dem Reich keinerlei Einwände zu erheben seien.

Kube indes nahm den Stadtkommissar in seinem Antwortschreiben vom 6. Februar in Schutz: Janetzke, der überdies erkrankt gewesen sei, habe ihn unmittelbar nach Absendung seiner Beschwerde davon ihn Kenntnis gesetzt; er, Kube, habe ihn daraufhin auf den Dienstweg aufmerksam gemacht und sein Verhalten missbilligt. „Da 80 % der Stadt in Trümmern liegen“, so der Generalkommissar weiter, „wäre auf dem Dienstwege das von Stadtkommissar, Gauamtsleiter Janetzke vorgebrachte Bedenken nicht nur gerechtfertigt, sondern pflichtgemäß gewesen. In einer zerstörten Stadt kann man nicht plötzlich 25 000 Menschen unterbringen, und da der

9 Der Stadtkommissar Minsk (Janetzke) an das Reichsministerium für die besetzten Ostgebiete, Betr. Evakuierung von Juden nach Minsk, 5. 1. 1942 (Kopie), LHA Koblenz, Best. 584, 1, Nr. 3555, Bl. 793 [Umschlag].

10 Reichsministerium für die besetzten Ostgebiete (Wetzel) an den Reichskommissar für das Ostland, Betr. Evakuierung von Juden aus Deutschland nach Minsk, LHA Koblenz, Best. 584, 1, Nr. 3555, Bl. 793 [Umschlag].

Boden in Weißruthenien bis zu 2 mtr. Tief gefroren ist, sind auch andere Möglichkeiten nach Mitteilung meines Sicherheitsdienstes nicht vorhanden."[11] Im Übrigen sei die Ernährungslage in Minsk „infolge der hohen Anforderungen der Wehrmacht" in der Tat prekär. Aber selbstverständlich werde der Befehl des Herrn Reichsministers ausgeführt.

Kubes Antwortschreiben bietet auch Aufschluss über seine Haltung zur „Judenfrage". Keinesfalls stellte sich der Generalkommissar grundsätzlich gegen die Ermordung deportierter „Reichsjuden". Das zeigt sein etwas kryptischer Hinweis auf den gegenwärtigen Bodenfrost in „Weißruthenien", der „andere Möglichkeiten" nicht zuließe. SS-Obersturmführer Kurt Burkhardt vom Minsker KdS, auf dessen Mitteilungen Kube sich hier bezieht, fand in einem für das RSHA bestimmten Bericht deutlichere Worte: „Liquidierungsaktionen größeren Umfanges lassen sich [...] bei der derzeitigen Wetterlage nicht durchführen, da der tiefgefrorene Boden das Ausheben der Massengräber nicht zuläßt."[12]

Kubes Ansichten zur „Lösung der Judenfrage" zeigt ein weiteres Schreiben freilich noch deutlicher. Bereits am 16. Dezember bat der Generalkommissar seinen Vorgesetzten Lohse („Mein lieber Hinrich!") um eine dienstliche Anweisung, wie mit den deutschen Juden im Minsker Ghetto zu verfahren sei. Bei seinen wiederholten dienstlichen Besuchen in den „Sonderghettos" habe er feststellen müssen, dass unter den Verschleppten „Frontkämpfer mit dem Eisernen Kreuz erster und zweiter Klasse, Kriegsverletzte, Halbarier, ja sogar ein Dreiviertelarier" seien. Überdies gehörten zu den Deportierten, die sich auch durch „persönliche Sauberkeit" von den weißrussischen Juden unterschieden, Facharbeiter, „die etwa die fünffache Tagesleitung von dem leisten, was russische Juden vermögen".

Die verschleppten Juden, so Kube weiter, würden in den kommenden Wochen wahrscheinlich erfrieren, verhungern oder an den unzähligen Seuchen sterben, die in „Weißruthenien" grassierten. Kube erschien das offenkundig unmenschlich; jedoch sah er sich außerstande, dem SD (= KdS) auf eigene Verantwortung eine Weisung „über Behandlung dieser Menschen" zu geben. „Ich bin", so schloss der Generalkommissar, „gewiß hart und bereit, die Judenfrage mit lösen zu helfen, aber Menschen, die aus unserem Kulturkreis kommen, sind doch etwas anderes, als die bodenständigen vertierten Horden. Soll man die Litauer und Letten, die hier auch von der Bevölkerung abgelehnt werden, mit der Abschlachtung beauftragen? Ich könnte es nicht. Ich bitte Dich, mit Rücksicht auf das Ansehen unseres Reiches und unserer Partei hier eindeutige Anweisungen zu geben, die in der menschlichs-

11 Der Generalkommissar in Weißruthenien (Kube) an den Reichskommissar für das Ostland, Betr. Evakuierung von Juden von Deutschland nach Minsk, 6. 2. 1942, LHA Koblenz, Best. 584, 1, Nr. 3555, Bl. 793 [Umschlag].

12 „Burkhardt-Bericht", NARB, 4683-3-1022, Bl. 9.

ten Form das Nötige veranlassen."[13] Zwar überschätzte Kube in dieser Forderung die Kompetenzen des Reichskommissars in der „Endlösung". Er war sich aber im Winter 1941 offensichtlich völlig im Klaren darüber, welches Schicksal den „Reichsjuden" des Minsker Ghettos zugedacht war. Unter Rückgriff auf klassische Stereotype vom „Ost"- und „Westjudentum" wandte er sich jedoch dagegen, die deportierten gleich den einheimischen Juden in Massenerschießungen umbringen zu lassen.[14] Auch die Methode der „natürlichen Verminderung" erschien dem Generalkommissar unnötig grausam. Seine Stellungnahme erinnert entfernt an einen Vorschlag von SS-Sturmbannführer Rolf-Heinz Höppner, dem Leiter der „Umwandererzentrale" (UWZ) im Wartheland, vom Juli 1941. Zur Lage der (polnischen) Juden des Ghettos Litzmannstadt vermerkte er: „Es besteht in diesem Winter die Gefahr, daß die Juden nicht mehr sämtlich ernährt werden können. Es ist ernsthaft zu erwägen, ob es nicht die humanste Lösung ist, die Juden, soweit sie nicht arbeitseinsatzfähig sind, durch irgendein schnellwirkendes Mittel zu erledigen. Auf jeden Fall wäre dies angenehmer, als sie verhungern zu lassen."[15]

Am Beispiel Kubes zeigt sich, dass die Zielvorstellungen hinsichtlich der „Endlösung der Judenfrage" bei SS und Zivilverwaltung spätestens ab Winter 1941 weitgehend identisch waren. Debatten gab es weiterhin um Tötungsmethoden, aber auch um die Frage, welcher Personenkreis deportiert und/oder ermordet werden sollte. Kube hatte die strittigen Themen im Dezember 1941 angerissen: Er griff einerseits die Frage nach jüdischen Facharbeitern auf, andererseits sprach er die seiner Meinung nach unstatthafte Deportation jüdischer „Mischlinge" und Weltkriegsveteranen an. Wie H. G. Adler treffend schreibt, wurde dem Generalkommissar „unbehaglich zumute, wenn er unter den Deportierten alte Frontkämpfer, Inhaber des Eisernen Kreuzes und Judenstämmlinge traf, die seiner Ansicht nach nicht ins Minsker Zwangsghetto gehörten oder zumindest bevorzugt behandelt und gewiß nicht getötet werden sollten".[16]

Während eines Besuches der „Sonderghettos" am 29. November 1941 wies Kube daher den „Judenältesten" Dr. Franck an, eine Liste mit Namen von Kriegsveteranen und Personen zu erstellen, die im Sinne der Nürnberger Gesetze keine „Volljuden" waren.[17] Auf der Liste dürfte auch der Name Karl Loewensteins gestanden haben, der in der Terminologie der Nationalsozialisten als „Halbjude" galt. Kube sandte die Aufstellung über seinen Vorgesetzten Lohse ans Ostministerium. Rosenbergs Stellvertreter, der Staatsekretär Dr. Alfred Meyer, leitete sie an Heydrichs RSHA weiter.

13 Der Generalkommissar für Weißruthenien (Kube) an den Reichskommissar für das Ostland, Geheime Staatssache!, 16. 12. 1941, LHA Koblenz, Best. 584, 1, Nr. 3555, Bl. 793 [Umschlag].

14 So Browning, Entfesselung, S. 563 f.

15 Zit. nach Aly, „Endlösung", S. 328.

16 Adler, Mensch, S. 185.

17 Heiber, Akten, S. 86.

Lohse versandte möglicherweise ein ähnliches Verzeichnis mit Namen von Personen, die entgegen herrschender Richtlinien ins Ghetto Riga verschleppt worden seien.

Diese Initiativen aus dem „Ostland" blieben keinesfalls folgenlos. Auf der Deportationskonferenz vom 6. März 1942 wies Eichmann die Vertreter der Stapo(leit)stellen darauf hin, die Richtlinien bezüglich alter und gebrechlicher Juden unbedingt zu beachten, „da beim Transport nach Riga ca. 40–50 Fälle durch den Judenältesten in Riga über die Gauleiter Lohse und Meyer dem SS-Obergruppenführer Heydrich als zu Unrecht evakuiert reklamiert wurden".[18] Heydrich war über solche Interventionen überaus ungehalten, wie sein Antwortschreiben an den „Sehr geehrte[n] Pg. Kube" vom 21. März 1942 belegt. Er wies die Beanstandungen des Generalkommissars mit aller Schärfe zurück und fuhr fort: „Über das Zustandekommen der mir vorliegenden Liste wurde ich nicht orientiert. Ich kann mir aber das Entstehen dieser Liste nicht anders erklären, als daß man den Angaben der evakuierten Juden blindlings glaubte. / […] Und dies in einer Zeit, in welcher die Bereinigung des Judenproblems im Reich usw. in Angriff genommen worden ist. / […] / Sie werden mir zugeben, daß es im dritten Kriegsjahr auch für die Sicherheitspolizei und den Sicherheitsdienst kriegswichtigere Aufgaben gibt als dem Geseires von Juden nachzulaufen, zeitraubende Ermittlungen anzustellen und soviele meiner Mitarbeiter von anderen und weit wichtigeren Aufgaben abzuhalten. Wenn ich überhaupt in eine Nachprüfung Ihrer Liste eingetreten bin so nur deshalb, um ein für alle Mal solche Angriffe dokumentarisch zu widerlegen. Ich bedauere, sechseinhalb Jahre nach Erlaß der Nürnberger Gesetze noch eine derartige Rechtfertigung schreiben zu müssen."[19]

Der erzürnte Heydrich verschwieg aus gutem Grund, dass Kubes Bemühungen zumindest in einem Fall von Erfolg gekrönt waren: Der Berliner Rechtsanwalt und Leiter der Ordnerwache des „Sonderghettos", Karl Loewenstein, durfte Minsk am 13. Mai 1942 verlassen. Möglicherweise hatte in diesem Fall Himmler interveniert. Das Kommando der Schutzpolizei, das den vordergründig Befreiten eskortiert hatte, vermerkte in seinem Bericht, es sei „der Jude Karl Israel Loewenstein […] gemäß Anordnung des RFSSuChdDtPol. […] nach Wien gebracht"[20] worden. Loewenstein wurde nach der Ankunft aber nicht freigelassen. SS-Hauptsturmführer Anton Brunner von der „Zentralstelle für jüdische Auswanderung" sperrte ihn kurzzeitig in der „Sperlschule" – dem Sammellager für Wiener Juden vor der Deportation – ein und ließ ihn anschließend nach Theresienstadt bringen.[21]

18 Zit. nach H. G. Adler, Die verheimlichte Wahrheit, Theresienstädter Dokumente, Tübingen 1958, S. 9; dazu auch Wildt, Generation, S. 629.

19 Zit. nach Adler, Mensch, S. 185 f.

20 Erfahrungsbericht über durchgeführten Evakuierungstransport (Juden), 16. 5. 1942, Landesarchiv Berlin, 1 Js 1/65 (RSHA), Regionalordner III, Reichsgebiet, (h'blau), 64, ohne Paginierung (B Rep. 057-01, Nr. 1479). Das Polizeikommando hatte wenige Tage zuvor den ersten Deportationstransport des Jahres 1942 aus Wien in Richtung Minsk begleitet.

21 Loewenstein, Minsk, S. 58.

Theresienstadt war ab November 1941 auf Anordnung Heydrichs als Sammellager für die 88 000 Juden aus Böhmen und Mähren vor ihrer Zwangsverschickung nach Osten eingerichtet worden. Nach Planungen der SS sollte Theresienstadt nach „vollständiger Evakuierung aller Juden in einer tadellosen Planung deutsch besiedelt und somit zu einem Kernpunkt deutschen Lebens“[22] werden. Dazu kam es jedoch nicht. Proteste gegen die Deportation von jüdischen „Mischlingen“, Weltkriegsveteranen, Gebrechlichen und Menschen höheren Alters, wie sie Kube und Lohse geäußert hatten, veranlassten Heydrich zu einer Umorientierung. Auf der Wannsee-Konferenz am 20. Januar 1942 verkündete er gemäß Protokoll: „Es ist beabsichtigt, Juden im Alter von über 65 Jahren nicht zu evakuieren, sondern sie einem Altersghetto – vorgesehen ist Theresienstadt – zu überstellen. / Neben diesen Altersklassen [...] finden in den jüdischen Altersghettos weiterhin die schwerkriegsbeschädigten Juden und Juden mit Kriegsauszeichnungen (EK I) Aufnahme. Mit dieser zweckmäßigen Lösung werden mit einem Schlag die vielen Interventionen ausgeschaltet.“[23]

Vier Monate später präzisierte ein Erlass des RSHA, welche Personengruppen in das „Altersghetto“ Theresienstadt zu verbringen waren: Das waren 65 Jahre alte Juden und über 55 Jahre alte gebrechliche Juden mit ihren Ehepartnern, Träger hoher Kriegsauszeichnungen und des Verwundetenabzeichens aus dem Ersten Weltkrieg und deren Gattinnen, jüdische Ehepartner aus nicht mehr bestehenden deutsch-jüdischen „Mischehen“ und schließlich alleinstehende „Geltungsjuden“.[24]

Die Begründung eines „Altersghettos“ in Theresienstadt war freilich nicht das zentrale Thema der Konferenz am Großen Wannsee. Heydrich hatte zu dieser „Besprechung mit anschließendem Frühstück“ 15 zumeist hochrangige Vertreter verschiedener Behörden unter seinem Vorsitz versammelt. Für das Ostministerium waren Dr. Alfred Meyer und Dr. Georg Leibbrandt anwesend, das „Reichkommissariat Ostland“ war durch den KdS Lettland, Dr. Rudolf Lange, vertreten. Die Konferenz hatte eigentlich bereits am 9. Dezember stattfinden sollen, musste aber kurzfristig verschoben werden.[25] Den Einladungen hatte Heydrich Kopien des Ermächtigungsschreibens vom 31. Juli 1941 beigefügt, das ihn als Görings Beauftragten zur organisatorischen, sachlichen und materiellen Vorbereitung der „Gesamtlösung der Juden-

22 Zit. nach Wolfgang Benz, Theresienstadt, in: ders./Distel (Hrsg.), Ort des Terrors, Bd. 9, S. 454.

23 „Besprechungsprotokoll“ der Wannsee-Konferenz vom 20. Januar 1942, angefertigt von Adolf Eichmann nach Instruktionen Reinhard Heydrichs, abgedruckt in: Pätzold/Schwarz (Hrsg.), Tagesordnung, S. 102–112, hier S. 107.

24 Benz, Theresienstadt, S. 457.

25 Grund für die terminliche Verschiebung war der japanische Angriff auf Pearl Harbor, der zum Kriegseintritt der USA und der Kriegserklärung des Deutschen Reiches an die USA am 11. Dezember 1941 führte. Von Bedeutung war ferner der Beginn der sowjetischen Gegenoffensive ab dem 5. Dezember, dazu Wildt, Generation, S. 631 f.; vgl. auch Christian Gerlach, Die Wannsee-Konferenz, das Schicksal der deutschen Juden und Hitlers politische Grundsatzentscheidung, alle Juden Europas zu ermorden, in: WerkstattGeschichte 6 (1997) 18, S. 7–44.

frage im deutschen Einflußgebiet in Europa" auswies. Diese Vorbereitungen waren inzwischen bekanntlich weit gediehen. Heydrich ging es nun auftragsgemäß darum, die Zusammenarbeit beteiligter Zentralinstanzen bei der „Endlösung" zu koordinieren. „Parallelisierung der Linienführung" hieß das in seiner Terminologie.

Als Modell der Endlösung präsentierte der RSHA-Chef ein gigantisches Deportations-, Zwangsarbeits- und Mordprogramm, das insgesamt elf Millionen europäische Juden betreffen sollte. „Unter entsprechender Leitung sollen [...] im Zuge der Endlösung die Juden in geeigneter Weise im Osten zum Arbeitseinsatz kommen. In großen Arbeitskolonnen, unter Trennung der Geschlechter, werden die arbeitsfähigen Juden straßenbauend in diese Gebiete geführt, wobei zweifellos ein Großteil durch natürliche Verminderung ausfallen wird. / Der allfällig endlich verbleibende Restbestand wird, da es sich bei diesem zweifellos um den widerstandsfähigsten Teil handelt, entsprechend behandelt werden müssen, da dieser, eine natürliche Auslese darstellend, bei Freilassung als Keimzelle eines neuen jüdischen Aufbauens anzusprechen ist. (Siehe die Erfahrung der Geschichte) / Im Zuge der praktischen Durchführung der Endlösung wird Europa vom Westen nach Osten durchgekämmt. Das Reichsgebiet einschließlich Protektorat Böhmen und Mähren wird, allein schon aus Gründen der Wohnungsfrage und sonstigen sozial-politischen Notwendigkeiten, vorweggenommen werden müssen. / Die evakuierten Juden werden zunächst Zug um Zug in sogenannte Durchgangsghettos verbracht, um von dort aus weiter nach dem Osten transportiert zu werden."[26]

Gegen diese kaum verhüllten Mordpläne erhob keiner der anwesenden hohen Beamten und Offiziere Einwände. Ebenso akzeptierten sie widerspruchslos, dass die Federführung bei der „Endlösung der Judenfrage" beim „Reichsführer SS und Chef der deutschen Polizei (Chef der Sicherheitspolizei und des SD)" lag. Dies bedeutete jedoch keineswegs, dass das RSHA sich künftig mit allen Forderungen im Bereich der „Judenfrage" würde durchsetzen können. Bereits auf der Konferenz musste Heydrich eine Niederlage hinnehmen. Dem RSHA-Chef war an einer präzisen Bestimmung des Opferkreises gelegen. Hinsichtlich der Einbeziehung von „Mischlingen" und „Mischehen" in das Deportations- und Mordprogramm konnte jedoch kein Konsens erzielt werden. Die Frage blieb weiter virulent,[27] was auch Heydrichs scharfes Schreiben an Kube erklärt. Da hier weiterhin Konfliktpotenzial bestand, wollte Heydrich etwaige weitere Proteste des Generalkommissars im Voraus unterbinden.

Unmittelbar nach der Wannsee-Konferenz begannen konkrete Vorbereitungen neuer Deportationen. Am 31. Januar versandte Eichmann an alle Stapo(leit)stellen im „Altreich" sowie an die Zentralstelle für jüdische Auswanderung in Wien einen Schnellbrief mit dem Betreff „Evakuierung von Juden". Eichmann machte einleitend klar, dass die Deportationen der vergangenen Monate den Beginn der „Endlösung

26 Besprechungsprotokoll, S. 107.

27 Ausführlich Wildt, Generation, S. 638 ff.

der Judenfrage" im erweiterten Reichsgebiet darstellten. Wegen der begrenzten Aufnahmekapazitäten im Osten sowie Transportschwierigkeiten hätten diese Evakuierungsmaßnahmen aber zunächst auf besonders dringliche Vorhaben beschränkt werden müssen. „Zur Zeit", so Eichmann weiter, „werden neue Aufnahmegebiete bearbeitet mit dem Ziel, weitere Kontingente von Juden aus dem Altreich, der Ostmark und dem Protektorat Böhmen und Mähren abzuschieben."[28] Damit waren das Warschauer Ghetto sowie die auf der Wannsee-Konferenz bereits angesprochenen „Durchgangsghettos" gemeint, die in einer Region am östlichsten Rand des Generalgouvernements lagen. Auch Minsk blieb weiterhin als Deportationsziel im Blickfeld des RSHA. Heydrich und sein Chef Himmler waren offenkundig nicht gewillt, den Protesten Kubes und Janetzkes gegen neuerliche Deportationen nachzugeben. Angesichts der ablehnenden Haltung der Zivilverwaltung schienen vor einem weiteren Transportschub jedoch persönliche Besuche in der Stadt ratsam. Anfang März machte sich zunächst Eichmann (im Auftrag von Gestapo-Chef Müller) nach Minsk auf.[29] Generell kam seinen Reisen bei der Planung und Realisierung des Völkermordes ebenso wie den Inspektionsfahrten Himmlers Bedeutung zu. Himmler hatte ab Sommer 1941 grundsätzlich nach Orten der Massentötung und geeignetem lokalen SS-Personal gesucht. Eichmann hatte in der Folge weitere Instruktionen überbracht sowie Aufbau und Inbetriebnahme einzelner Vernichtungszentren begutachtet. Vermutlich im November 1941 reiste er nach Bełżec und besichtigte dort erste Bauarbeiten. Einen Monat später verfolgte er in Chełmno eine Tötung mit Gaswagen.[30] Nach Minsk reiste er allerdings mit einer anderen Mission. Hier sollte er wahrscheinlich die tatsächlichen Aufnahmekapazitäten des örtlichen Ghettos überprüfen, möglicherweise auch die in Minsk angewandte Mordtechnik der Massenerschießung begutachten. Jedenfalls verfolgte Eichmann auch das Ende der Massenmordaktion des KdS vom 2. und 3. März 1942 im Ghetto. Er kam auch zur Grube in der „Ratomskaja". Möglicherweise befand er sich dabei in Begleitung von Generalkommissar Kube.[31]

Nach dem Krieg gab Eichmann an, es habe ihm stets Schwierigkeiten bereitet, sich die unterschiedlichen Tötungsverfahren anzuschauen, so auch in Minsk.[32] Als er im Ghetto eingetroffen sei, „war die Sache schon vorbei, fast vorbei – worüber ich heilfroh gewesen bin. Als ich hinkam, sah ich aber gerade noch, wie junge Schützen, ich glaube es waren Schützen mit dem Totenkopf auf den Spiegeln, in eine Grube schossen, die vielleicht ein Ausmaß von, sagen wir, vier bis fünfmal so groß war wie dieses Zimmer.

28 Reichssicherheitshauptamt. VI B 4 (Eichmann), Evakuierung von Juden, 31. 1. 1942, Landesarchiv Berlin, 1 Js 1/65 (RSHA), Referatsakten III, geheime Generalia 1942, (1424), (grün) 77 (B Rep. 057-01, Nr. 1546), Hefter 2093/42g, ohne Paginierung.

29 Zur Datierung des Eichmann-Besuches in Minsk Gerlach, Morde, S. 693.

30 Zu Eichmanns Reisen u. a. Wildt, Generation, S. 656 ff.

31 So Smolar, Ghetto, S. 78.

32 Gerlach, Morde, S. 693.

Vielleicht auch viel größer, sechs- bis siebenmal. [...] Schossen hinein und ich sehe noch eine Frau, Arme nach rückwärts, und dann sind auch mir die Knie gewankt und ich bin weg."[33] Den SS-Obersturmbannführer hatte vor allem die Ermordung von Frauen und Kindern schockiert, wie er in einer weiteren Vernehmung über Massenmorde in Lemberg unter Bezug auf seine Erfahrungen in Minsk angab: „Wie kann man denn einfach da dahineinknallen auf eine Frau und Kinder?"[34]

Sollte sich diese Episode tatsächlich so zugetragen haben und sollte sich Eichmann tatsächlich in Begleitung von Kube befunden haben, so dürfte die Reaktion des RSHA-Judenreferenten für den Generalkommissar eine große Genugtuung bedeutet haben. Kube war wegen des exzesshaften Vorgehens der Sicherheitspolizei und ihrer Helfershelfer während der „Aktion" im März 1942 äußerst aufgebracht. Der Judenreferent des KdS, Kurt Burkhardt, vermerkte in einer Aktennotiz am 5. 3. 1942, Kube sei am ersten oder zweiten Tag der „Aktion" gegen 16.30 Uhr im Ghetto erschienen: „Der Gauleiter überschüttete mich sofort mit Vorwürfen über die unerhörten Vorgänge, die sich bei der Zusammentreibung der Juden abgespielt haben sollten. Er warf mir vor, daß im Ghetto wiederholt geschossen worden sei, so daß Querschläger auch außerhalb des Ghettos vorgefunden wurden. Der Ton des Gauleiters war außerordentlich scharf. Die von ihm erhobenen Vorwürfe waren von den umstehenden russischen Juden und weißruthenischen Schutzmännern zu hören. Ich fühlte mich durch das Verhalten des Gauleiters in meiner Eigenschaft als Sachbearbeiter für Judenfragen und als SS-Führer erheblich brüskiert."[35]

Burkhardt erwähnt auch, der Generalkommissar habe sich in Begleitung seines persönlichen Adjutanten sowie eines SS-Untersturmführers befunden. Wenn die Angabe dieses SS-Ranges korrekt ist, kann es sich dabei nicht um Eichmann gehandelt haben. Möglicherweise aber sollte der Besuch des RSHA-Judenreferenten in Minsk wegen der Brisanz seiner Mission in den Akten des KdS verschleiert werden. Smolar berichtet jedenfalls, dass deutsche Juden aus dem Ghetto Eichmann zweifelsfrei erkannt hätten.[36]

Eindeutig nachweisbar ist, dass Himmler nur wenige Tage nach Eichmann am 10. März zu einer Visite in Minsk eintraf. Der Reichsführer SS kam von Mogilev und hielt sich nur knapp drei Stunden in der Stadt auf. In dieser Zeit, zwischen 13:45 und 16:45, traf er sich mit Generalkommissar Kube und dem SSPF Zenner.[37] Über den Inhalt der Gespräche ist nichts bekannt. Es ist jedoch mehr als wahrscheinlich, dass Himmler mit dem Generalkommissar über dessen (aus SS-Sicht) bedenkliche

33 Zit. nach Jochen von Lang, Das Eichmann-Protokoll. Tonbandaufzeichnungen der israelischen Verhöre, München 2001, S. 99.

34 Zit. nach ebenda, S. 100.

35 Zit. nach Heiber, Akten, S. 87.

36 Smolar, Ghetto, S. 73.

37 Dienstkalender Himmlers, S. 375, vgl. dazu auch dortige Fußnote 24.

Haltung in der „Endlösung der Judenfrage" sprach. Möglicherweise diskutierte er mit Kube auch die Frage, ob Minsk als „Durchgangsghetto" für weitere Deportationen infrage kam. Kube dürfte diesbezüglich wieder einmal die äußerst angespannte Wohnraum- und Versorgungslage in Minsk geltend gemacht haben. Unter Verweis auf die März-„Aktion" des KdS machte er vermutlich auch noch einmal seine Vorbehalte gegen quasi öffentliche Massaker an Juden im Stadtgebiet deutlich.

Himmler könnte mit Kube und dem SSPF Zenner aber auch Alternativen zum Umgang mit neuen Deportationen nach Minsk besprochen haben. Kubes (und Janetzkes) diesbezügliche Widerstände waren bekannt; möglicherweise hatte auch Eichmann von einer neuerlichen Verschleppung von „Reichsjuden" ins Minsker Ghetto abgeraten. Es ist demnach denkbar, dass Himmler im Vorfeld seiner Reise Überlegungen angestellt hatte, die Pläne im Hinblick auf Minsk zu modifizieren: Die Stadt sollte als Deportationsziel erhalten bleiben, zumindest solange, bis die im Herbst 1941 für Minsk festgelegte Zahl von 25 000 „Reichsjuden" erreicht war. Die Zwangsverschickten sollten jedoch nicht mehr ins Ghetto Minsk eingewiesen, sondern außerhalb der Stadt unmittelbar nach ihrer Ankunft auf möglichst „unauffällige" Weise ermordet werden.

Eventuell war Himmler in diesem Zusammenhang das Klinikgelände von Novinki in den Sinn gekommen, das er im Spätsommer 1941 besichtigt hatte. Diese Variante könnte der Reichsführer SS mit Zenner besprochen haben, dessen Dienststelle die angrenzende Kolchose unterstand und der auch die Gesamtleitung der Massenmorde hätte übernehmen können. Eine solche Lösung könnte durchaus die Zustimmung Kubes gefunden haben, da sämtliche seiner Einwände Berücksichtigung fanden. Zudem stand SSPF Zenner in einem Unterstellungsverhältnis zu Kube, dessen Einfluss in der „Judenfrage" damit zumindest ein Stück weit gesichert blieb.

Dies wiederum musste aus Perspektive der SS-Oberen problematisch erscheinen; schließlich konnten in dieser Konstruktion weitere Konflikte mit dem eigensinnigen Generalkommissar nicht ausgeschlossen werden. Am Abend des 11. März führte Himmler ein dreißigminütiges Telefonat mit Heydrich, in dem es laut Kalendereintrag auch um „Judenangelegenheiten" ging. Damit dürften die Abfahrt des ersten Transportes in Richtung der Durchgangsghettos im Distrikt Lublin sowie die Erweiterung der Deportationspläne in Frankreich gemeint gewesen sein.[38] Womöglich kam Himmler aber auch auf die Unterredungen in Minsk und mögliche Planungen für die „Judentransporte" dorthin zu sprechen. Heydrich argumentierte sicherlich entschieden dagegen, einem Querulanten wie Kube weiterhin Eingriffsmöglichkeiten bei der „Endlösung" zuzubilligen. Wahrscheinlich befürchtete er auch Kompetenzeinbußen und Autoritätsverluste der örtlichen Sicherheitspolizei in der „Judenfrage", wenn Zenners diesbezügliche Rolle gestärkt werden sollte.

38 Ebenda, S. 378, vgl. auch dortige Fußnote 31.

Heydrichs Vorschlag dürfte daher gewesen sein, die bald in Minsk eintreffenden „Reichsjuden“ gänzlich der Verfügungsgewalt der Zivilverwaltung zu entziehen. Stattdessen sollte das Schicksal der Verschleppten in die alleinigen Hände des Minsker Sicherheitspolizei gelegt werden. Himmler hatte gegen diesen Plan offenbar keinerlei Einwände und überließ Heydrich die Klärung des Prozederes vor Ort. Ende März flog der RSHA-Chef nach Minsk. Die wahrscheinlich kurzfristige Ankündigung seines Besuchs löste in der KdS-Dienststelle einigen Aufruhr aus. Berthold Rudner, der in der sicherheitspolizeilichen Autowerkstatt arbeiten musste, notierte unter dem Eintrag „31. III.–1. IV. 42 / Gestern früh große Aufregung. Alle Mann mussten Hof und Arbeitsräume aufräumen wie noch nie. Es kam nämlich, wohl zur Inspektion Heyderich [sic!].“[39] Für SS-Obersturmbannführer Strauch, der kurz zuvor seinen Dienst als leitender KdS in Minsk angetreten hatte und Heydrich treu ergeben war, musste die Visite seines Vorgesetzten eine hohe Ehre sein. Heydrich erklärte Strauch und dem KdS-Judenreferenten Burkhardt, dass in naher Zukunft wieder „Judentransporte“ aus dem Reich in Minsk eintreffen würden.[40] Die Insassen sollten jedoch nicht mehr ins Ghetto eingewiesen, sondern unmittelbar nach ihrer Ankunft ermordet werden. Mit dieser „Aktion“ sei alleinig Strauchs Dienststelle beauftragt. Der KdS müsse zunächst binnen kürzester Frist einen geeigneten Tötungsort ausfindig machen. Dieser Ort sollte zwar möglichst abgeschieden außerhalb der Stadt, zugleich aber aus logistischen Gründen auch in erreichbarer Nähe von Bahngleisen liegen. Wahrscheinlich verwies Heydrich auch auf die beiden Gaswagen, die kurz zuvor in Minsk angekommen waren, und versprach die Bereitstellung weiterer Mordfahrzeuge.[41]

Im Nürnberger „Einsatzgruppenprozess“ behauptete Strauch allen Ernstes, er habe seinem Vorgesetzten die Mordpläne ausreden können. Heydrich habe ihm angesichts des gravierenden Arbeitskräftemangels in „Weißruthenien“ gestattet, die Juden als Zwangsarbeiter einzusetzen.[42] In Anbetracht des späteren Prozederes nach der Ankunft der Transporte birgt diese Aussage jedoch einen wahren Kern: Strauch hatte wahrscheinlich mit Heydrich ausgehandelt, einen kleinen Teil der Deportierten für den KdS arbeiten zu lassen. Ein weiteres Thema zwischen Strauch und seinem Vorgesetzten war sicher das Schicksal der einheimischen Juden in „Weißruthenien“. Auch sie sollten in den kommenden Monaten bis auf wenige „Arbeitsfähige“ getötet werden.[43]

39 Aufzeichnungen aus dem Ghetto Minsk, T. II (Tagebuchblätter), Archiv des IfZ, ED 424, Bl. 51.

40 Dass die Besprechung zwischen Heydrich, Strauch und Burkhardt stattfand, berichtet Gestapochef Heuser, vgl. Vernehmung Georg Heuser, LHA Koblenz, Best. 584, 1, Nr. 3555, Bl. 605.

41 Vernehmung K. G., 2. 4. 1962 (Abschrift), Staatsarchiv Münster, Staatsanwaltschaft Dortmund, Nr. 2076, Bl. 16–33.

42 Internationaler Militärgerichtshof Nürnberg, Fall IX, Prot. (d.), 19.–20. 1. 1948, 1947, Bl. 5358 ff., Archiv des Zentrums für Antisemitismusforschung, TU Berlin.

43 Gerlach, Morde, S. 694 ff.

Anschließend flog Heydrich weiter nach Riga zu Gesprächen mit Strauchs unmittelbarem Vorgesetzten, dem BdS Ostland. Der bewährte Amtsinhaber Stahlecker allerdings war einige Tage zuvor während einer „Partisanenaktion" gefallen. Sein Nachfolger, SS-Brigadeführer Heinz Jost, hatte gerade seinen Dienst angetreten. Heydrich dürfte ihn über das neue Mordprogramm in Minsk unterrichtet und zugleich personelle Unterstützung aus Riga angeordnet haben.[44] Ab Mitte April 1942 jedenfalls wurden schrittweise lettische Hilfswillige des KdS Riga nach Minsk verlegt. Sie bildeten in der Folge die lettische Kompanie der Minsker Sicherheitspolizei. Die Kompanie trug die Nummer 7 und umfasste Ende 1942 etwa 60 bis 80 Mann. Kompaniechef war ein Lette namens Karlis Ozols; „papiermäßig" war ein deutscher KdS-Angehöriger verantwortlich.[45] Im Frühjahr 1942 stellte der KdS Riga auch einige deutsche SS-(Unter)führer nach Minsk ab. Darunter war SS-Obersturmbannführer Gerhard Maywald, der in Riga für das Polizeihaftlager Salaspils zuständig gewesen war.[46]

Währenddessen machte sich Kommandeur Strauch in Minsk mit großem Eifer an die Erfüllung von Heydrichs Auftrag. Vordergründig betrachtet war er dafür sicher der geeignete Mann. Der SS-Obersturmbannführer war von einem radikalen Antisemitismus besessen. Von den nächtlichen Mordzügen Strauchs im Ghetto war bereits die Rede. Eine seiner Schreibkräfte gab nach dem Krieg an, sie habe während ihrer Zeit in Minsk den Eindruck gewonnen, „dass er [Strauch] die Tötung von Juden nicht allein als seine dienstliche Aufgabe ansah, sondern dass er die Tötung von Juden auch innerlich bejahte".[47] Zugleich suchte sich Strauch, wie andere Dienststellen-Angehörige berichten, über die „Judenfrage" zu profilieren.[48]

Wie die Suche nach einem Ort für das neue Massenmordprogramm verlief, ist nicht überliefert. Nach Befunden des Landgerichts Koblenz übernahm der KdS im April 1942 die ehemalige Kolchose des Dörfchens Maly Trostinez als Landgut zur Eigenbewirtschaftung.[49] Das künftige „Gut des Kommandeurs" umfasste 250 Hek-

44 Im Nürnberger „Einsatzgruppenprozess" datiert Jost den Besuch Heydrichs in Riga auf den 31. März bzw. 1. April 1942. Als Schutzbehauptungen führt Jost ähnlich wie Strauch an, er habe in der Besprechung um die Rücknahme seiner kurz zuvor erfolgten Ernennung zum BdS Ostland sowie um ein Aussetzen der Judenmorde im „Reichskommissariat Ostland" gebeten. Angaben zu Minsk werden nicht gemacht, vgl. Internationaler Militärgerichtshof Nürnberg, Fall IX, Prot. (d.), 21.–22. 10. 1947, Bl. 1163 sowie 23.–24. 10. 1947, Bl. 1268–1276, Archiv des Zentrums für Antisemitismusforschung, TU Berlin.

45 Zur lettischen Kompanie s. u. a. Vernehmung P. K., 22. 3. 1961, BArch B 162/1682, Bl. 1742 ff.; Protokol doprosa, 22. 5. 1945, P. P. P. [Vernehmungsprotokoll P. P. P. (Kompanieangehöriger), 22. 5. 1945] (Kopie), USHMM, RG-06.027, Case #43690.

46 Dazu Angrick/Klein, „Endlösung", S. 270 ff.

47 Vernehmung E. S., 30. 11. 1960, LHA Koblenz, Best. 584, 1, Nr. 8502, Bl. 5750.

48 Dazu Schreiben H. F. an die Staatsanwaltschaft Koblenz, 28. 3. 1960, ebenda, Best. 584, 1, Nr. 8481, Bl. 2400.

49 Landgericht Koblenz, Urteil in der Strafsache gegen Georg Heuser u. a. vom 21. 5. 1963, in: Justiz und NS-Verbrechen, Bd. XIX, S. 160–371, hier S. 192

tar und lag seinerzeit rund elf Kilometer südöstlich von Minsk. Etwa einen Kilometer entfernt erstreckte sich das undurchsichtige Waldmassiv von Blagovščina. Hier dürfte der KdS eine schlecht einsehbare Lichtung ausfindig gemacht haben, die als Hinrichtungsgelände geeignet schien. Ausschlaggebend für diese Wahl war sicherlich, dass in unmittelbarer Nähe ein stillgelegtes Bahngleis verlief, an dem nahe Kolodišči eine provisorische Haltestelle eingerichtet werden konnte. Diese Haltestelle bestand aber erst ab dem 10. August 1942.[50]

6.2. Die Vernichtungsstätte in Blagovščina

Während in Minsk die Vorbereitungen zum Ausbau eines neuen Massenmordzentrums anliefen, traf die „Zentralstelle für jüdische Auswanderung" in Wien Vorkehrungen für Deportationszüge in Richtung „Weißruthenien". Die österreichische Hauptstadt sollte nach den Planungen des RSHA der Hauptabgangsort für Züge nach Minsk/Maly Trostinez sein. Bereits auf der Deportationskonferenz im März 1942, auf der Eichmann die Zwangsverschickung von weiteren 55 000 Juden aus dem erweiterten Reichsgebiet angekündigt hatte, war Wien neben Prag als ein Schwerpunkt künftiger Transporte angekündigt worden: 18 000 Wiener Juden sollten in den Osten verschleppt werden.[51]

Als Orientierungsrahmen für die Zusammenstellung der Transporte diente der Zentralstelle der schon erwähnte „Grunderlaß" des RSHA vom 31. Januar 1942. Demnach sollten folgende Personenkreise von der „Evakuierung" ausgenommen werden: Angehörige deutsch-jüdischer „Mischehen", ausländische Juden mit Ausnahme polnischer und luxemburgischer Staatsbürger sowie „im geschlossenen kriegswichtigen Arbeitseinsatz befindliche Juden". Die Zwangsarbeiter waren allerdings nur vorläufig aus „wehrwirtschaftlichen" Gründen von der Deportation zurückgestellt. Ausnahmeregelungen gab es ferner für ältere Juden: Sie betrafen Menschen über 65 Jahre sowie besonders Gebrechliche über 55 Jahre. Ehepaare, in denen ein Partner unter 65 und der andere über 65 Jahre alt war, durften hingegen zusammen verschleppt werden, „wenn der in Frage kommende Eheteil nicht älter als 67 Jahre ist und ein amtsärztliches Zeugnis für die Arbeitsfähigkeit dieses Eheteils erbracht werden kann".[52] Weitere Ausnahmen seien keinesfalls zulässig; für die wegen ihres Alters nicht zu verschleppenden Juden erginge später eine „gesonderte Regelung". Damit war die

50 Gerlach, Morde, S. 756; zur genauen Lage der Haltestelle vgl. die Skizze der Haupteisenbahndirektion Mitte, NARB, 378-1-508, Bl. 1.

51 Vgl. Bericht über die am 6. 3. im Reichssicherheitshauptamt stattgefundene Besprechung, 9. 3. 1942, in: Adler, Wahrheit, S. 9.

52 Schnellbrief Eichmanns, 31. 1. 1942, Landesarchiv Berlin, 1 Js 1/65 (RSHA), Referatsakten IIII, geheime Generalia 1942, (grün) 77 (B Rep. 057-01, Nr. 1546) Hefter 2093/42g (391), ohne Paginierung.

Verbringung ins „Altersghetto“ Theresienstadt gemeint, die ab Juni 1942 begann. Ferner seien jüdische „Rechtskonsulenten […] in einem entsprechenden Verhältnis zur Zahl der zunächst verbleibenden Juden zu erfassen“. Ehetrennungen waren zu vermeiden; auch sollten Kinder unter 14 Jahren nicht von ihren Eltern getrennt werden. Am 17. April 1942 informierte Eichmann einige Stapo(leit)stellen sowie die Zentralstelle in Prag per Fernschreiben zudem darüber, dass „Juden, die Inhaber des Verwundetenabzeichens sind, ebenfalls nicht nach dem Osten evakuiert werden“[53] sollten.

Drei Tage später begann die Wiener Zentralstelle, rund 1000 Juden in eine Sammelstelle einzuweisen.[54] Das war wieder die „Sperlschule“ in der Leopoldstadt. Am Morgen des 6. Mai wurden die Menschen zum Aspangbahnhof gebracht. Dort stand bereits eine Zuggarnitur mit Personenwaggons bereit. Ebenfalls anwesend war ein Begleitkommando der Schutzpolizei, das vorschriftsgemäß aus einem Offizier und 15 Wachtmeistern bestand. Der verantwortliche Offizier, ein Reserve-Leutnant der Schutzpolizei vom 95. Polizeirevier, musste nach der Rückkehr des Kommandos einen „Erfahrungsbericht“ anfertigen. Wiewohl in profanen Worten abgefasst, erlaubt er den Weg des „Da 201“[55] von Wien nach Minsk zu rekonstruieren. Einleitend hielt der Reserveleutnant fest: „Der für den 6. Mai 1942 angesagte Judentransport von Wien nach Minsk in Weißrußland, bestehend aus 1000 Personen (Männer, Frauen u. Kinder), wurde am gleichen Tage in Zeit von 12.00 bis 16.00 Uhr in Wien-Aspangbahnhof verladen. / Die listenmäßige Übergabe erfolgte um 18.30 an das Transportkommando durch SS-Hauptsturmführer Brunner der Zentralstelle für jüdische Auswanderung […].“[56]

Eine halbe Stunde später, um 19.00 Uhr, rollte der Zug aus dem Bahnhof. Die folgenden zwei Tage ging die Fahrt laut Polizeibericht über den „Nordbahnhof, über Lundenberg, Prerau, Olmütz, Groß-Winternitz, Jägerndorf, Olbersdorf, Ziegenhals, Neisse, Lamsdorff, Oppeln, Loben, Rudniki, Radomsko, Gorzkowice, Piotrkow, Warschau, Wesola, Mrozy, Brozkow, Sieldce, Wurzeg, Czerenka“. Am 8. Mai um 23.00 Uhr lief der Deportationstransport in den abgedunkelten Bahnhof von Volkovysk ein. Örtliche SS und Polizei trieben die erschöpften Menschen aus dem Personenzug und nötigten sie, in Viehwaggons einzusteigen. Das ging nicht ohne Gewaltanwendung vor sich, wie ein Deportationsopfer erinnert: „Viele, die sich nicht

53 Fernschreiben Eichmanns, 17. 4. 1942 (Kopie), Landesarchiv Berlin, 1 Js 1/65 (RSHA), Referatsakten III, geheime Generalia 1942, (grün) 77 (B Rep. 057-01, Nr. 1546) Hefter 2093/42g (391), ohne Paginierung.

54 Zur Datierung Aufzeichnungen über Judendeportationen (Kopie), DöW, Akt 854, Bl. 1.

55 So die Zugnummer bei der Reichsbahn; in Wien wurde die Deportation vom 6. Mai 1942 als „19. Transport“ geführt, vgl. Gottwald/Schulle, „Judendeportationen“, S. 237.

56 Erfahrungsbericht über durchgeführten Evakuierungstransport (Juden), 16. 5. 1942, Landesarchiv Berlin, 1 Js 1/65 (RSHA), Regionalordner III, Reichsgebiet, (h'blau), 64, ohne Paginierung (B Rep. 057-01, Nr. 1479).

so schnell zurechtfinden konnten, bekamen die Stiefel der SS zu spüren […].“[57] Der Polizeibericht vermerkt lapidar: „Die Umwaggonierung dauerte bis 02.00 nachts.“ Am Tag darauf langte der Zug um 14.30 Uhr in Kojdanovo etwa vierzig Kilometer südwestlich von Minsk an. Auf Anweisung des Minsker KdS musste der Transport hier zwei Tage lang stehen bleiben. Unmittelbar nach der Ankunft in dem Städtchen „wurden 8 verstorbene Juden (3 Männer und 5 Frauen) festgestellt und am dortigen Bahnhof beerdigt“. Am 11. Mai um 10.30 Uhr schließlich lief der Transport in den Güterbahnhof Minsk ein. Angehörige von Sicherheitspolizei und SD unter Leitung von SS-Obersturmführer Lütkenhus erwarteten den Zug und trieben die erschöpften Menschen aus den Waggons. Einige jüngere Männer mussten das Gepäck ausladen. Überlebende erinnern sich, dass es keinerlei Beschränkungen bei der Mitnahme von Gepäck gegeben habe. Julie Sebek, die spätere Lagerköchin von Maly Trostinez, schreibt nach dem Krieg: „[J]eder hatte sehr viel mitgenommen, weil er geglaubt hatte, sich mit den Sachen vielleicht irgendwie helfen zu können. Am Bahnhof in Minsk mussten wir alles, was wir bei uns hatten (Handtasche und übriges Gepäck, Mäntel usw.), abgeben. Jeder durfte nur das notwendigste anbehalten.“[58] Die Habseligkeiten der Verschleppten transportierten Sicherheitspolizisten unverzüglich zum Dienstgebäude des KdS. Mit ihnen sollte offenkundig den eklatanten Versorgungsengpässen in Minsk begegnet werden. Berthold Rudner, der beim KdS Zwangsarbeit leistete, notiert am 11. Mai ahnungslos in sein Tagebuch: „Heimatgrüsse. Von einem Wiener Transport wurden nicht nur Lastwagen von Koffern, sondern auch grosse Mengen von Lebensmitteln wie 2 [nicht lesbar] Brotlaibe, Kartoffel, Zucker, Salz, Konserven etc. in der S.S.-Küche abgeladen. Die Koffer wurden in die SS-Magazine gebracht, die Lebensmittel werden verbraucht. Und so esse ich Wiener Brot, etliche Kartoffel und heut' Mittag anstatt wochenlanger Mehlpampe Hirsebrei, für uns eine Erholung.“[59]

Am Tag darauf händigte das Begleitkommando der Schutzpolizei dem KdS die Transportliste sowie 50 000 Reichsmark in Kreditkassenscheinen aus.[60] Die Mehrheit der Deportierten, denen das Geld gehörte, war zu diesem Zeitpunkt bereits tot. Nur 81 Menschen waren am 11. Mai an der Bahnhofssperre als Zwangsarbeiter für das neue „Gut des Kommandeurs“ bei Maly Trostinez ausgewählt worden. Alle übrigen, über 900 Personen, hatte der KdS vom Güterbahnhof aus mit Lastkraftwagen

57 Aufzeichnungen über Judendeportationen (Kopie), DöW, Akt 854, Bl. 1.

58 Brief Julie Sebeks an Verwandte in Haifa, 11. 4. 1948 (Abschrift), LHA Koblenz, Best. 584, 1, Nr. 8535, Bl. 10546. Zur fehlenden Gespäckbeschränkung auch Aufzeichnungen über Judendeportationen, DöW, Akt 854, Bl. 1

59 Aufzeichnungen aus dem Ghetto Minsk, T. II (Tagebuchblätter), Archiv des IfZ, Ed 424, Bl. 55; ähnlich auch Vernehmung W. M., 8. 12. 1959, LHA Koblenz, Best. 584, 1, Nr. 8474, Bl. 1400.

60 Erfahrungsbericht über durchgeführten Evakuierungstransport (Juden), 16. 5. 1942, Landesarchiv Berlin, 1 Js 1/65 (RSHA), Regionalordner III, Reichsgebiet, (h'blau), 64, ohne Paginierung (B Rep. 057-01, Nr. 1479).

aus der Stadt bringen lassen. Ziel war die einige Wochen zuvor begutachtete Lichtung im Waldgebiet von Blagovščina.

Auf dieser Lichtung, dem nunmehr sogenannten Umsiedlungsgelände, hatten Angehörige der Waffen-SS in den Tagen zuvor eine große Grube ausgehoben. Am 11. Mai ließ der KdS das Gelände weiträumig absperren. Die Juden aus Wien wurden in Gruppen an den Rand der Grube gebracht. Zuvor hatten sie wahrscheinlich ihre Kleidung ablegen müssen. Deutsche SS-(Unter)führer vom KdS töteten die Menschen am Grubenrand durch Genickschuss; vielleicht kamen auch Gaswagen zum Einsatz. Die „Aktion" wurde vom Judenreferenten des KdS, Kurt Burkhardt, geleitet. Wahrscheinlich waren auch Angehörige der lettischen Kompanie des KdS als Schützen eingesetzt.[61] Sicher dokumentiert ist der Einsatz des „2. Zuges Waffen-SS" der „1. Komp./Batl. d. Waffen-SS z. b. V.", der kurze Zeit vorher dem KdS unterstellt worden war. Zugführer war SS-Unterscharführer Gerhard Arlt.

Arlts Tätigkeitsberichte sind die einzigen zeitgenössischen Zeugnisse der Massenmorde in Blagovščina im Sommer 1942. Zum Schicksal der Insassen des Zuges „Da 201" aus Wien vermerkt Arlt in SS-eigenem Jargon: „Am 11. 5. traf ein Transport mit Juden (1000 Stück) aus Wien in Minsk ein, und wurden [sic!] gleich vom Bahnhof zur […] Grube geschafft. Dazu war der Zug direkt an der Grube eingesetzt. Am 13. 5. beaufsichtigten 8 Mann die Ausgrabung einer weiteren Grube, da in nächster Zeit abermals ein Transport mit Juden aus dem Reich hier eintreffen soll."[62] Für die Exekutionen arbeitete Lütkenhus schließlich einen „Rahmenplan" aus, der den Einsatz der Männer vor jeder „Aktion" festlegte. Kommandeur Strauch legte großen Wert darauf, dass alle Dienststellenangehörigen an den Exekutionen teilnahmen. Vor allem die SS-Führer sollten ihren Untergebenen mit „gutem Beispiel" vorangehen.[63] Die Exekutionskommandos bestanden in der Regel aus 10 bis 12 Männern, als Waffen wurden Pistolen verwendet.[64]

Im Frühjahr 1942 plante das Reichssicherheitshauptamt im Verein mit der Reichsbahn noch weitere 17 Deportationszüge mit jeweils 1000 Juden von Wien nach Minsk. Die Gesamtzahl von 18 000 Menschen entsprach Eichmanns Ankündigungen vom 6. März. Die Generalbetriebsleitung Ost schuf für diese Transporte eine neue Gruppe interner Zugnummern ab „Da 201".[65] Diese Nummer trug der Wiener Zug vom 6. Mai 1942, dessen Verlauf musterhaft für die weiteren Transporte war. Am 13. Mai traf bei der Minsker Sicherheitspolizei ein Telegramm der Haupteisenbahndirektion Mitte mit der Fahrplanordnung Nr. 40 ein. Sie sah zwischen Mai und September 1942 wöchentliche Transporte von „Da 202" bis „Da 218" aus Wien über

61 Vernehmung J. S., 24. 2. 1961, BArch B 162/1680, Bl. 1327 ff.

62 Zit. nach Baade, Ehre, S. 246.

63 Urteil Georg Heuser, S. 193.

64 Vernehmung E. W., 16. 2. 1960, BArch B 162/1680, Bl. 1411.

65 Zur internen Nummernvergabe vgl. Gottwaldt/Schulle, „Judendeportationen", S. 232 f.

Volkovysk und Baranoviči zum Minsker Güterbahnhof vor. Alle Züge sollten jeweils an einem Samstag eintreffen.[66]

Mit einem Ankunftstag am Wochenende war die Minsker Sicherheitspolizei allerdings nicht einverstanden. Wie aus einem von Gestapo-Chef Heuser unterzeichneten Schreiben hervorgeht, fand am 22. Mai 1942 eine Besprechung zwischen Lütkenhus vom KdS und drei Reichsbahn(ober)räten der HBD Mitte in Minsk statt. Zu der bei diesem Termin getroffenen „Vereinbarung über Judentransporte aus dem Reich" gehörte nach Heuser nicht nur, dass der Transport „Da 203", der Wien am 20. Mai verlassen hatte, für einige Tage in Kojdanovo festgehalten werden sollte. Der Zug sollte nicht unpassenderweise während der Pfingstfeiertage in Minsk eintreffen. Auch werde die HBD Mitte „bei der zuständigen Stelle der Reichsbahn um eine entsprechende Verschiebung der Abfahrzeiten auch der weiteren Judentransporte einkommen. [...] Die Reichsbahndirektion ist bereit, bis zur Genehmigung dieser Fahrplanänderung von sich aus alle weiteren Judentransporte wochenends derart in Koydanoff [sic!] abzustellen, dass die Züge in der Nacht zum Montag oder einem anderen Wochentage mit Ausnahme des Freitags, Sonnabends oder Sonntags in Minsk einlaufen."[67] Tatsächlich setzte Reichsbahnrat Hermann Kayser noch am 22. Mai ein entsprechendes Telegramm für die im Bereich der HBD Mitte liegenden betroffenen Bahndienststellen auf: Die in der Fahrplanordnung Nr. 40 angeordneten Transporte würden bis auf weiteres nur bis Kojdanovo geleitet und dort abgestellt, über die weitere Fahrt ergehe für jeden Zug gesonderte Anweisung aus Minsk. „Da 203" werde (ganz im Sinne des Minsker KdS) am Dienstag, dem 26. Mai, aus Kojdanovo abfahren.[68] Angesichts solchen Entgegenkommens sprach Gestapo-Chef Heuser der HBD Mitte seinen „besonderen Dank" aus.

Der Plan, im Sommer 1942 insgesamt 18 Deportationszüge von Wien nach Minsk zu schicken, schlug jedoch fehl. Bereits „Da 202", der Wien am 13. Mai hätte verlassen sollen, entfiel aus unbekannten Gründen. Die Züge mit den Nummern „Da 203" bis „Da 206" mit insgesamt 4000 Insassen trafen indes plangemäß ein. Am 15. Juni 1942 verhängte die Reichsbahn eine Transportsperre für zivile Sonderzüge. Das war der wichtigste Grund für den Ausfall der anvisierten Züge mit den Nummern „Da 207" bis „Da 218".[69] Deportationen von Juden aus dem Reichsgebiet nach Minsk gab es gleichwohl weiterhin: Am 26. Juni 1942 traf „Da 40" aus Königsberg ein. Der Transport, der eigentlich in den Distrikt Lublin hätte fahren sollen, hatte vermutlich eine Ausnahmegenehmigung: Für seine Durchführung waren nur zwei benachbarte

66 HBD Mitte, 33 Rpf 5 Bfsv, Telegrammbrief, Fahrplananordnung Nr. 40, 13. 5. 1942, NARB, 845-1-237, Bl. 196.

67 Der Kommandeur der Sicherheitspolizei und des SD (Heuser) an Reichsbahndirektor Mitte, Vereinbarung über Judentransporte aus dem Reich, 23. 5. 1942 (Kopie), NARB, 845-4-237, Bl. 198, u. a. in: Kohl, Vernichtungslager, S. 39.

68 Bahndiensttelegramm, 22. 5. 1942, in: ebenda, S. 35.

69 Gottwaldt/Schulle, „Judendeportationen", S. 233.

Eisenbahndirektionen an der Peripherie – die RBD Königsberg und die HBD Mitte – zuständig.[70]

Anfang Juli 1942 wurden auf einer Fahrplanbesprechung der Reichsbahn in Bamberg vier weitere Deportationszüge für Minsk beschlossen. Sie trugen die Zugnummern „Da 219" bis „Da 222". Der erste Transport kam aus Köln, die drei weiteren aus Theresienstadt. Theresienstadt wurde im Sommer 1942 nach Wien zum Hauptabgangsort für Transporte nach Minsk. Insgesamt fünf Transporte aus dem „Altersghetto" trafen zwischen Juli und September in Minsk ein. In Theresienstadt erhielten die Transporte die Nummern „Aax", „Aaz", „Bc", „Bk" und „Bn"; die Reichsbahn führte sie unter den Nummern „Da 220", „Da 222", „Da 224", „Da 226" sowie „Da 228". Ab August 1942 gab es in dieser Nummernfolge wieder Transporte aus Wien: Mit den Zugnummern „Da 223", „Da 225", „Da 227" sowie „Da 230" fuhren bis zum 9. Oktober vier weitere Deportationszüge mit Wiener Juden nach Minsk. Die Verschleppten verließen die Waggons nicht mehr am Güterbahnhof. Endstation der Transporte war ab 10. August die Bahnstation Kolodisči nahe Maly Trostinez.

Insgesamt trafen nach gegenwärtigem Kenntnisstand zwischen dem 11. Mai und dem 9. Oktober 1942 16 Transporte (neun aus Wien, fünf aus Theresienstadt, einer aus Königberg, einer aus Köln) aus dem erweiterten Reichsgebiet in Minsk und Maly Trostinez ein. Alle Transportinsassen mussten in Volkovysk von Personen- in Viehwaggons umsteigen.

Für die bereits erschöpften Menschen bedeutete das eine Steigerung der Strapazen. Hans Münz, einziger Überlebender des Transportes „Da 224" aus Theresienstadt, erinnert sich: „Wir wurden in Viehwaggons gepfercht. Die wurden fest zugesperrt und drin war es schon wirklich schlimm, man konnte sich nicht einmal hinsetzen, wir waren dicht aneinander gepresst. [...] Wir litten Hitze, Schwüle (es war im Sommer), Hunger und insbesondere Durst – es gab nichts zum Trinken."[71]

Aus Theresienstadt wurden überwiegend tschechische Juden verschleppt. Damit sollte Platz geschaffen werden für deutsche Juden, die ab 2. Juni 1942 in das „Altersghetto" kamen. Eine kleine Zahl wurde allerdings kurz nach ihrer Ankunft in Theresienstadt weiter nach Maly Trostinez deportiert: Im Transport „Da 222" vom 4. August 1942 waren drei, im Transport „Da 224" vom 25. August 1942 24 deutsche Juden.[72]

Die Transporte aus dem „Altreich" nach Maly Trostinez waren Sammeltransporte: Im Zug aus Köln waren auch Juden aus Bonn und anderen Orten des Rheinlandes. So wurden am 19. Juli 1942, einen Tag vor Abfahrt des „Da 219", 28 Juden

70 So ebenda, S. 240.

71 Interview Hans Münz (Abschrift, Übersetzung aus dem Tschechischen), Bl. 4, Archiv des Jüdischen Museums Prag, Kazeta 90.

72 So die Erkenntnisse des Jüdischen Museums Prag. Für die Zahlenangaben danke ich Dr. Jana Splichalova.

aus dem Siegkreis zur Sammelstelle in den Kölner Messehallen verbracht. Die Menschen waren zuvor im Lager Much eingesperrt gewesen. Dieses ehemalige Reichsarbeitsdienst (RAD)-Lager war im Juni 1941 zu einem Sammellager für Juden aus der Region umfunktioniert worden.[73]

Von den Juden des Siegkreises sind letzte Lebenszeichen überliefert. Erich und Rosa Marx aus Troisdorf konnten während der Fahrt durch Polen eine Postkarte aufgeben:

„Meine Lieben!

Wir sind nun schon hinter Bromberg & ist uns die Reise bis jetzt gut bekommen. Es wird wohl noch 2 Tage dauern, bis wir an Ort & Ziel sind und heißt es Minsk. Hoffentlich sehen wir uns alle gesund wieder. Bleibt Ihr meine Lieben alle wohlauf und grüßt mir l[ie]b[e] Erna mit Familie recht herz[lich]. Für Euch innige Grüße & Küsse Eure Rosa und Erich. Schreiben kann man kaum, da alle [!] sehr beengt ist. Herz[liche] Grüße alles Gute Erich."[74]

Unter den Deportierten des Siegkreises war auch der 18-jährige Oscar Hoffmann. Er hatte bei dem Troisdorfer Fotografen Erwin Bernauer eine Lehre absolviert und war der Familie seines Arbeitgebers sehr zugetan. Während der Deportation nach Minsk schickte Oscar Hoffmann insgesamt drei Postkarten an die Familie Bernauer. Die letzte Karte entstand unmittelbar nach der Ankunft in Minsk am frühen Morgen des 24. Juli 1942. Der junge Mann schrieb mit einiger Zuversicht:

„Meine lb. Familie Bernauer!

Nach 87 stündiger Fahrt sind wir gesund, munter u. guten Mutes hier in Minsk angekommen. In Wolhonye [Volkovysk] sind wir aus unserem Kölner Zug in Viehwagen verladen worden. Wie es heisst, sollen wir gleich samt unserem Gepäck den Bahnhof verlassen, um in unser Lager eingewiesen zu werden. Man vermutet, dass wir in der näheren Umgegend v. Minsk in der Landwirtschaft eingesetzt werden. Ob wir für längere Zeit hier bleiben, ist noch ungewiss. Die Fahrt als solche war für mich ein grosses Erlebnis. Die Landschaft als solche war fast überall gleich. Nur die grösseren Städte wie Landsberg, Bromberg, Thorn, Warschau, Baranowitschi boten Abwechslung. […] Die Behandlung während der Fahrt von Seiten des Begleitpersonals war hervorragend. Mangelnder war m[einer] A[nsicht] die schlechte Schlafgelegenheit im Zuge. In Personenwagen (Kölner Zug) waren wir zu 8 in Waggons eingeteilt. Nachdem wir in Wolhonye [Volkovysk] umgeladen worden sind, lagen wir samt unserem Gepäck zu ca. 50 Menschen in einem Wagen. Unser mitgenommener Proviant ist bis jetzt noch nicht aufgegangen. Wie ich gerade höre, besteht eine gewisse Möglichkeit, dass wir in den hiesigen Betrieben in unseren Berufen

73 Norbert Flörken, Troisdorf unter dem Hakenkreuz. Eine rheinische Kleinstadt und die Nationalsozialisten, Aachen 1986, S. 74 f. und 99. Ausführlich zum Lager Much: Bruno H. Reifenrath, Die Internierung der Juden in Much. Ein Buch des Gedenkens, Siegburg 1982.

74 Zit. nach Flörken, Troisdorf, S. 100.

arbeiten können. Wenn es Ihnen möglich ist, senden Sie mir bitte mein Zeugnis, da dies von Wert sein soll."[75]

Wie Oscar Hoffmann abschließend schrieb, sollte die Karte von einem Angehörigen des Begleitkommandos in Köln eingeworfen werden. Tatsächlich geschah dies laut Poststempel in Hannover, am 28. Juli 1942. Zu diesem Zeitpunkt war der junge Mann wahrscheinlich bereits in Blagovščina erschossen oder in einem Gaswagen erstickt worden. Dieses Schicksal traf auch 118 Kinder unter zehn Jahren, die mit dem „Da 219" von Köln nach Minsk deportiert wurden. Viele der Kinder waren Schüler der „Jawne" in Köln. Zusammen mit ihnen wurden auch ihre Erzieherinnen sowie der Schuldirektor Dr. Erich Klibansky und seine Familie ermordet.[76] Die Kunde über Massentötungen von Kindern drang bis ins Arbeitslager von Maly Trostinez, wie die Köchin Julie Sebek nach dem Krieg berichtete.[77]

Dem Königsberger Transport „Da 40" wiederum war nach Auffassung der jüngeren Forschung wahrscheinlich der „16. Osttransport" aus Berlin angeschlossen worden. Unter den 202 Insassen aus der Hauptstadt waren viele ehemalige Mitarbeiter der „Reichsvereinigung der Juden in Deutschland", so die Wirtschaftsexpertin Dr. Cora Berliner (1890–1942), Paula Fürst (1894–1942) und Dr. Arthur Lilienthal (1899–1942) mit seiner Ehefrau Resi (1901–1942).[78] Das Abfahrtsdatum dieses Deportationszuges, der auch als „Straftransport der Reichsvereinigung" bezeichnet worden ist, ist allerdings bislang nicht bekannt. Wenn die Berliner Juden zunächst nach Königberg verbracht worden sind, muss der „16. Osttransport" die Reichshauptstadt spätestens am frühen Morgen des 24. Juni 1942, eher am 23. Juni verlassen haben.

In Königsberg mussten sich am Vormittag des 24. Juni 465 Juden in einer ehemaligen Reithalle versammeln. Gegen Abend wurden sie zum nahe gelegenen Güterbahnhof im Norden der Stadt gebracht. Hier dürfte auch der Zug mit den Berliner Juden eingetroffen sein. Der „Da 40" sollte den Bahnhof laut Fahrplanordnung um 22.34 Uhr verlassen. Auf dem Weg nach Volkovysk wurden dem Deportationszug auch Waggons mit 80 bis 100 Juden aus dem ostpreußischen Allenstein angehängt. In Minsk/Maly Trostinez kamen am 26. Juni schließlich 770 Juden aus dem Reich an.[79]

Für Maly Trostinez war noch ein weiterer Deportationszug aus dem Protektorat bestimmt gewesen: Der „Da 221" – am Abgangsort Theresienstadt mit der Kennung „Aay" bezeichnet – wäre allerdings Ende Juli 1942 während der großen Massenmordaktion im Ghetto eingetroffen. Gestapochef Heuser traf daher Vorkehrungen,

75 Postkarte von Oscar Hoffmann an Erwin Bernauer, als Faksimile abgedruckt in: Hellmund, ... Davidstern, S. 92, ebenso in Corbach, Messe, S. 164.

76 Ebenda, S. 171.

77 Vernehmung Julie Sebek, 20./21. 3. 1962, BArch B 162/3225, Bl. 353.

78 Dazu Gottwaldt/Schulle, „Judendeportationen", S. 218, 240 f.

79 Ebenda; Götz Aly, Im Tunnel. Das kurze Leben der Marion Samuel 1941–1943, Frankfurt a. M. 2004, S. 133 ff. Zur Deportation der Königsberger Juden vgl. auch als Erinnerungsbericht Michael Wieck, Zeugnis vom Untergang Königsbergs. Ein „Geltungsjude" berichtet, Heidelberg 1989.

die Insassen ausnahmsweise im 145 Kilometer weiter westlich gelegenen Baranoviči „ausladen“ zu lassen. Am 21. Juli schrieb er unter der Betreffzeile „Judentransport Da 221“ an die Haupteisenbahndirektion Mitte: „Aus technischen Gründen habe ich meine Aussendienststelle Baranowitschi, SS-Untersturmführer Amelung angewiesen, den vorbezeichneten Judentransport bereits in Baranowitschi auszuladen. / Ich bitte, der Transportleitung Bahnhof Baranowitschi entsprechende Anweisungen zu geben. Die weiteren Transporte werden dann wieder hier in Minsk von mir übernommen.“[80]

Tatsächlich töteten Angehörige dieser KdS-Außenstelle knapp 900 Insassen des Transportes „Da 221“ unmittelbar nach ihrer Ankunft am 31. Juli 1942 in einem Wald nahe Baranoviči. Neben Schusswaffen setzten sie dabei auch Gaswagen ein. Etwa hundert Verschleppte wurden möglicherweise noch in das Arbeitslager Koldyščevo eingewiesen, aber auch sie überlebten den Krieg nicht.[81] Im Einzelnen trafen zwischen Mai und Oktober 1942 folgende Transporte am Minsker Güterbahnhof und in Kolodišči ein:[82]

Zug-Nr.	Abgangsort	Abfahrt	Ankunft	Insassen	Überlebende
Da 201	Wien	6. 5.	11. Mai	994/1000	6 (3 Männer, 3 Frauen)
Da 202	Wien	20. 5.	23./26. 5.	986/1000	-
Da 204	Wien	27. 5.	1. 6.	981	1 (Frau)
Da 205	Wien	2. 6.	5./9. 6.	999	-
Da 206	Wien	9. 6.	13./15. 6.	1006	-
Da 40	Königsberg/Berlin	24. 6.	26. 6.	770	-
Da 220/Aax	Theresienstadt	14. 7.	17. 7.	1000	2 (Männer)
Da 219	Köln	20. 7.	24. 7.	1164	-
Da 222/Aaz	Theresienstadt	4. 8.	10. 8.	993/995	2 (Männer)
Da 223	Wien	17. 8.	21. 8.	1003	1 (Mann)
Da 224/Bc	Theresienstadt	25. 8.	28. 8.	1000	1 (Mann)
Da 225	Wien	31. 8.	2./4. 9.	967	1 (Frau)
Da 226/Bk	Theresienstadt	8. 9.	11./12. 9.	1000	3 (1 Mann, 2 Frauen)
Da 227	Wien	14. 9.	16./18. 9.	992	-
Da 228/Bn	Theresienstadt	22. 9.	25. 9.	1000	1 (Mann)
Da 230	Wien	5. 10.	9. 10.	544/547	3 (1 Mann, 2 Frauen)

80 Der Kommandeur der Sicherheitspolizei und des SD (Heuser) an Haupteisenbahndirektion Mitte, Judentransport Da 221 (Theresienstadt), 21. 7. 1942 (Kopie), BArch R 70/39, Bl. 5.

81 Ausführlich Jakov Tsur, Der verhängnisvolle Weg des Transportes AAy, in: Theresienstädter Studien und Dokumente (1995), S. 107–120.

82 Zu den folgenden Daten Gottwaldt/Schulle, „Judendeportationen“, S. 237 ff.

Damit wurden im Sommer 1942 mindestens 15 399 Juden aus dem erweiterten Reichsgebiet nach Maly Trostinez verschleppt. Den Großteil der Menschen töteten der KdS und seine Helfershelfer am Tag ihrer Ankunft auf dem „Umsiedlungsgelände“ in Blagovščina an zuvor ausgehobenen Gruben. Die Gruben wurden mit Chlorkalk abgelöscht und anschließend zugeschüttet. Einwohner der umliegenden Dörfer beobachteten heimlich, dass die Massengräber anschließend mit Raupen planiert und mit Zweigen getarnt wurden.[83]

Trotz allen Mühens von Sicherheitspolizei und SD ließen sich die mörderischen Aktivitäten in Blagovščina vor den Einheimischen kaum verbergen. Die Menschen hörten die beständigen Schusssalven oder gerieten bei der Nahrungsmittelsuche in die Nähe der Exekutionen. Die damals 16-jährige Anna Borisova aus Maly Trostinez sah auch Morde mit Gaswagen. Die Einheimischen nannten diese Fahrzeuge „Seelenersticker“ („dušegubki“): „Wenn ich zum Beeren-Sammeln im Wald war, habe ich oft beobachten können, wie Menschen erschossen wurden. Es gab sehr viele Gruben. Dorthin brachte man die Menschen in den *dušegubki* und ließ sie einfach in die Gruben fallen, weil sie schon auf dem Weg in den *dušegubki* gestorben waren. Und wenn sie Lebende heranbrachten, erschossen sie sie zuerst und warfen sie dann in diese Gruben. Einige versuchten zu fliehen, aber diese Versuche gelangen nie, alles war vergeblich. Einmal haben sie bemerkt, dass wir zuguckten, und begannen, in unsere Richtung zu schießen. Danach hörten wir mit der Beobachtung auf und gingen beim Beerensammeln nicht mehr in diese Richtung.“[84]

Unklar ist, ab welchem Zeitpunkt die Gaswagen in Blagovščina eingesetzt wurden. Das Landesgericht Koblenz ging im Urteil gegen den Minsker Gestapo-Chef Heuser von spätestens Mitte Juni 1942 aus.[85] Möglicherweise nutzte die Sicherheitspolizei diese mobilen Mordinstrumente bereits bei der Exekution am 11. Mai. Ein Überlebender des Wiener Transportes, der an jenem Tag in Minsk eingetroffen war, berichtete nach dem Krieg, am Güterbahnhof hätten „Kastenwagen – graue, grosse geschlossene Autos“[86] für auf der Fahrt erkrankte Insassen bereitgestanden. Wie das Morden in einem der kleineren „Diamond-Wagen“ vor sich ging, schildert ein ehemaliger Gaswagenfahrer nach dem Krieg: „In dem Wagen fanden 50 bis 60 Leute Platz. Vor der Exekutionsstelle wurde ein Schlauch an den Auspuff angeschlossen.

83 Iz pokazanij žitelja derevni Trostenec N. S. Baško o lagere policii bezopastnosti SD [Auszug aus der Aussage von N. S. Baško, Bewohner des Dorfes Trostenec, über das Lager von Sicherheitspolizei/SD], 11. 7. 1944, in: Komitet, Trostenec, S. 54 f.

84 Iz stenogrammy besedy sotrudnikov belgosmuseja istorii VOV s byvšimi uznikami Trosteneckogo lagerja i očevidcami [Auszüge aus Protokollen von Gesprächen von Mitarbeitern des weißrussischen staatlichen Museums für Geschichte des Großen Vaterländischen Krieges mit ehemaligen Häftlingen des Lagers Trostenec und Augenzeugen], A. S. Borisova, 31. 1. 1960, in: ebenda, S. 192; dazu auch Interview Lidia Meltser, Code 47378, Visual History Archive, ®USC Shoah Foundation Institute 1998.

85 Urteil Georg Heuser, S. 194.

86 Aufzeichnungen über Judendeportationen, DöW, Akt 854, Bl. 1.

Der Schlauch mündete in das Wageninnere. Ich selbst musste dann an der Exekutionsstelle aussteigen und den Schlauch am Auspuff anbringen. Dann liess ich den Motor etwa 15 Minuten lang langsam laufen. Der Motor lief nicht mit Vollgas, sondern nur mit geringem Handgas, d. h. der Handgashebel wurde etwas herausgezogen. Der Vergasungsvorgang verlief immer ruhig. Die Leute im Kasten haben nicht geschrieen, sie haben auch nicht versucht, sich zu befreien. [...] Die Menschen waren ausserdem schon während der Fahrt halb erstickt, da sie keine Luft bekamen."[87]

Die Zahl der verschleppten Menschen, die in Blagovščina in Gaswagen getötet wurden, lässt sich kaum mehr rekonstruieren. Ebenso ist unklar, wie viele dieser Mordwerkzeuge bei den einzelnen „Aktionen" zum Einsatz kamen. Im März 1942 gelangten zwei kleinere „Diamond"-Wagen von Riga aus zum KdS Minsk, ein größerer „Saurer"-Wagen folgte wenige Wochen später.[88] Den häufigen Einsatz dieser Wagen bezeugt ein Schreiben des BdS Ostland an das RSHA vom 15. Juni 1942: „Beim Kommandeur der Sipo u. d. SD. Weißruthenien trifft wöchentlich ein Judentransport ein, der einer Sonderbehandlung zu unterziehen ist. Die 3 dort vorhandenen S-Wagen reichen für diesen Zweck nicht aus! Ich bitte um Zuweisung eines weiteren S-Wagens (5-Tonner). Gleichzeitig wird gebeten, für die vorhandenen 3 S-Wagen (2 Diamond, 1 Saurer) noch 20 Abgasschläuche mitzusenden, da die vorhandenen bereits undicht sind."[89] Wegen der hohen Störanfälligkeit der Gaswagen ging der KdS dazu über, die jüdischen Arbeitskräfte in den hauseigenen Werkstätten Ersatzteile, insbesondere Schläuche, herstellen zu lassen.[90] Das RSHA schickte als Reaktion auf das Schreiben im Juli 1942 aber auch einen weiteren Gaswagen aus Serbien nach Minsk.[91] Zudem stellten im Sommer 1942 das SK 7b sowie die EKs 8 und 9 der Einsatzgruppe B Gaswagen mit Fahrern an die Minsker Sicherheitspolizei ab. Das war auch bei der großen Mordaktion im Ghetto Ende Juli 1942 der Fall.[92] Der Fahrer des EK 8, Josef W. aus Wien, erinnert sich, dass bei den einzelnen „Aktionen" fünf bis sechs, manchmal sogar zehn Gaswagen zum Einsatz kamen. Möglicherweise ist die Zahl der in Minsk in Gaswagen erstickten Menschen demnach höher als bislang angenommen. Das legt auch W.'s detaillierte Schilderung einer „Gaswagen-Aktion" in Blagovščina nahe. Es geht hier um das Schicksal eines „Judentransportes" aus Wien, der im August oder September 1942 in Kolodišči ankam:[93]

87 Vernehmung E. G., 19. 7. 1961, BArch B 162/1683, Bl. 1980 f.

88 Vernehmung K. G., 2. 4. 1962 (Abschrift), Staatsarchiv Münster, Staatsanwaltschaft Dortmund, Nr. 2076, Bl. 16–33.

89 Zit. nach Safrian, Eichmann, S. 184 f.

90 Vernehmung W. M., 8. 12. 1959, LHA Koblenz, Best. 584, 1, Nr. 8474, Bl. 1398.

91 Gerlach, Morde, S. 647.

92 Dazu Vernehmung J. H., 14. 6. 1962 (Kopie), Staatsarchiv Münster, Staatsanwaltschaft Dortmund, Nr. 2076, Bl. 77–82 sowie Hauptverhandlung Landesgericht für Strafsachen Wien am 6. 10. 1970, Strafsache gegen Josef W., Vr 1100/65, Bd. IX, ON 117, Bl. 203–227.

93 Es handelt sich entweder um den „Da 223" vom 17. 8., den „Da 225" vom 31. 8. oder den „Da 227" vom 14. 9. 1942. „Da 230" vom 5. 10. kommt wegen der Insassenzahl nicht infrage.

„Am Einsatztage fuhren sämtliche G-Wagen von Minsk aus in südliche Richtung zu einer freien Bahnstrecke, die etwa 10 km südlich von Minsk verlief. SD-Begleitkommando war vorausgefahren und befand sich schon an diesem Bahngelände. Bei unserer Ankunft sah ich einen langen Güterzug stehen. Es handelte sich gewiß um 15–20 Güterwagen. In etwa 150–200 m Entfernung von diesem Güterzug stellten wir unsere G-Wagen auf. Bei unserer Ankunft waren die Güterwagen noch verschlossen. Jetzt wurde vom Begleitkommando der 1. Güterwagen geöffnet. Die in diesem Wagen befindlichen Juden, Männer, Frauen und Kinder jeglichen Alters, mußten aussteigen und sich vor dem Güterwagen aufstellen. Von meinem Standpunkt aus konnte ich sehen, daß den ausgestiegenen Juden eine Ansprache gehalten wurde. Kurz darauf mußten die Juden sich in Doppelreihe in Marsch setzen in Richtung auf unsere G-Wagen. Ein Jude ging voraus und führte den Zug bis zum G-Wagen, half allen in den G-Wagen einzusteigen und verschloß anschließend geflissentlich die Türen. Ich habe bei meinem Wagen dann nur noch das Schloß einzuhängen brauchen. So wurde ein Güterwagen nach dem anderen geleert. Das Gepäck der Juden mußten diese in den Güterwagen zurücklassen. Ich kann mit Sicherheit sagen, daß es sich bei diesen Juden um Reichsjuden gehandelt hat, denn ich habe mich mit einer jüdischen Frau unterhalten, die aus Wien stammte. Auf Grund meiner Aussprache merkte diese Jüdin, daß ich Wiener bin. Sie meinte noch, da sie von Landsleuten empfangen würde, könne ihr nichts passieren. Nachdem alle G-Wagen geladen waren, in meinem Wagen waren ca. 70 Opfer geladen worden, fuhren wir mit dem G-Wagen weiter in südliche Richtung etwa 5 km von diesem Bahngelände entfernt. Hier war in einem Wald- und Wiesengelände eine große Grube ausgehoben worden. Ich erinnere mich, daß die Grube durch MG-Nester abgesichert war. Die Absicherung führte eine lettische SS-Einheit durch. An der Grube befanden sich schon SD-Leute und russische Zivilisten. Wir mußten mit den G-Wagen rückwärts an die Grube heranfahren. Nun folgte die übliche Vergasung. Abschließend wurden die Türen geöffnet, die Russen zerrte die Leichen heraus, entkleideten sie und schichteten die Leichen anschließend in der Grube auf. Die den Opfern abgenommenen Bekleidungsstücke wurden in der Nähe der Grube gesammelt. Ich habe mit einem G-Wagen noch eine zweite Ladung vom Güterzug holen müssen. Ich weiß, daß einige der anderen G-Wagen an diesem Tag sogar dreimal gefahren sind. Nach dem Fassungsvermögen schätze ich, daß an diesem Tag etwa 700–1000 Juden vergast worden sind.“[94]

Der Wiener Fahrer berichtet weiterhin, die Gaswagen hätten zum Abschluss der „Aktion“ die Kleidung der Ermordeten in Richtung Minsk abtransportiert. Bei der Minsker Sicherheitspolizei hätten jüdische Arbeiter die Mordfahrzeuge reinigen

94 Niederschrift Josef W., 10. 3. 1961, Landesgericht für Strafsachen Wien, Vr 1100/65, Bd. 1, ON 24 b, Bl. 402 f.

müssen.[95] Das geschah manchmal auch am See des Landgutes von Maly Trostinez.[96] Blagovščina war bis zum Herbst 1943 die zentrale Exekutionsstätte der Minsker Sicherheitspolizei. Juden waren die Hauptopfergruppe. Zwar blieben „Großaktionen“ wie der oben beschriebene Massenmord nach dem Ende der Deportationen im Herbst 1942 vorerst aus. Im Minsker Ghetto nahm „Kommandant“ Adolf Rübe ab Frühjahr 1943 regelmäßig Selektionen „arbeitsunfähiger“ Insassen vor. Einen Teil der Opfer wies Rübe zunächst in das Minsker Justizgefängnis ein, das der Zivilverwaltung unterstand. Dessen Leiter, ein Hauptwachtmeister, gab nach dem Krieg an, in diesem Gefängnis seien bereits 1942 in vier Zellen im Keller stets Juden – Männer, Frauen und Kinder – gefangen gehalten worden: „Sobald ca. 170 bis 200 Juden untergebracht waren, sind diese durch Angehörige der Sipo anfänglich mit Lastwagen, später mit Gaswagen zur Exekution abgeholt worden. Ich glaube, es war Sept. 42, als im Gefängnis erstmals Gaswagen erschienen und die Juden abtransportierten [...] Es war immer so, daß in einen Gaswagen ca. 80 bis 90 Juden eingepfercht wurden. Die Gaswagen waren immer voll. Die Opfer standen so dicht beieinander, daß keiner umfallen konnte.“[97]

Wie viele Juden ab Herbst 1942 in Gaswagen nach Blagovščina gebracht wurden, ist ungewiss. Einen Hinweis bietet ein zeitgenössisches Schreiben des Gefängnisleiters, demzufolge zwischen dem 13. April und dem 31. Mai 1943 516 deutsche und weißrussische Juden getötet worden seien.[98] Hinzu gezählt werden müssen auch jüdische Opfer der Selektionen im Arbeitslager von Maly Trostinez, deren genaue Zahl freilich ebenfalls nicht mehr ermittelt werden kann. Die letzten Massenmorde in Blagovščina fanden während der Auflösung des Minsker Ghettos zwischen dem 1. September und dem 23. Oktober 1943 statt.

Kurz nach diesem Massenmord wurde das „Sonderkommando 1005-Mitte“ auf dem Landgut von Maly Trostinez stationiert. Das war ein Teilkommando des streng geheimen „Sonderkommando 1005“ des RSHA, das unter der Gesamtleitung von SS-Standartenführer Paul Blobel stand. Begründet im Juni 1942, sollte das SK-1005 sämtliche Leichen der von den Einsatzgruppen und in den Vernichtungslagern ermordeten Menschen restlos beseitigen.[99] An das „SK 1005-Mitte“ erging im Herbst 1943 der Auftrag, die Leichen der in „Weißruthenien“ getöteten Menschen aus den

95 Interview Berny Lane, Code 3066, Visual History Archive, © USC Shoah Foundation Institute 1995.

96 Aufzeichnungen über Judendeportationen, DöW, Akt 854, Bl. 4.

97 Vernehmung A. G., 23. 1. 1963, BArch B 162/1691, Bl. 4130, 4133.

98 Gerichtsgefängnis an den Generalkommissar für Weißruthenien, 31. 5. 1943, NARB, 4683-3-1022a, Bl. 28.

99 Zum SK 1005 vgl. Shmuel Spector, Aktion 1005 – Effacing the Murder of Millions, in: Holocaust and Genocide Studies 5 (1990) 2, S. 157–173. Zum SK 1005-Mitte in Maly Trostinez ausführlich Jens Hoffmann, „Das kann man nicht erzählen“. „Aktion 1005“ – Wie die Nazis die Spuren ihrer Massenmorde in Osteuropa beseitigten, Hamburg 2008, S. 171 ff.

Massengräbern zu exhumieren und zu verbrennen. Kurz zuvor, am 18. Oktober 1943, war der Minsker KdS zur Dienststelle des „BdS Rußland-Mitte und Weißruthenien" ausgebaut worden. Erich Ehrlinger übernahm die Amtsgeschäfte. Die Dauer seiner Dienstzeit als BdS fällt etwa mit der Tätigkeit des „SK 1005-Mitte" in „Weißruthenien" zusammen.

Das SK 1005-Mitte war zuerst zwischen dem 27. Oktober und dem 15. Dezember in Blagovščina eingesetzt. Die Leitung oblag in den ersten Tagen Blobels Adjutanten, SS-Hauptsturmführer Arthur Harder. Zwischen dem 11. November und dem 8. Dezember führte SS-Hauptsturmführer Dr. Friedrich Seekel das Kommando. Ihn löste am 8. Dezember SS-Hauptsturmführer Max Krahner ab. Zum SK 1005-Mitte gehörte ein Zug Ordnungspolizei sowie ein Zug der Volksdeutschen Kompanie des BdS. Die Einheiten waren für die Absperrung und Bewachung des Geländes zuständig. Ferner waren etwa 15 BdS-Angehörige unter Leitung des ehemaligen „Ghetto-Kommandanten" Rübe zum SK 1005-Mitte abgestellt. Sie beaufsichtigten zwischen fünfzig bis sechzig weißrussische Gefängnishäftlinge, die die Exhumierung und Verbrennung der Leichen übernehmen mussten.[100] Der Spieß der Ordnungspolizisten beschreibt diese Arbeit nach dem Krieg: „Die Leichen wurden mit Haken aus den Gräbern gezogen. Sie wurden dann auf selbstgemachten Tragbahren von den Häftlingen zum Scheiterhaufen gebracht und dort abgelegt. Der Scheiterhaufen bestand abwechselnd aus einer Schicht Holz und einer Schicht Leichen."[101]

Das Häftlingskommando musste in einem Bunker direkt bei den Massengräbern hausen. Die Männer wurden Mitte Dezember 1943 in einem Gaswagen getötet.[102] Während des Einsatzes des SK 1005-Mitte tötete der BdS immer wieder Gruppen von Minsker Gefängnisinsassen oder „Partisanenverdächtigen" in Blagovščina.[103]

Wegen der Exhumierungen und Leichenverbrennungen sind präzise Angaben zur Gesamtopferzahl von Blagovščina kaum möglich. Sicher nachweisen lassen sich über 30 000 ermordete Juden. Hinzu kommt eine schwer zu rekonstruierende Zahl jüdischer wie nicht jüdischer Opfer, die bei Razzien und Unternehmungen des Partisanenkampfes gefangen genommen worden waren. Weißrussland war ab 1942 mehr und mehr zu einem Brennpunkt des Partisanenkrieges geworden; der „Bandenkampf" wurde zur wichtigsten Aufgabe von SS und Polizei.[104] Der spätere Generalkommissar SS-Gruppenführer Curt von Gottberg, der im Herbst 1942 als SSPF nach

100 Vernehmung Friedrich Seekel, 18. 5. 1960, Staatsarchiv Hamburg, 213-12-0597, Bl. 320; Vernehmung Otto Drews, 24. 10. 1963, BArch B 162/1325, Bl. 306.

101 Vernehmung Otto Drews, 19. 4. 1961, Staatsarchiv Hamburg, 213-12-0597/003, Bl. 1017 f.

102 Dazu u. a. Vernehmung L. R., 7. 6. 1962, ebenda, 213-12-0597/008, Bl. 3489 f., Vernehmung M. T., 7. 6. 1962, ebenda, 213-12-0597/008, Bl. 3496; Vernehmung A. S., 18. 8. 1962, ebenda, 213-12-0597/010, Bl. 374 f.

103 Die Opfer wurden teilweise lebendig verbrannt, vgl. Vernehmung G. L., 24. 1. 1962, BArch B 162/1686, Bl. 1613; Vernehmung N. A., 18. 9. 1962, BArch B 162/1690, Bl. 3806; Vernehmung K. M., 12. 8. 1964, BArch B 162/1329, Bl. 1842.

104 Dazu umfassend Gerlach, Morde, S. 860 ff.

„Weißruthenien" abgestellt wurde, entwickelte sich zu einem Spezialisten auf diesem Gebiet: Mit der nach ihm benannten Kampfgruppe erklärte er ganze Landstriche zum „Bandengebiet"; die Einwohner wurden als Zwangsarbeiter verschleppt oder als „Arbeitsunfähige" getötet, die Dörfer abgebrannt. Tausende Zivilisten fielen diesen „Bandenkampfunternehmungen" zum Opfer. Neben der „Kampfgruppe von Gottberg" waren das berüchtigte „Sonderkommando Dirlewanger" sowie die „Brigade Kaminski" im Partisanenkrieg beteiligt. Vorrangig waren jedoch reguläre Einheiten von SS und Polizei sowie der Wehrmacht eingesetzt. Ab Juni 1943 koordinierte HSSPF von dem Bach-Zelewski als „Chef der Bandenkampfverbände" die Mord- und Raubzüge. KdS Strauch wurde ihm im Sommer 1943 als Abwehrchef zugeteilt. Der SS-Obersturmbannführer hatte bereits Erfahrung im Bandenkampf gesammelt: Mit seiner Dienststelle war er an einigen „Großaktionen" zur Partisanenbekämpfung beteiligt gewesen, so an dem „Unternehmen Erntefest" im Januar und am „Unternehmen Hornung" im Februar 1943.

Wahrscheinlich ermordete die Sicherheitspolizei als „arbeitsunfähig" kategorisierte Zivilgefangene aus solchen „Bandenkampfunternehmen" in Blagovščina. Die Opfer stammten aus dem Minsker Gebiet, aber auch aus anderen Orten Weißrusslands. Nach Angaben eines Zeitzeugen ermordete der KdS zwischen dem 17. und 25. Februar 1943 in Blagovščina etwa 3000 Menschen aus Polock in Gaswagen.[105] Hinzu kamen wahrscheinlich nicht jüdische Gefängnis-Insassen aus Minsk, die die Sicherheitspolizei als Partisanenverdächtige festgenommen hatte. Für diese Festnahmen reichte das Hausgefängnis der Sicherheitspolizei bald nicht mehr aus. Anfang 1943 richtete der KdS im Gebäude des Justizgefängnisses ein eigenes Polizeigefängnis ein. Der Leiter sagte nach dem Krieg auch, dass in den zwölf Zellen „Bandenmitglieder, Bandenverdächtige und Kriminelle", jedoch keine Juden eingesperrt gewesen seien. In regelmäßigen Abständen seien 30 bis 40 Häftlinge (nach einer vorbereiteten Liste) zur Exekution abgeholt worden.[106]

Adolf Rübe gab nach dem Krieg an, in Blagovščina seien zwischen 40 000 und 55 000 Menschen getötet worden.[107] Die Minsker Abteilung der Staatlichen Untersuchungskommission zur Aufdeckung deutsch-faschistischer Verbrechen gab in ihrem Abschlussbericht 150 000 ermordete Menschen an. Diese Zahl wird seither von sowjetischen und weißrussischen Behörden offiziell angegeben; sie muss jedoch als stark überhöht angesehen werden.[108]

105 Protokol doprosa svidetelja G. I. Beljaeva [Protokoll der Vernehmung des Zeugen G. I. Beljaev] 18. 7. 1944, in: Komitet, Trostenec, S. 94; weitere Angaben bei Gerlach, Morde, S. 1014 f.

106 Vernehmung J. D., 11. 7. 1961, BArch B 162/1682, Bl. 1638 ff.

107 Vernehmung Adolf Rübe, 1. 9. 1959, BArch B 162/1675, Bl. 608 f.

108 Gerlach, Morde, S. 770.

6.3. Das Arbeitslager auf dem „Gut des Kommandeurs"

Die ehemalige Kolchose des Dörfchens Maly Trostinez beschlagnahmte der KdS vermutlich im April 1942 als Landgut zur Eigenbewirtschaftung. Die Kolchose war etwa 250 Hektar groß. Sie bestand zum Zeitpunkt der Übernahme nur aus einigen zumeist baufälligen Scheunen und einem großen Silo. Kommandeur Strauch plante, die Kolchose von jüdischen Zwangsarbeitern zu einem Mustergut ausbauen und bewirtschaften zu lassen. Nach dem Krieg wollte sich Strauch auf Dauer in Maly Trostinez niederlassen – buchstäblich auf Zehntausenden Leichen, wie Christian Gerlach treffend schreibt.[109]

Die ersten Arbeitskräfte auf Maly Trostinez waren allerdings etwa zwanzig nicht jüdische Weißrussen. Sie hatten wegen verschiedener (angeblicher) Vergehen im Minsker Justizgefängnis eingesessen. Die Sicherheitspolizei brachte die Männer Ende April oder Anfang Mai 1942 auf das neue „Gut des Kommandeurs". Sie mussten Bauarbeiten leisten und wurden im August 1942 mehrheitlich wieder freigelassen.[110] Ferner zog der KdS ab Mai 1942 einige Dorfbewohner aus Maly Trostinez zu Arbeiten in der Landwirtschaft heran.[111]

Um den 10. Mai trafen die ersten beiden jüdischen Zwangsarbeiter ein: Zwei deutsche Juden aus dem Polizeihaftlager Salaspils mussten einen Viehtransport mit 34 Rindern von Riga nach Maly Trostinez begleiten. Die beiden Männer, ein Viehhändler aus Würzburg und ein Agronom aus Rothenburg, mussten auf dem „Gut des Kommandeurs" leitende Positionen in der Land- und Viehwirtschaft übernehmen.[112] Sie waren in Salaspils offenbar mit Bedacht ausgewählt worden, möglicherweise von Gerhard Maywald, dem vorgesehenen Gutsverwalter von Maly Trostinez. Maywald und andere Angehörige des KdS Riga – darunter einige mit landwirtschaftlichen Kenntnissen – kamen ebenfalls Mitte Mai 1942 nach Maly Trostinez. Zu ihnen gehörte SS-Hauptscharführer Heinrich Eiche, ein Baltendeutscher aus Riga. Offiziell führte er eine Gärtnerei auf Maly Trostinez. Er war jedoch auch als Aufseher für die Arbeitshäftlinge eingesetzt. Am 19. Mai wiederum eskortierten Angehörige des von Arlt geleiteten Zuges Waffen-SS einen „Transport von Pferden und landwirtschaft-

109 Ebenda, S. 708.

110 Iz stenogrammy besedy sotrudnikov belgosmuseja istorii VOV s byvšimi uznikami Trosteneckogo lagerja i očevidcami [Auszüge aus Protokollen von Gesprächen von Mitarbeitern des weißrussischen staatlichen Museums für Geschichte des Großen Vaterländischen Krieges mit ehemaligen Häftlingen des Lagers Trostenec und Augenzeugen], Fjodor Vasil'evič Šumaev, 31. 1. 1960, in: Komitet, Trostenec, S. 187 f.

111 Protokol oprosa svidetelja K. E. Kovalenko [Protokoll der Vernehmung der Zeugin Kovalenko], 15. 7. 1944, in: ebenda, S. 64; Protokol oprosa svidetelja A. E. Maklakova [Protokoll der Vernehmung der Zeugin A.E. Maklakova], 15. 7. 1944, in: ebenda, S. 68. Dazu auch Vernehmung J. F. (Gutsverwalter Frühjahr bis Sommer 1944), 18. 11. 1960, BArch B 162/1673, Bl. 412.

112 Vernehmung L. G., 20. 2. 1962, BArch B 162/1326, Bl. 617 f.

lichen Maschinen für das Gut des Kdr's. von Kobyl, ungefähr 150 km von hier, nach Minsk".[113] Zuletzt gab es in Maly Trostinez 127 Rinder, 132 Schweine, 70 Pferde sowie 300 Schafe und einiges Geflügel.[114]

Mitte Mai 1942 war auch der erste „Judentransport" des Jahres 1942 aus Wien in Minsk eingetroffen. Die Sicherheitspolizei hatte 81 Insassen als Zwangsarbeiter auf das Gut gebracht. Aus weiteren Transporten wurden zwischen zwanzig und fünfzig Personen ausgewählt.[115] Das genaue Prozedere ist unklar. Hans Münz, Überlebender des Transportes „Da 224", berichtet, SS-Angehörige hätten die Insassen bereits beim Öffnen der Waggontüren nach ihren Berufen gefragt: „Die vor mir sagten: ‚Bergarbeiter, Bergarbeiter'. Ich dachte, es waren schon genug Bergleute und sagte: ‚Schlosser'. L. K., der neben mir stand, sagte ebenfalls: ‚Schlosser, Maschinenschlosser'. Der SS-Mann meinte zu uns: ‚Geht hier bergab, dort wartet schon eine Gruppe, stellt Euch daneben.' Das haben wir getan."[116] Erich Prinz indes, einer der vier Überlebenden des Transportes „Da 226" aus Theresienstadt, schrieb nach dem Krieg, alle Insassen hätten sich zunächst auf einer Wiese neben den Bahngleisen aufstellen müssen. Dort habe ein SS-Angehöriger folgende Ansprache gehalten: „Ihr braucht Euer Gepäck nicht, Ihr kommt in ein Lager, wo alle gleich sind und daher gleiche Lagerkleidung tragen, Geld ist hier wertlos, ist daher abzugeben, Uhren sind abzugeben, im Lager befindet sich eine elektrische Lageruhr, Füllfedern sind abzugeben, da das Briefeschreiben bei Todesstrafe verboten ist, Messer sind ebenfalls abzugeben. Frist für die Ablieferung dieser Gegenstände 10 Minuten. Bei wem nach 10 Minuten noch einer der vorstehenden Gegenstände gefunden wird, wird auf der Stelle erschossen."[117]

Tatsächlich sei kurz darauf eine junge Frau erschossen worden, die Geld bei sich behalten habe (was offenkundig eine Durchsuchung ergeben hatte). Dann sei der Aufruf ergangen, es mögen sich Spezialisten melden. Erich Prinz meldete sich als Lebensmittelchemiker und durfte sich gemeinsam mit seiner Ehefrau zu einer kleinen Gruppe gesellen. Die Gruppe bestand schließlich aus 44 Personen. Zu diesem Zeitpunkt durften die Arbeitshäftlinge bereits ihre Familienangehörigen – auch kleine Kinder – mit auf das „Gut des Kommandeurs" bringen.[118] Beim ersten Transport waren einige der Arbeitskräfte noch von ihren Angehörigen getrennt worden, was zu großer Unruhe unter ihnen geführt hatte.[119]

113 Zit. nach Baade, Ehre, S. 247.

114 Vernehmung L. G., 20. 2. 1962, BArch B 162/1326, Bl. 618.

115 Dazu Aufzeichnungen über Judendeportationen (Kopie), DöW, Akt 854, Bl. 2; zu weiteren Transporten ebenda, Bl. 2, („manchmal 20, manchmal 30"); Vernehmung Julie Sebek, 20./21. 3. 1962, BArch B 162/3225, Bl. 353 („20 bis 40 Personen").

116 Interview Hans Münz, Archiv des Jüdischen Museums Prag, Kazeta 90, Bl. 4.

117 Bericht über das Schicksal des Transportes Bk, Simon Wiesenthal Archiv Wien, Ordner Minsk, Bl. 1 f.

118 Ebenda, Bl. 2; Interview Hans Münz, Archiv des Jüdischen Museums Prag, S. 5; Vernehmung J. F., 18. 11. 1960, BArch B 162/1673, Bl. 412.

119 Aufzeichnungen über Judendeportationen, DöW, Akt 854, Bl. 2.

Nach dem Ende der Deportationen im Herbst 1942 brachte der KdS auch weißrussische Juden mit speziellen handwerklichen Fähigkeiten nach Maly Trostinez. Darunter war der bereits erwähnte Lev Lanskij aus Baranoviči, der als Elektriker arbeiten musste.[120] Zudem war ab Oktober 1942 möglicherweise eine größere Anzahl polnischer Juden in Maly Trostinez gefangen. Sie unterstanden anscheinend der Organisation Todt; 250 von ihnen wurden an die SS-Bauleitung in Smolensk abgegeben.[121] Die Zahl der Zwangsarbeiter lag bis zum Herbst 1943 bei 600 bis 900 Menschen; die Mehrheit stellten stets Juden.[122] Weißrussen waren oftmals nur zeitweise in Maly Trostinez interniert. 480 Juden wurden im September 1943 – gemeinsam mit 350 Insassen des Ghettos Minsk – nach Majdanek verbracht, weitere 80 in Blagovščina erschossen. Die Zahl der Arbeitshäftlinge sank auf 112 Juden und 80 Weißrussen; bis zum deutschen Rückzug im Sommer 1944 blieb sie ungefähr auf diesem Stand.[123]

Die Arbeitshäftlinge waren in den ersten Monaten in den baufälligen Kolchosscheunen und -ställen untergebracht, in denen sie auf dem Fußboden schlafen mussten. Die Scheunen wurden bewacht und waren möglicherweise provisorisch mit Stacheldraht umgeben.[124] Als Unterkunft diente auch das Silo; hier waren nach Angaben von Zeitzeugen einige jüdische Ärzte untergebracht.[125] Wahrscheinlich wurde das Silo als Krankenrevier genutzt. Einige Weißrussen mussten offenbar in einem ehemaligen Lebensmittelkeller der Kolchose hausen.[126] Bis zur Jahreswende mussten die Arbeitshäftlinge im unteren Teil des Gutsgeländes ein Barackenlager errich-

120 Dazu Vernehmung Lev Lanskij, 12. 12. 1962, LHA Koblenz; Best. 584, 1, Nr. 8647.

121 Gerlach, Morde, S. 763. Dazu auch Hans Münz, Archiv des Jüdischen Museums Prag, Bl. 10.

122 Brief Julie Sebek, 11. 4. 1948 (Kopie), LHA Koblenz, Best. 584, 1, Nr. 8535, Bl. 10546 („600 bis 900 Menschen“); Vernehmung L. G., 22. 8. 1960, BArch B 162/1681, Bl. 1577 („600 Personen“); Schicksal des Transportes Bk, Simon Wiesenthal Archiv, Bl. 2 („als Höchststand 640 Juden und einige hundert Russen“); Aufzeichnungen über Judendeportationen, DÖW, Akt 854, Bl. 3, („ungefähr 600 Juden und 300 Russen“); einzig abweichend Zeugenaussage des Herrn Isaak Grünberg, 4. 1. 1962, DÖW, Akt 2563/1–4, Bl. 2 („schätzungsweise 1200 bis 1300 Juden“).

123 Vernehmungen L. G., 19./22. 8. 1960, BArch B 162/1681, Bl. 1573 und 1577 f.; Schicksal des Transportes Bk, Simon Wiesenthal Archiv, Bl. 4; Aufzeichnungen über Judendeportationen, DÖW, Akt 854, Bl. 4 f.

124 Bericht über das Schicksal des Transportes Bk, Simon Wiesenthal Archiv, Bl. 3, Aufzeichnungen über Judendeportationen, DöW, Akt 854, Bl. 2; Vernehmung Julie Sebek, 20./21. 3. 1962, BArch B 162/3225, Bl. 352; Interview Hans Münz, Archiv des Jüdischen Museums Prag, Kazeta 090, Bl. 6.

125 Protokoll der Vernehmung des Zeugen V. K. G., 24. 9. 1962 (Ortsbegehung in Maly Trostinez, russisch), USHMM, RG-06.027, Case #4483/4; Protokoll der Vernehmung des Angeklagten A. I. S., 25. 9. 1942 (Ortsbegehung in Maly Trostinez, russisch), in: ebenda.

126 Iz stenogrammy besedy sotrudnikov belgosmuseja istorii VOV s byvšimi uznikami Trosteneckogo lagerja i očevidcami [Auszüge aus Protokollen von Gesprächen von Mitarbeitern des weißrussischen staatlichen Museums für Geschichte des Großen Vaterländischen Krieges mit ehemaligen Häftlingen des Lagers Trostenec und Augenzeugen], V. P. Bereznjackij, 31. 1. 1960, in: Komitet, Trostenec, S. 186.

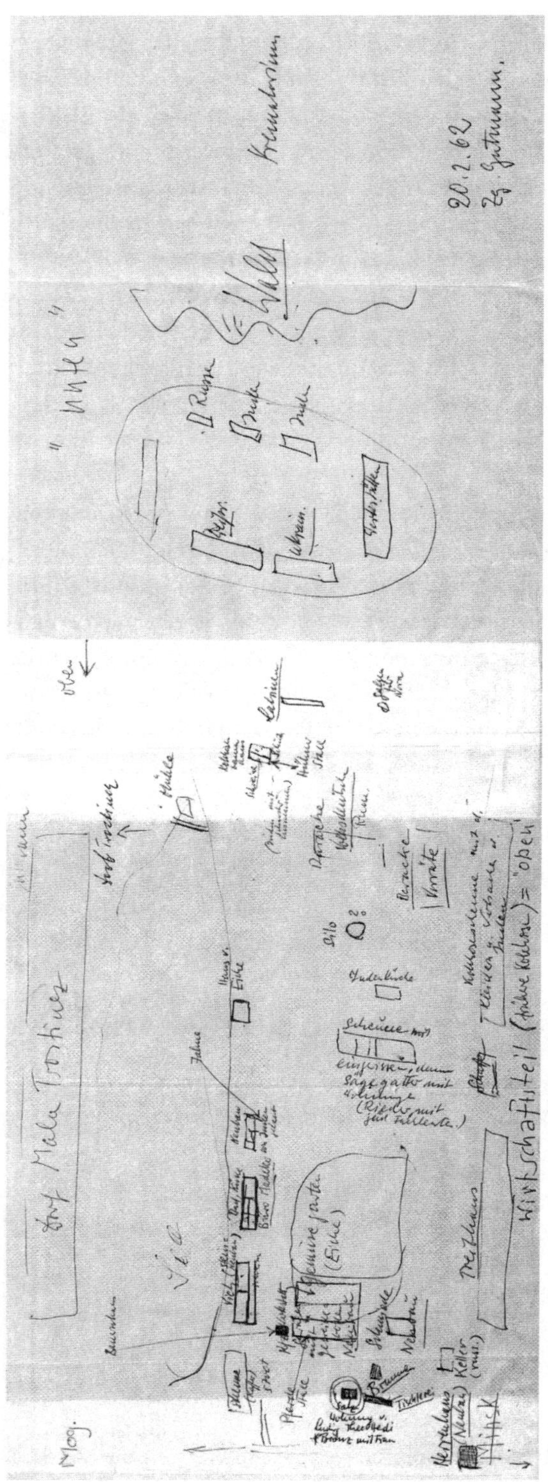

Häftlingsskizze von Maly Trostinez (von Ludwig Gutmann)
Staatsarchiv Hamburg, 213-12-0597/006, Bl. 2669.

ten, das mit Stacheldraht umzäunt wurde. Es bestand aus drei oder vier Baracken.[127] Hier werden weitere Parallelen zum Lager Salaspils sichtbar. Dieses Polizeihaftlager ließ der KdS Lettland ab Oktober 1941 gleichfalls von verschleppten „Reichsjuden“ errichten.[128] Es ist denkbar, dass die Minsker Sicherheitspolizei nahe Maly Trostinez einen größeren Haftort nach dem Vorbild von Salaspils errichten wollte. Auf ein solches Vorhaben deutet auch die Nomenklatur des Lagers hin: Ein überlebender Wiener Jude berichtet, es sei offiziell als „Erweitertes SS- und Polizeigefängnis“ bezeichnet worden.[129] In einem Fernschreiben des BdS Ostland vom November 1942 wird das Lager als „Ersatzgefängnis KL. Trostinez“ geführt, in dem gegenwärtig „zum Aufbau der Anlagen und Betriebe 330 Juden“[130] im geschlossenen Arbeitseinsatz beschäftigt seien.

Weit mehr als Salaspils blieb Maly Trostinez als Haftort jedoch stets ein Provisorium. Die Organisationsstruktur ist kaum mehr zu ermitteln. Verantwortlich war nach dem leitenden KdS wahrscheinlich der jeweilige Verwalter des Gutes. Nachdem der zunächst für diese Position vorgesehene Maywald an Fleckfieber erkrankt war, übernahm SS-Hauptsturmführer Wilhelm Madeker vom Minsker KdS diese Position. Er wählte auch die Arbeitshäftlinge aus den „Judentransporten“ aus dem Reich aus. Madekers Funktion war den Angehörigen der Minsker Dienststelle „rätselhaft“.[131] Seine Nachfolger waren Walter Kallmeyer und Johann Faber. Die Aufsicht über die Häftlinge führte ein SS-Unterführer, den die Lagerinsassen als „Kommandanten“ oder „Lagerleiter“ bezeichneten. Das war wahrscheinlich zunächst Kujau. Danach nahm SS-Hauptscharführer Heinrich Eiche aus Riga diese Position ein. Ihm war gleichsam als Adjutant ein Angehöriger der Schutzpolizei beigegeben worden.[132] Über Eiche heißt es im Erinnerungsbericht eines ehemaligen Häftlings: „Begleitet von einem Wolfshund ging er im Lager wie Napoleon einher, nörgelte, kritisierte und schaffte wohl 100 Dinge auf einmal an, und alles sollte, kaum ausgesprochen, schon dastehen.“[133]

Bis zum Oktober 1942 scheint zudem Leonora Peschek, eine Krankenschwester, eine wichtige Rolle in der Häftlingsgesellschaft eingenommen zu haben. Sie war gleichfalls Insassin des ersten Transportes aus Wien, fiel jedoch im Herbst 1942 in Ungnade. Angeblich hatte sie ein Verhältnis zwischen Aufseher Kujau und einer

127 Zur Zeitangabe vgl. die Häftlingsskizze auf S. 216; Protokoll der Ortsbegehung mit dem Zeugen V. K. G, Maly Trostinez, 25. 9. 1962, USHMM, RG-06.027, Case # 44853/4.

128 Angrick/Klein, „Endlösung“, S. 259 ff.; als Überblick Franziska Jahn, Salaspils, in: Benz/Distel (Hrsg.), Ort des Terrors, Bd. 9, S. 548 ff.

129 Schicksal des Transportes Bk, Simon Wiesenthal Archiv, Bl. 2.

130 Fernschreiben BdS Ostland an das RSHA, 6. 11. 1942, NARB, 4683-3-985, Bl. 99.

131 Vernehmung W. H., 25. 8. 1959, LHA Koblenz, Best. 584, 1, Nr. 8496, Bl. 749.

132 Vernehmung L. G., 19. 8. 1969, BArch B 162/1681, Bl. 1570 f. sowie Vernehmung W. M., 7. 2. 1961, LHA Koblenz, Best. 584, 1, Nr. 8508, Bl. 6609.

133 Aufzeichnungen über Judendeportationen, DöW, Akt 854, Bl. 3.

Wiener Jüdin, der Lagerköchin Hermine Hermann gedeckt. Die beiden Frauen wurden zur Dienststelle des KdS in Minsk gebracht und dort vernommen. Zumindest Hermine Hermann wurde einer „verschärften Vernehmung“ unterzogen, geschlagen und gefoltert. Anschließend kamen beide Frauen zur Verwunderung aller anderen Häftlinge wieder auf das „Gut des Kommandeurs“ zurück. Anfang Januar wurde die Angelegenheit anscheinend noch einmal neu aufgerollt; die beiden Frauen wurden am 4. Januar 1943 vor den Augen aller Lagerinsassen an einem eigens dafür errichteten Galgen aufgehängt.[134] Julie Sebek musste anschließend die Position der Lagerköchin übernehmen.

1942 waren die Häftlinge vorrangig beim Aufbau von Wohn- und Wirtschaftsgebäuden auf dem Gutsgelände eingesetzt. Sie errichteten im sogenannten Wirtschaftsteil von Maly Trostinez ein „Herrenhaus“ für die KdS-Führer, ein Holzhaus für den Lagerkommandanten, einige Stall-Neubauten, eine Kfz-Werkstatt, eine Tischlerei und eine Schmiede. In bereits bestehenden Gebäuden wurden weitere Werkstätten eingerichtet, in denen die Lagerinsassen zwölf bis 15 Stunden am Tag arbeiten mussten.[135] Nach Angaben von Erich Prinz gab es in Maly Trostinez „eine Bautischlerei, eine Möbeltischlerei, eine Schmiede, 1 Schneiderwerkstatt, 1 Waschküche, 1 Schusterwerkstatt, eine Faßbinderei, 1 Hausgerberei und eine Großgärtnerei“.[136] Die Häftlinge mussten auch landwirtschaftliche Arbeiten ausführen, darunter Torfstechen in der Umgebung des Gutes.

Jüdische Lagerinsassen wurden zu Arbeitseinsätzen im Dienstgebäude und den Werkstätten des KdS in Minsk herangezogen: Hans Münz etwa wurde jeden Tag mit anderen Lagerinsassen in die Schlosserei des KdS nach Minsk gebracht. Isaak Grünberg verfügte als Maurer „über eine Sonderbewilligung, den Bewachungsdienst zu passieren. Verschiedene Maurerarbeiten habe ich auch für die Wohnsitze des SD ausgeführt.“[137] Weibliche Häftlinge mussten in den „Asservatenkammern“ von Maly Trostinez – zwei großen Scheunen, in denen das Eigentum der ermordeten Juden lagerte – Koffer und Kleidungsstücke penibel nach versteckten Wertsachen durchsuchen.[138] Die Wertgegenstände mussten dem KdS ausgehändigt werden, der sie wahrscheinlich nach Berlin verbrachte. Einige wenige Lebensmittel aus

134 Vernehmung L. G., 19. 8. 1960, BArch B 162/1681, Bl. 1571 f., Vernehmung Julie Sebek, 20. 3. 1962, BArch B 162/3225, Bl. 354 ff.

135 Vgl. hierzu die Skizze des ehemaligen Häftlings L. G. vom 20. 2. 1962, Staatsarchiv Hamburg, 213-12-0597/006, Bl. 2669 (s. S. 216 in diesem Buch) sowie Aufzeichnungen über Judendeportationen, DöW, Akt 854, Bl. 3.

136 Bericht über das Schicksal des Transportes Bk, Simon Wiesenthal Archiv, Ordner Minsk, Bl. 2 f.

137 Zeugenaussage Isaak Grünberg, DÖW, Akt 2563/1-4, Bl. 1 f.; Vernehmungsprotokoll E. S., 12. 12. 1962, LHA Koblenz, Best. 584, 1, Nr. 8647, ohne Paginierung sowie Kazeta 090, Hans Münz, Archiv des Jüdischen Museums Prag, S. 8 ff.

138 Ebenda, S. 12 f.

dem Gepäck der Ermordeten wurden zur Ernährung der Häftlinge verwendet.[139] Die Ernährungslage war bei der schweren körperlichen Arbeit völlig ungenügend und verschlechterte sich nach dem Ende der Deportationen noch weiter. Lagerköchin Julie Sebek zufolge erhielten die Häftlinge pro Tag „Wassersuppen, in welchen die verfaulten Kartoffeln mit der Schale gekocht werden mußten, und 200 bis 400 Gramm Brot“.[140]

Die Arbeitshäftlinge von Maly Trostinez waren beständig der Gefahr von „Selektionen“ ausgesetzt. Isaak Grünberg berichtet, dass Kommandant Eiche und sein Gehilfe regelmäßig erkrankte und geschwächte Häftlinge erschossen, die das geforderte Arbeitstempo nicht einhalten konnten: „[Sie] führten diese Selektionen durch einfaches Zeigen auf den Häftling – du links – du rechts – durch. Dann kam das Kommando ‚Abmarsch‘ und kurze Zeit später hörte man die Schußsalven.“[141] Mit Erschießung wurde auch jedes Vergehen gegen die (nicht überlieferte) Lagerordnung bestraft. „Im Lager“, so resümiert Hans Münz, „galt nur eine Strafe, und zwar Erschießen.“[142] Mindestens sieben tschechische Juden wurden hingerichtet, weil sie versucht hatten, bei Dorfbewohnern Lebensmittel einzutauschen.[143] Ein weiterer Jude wurde erschossen, da er sich nach der Sperrstunde außerhalb der Häftlingsbaracken aufgehalten hatte.[144] Getötet wurden auch Gefangene, die versucht hatten, Briefe aus dem Lager zu schmuggeln.[145]

Die Bewachung der Häftlinge übernahmen zunächst Züge der lettischen Kompanie.[146] Nach ihrem Abzug im Frühjahr/Sommer 1943 stellten Angehörige der volksdeutschen Kompanie des KdS/BdS die Wachmannschaften: Volksdeutsche aus Rumänien, Ungarn und Jugoslawien – darunter Freiwillige der Jahrgänge 1924 bis 1928 – wurden ab Januar 1943 schubweise von der Volksdeutschen Mittelstelle Wien und aus Berlin-Buckow nach Minsk verlegt. Die volksdeutsche Kompanie gehörte offiziell zur Waffen-SS. Sie hatte im Sommer 1943 schließlich eine Stärke von rund 200 Mann.[147] Die Kompanie wurde dem ukrainischen SD-Bataillon 23 unter SS-Hauptsturmführer Regitschnig unterstellt, das ab Herbst 1943 seinen Sitz in Maly Trostinez nahm. Dieses Bataillon hatte Ehrlinger kurz vor dem deutschen Rückzug in Kiew gegründet; es war über Žitomir nach Minsk gezogen. Das Bataillon bestand

139 Bericht über das Schicksal des Transportes Bk, Simon Wiesenthal Archiv, Bl. 3. sowie Erinnerungsbericht F. Šumaev, in: Komitet, Trostenec, S. 187.

140 Brief Julie Sebek, 11. 4. 1948 (Kopie), LHA Koblenz, Best. 584, 1, Nr. 8535, Bl. 10546.

141 Zeugenaussage Isaak Grünberg, DöW, Akt 2563/1-4, Bl. 1 f.

142 Interview Hans Münz, Archiv des Jüdischen Museums Prag, Kazeta 090, Bl. 13.

143 Vernehmung L. G., 19. 8. 1960, BArch B 162/1681, Bl. 1572 f.

144 Ebenda, Bl. 1574 sowie Vernehmung Julie Sebek am 20./21. 3. 1962, BArch B 162/3225, Bl. 359.

145 Ebenda, Bl. 357 f.

146 Vernehmung A. I. S., 12. 6. 1962 (Kopie, russ.), USHMM, RG-06.027, Case # 44853/1.

147 Vgl. dazu u. a. Vernehmung L. R., 7. 6. 1962, Staatsarchiv Hamburg, 213-12-0597, Bl. 3485 sowie Vernehmung J. M., 21. 9. 1962, BArch B 162/1690, Bl. 3834.

aus drei Kompanien, war etwa 500 bis 600 Mann stark und wurde kompanieweise zur Partisanenbekämpfung eingesetzt.[148] Ein Österreicher aus dem SD-Bataillon 23, SS-Hauptscharführer Rieder, löste Eiche als Lagerkommandant ab. Der weißrussische Häftling Božko berichtet, Rieder habe bei geringstem Fehlverhalten befohlen, „die Hosen herunter zu lassen und sich auf den Boden zu legen. Er selbst schlug dann mit der Peitsche auf den Körper. Die kleinste Portion waren 25 Schläge. Bei größeren Vergehen ging er in den Wald und erschoß eigenhändig."[149] Kurz vor dem deutschen Rückzug wurden auch Angehörige der 3. Kompanie des 11. SD-Bataillons nach Maly Trostinez verlegt. Es bestand aus Weißrussen und unterstand gleichfalls dem BdS in Minsk.[150]

Angehörige der volksdeutschen Kompanie und des SD-Bataillons 23 waren Ende 1943 zeitweise im Barackenlager der Häftlinge untergebracht. Die jüdischen Lagerinsassen mussten daraufhin „auf den Arbeitsplätzen und in den Werkstätten zusammenziehen".[151] Nach Errichtung neuer Wohnbaracken für die BdS-Einheiten scheinen die Häftlinge jedoch wieder ins Barackenlager zurückgezogen zu sein.

6.4. Das Ende

Dem Minsker KdS/BdS diente das „Gut des Kommandeurs" freilich nicht nur als Haftort und Stützpunkt für SS-und Polizeieinheiten. Das Gelände wurde zu einer Reihe weiterer, dienstlicher wie privater, Zwecke genutzt. Von Strauchs Plänen, sich nach dem Krieg dauerhaft auf Maly Trostinez niederzulassen, war schon die Rede. Die Straße, die zum Gut führte, trug bereits seinen Namen.[152] Während seiner Dienstzeit in Minsk ließ sich der offenbar schwer alkoholabhängige Kommandeur häufig auf das Gut chauffieren, um dort seinen Rausch auszuschlafen.[153] Bei seinen Gefolgschaftsmitgliedern war das Landgut als Ziel für Ausflüge beliebt. SS-Führer pflegten mit den weiblichen Schreibkräften am Wochenende dorthin zu fahren. Eine der Damen erinnert sich nach dem Krieg an die idyllische Atmosphäre: „Auf dem Gut standen uns Pferde zum Reiten zur Verfügung. Ein kleiner See befand sich in

148 Vgl. dazu Vernehmung J. D., 31. 3. 1962, BArch B 162/1686, Bl. 2687 f. und Vernehmung F. S., 5. 11. 1962, Staatsarchiv Hamburg, 213-12-0597/011, Bl. 4274.

149 Protokol doprosa žitelja Minska F. F. Božko [Protokoll der Vernehmung von F. F. Božko, Einwohner von Minsk] , 17. 7. 1944, in: Komitet, Trostenec, S. 75.

150 Dazu u. a. Bericht über Judendeportationen, DöW, Akt 854, Bl. 7 f.

151 Ebenda, Bl. 5.

152 Zur „Strauch-Allee" Vernehmung J. G., 12. 8. 1959, LHA Koblenz, Best. 584, 1, Nr. 8468, Bl. 584.

153 Vernehmung W. H. (Fahrer Strauchs), 3. 12. 1959, LHA Koblenz, Best. 584, 1, Nr. 8473, Bl. 1334.

der Nähe des Wohnhauses. Kähne waren da."[154] Die Landpartien wurden auch dazu genutzt, in den „Asservatenkammern" nach „neuer" Kleidung zu suchen. Dieselbe Dame berichtet: „Auf dem Gut existierte ein Schuppen, in welchem Kleider aufbewahrt wurden. [...] Ohne daß ich etwas zu bezahlen brauchte, habe ich mir dort Blusen, Unterwäsche und Röcke geben lassen. Mir war bekannt, daß diese Kleidungsstücke von Juden stammten. Man hatte mir gesagt, daß die Juden hierfür keine Verwendung mehr hätten. Ich wußte nichts davon, daß die Kleidungsstücke auch von toten Juden stammten. Dies ist mir allerdings dann später dann auch ‚aufgegangen'."[155]

Es gab aber auch noch weitaus makaberere Freizeitvergnügungen. Nach Angaben eines ehemaligen Häftlings wurde in der Spätphase des Lagers eine Art Fußballstadion errichtet. An einige Lagerinsassen seien Wodka und kurze Hosen ausgegeben worden. Sie hätten dann zum Amüsement der Sicherheitspolizei Fußball spielen müssen.[156]

Auf dem Gutsgelände bestand ab Frühjahr 1942 ein Friedhof für gefallene Gefolgschaftsmitglieder. Als Erster wurde hier am 19. Juni 1942 der KdS-Judenreferent, SS-Obersturmführer Kurt Burkhardt beigesetzt.[157] Er war einige Tage zuvor bei einer „Partisanenaktion" zu Tode gekommen. Auf dem Friedhof ließ Kommandeur Strauch auch einen Gedenkstein für seinen verehrten Vorgesetzten Heydrich errichten, der am 4. Juni 1942 den Folgen eines Attentats erlegen war.[158]

Ferner nutzten Sicherheitspolizei und SD das Gutsgelände für geheimdienstliche Aktivitäten. Im Sommer 1942 brachte die Sicherheitspolizei eine kleinere Anzahl sowjetischer Kriegsgefangener in Maly Trostinez unter.[159] Einige dieser Häftlinge sollten zu V-Leuten ausgebildet und in Partisaneneinheiten eingeschleust werden. Darunter war zumindest ein Jude, der aus der Ukraine stammende Michail Brejtman-Petrenko. Ihm gelang es 1942 oder 1943, in die Partisanenbrigade „Rächer aus dem Volk" (narodnye mstiteli) aufgenommen zu werden. Im April 1943 jedoch wurde er enttarnt und hingerichtet. Zuvor musste er gegenüber dem Brigade-Kommandeur eine ausführliche Aussage über seine Schulung bei der Minsker Sicherheitspolizei ablegen. Brejtman-Petrenko erklärte, er sei als „Jude und Politruk" unter Todesandrohung dazu genötigt worden, sich den deutschen Besatzern als Agent

154 Vernehmung H. N., 10. 3. 1960, LHA Koblenz, Best. 584, 1, Nr. 8480, Bl. 2287.

155 Ebenda, Bl. 2288.

156 Iz stenogrammy besedy sotrudnikov belgosmuseja istorii VOV s byvšimi uznikami Trostenecкogo lagerja i očevidcami [Auszüge aus Protokollen von Gesprächen von Mitarbeitern des weißrussischen staatlichen Museums für Geschichte des Großen Vaterländischen Krieges mit ehemaligen Häftlingen des Lagers Trostenec und Augenzeugen], S. F. Viner, in: Komitet, Trostenec, S. 193.

157 Baade, Ehre, S. 251.

158 Gerlach, Morde, S. 768.

159 Erinnerungsbericht Vladimir Petrovič Bereznjackij (Fragment), 31. 1. 1960, in: Komitet, Trostenec, S. 186.

zur Verfügung zu stellen. Er sei daraufhin zur „Gestapo-Schule Nr. 12“ gebracht worden. „Diese Schule“, so Brejtman-Petrenko, „lag außerhalb der Stadt an jener Stelle, wo sich das Konzentrationslager befand, am 12. Kilometer der Chaussee nach Mogilev.“[160] Mit dieser Ortsbezeichnung kann nur Maly Trostinez gemeint sein. Die Teilnehmer der Schulung seien zur Tarnung als Landarbeiter ausgegeben worden. In geheimen Unterrichtsstunden, die unter anderem Lagerkommandant Eiche abgehalten habe, seien die künftigen V-Leute in Militärtopografie, Diversionsmethoden, Aufklärung, Militärtaktik und Geschichte der NSDAP unterwiesen worden. Weitere Schwerpunkte seien deutsche Sprache und „Charakterfestigung“ gewesen. Konkret seien die Schulungsteilnehmer mit unterschiedlichen Sabotagemethoden vertraut gemacht worden. Auch habe man gelernt, wie Zwietracht in den Partisaneneinheiten gesät werden könne. So sollte deren Kampfkraft geschwächt werden.[161]

Der Einsatz jüdischer V-Leute war eine besonders infame Taktik von Sicherheitspolizei und SD. Sollten diese enttarnt werden, war das immer noch ein „Erfolg“ für die Besatzungsmacht. Auf diesem Wege konnten antisemitische Vorurteile in der sowjetischen Partisanenbewegung geweckt und verstärkt werden. Den einheimischen Juden wurde zugleich ein wichtiger Rettungsweg erschwert.[162]

Die „Gestapo-Schule“ dürfte ein wichtiger Grund dafür gewesen sein, dass Maly Trostinez mehr und mehr zum Ziel von Attacken sowjetischer Partisanen wurde. Im Oktober 1943 gab es sogar einen Fliegerangriff auf das Landgut. Ein Angehöriger der VdK kam dabei ums Leben.[163] Die Bewachung des Geländes wurde daraufhin erheblich verstärkt, das Dorf Maly Trostinez am 25. Januar 1944 zum Wehrdorf erklärt.[164] Trotz der Partisanengefahr wollte der BdS bei Maly Trostinez auch weiter Exekutionen durchführen. Geplant war, die Opfer – Insassen der Minsker Lager und Gefängnisse – in Gaswagen zu ersticken und anschließend in einem provisorischen Krematorium zu verbrennen. Anfang 1944 musste ein Kommando aus dreißig Lagerinsassen im Wald von Šaškovka – nur wenige Hundert Meter von den Häftlingsbaracken entfernt – eine Verbrennungsgrube anlegen. Sie hatte eine Länge und Breite von etwa neun Metern und war zwei bis drei Meter tief. An drei Seiten war Erde aufgeworfen, die vierte Seite war offen und führte schräg in die Grube hin-

160 Moi pokazanija, Michail Brejtman-Petrenko [Meine Aussagen, Michail Brejtman-Petrenko], 18. 4. 1943 (Kopie), USHMM, RG-22.005 M, reel 1.

161 Diese Agentenschulung stand möglicherweise in Verbindung mit dem „Unternehmen Zeppelin“. Belege für diese These haben sich freilich bislang nicht gefunden. Zum „Unternehmen Zeppelin“ vgl. u. a. Wildt, Generation, S. 671 ff.

162 Dazu ausführlich Leonid Smilovitskii, Antisemitism in the Soviet Partisan Movement, 1941–1944. The Case of Bielorussia, in: Holocaust and Genocide Studies 20 (2006) 2, S. 207–234.

163 Aufzeichnungen über Judendeportationen, DöW, Akt 854, Bl. 6.

164 Gerlach, Morde, S. 1045.

ein. Die Wände der Grube mussten die Häftlinge mit Baumstämmen verkleiden.[165] Zuständig für die Leichenverbrennungen war Lagerkommandant Rieder, der von einem Kommando aus fünf bis sechs Angehörigen der volksdeutschen Kompanie unterstützt wurde.

Einer von ihnen berichtet über seinen Einsatz in Šaškovka: „In der ersten Zeit […] wurden nur Leichen angebracht, und zwar teilweise auf LKW's und teilweise in Spezialwagen, deren Türen erst an Ort und Stelle geöffnet wurden. Unsere Aufgabe war es dann, die Leichen herauszuholen und auf Holzstöße in der Grube aufzuschichten. Damit wir nicht ganz in die Grube herunterzusteigen brauchten, war ein beweglicher Steg vorhanden, der auf dem Holzstoß auflag. Über ihn brachten wir die Leichen auf den Holzstoß. Die Holzstöße wurden dann meist von Rieger o. ä. [sic] angesteckt. Manchmal taten das auch die Leute vom Begleitkommando. Zum Inbrandsetzen wurden Brandbomben benutzt. Wenn der Holz-Leichen-Stoß abgebrannt war, mußten wir Volksdeutschen die Asche zerstampfen. Dann wurde die Asche auf Pferdewagen geladen und auf den umliegenden Feldern zerstreut."[166]

Wahrscheinlich im März 1944 mussten die Volksdeutschen einen zwei bis drei Meter hohen Lattenzaun um die Grube herum errichten. Danach war die Verbrennungsanlage auch Exekutionsstätte: Die Opfer wurden genötigt, über den Steg zum Holzstoß zu gehen und sich dort niederzulegen. Rieder erschoss sie anschließend mit der Maschinenpistole.[167]

Die Getöteten waren oft nicht jüdische Zivilisten, die während der „Partisanen-Aktionen" in den weißrussischen Dörfern gefangen genommen worden waren.[168] Der BdS hatte die Menschen zunächst in das SS-Sammellager in der Minsker Širokaja-Straße gebracht. Dort wurden sie einer Selektion unterzogen; ein Teil der Gefangenen gelangte als Zwangsarbeiter ins Reich. „Arbeitsunfähige" – d. h. vor allem Frauen mit Säuglingen und kleinen Kindern, Alte und Gebrechliche – wurden gruppenweise auf offenen LKWs nach Maly Trostinez gebracht. Den Lagerhäftlingen blieben die Ankunft der Wagen und die Ermordung der Insassen nicht verborgen.

165 Vernehmung F. F. Božko, 17. 7. 1944, in: Komitet, Trostenec, S. 75; Vernehmung J. M., 28. 2. 1962, BArch B 162/1686, Bl. 2634.

166 Ebenda, Bl. 2634.

167 Die Angehörigen des volksdeutschen Kommandos geben in Nachkriegsvernehmungen an, Rieder allein habe die Erschießungen in Šaškovka vorgenommen, vgl. Vernehmung J. M., 28. 2. 1962, BArch B 162/1686, Bl. 2635; Vernehmung A. K., 18. 7. 1962, BArch B 162/1689, Bl. 3408. Ebenso äußert sich Gestapochef Sch., Vernehmung R. S., 17. 10. 1962, BArch B 162/1690, Bl. 3685 f. Das können aber auch reine Schutzbehauptungen sein.

168 Dass in Šaškovka vorrangig bzw. ausschließlich nicht-jüdische Weißrussen getötet wurden, bestätigen Dorfbewohner, ehemalige Lagerhäftlinge und Angehörige der volksdeutschen Kompanie, vgl. Erinnerungsbericht A. S. Borisova (Fragment), 31. 1. 1960, in: Komitet, Trostenec, S. 191–192; Vernehmung Julie Sebek, 21. 3. 1962, BArch B 162/3225, Bl. 373 f.; Schicksal des Transportes Bk, Simon Wiesenthal Archiv, Bl. 4; Vernehmung L. G., 20. 2. 1960, BArch B 162/1326, Bl. 621; Vernehmung A. K., 18. 7. 1962, BArch B 162/1689, Bl. 3408.

Vasilij Ermolenko, der ab Februar 1944 in Maly Trostinez einsaß, erinnert sich: „Ich habe gesehen, wie sie Säuglinge mit ihren Müttern, Jugendliche und Alte auf offenen Wagen mit Anhängern zu dem Ofen [in Šaškovka] brachten. Wenn ein solcher Wagen am Lager vorbei gefahren war, konnte man nach kurzer Zeit Schüsse aus Maschinengewehren hören. Während geschossen wurde, waren deutlich die Schreie der Alten und das Weinen der Kinder zu vernehmen. Ich hörte auch, wie die Frauen um ihr Leben flehten: ‚Wir sind nicht krank, wir können arbeiten.'"[169]

Es gibt aber Hinweise, dass der BdS bis zum Sommer auch Juden in Šaškovka ermordete. Ein Lagerhäftling berichtet nach dem Krieg, dort seien etwa 300 Angehörige eines Arbeitskommandos getötet worden.[170] Überdies griff der BdS bis zum deutschen Rückzug immer wieder Juden auf, die sich versteckt gehalten hatten.[171] Mit dem Herannahen der Front im Frühsommer 1944 häuften sich die Mordaktionen in Šaškovka. Ab dem 15. Juni wurde das SS-Sammellager in der Širokaja-Straße aufgelöst. Dort waren zu diesem Zeitpunkt zwischen 2500 und 3000 Menschen eingesperrt.[172] Die Lagerleitung führte noch einmal eine Selektion unter den Häftlingen durch:[173] Die als „arbeitsunfähig" Kategorisierten wurden anschließend in Gruppen nach Šaškovka gebracht, dort erschossen und verbrannt. Diese Morde waren vermutlich noch nicht abgeschlossen, als BdS Seetzen Ende Juni – die Rote Armee stand inzwischen kurz vor Minsk – entschied, dass auch die „arbeitsfähigen" Häftlinge unverzüglich getötet werden sollten. Das gleiche Schicksal sollte die Insassen des Polizeigefängnisses treffen. Das waren wahrscheinlich zwischen 200 und 1000 Personen.[174]

Für diesen Massenmord – und vor allem für die Beseitigung der Spuren – reichten die Kapazitäten von Šaškovka nicht aus. Der BdS beschloss, die Lager- und

169 Protokol oprosa svidetelja V. F. Ermolenko [Protokoll der Vernehmung des Zeugen V. F. Ermolenko], 17. 7. 1944, in: Komitet, Trostenec, S. 77 f., hier S. 78.

170 Aufzeichnungen über Judendeportationen, DÖW, Akt 854, Bl. 6.

171 Vernehmung R. S., 12. 4. 1961, BArch B 162/1681, Bl. 14655 ff.

172 Diese Zahl geben ehemalige Häftlinge übereinstimmend an, vgl. Protokol oprosa svidetelja L. A. Mojsevića [Protokoll der Vernehmung des Zeugen L.A.Mojsevič], 18. 7. 1944, in: Komitet, Trostenec, S. 89-91., hier S. 91; Vernehmung Beljaev, 18. 7. 1944, in: ebenda, S. 94; Iz protokola doprosa svidetelja V. G. Koval'skoj [Auszug aus dem Vernehmungsprotokoll der Zeugin V. G. Koval'skaja], 19. 7. 1944, in: ebenda, S. 97; Protokol oprosa svidetelja S. I. Savinskoj [Protokoll der Vernehmung der Zeugin S.I. Savinskaja], 24. 7. 1944, in: ebenda, S. 99–101.

173 Dazu Vernehmung Mojsevič, 18. 7. 1944, in: ebenda, S. 91.

174 Dazu Vernehmung K. K. (Gefängniswärter Polizeigefängnis), 14. 9. 1962, BArch B 162/1690, Bl. 3592 (Insassenzahl Justizgefängnis: 600–700 Personen, Polizeigefängnis 200 Personen); Vernehmung A. G. (Leiter Justizgefängnis), 23. 1. 1963, BArch B 162/1691, Bl. 4131 (Insassenzahl Justizgefängnis 200, Polizeigefängnis 200); Vernehmung J. D. (Leiter Polizeigefängnis), 11. 7. 1961, BArch B 162/1682, Bl. 1640 (Insassenzahl Polizeigefängnis 200), Vernehmung A. G. (Leiter Justizgefängnis), 23. 1. 1963, BArch B 162/1691, Bl. 4131 (Insassenzahl Polizeigefängnis 800–1000). Die Insassen des Justizgefängnisses wurden freigelassen, vgl. Vernehmung K. K., 14. 9. 1962, BArchB 162/1690, Bl. 3596.

Gefängnisinsassen mit LKWs nach Maly Trostinez zu transportieren, in einer der „Asservatenkammern" des Gutes zu erschießen und die mit Leichen gefüllte Scheune anschließend abzubrennen. Am 28. Juni wurden zunächst Häftlinge des Polizeigefängnisses herangebracht. Die erste Mordaktion leitete Gestapochef Sch., das Exekutionskommando stellten 10 bis 15 BdS-Angehörige, darunter auch Lagerkommandant Rieder.[175] Die Scheune war weiträumig abgesperrt worden, wobei einheimische Hilfswillige und Angehörige der Volksdeutschen Kompanie zum Einsatz kamen. Als der erste LKW auf dem Gut ankam, geschah nach Aussage eines Beteiligten Folgendes: „Der genannte LKW fuhr von der Wasserseite her an die Scheune heran, von dem Exekutionskommando wurde das Tor geöffnet. Sodann wurde das Tor wieder geschlossen und nach einiger Zeit kam der Wagen wieder heraus. Das Tor wurde abermals verschlossen, und man hörte dann lediglich Schießen. Ich erinnere mich genau, daß sowohl mit Maschinenpistolen als auch mit Pistolen geschossen wurde. […] Inzwischen war der Wagen wieder weggefahren und kam nach einiger Zeit zurück. Ich hatte den Eindruck, als sei nicht nur dieser, sondern ein weiterer derartiger Wagen eingesetzt. […] Der Vorgang des Entladens verlief stets in gleicher Weise […], d. h. jeweils nach der Ankunft wurde das Tor geöffnet, der Wagen fuhr hinein, und das Entladen geschah in der geschlossenen Scheune."[176]

Wahrscheinlich wurden nicht alle Häftlinge des Polizeigefängnisses am 28. Juni 1944 getötet. Georgij Begun, der als „Bandenverdächtiger" interniert und schwer gefoltert worden war, berichtet nach dem Krieg, er sei an diesem Tag aus dem Gefängnis nach Maly Trostinez gebracht und in einem unterirdischen Bunker eingesperrt worden. Die Eingeschlossenen, darunter auch Frauen, Alte und Kinder, wurden schließlich zur Erschießung abgeholt. Begun blieb in einem Versteck unbemerkt und konnte entkommen.[177]

Die Insassen des Lagers in der Širokaja Straße brachte der BdS vermutlich am 29. und 30. Juni nach Maly Trostinez. Darunter war Stepanida Savinskaja, die das Massaker in der Scheune wie durch ein Wunder überlebte. Sie berichtete im Juli 1944: „Unser Wagen fuhr an die Scheune heran. Die deutschen Henker befahlen den gefangenen Frauen, jeweils zu viert aus dem Wagen auszusteigen und sich auf die Leichen zu legen, wo sie auch erschossen wurden. Zu diesem Zeitpunkt war die Scheune schon fast vollständig mit Leichen gefüllt. […] Bald war ich an der Reihe.

175 Vernehmung R. S., 17. 10. 1962, BArch B 162/1690, Bl. 3689; Vernehmung A. M., 6. 4. 1962, BArch B 162/1686, Bl. 2724 f.

176 Vernehmung A. M., 6. 4. 1962, BArch B 162/1686, Bl. 2724 f. Möglicherweise wurden auch Gaswagen zum Transport genutzt.

177 Interview Paul Kohls mit Georgij Sacharowitsch Begun (1987), abgedruckt in: ders., Das Vernichtungslager Trostenez. Augenzeugenberichte und Dokumente, Dortmund 2003, S. 90–92, zum Bunker auch: Iz protokolov doprosa rjadovogo 3-j roty 11-go policejskogo batail'ona E. V. Mišukova [Auszüge aus den Vernehmungsprotokollen des Angehörigen der 3. Kompanie des 11. Polizeibataillons E. V. Mišukov], 1974, in: Komitet, Trostenec, S. 177–182, hier 181.

[…] Als die Schüsse fielen, wurde ich nur leicht am Kopf verwundet. […] Ich blieb bis zum Abend auf den Leichen liegen. […] Die deutschen Henker brachten an diesem Tag noch zwei Wagen mit Frauen in die Scheune, die vor meinen Augen erschossen wurden. […] Übrigens legten die Deutschen nach jeder Erschießung Holzstämme auf die Leichen. Gegen Abend übergossen sie die Holzstämme mit Benzin und warfen einige Handgranaten. Als ich sah, daß ich einen qualvollen Tod sterben würde, beschloß ich zu fliehen. Ich wollte lieber auf der Flucht als im Feuer sterben. So begann ich mich allmählich unter den Leichen emporzuarbeiten."[178]

Zu den letzten Opfern von Maly Trostinez zählt auch ein Großteil der Häftlinge des Arbeitslagers auf dem Gut, die wahrscheinlich am 29. Juni getötet wurden.[179] Nach Angaben weißrussischer Polizeiangehöriger aus der 3. Kompanie des 11. Schuma-Bataillons wurden auch sie in einer Scheune erschossen und verbrannt.[180] Nur wenige Häftlinge konnten zuvor in die umliegenden Wälder fliehen. Darunter waren rund zwanzig deutsche, österreichische und tschechische Juden. Einige wurden nach der Befreiung von Minsk am 3. Juli 1944 von der Roten Armee aufgegriffen und als Spione in sowjetische Lager gebracht.[181]

Wie viele Tote die deutschen „Aktionen" des Jahres 1944 in Maly Trostinez forderten, ist ebenso wie die Gesamtopferzahl ungewiss. Die Minsker Abteilung der sowjetischen staatlichen Untersuchungskommission zur Aufdeckung faschistischer Verbrechen legte am 13. August 1944 fest, dass in Blagovščina 150 000, in Šaškovka 50 000 und in der Scheune auf dem Gut 6500 Menschen ermordet worden seien.[182] Dass die Gesamtopferzahl von 206 500 zu hoch gegriffen ist, hat bereits Christian Gerlach vermutet. Diese These bestätigt ein bislang unbekanntes Protokoll der Abschlusssitzung der Minsker Gebietskommission vom 12. August 1944. Die Leitung oblag Leutnant Nikolaj Burdenko aus der Führungsriege der Außerordentlichen Staatlichen Kommission.[183] Das Protokoll zeigt, dass unter den Mitgliedern der

178 Vernehmung Savinskaja, 24. 7. 1944, in: Komitet, Trostenec, S. 100.

179 Dazu u. a. Schicksal des Transportes Bk, Simon Wiesenthal Archiv, Bl. 5 f.

180 Iz protokola doprosa rjadovogo 3-j roty 11-go policejskogo batal'ona A. V. Kulakovskogo [Aus dem Vernehmungsprotokoll des Angehörigen der 3. Kompanie des 11. Polizeibataillons A. V. Kulakovskij], 1974 , in: Komitet, Trostenez, S. 176; Vernehmungsprotokoll Mišukov, in: ebenda, S. 182 f.

181 Dazu u. a. Vernehmung L. G., 19. 8. 1960, BArch B 162/1681, Bl. 1569, G. wurde erst am 4. 8. 1956 aus sowjetischer Lagerhaft entlassen.

182 Akt Minskoj oblastnoj komissi sodejstvija v rabote ČGK SSSR o massovom istreblenii graždanskogo naselenija i voennoplennych na territorii Minska i ego okrestnostej v 1941–1944 gg. [Akte der Minsker Gebietskomission zur Unterstützung der Außerordentlichen Staatlichen Komission über die Massenvernichtung von Zivilisten und Kriegsgefangenen in Minsk und Umgebung], in: Komitet, Trostenec, S. 113 ff.

183 Zum Folgenden vgl. Stenogramma zasedanija Minskoj oblastnoj črezvyčajnoj gosudarstvennoj komissii [Protokoll der Sitzung der Außerordentlichen Staatlichen Untersuchungskommission des Minsker Gebiets], 12. 8. 1944 (Kopie), USHMM, RG-06.025*03, file 648, Bl. 174–189.

Kommission noch am Vorabend der offiziellen Verlautbarungen im Hinblick auf die Opferzahl von Maly Trostinez Ratlosigkeit herrschte.

Die Experten hatten in den vergangenen Wochen hauptsächlich den letzten großen Massenmord der Sicherheitspolizei in der Scheune des Gutes untersucht. Die später offiziell angegebene Opferzahl dieses Massakers, 6500 Menschen, wurde auf der Sitzung noch angezweifelt; man ging stattdessen von etwa 2000 Toten aus. Genaue Angaben zur Opferzahl von Šaškovka hielten die Kommissionsmitglieder für nahezu unmöglich. Nach Schätzungen von Zeugen seien im provisorischen Krematorium 50 000 Menschen getötet worden. Im Waldgebiet von Blagovščina wiederum waren von angeblich 34 Gruben sechs geöffnet worden. Allerdings habe man hier unter einem Haufen Asche nur vier bis fünf Leichen gefunden. Ohnedies wurde davon ausgegangen, dass die Opfer von Blagovščina vor allem ausländische Juden seien. Die Minsker Kommissionsmitglieder plädierten dafür, weitere umfangreiche Untersuchungen an den Massenmordstätten bei Maly Trostinez durchzuführen. Burdenko jedoch forderte sie auf, am folgenden Tag einen Abschlussbericht vorzulegen. Die offiziellen Opferzahlen von Maly Trostinez sind daher willkürliche Schätzungen, die unter erheblichem zeitlichen und politischen Druck zustande gekommen sind. Christian Gerlach nimmt an, dass bei Maly Trostinez etwa 60 000 Menschen ermordet worden sind. Darin einbezogen ist aber noch eine leicht höhere Zahl an Deportationsopfern. Zudem übernimmt Gerlach die offizielle Ziffer von 6500 in der Scheune von Maly Trostinez getöteten Menschen.[184] Die Gesamtopferzahl könnte daher noch etwas niedriger liegen. Präzise Angaben sind gleichwohl unmöglich.

184 Gerlach, Morde, S. 770.

Schlusswort

Ziel dieser Arbeit war es, die Bedeutung des Schauplatzes Minsk im Gesamtprozess der nationalsozialistischen „Endlösung der Judenfrage“ zu untersuchen. Der eigentlichen Analyse wurden zwei Kapitel zur nationalsozialistischen „Judenpolitik“ bis zum Beginn des Russland-Feldzuges am 22. Juni 1941 vorangestellt. Sie zeigen, dass sich die Planungen der NS-Führung zur „Lösung der Judenfrage“ seit dem Novemberpogrom 1938 schrittweise in Richtung Völkermord radikalisierten. Entscheidend waren die territorialen Expansionen des „Dritten Reiches“. Kurz nach dem Angriff auf Polen fiel der Entschluss zur Deportation der Juden des deutschen Machtbereichs. In den folgenden zwei Jahren waren verschiedene Zielgebiete in der Diskussion; das mit der „Judendeportation“ betraute RSHA realisierte zudem erste Teilaktionen vor allem ins Generalgouvernement. Hier sollte in unwirtlichstem Gelände am Fluss San ein „Judenreservat“ entstehen. Dieses Vorhaben trug bereits Züge eines impliziten Genozids: Das Regime kalkulierte ein, dass ein Teil der Verschleppten an den widrigen Lebensumständen sterben würde. Eine deutliche Steigerung bedeutete der Madagaskar-Plan vom Sommer 1940, der die Verbringung von vier Millionen europäischen Juden auf die französische Kolonialinsel mit ihrem mörderischen Klima vorsah. Dieses Massendeportationsprojekt wurde freilich nie realisiert. Stattdessen geriet während der Vorbereitungen des „Unternehmens Barbarossa“ im Frühjahr 1941 die Sowjetunion als Zielgebiet von „Judendeportationen“ ins Blickfeld der NS-Führung. Wieder galt die Maxime, die europäischen Juden an entlegenem Ort unter erbärmlichen Lebensumständen zu konzentrieren. Neu waren Überlegungen, die Verschleppten durch mörderische Zwangsarbeit aktiv zu dezimieren. Hinzu kamen Gedankenspiele, die landwirtschaftlichen Erzeugnisse der UdSSR in großem Maßstab zu beschlagnahmen und zur Ernährung der Wehrmacht sowie der Reichsbevölkerung einzusetzen. Im Zuge dieses Raubes sollten Millionen Sowjetbürger dem Hungertod preisgegeben werden. Diese „Hungerpläne“ hatten durchaus antisemitische Bezüge. Sie richteten sich auch gegen die großstädtische Bevölkerung in der westlichen Sowjetunion, unter der aus historischen Gründen sehr viele Juden waren.

Das „Unternehmen Barbarossa“ war freilich nicht nur als Raubkrieg, sondern vor allem als Vernichtungskrieg gegen das sowjetische System konzipiert. Auch hier gab es deutliche antisemitische Konnotationen. Nach dem Feindbild vom „jüdischen Bolschewismus“ galten der NS-Führung Juden als Elite des Sowjetsystems. Im Vorfeld des Feldzuges planten Wehrmachts- und SS-Spitzen im Auftrag des „Führers“ die Ermordung jüdischer Offiziere und Akademiker als vermeintlichen Trägern des Bolschewismus. Zuständig für die Judenmorde waren vorrangig die Einsatzgruppen des RSHA, die Heydrich unmittelbar vor Kriegsbeginn entsprechend instruierte. Seine Anweisungen waren jedoch keine zwingenden Befehle, sondern eher Handlungsanleitungen für die Einsatzgruppenchefs. Das zeigt das Beispiel Minsk. Hier war zunächst die Einsatzgruppe B unter Arthur Nebe tätig. Unter Nebes Ägide wurde der jüdische Opferkreis der frühen Massenmorde eigenmächtig von Akademikern auf Arbeiter ausgeweitet. Auch die Militärverwaltung agierte in der „Judenpolitik" weitgehend ohne zentrale Vorgaben. So war die Errichtung des Ghettos Minsk, zu der die Feldkommandantur 812 am 19. Juli 1941 den Befehl gab, eine lokale Initiative. Auch die Einsetzung eines Judenrates, die Zwangskennzeichnung der Juden mit einem gelben Stoffflicken sowie eine Reihe weiterer diskriminierender Bestimmungen befahl die Militärverwaltung (mit tatkräftiger Unterstützung der Einsatzgruppe B) ohne Vorgaben von oben. Über die Motive kann nur spekuliert werden: Wahrscheinlich paarte sich ein antisemitisch pervertiertes Sicherheitsdenken (Stichwort: jüdischer Bolschewismus) mit pragmatischen Überlegungen. In Minsk, das vor seiner Besetzung am 28. Juni 1941 durch Luftangriffe zu 80 Prozent zerstört worden war, sollte die Konzentrierung der Juden sicher auch massive Wohnraumprobleme lösen. Weiterhin ist denkbar, dass Wehrmacht und SS das Ghetto in der Hauptstadt zusätzlich als Sammel- bzw. Auffanglager für jüdische Flüchtlinge konzipierten, die in großer Zahl im Minsker Umland unterwegs waren.

Wie viele Menschen schließlich Anfang August im Ghetto eingeschlossen wurden, ist schwer feststellbar. Wahrscheinlich waren es zunächst zwischen 45 000 und 50 000 Insassen. In jedem Fall herrschten im Ghetto, das etwa 40 Straßen in der Nähe des Minsker jüdischen Friedhofes umfasste, Elendsbedingungen: Die Menschen hausten in drangvoller Ende in baufälligen Holzhäuschen. Zur Zeit der Militärverwaltung wurde den Insassen keinerlei Verpflegung zur Verfügung gestellt. Das Ghetto unterstand zu dieser Zeit dem Provisorischen Stadtkommissariat Minsk. Es war, auf Betreiben der Einsatzgruppe B, mit nationalistischen Exilweißrussen aus Warschau besetzt. Ihr Antisemitismus stand dem der Besatzer wahrscheinlich in nichts nach. Vor der Schließung des Ghettos etwa verboten das Provisorische Stadtkommissariat und die Feldkommandantur jedweden Handel mit Juden. So sollte verhindert werden, dass die von der Isolierung bedrohten Juden Lebensmittelvorräte anlegten. Der Judenrat, ein siebenköpfiges Gremium unter Il'ja Muškin, tat sein Möglichstes, um dem allgemeinen Mangel zu begegnen. Eine leichte Besserung gab es erst mit der Einführung der Zivilverwaltung: Ab 1. September 1941 war Minsk Verwaltungszentrum des „Generalkommissariats Weißruthenien", im „Reichskommissariat Ostland". Generalkommissar wurde Wilhelm Kube. Das Ghetto unterstand in der Folge dem Stadtkommissariat unter Wilhelm Janetzke. Die Versorgungsabteilung des Judenrates erhielt kärgliche Mittel (Kartoffelschalen), um eine Suppenküche im Ghetto zu betreiben.

In dieser Situation verließen viele Insassen, vor allem Kinder, das Ghetto beinahe täglich zur Nahrungsbeschaffung. Das war zunächst noch relativ leicht, wenn auch nicht ungefährlich. Der Minsker Zwangsbezirk war (wahrscheinlich bis Juli 1942) ein sogenanntes offenes Ghetto, das nicht mit fester Umzäunung oder Mauern gegen die übrige Stadt abgeschottet war. Bewacht wurde es anfänglich wahrscheinlich von Angehörigen ukrainischer Schuma-Bataillone des SSPF. Im Winter 1941 entstand aus Restbeständen der Einsatzgruppen A und B die Dienststelle des „Kommandeurs der Sicherheitspolizei und des SD Weißruthenien", die die polizeiliche Überwachung des Ghettos übernahm. Unter Kommandeur Eduard Strauch, der im März 1942 seinen Dienst antrat, wurden Sicherheitspolizei und SD zur zentralen Instanz bei der Judenvernichtung in Minsk und Umgebung.

Im Ghetto Minsk gab es Ende August 1941 erste Razzien von Ordnungs- und Sicherheitspolizei, denen mindestens 2300 Menschen zum Opfer fielen; größtenteils Männer. Danach blieben größere „Aktionen" zunächst aus; die Ghetto-Insassen wogen sich deshalb in der Gewissheit, dass das Schlimmste nun vorüber sei. Im Gegensatz zu anderen Regionen in der besetzten Sowjetunion wurde der jüdische Opferkreis in Minsk erst im November 1941 auf Frauen und Kinder ausgeweitet. Diese Massenmorde waren nicht lokal motiviert, sondern Folge von Entscheidungsprozessen auf Reichsebene.

Hier arbeiteten Himmler, Heydrich und ihre Gefolgsleute seit Spätsommer 1941 daran, ein Modell für die „Endlösung" als Völkermord zu entwickeln. Das Grundkonzept dürfte bereits frühzeitig festgestanden haben: Die europäischen Juden sollten nach Osteuropa verschleppt und dort in Vernichtungszentren ermordet werden. Himmlers Besuch in Minsk im August 1941 ist im Kontext der Suche nach möglichen Standorten von Vernichtungszentren zu sehen. Im Herbst 1941 gab es konkrete Planungen für die Vernichtungslager Chełmno (Wartheland), Bełżec (Lublin/Generalgouvernement) sowie für Riga und Mogilev. Hitler hatte Mitte September dem Beginn umfassender Deportationen zugestimmt. Da Vernichtungslager noch nicht in Betrieb waren, suchte die SS-Spitze nach Zwischenlösungen. Als Deportationsziele für die ersten beiden Transportwellen wurden die Ghettos Łódź, Riga und Minsk bestimmt – Zwangsbezirke, die in der Nähe projektierter Vernichtungszentren lagen. Nach Minsk und Riga sollten jeweils 25 000 Juden verbracht werden. Den Protesten des Generalkommissars Lettland (Drechsler) und von Reichskommissar Lohse gegen die Zwangsverschleppungen in ihren Machtbereich wurde via Ostministerium beschieden, die Lager in Minsk und Riga seien nur vorläufige Maßnahmen, die Juden kämen im Frühjahr 1942 weiter nach Osten.

Der Entschluss der SS-Führung, die Ghettos in Riga und Minsk gleichsam als „Wartesäle der Endlösung" zu nutzen, hatte für die dort eingesperrten Juden mörderische Konsequenzen. In Minsk erschossen Sicherheits- und Ordnungspolizei zwischen dem 6. und 11. November sowie am 20. November zwischen 12 000 und 14 000

Ghetto-Insassen. Die Deportationen nach Minsk begannen plangemäß Anfang November 1941, mussten jedoch Ende des Monats wegen eklatanter Nachschub- und Transportprobleme der Wehrmacht in der Schlacht um Moskau abgebrochen werden.

Bis zu diesem Zeitpunkt waren insgesamt sieben Transporte mit knapp 7000 Menschen aus Hamburg, Düsseldorf, Frankfurt, Berlin, Brünn, Bremen und Wien eingetroffen. Sie wurden in jene Bereiche des Ghettos eingewiesen, deren Insassen zuvor erschossen worden waren. Es gab nun die „Sonderghettos" I und II. Obwohl räumlich auseinander gelegen, hatten die „Sonderghettos" einen eigenen Judenrat, ein „Lagergericht", eine Ghetto-Wache sowie einen eigenen Kommandanten in Gestalt des SS-Hauptscharführers Michael Schmiedel. Die „Ghetto-Kommandanten" stellten Sicherheits- oder Ordnungspolizei, auch für den weißrussischen Teil. Sie, aber auch die Judenreferenten der Sicherheitspolizei, gebärdeten sich in der Regel als Herren über Leben und Tod.

Die Deportation, die Heydrichs RSHA mit verwaltungstechnischer Präzision umsetzte, war für die betroffenen Menschen ein nicht enden wollender Albtraum. Nach tagelanger Eisenbahnfahrt unter unerträglichen Bedingungen fanden sie sich in einem lebensunwirtlichen bis -feindlichen Umfeld wieder. Die wenigen Erinnerungsberichte, Interviews und Zeugenaussagen überlebender deportierter Juden zeigen aber, dass die meisten versuchten, ihre Würde zu bewahren. Von der Haltung der Verschleppten zeigte sich auch Generalkommissar Kube beeindruckt, der die „Sonderghettos" erstmals am 29. November 1941 besuchte. Im Dezember schrieb er an seinen Vorgesetzten Lohse, „Menschen aus unserem Kulturkreis" seien doch etwas anderes als „die bodenständigen vertierten Horden". Der Generalkommissar wandte sich aber nicht, wie in der Forschung manchmal angenommen, grundsätzlich gegen die Verschleppung und Tötung von Juden. Wie vielen Vertretern der Zivilverwaltung war ihm vor allem daran gelegen, dass die Massenmorde abseits der Öffentlichkeit verübt wurden. Hinsichtlich der deportierten Juden plädierte Kube für eine andere Tötungsart als Erschießen. Überdies störte er sich erheblich an der Deportation jüdischer Weltkriegsveteranen, von „Mischlingen" sowie generell von alten und gebrechlichen Juden nach Osten.

Kubes entsprechende schriftliche Beschwerden gelangten bis in die Führungsetage des Reichssicherheitshauptamtes und riefen Heydrichs entschiedenen Unmut hervor. In einem scharfen Schreiben wies der RSHA-Chef Kubes Einwände als gänzlich unberechtigt zurück. Gleichwohl blieben solche Initiativen nicht ohne Wirkung. Die Proteste des Generalkommissars, möglicherweise auch seines Vorgesetzten Lohse, waren ein wichtiger Grund für die Einrichtung eines „Altersghettos" für ältere und privilegierte deutsche Juden in Theresienstadt. Regionale Machtträger wie Kube hatten damit durchaus Einfluss auf die Planungen der SS-Führung zur „Endlösung". Das zeigte sich auch vor Ort in Minsk: Die besetzte weißrussische Hauptstadt war auch 1942 als Deportationsziel eingeplant. Es galt, die vom RSHA im Herbst 1941 festgesetzte Quote von 25 000 verschleppten Juden einzuhalten.

Kube und sein Stadtkommissar Janetzke wandten sich jedoch Anfang 1942 vehement gegen eine Wiederaufnahme der Deportationen nach Minsk. Als Begründung nannten sie eklatante Ernährungs- und Wohnraumprobleme in der zerstörten Stadt. Nach Besuchen von Eichmann, Himmler und Heydrich in Minsk beschloss die SS-Führung, Minsk zwar weiterhin als Deportationsziel zu nutzen. Die bald eintreffenden Juden sollten jedoch der Verfügung der aufmüpfigen Zivilverwaltung entzogen und nicht mehr ins Ghetto eingewiesen werden.

Nach Absprachen mit Heydrich errichtete der leitende KdS Eduard Strauch nahe dem Dörfchen Maly Trostinez elf Kilometer südöstlich von Minsk einen neuen Vernichtungsort. Die Mehrheit der knapp 16 000 Juden, die zwischen Mai und Oktober 1942 in 16 Transporten vor allem aus Wien und Theresienstadt nach Minsk verschleppt wurden, töteten Sicherheitspolizei und SD unmittelbar nach deren Ankunft. Mordort war eine Lichtung in einem Waldgebiet namens Blagovščina. Ein Teil der Opfer wurde in Gaswagen erstickt. Das entsprach Kubes Wunsch nach einer alternativen Tötungsmethode für Juden aus dem Reich. Die Gaswagen waren im Herbst 1941 im RSHA entwickelt worden, um die Nerven der Exekutionskommandos zu schonen. Ein kleiner Teil der Verschleppten (pro Transport zwischen 20 und 50 Menschen) gelangte als Arbeitshäftlinge auf das gleichfalls bei Maly Trostinez gelegene Landgut der Sicherheitspolizei. Hier entstand ab April 1942 ein Arbeitslager für mehrere Hundert Insassen.

Maly Trostinez ist – auch in der Forschung – häufig als Vernichtungslager bezeichnet worden. Tatsächlich gibt es typologische Ähnlichkeiten mit den Lagern der „Aktion Reinhardt" oder, hinsichtlich der angewandten Mordmethoden, mit der Gaswagenstation Chełmno. Maly Trostinez stellt eine Zwischenstufe zwischen Massenvernichtungsstätte und Vernichtungslager dar. Hierfür spricht auch, dass Sicherheitspolizei und SD stetig daran arbeiteten, das Mordgeschehen zu rationalisieren. Ab Mitte August 1942 richteten sie an einem stillgelegten Gleis in der Nähe des Landgutes eine provisorische Bahnstation ein. Die Transportinsassen mussten so nicht mehr umständlich mit Lastkraftwagen vom Minsker Güterbahnhof nach Maly Trostinez gebracht werden. Während der Hochphase der Massenmorde in Maly Trostinez nutzte die Minsker Sicherheitspolizei Gaswagen von weiter östlich operierenden Kommandos der Einsatzgruppe B.

Der provisorische Charakter von Maly Trostinez änderte nichts an der mörderischen Effizienz des Ortes, zumindest im Sommer 1942. Das lag entscheidend an der Entschlossenheit, mit der Kommandeur Strauch die Judenvernichtung vorantrieb. Ehemalige Untergebene sagten nach dem Krieg aus, Strauch habe sich über die „Judenfrage" profilieren wollen. Seine Sekretärin wiederum mutmaßte, er habe die Judenmorde nicht nur als dienstliche Aufgabe gesehen, sondern innerlich bejaht.

Weiter gibt es mehrere Aussagen darüber, dass Strauch nächtliche Streifzüge durchs Ghetto unternommen und dabei Juden erschossen haben soll. Seine Vorgesetzten in Riga wiederum bescheinigten Strauch ein unterentwickeltes Gemütsleben. Tatsächlich wollte sich Strauch nach dem Krieg in Maly Trostinez niederlassen, buchstäblich auf Tausenden von Leichen.

Maly Trostinez war auch die zentrale Mordstätte bei der größten Massenvernichtungsaktion im Minsker Ghetto Ende Juli 1942. In diesen Tagen töteten der KdS und seine Helfershelfer nach sorgfältiger Vorbereitung und in Absprache mit Kube fast alle als „arbeitsunfähig" kategorisierten Ghetto-Insassen. Wahrscheinlich hatte Strauch diese „Großaktion" mit Heydrich abgesprochen. Die Opferzahl lag bei annähernd zehntausend Menschen, darunter 3500 „Reichsjuden". Das „Sonderghetto" II wurde aufgelöst. Das Ghetto war danach faktisch ein Arbeitslager. Die Judenräte waren abgeschafft. Lediglich die Arbeitsabteilungen bleiben bestehen: Die etwa 9000 Überlebenden des Massakers waren – teilweise unter katastrophalen Bedingungen als Arbeitskräfte – für deutsche Betriebe und Behörden eingesetzt. Betriebe im Ghetto gab es allerdings nicht. Viele jüdische Arbeiter waren direkt am Arbeitsort untergebracht. Von der Arbeitskraft der Juden, die es seit Beginn der Besatzungszeit gab, profitierte immer die Zivilverwaltung. Für jüdische Arbeitskräfte mussten 50 Prozent des Bruttolohnes an das Stadtkommissariat abgeführt werden. Den deutschen Behörden und Betrieben war an einer größtmöglichen Ausnutzung der Arbeitskraft von Juden gelegen. Es gab abscheuliche Vorschläge, die Arbeitsleistung an die auszuteilende Nahrungsmenge zu koppeln. Als Arbeitgeber tritt in Minsk besonders die Wehrmacht in Erscheinung. Ihre Rolle ist ambivalent: Einerseits beutete sie die jüdischen Arbeitskräfte unter oft katastrophalen Arbeitsbedingungen aus. Andererseits gibt es einige Fälle, in denen Wehrmachtsangehörige deutsche Juden unterstützt oder sogar gerettet haben. Hier besteht noch Forschungsbedarf.

Mit dem Massenmord vom Juli 1942 änderte sich auch die Bevölkerungszusammensetzung im Ghetto: Es gab nun annähernd so viele einheimische wie deportierte Insassen. Das spiegelt das große Interesse aller Betriebe und Behörden an deutschen Juden als Arbeitskräften wider. Sie wurden nicht nur wegen ihrer Sprach- und Fachkenntnisse, sondern auch wegen ihrer extremen Abhängigkeit geschätzt. Die Sicherheitspolizei gestattete es ausgewählten Arbeitshäftlingen von Maly Trostinez sogar, das Gutsgelände eigenständig zu verlassen. In der ihnen völlig fremden Umgebung gab es für die deportierten Juden schließlich keinerlei Fluchtmöglichkeit. So war ihnen auch der Weg zu sowjetischen Partisaneneinheiten versperrt, ein Fluchtweg, der wahrscheinlich rund 3000 weißrussischen Juden das Leben rettete. Freilich gab es einen latenten Antisemitismus in der Partisanenbewegung. Juden galten zum Beispiel als deutsche Spione. Die Sicherheitspolizei schürte diese Vorurteile, indem sie (unter Todesandrohung erpresste) jüdische V-Leute in die Partisanenbewegung einschleuste. Die Ausbildung der V-Leute fand auf dem Landgut von Maly Trostinez statt.

Möglicherweise hatten Heydrich und Kommandeur Strauch im Frühjahr 1942 den Ausbau eines größeren Vernichtungszentrums bei Minsk anvisiert. Der aufkommende „Bandenkampf“ machte diese Planungen jedoch zunichte. Bis zum deutschen Rückzug war Weißrussland ein Brennpunkt des Partisanenkrieges und infolgedessen ein höchst unsicheres Gebiet. Die Errichtung von Konzentrationslagern wie 1943 im benachbarten Baltikum kam deshalb in „Weißruthenien“ nicht infrage. Die Lager Riga-Kaiserwald (Lettland), Kaunas (Litauen) und Vaivara (Estland) wurden in Reaktion auf Himmlers im Juni 1943 erlassenen Befehl zur Auflösung der Ghettos im „Ostland“ und zur Überstellung „arbeitsfähiger“ Häftlinge in Konzentrationslager begründet. In Minsk begann am 1. September 1943 die Liquidierung des Ghettos, die bis zum 23. Oktober andauerte. Einen Teil der Insassen töteten Sicherheitspolizei und SD bei Maly Trostinez, andere – vor allem junge Männer – gelangten in die NS-Arbeitslager auf polnischem Boden. In diesen „Reevakuierungstransporten“ waren auch Häftlinge des Arbeitslagers von Maly Trostinez. Gleichwohl blieben noch kleinere jüdische Arbeitskommandos in Minsk und Maly Trostinez bestehen. Ihre Angehörigen wurden mehrheitlich vor dem deutschen Rückzug getötet oder mit nach Westen genommen.

Die Überlebenschancen der im Ghetto und in Maly Trostinez eingesperrten Menschen waren gering. Wirksamste Überlebensstrategie war die Flucht zu den sowjetischen Partisaneneinheiten, die um Minsk operierten. Dieser Weg stand jedoch nicht allen offen; insbesondere den deportierten Juden war er versperrt. Von ihnen überlebten nur etwa 75 (von insgesamt etwa 23 000) Menschen.

Dank

Diese Studie habe ich im September 2010 unter dem Titel „Tatorte der ‚Endlösung'. Das Minsker Ghetto und die Vernichtungsstätte Maly Trostinez" an der Fakultät I/Geisteswissenschaften der Technischen Universität Berlin als Dissertation eingereicht. Mein besonderer Dank gilt meinem Doktorvater Prof. Wolfgang Benz, ohne dessen fachlichen Rat und menschliche Unterstützung diese Arbeit nicht möglich gewesen wäre und der das Buch schließlich für die Aufnahme in die Reihe „Dokumente – Texte – Materialien" des Metropol Verlages vorgeschlagen hat.

Ebenso danke ich meinem Zweitgutachter Prof. Frank Golczewski (Universität Hamburg) für eine Reihe wichtiger Anregungen, insbesondere zur Geschichte des Ghettos.

Zwischen Januar 2005 und Dezember 2007 förderte die Fritz Thyssen Stiftung die Arbeit im Rahmen des Forschungsprojektes „Nationalsozialistische Haft- und Mordstätten in Weißrussland: Die Geschichte des Ghettos von Minsk und des Vernichtungslagers Malyj Trostenec", das unter der Leitung von Prof. Wolfgang Benz am Zentrum für Antisemitismusforschung angesiedelt war. Den Kolleginnen und Kollegen am Zentrum möchte ich herzlich für die zahlreichen Gespräche danken, die mich immer ermutigt und bestärkt haben. Für das Korrekturlesen einer frühen Fassung und wichtige Ratschläge danke ich Dr. Carina Baganz. Angelika Laumer unterstützte mich 2007 als studentische Hilfskraft u. a. bei Recherchen im Landesarchiv Berlin sowie bei der Auswertung der Akten des „Einsatzgruppen-Prozesses", die Birgit Müller, damals Archivarin am Zentrum, ebenso wie weiteres wichtiges Material unbürokratisch zugänglich machte.

Peter Junge-Wentrup und Prof. Manfred Zabel vom Internationalen Bildungs- und Begegnungswerk Dortmund regten das Projekt an und unterstützten es in Weißrussland. Paul Kohl verdanke ich zahlreiche Hinweise auf wesentliche Quellen zum Holocaust in Minsk. Dr. Sjarhei Novikau machte mich im „Nationalarchiv der Republik Belarus" auf themenrelevante Bestände aufmerksam, während Kristina Čechovskaja weißrussischsprachige Akten aus der Frühphase des Ghettos übersetzte. Dr. Jana Splichalova (Jüdisches Museum Prag) stellte mir Mitschriften von Interviews mit Überlebenden der Deportationen von Theresienstadt nach Maly Trostinez zur Verfügung, die mein Kollege Dr. Miloslav Szabo aus dem Tschechischen ins Deutsche übersetzte. Dr. Jürgen Matthäus und Prof. Konrad Kwiet wiesen mich 2005/2006 auf das Strafverfahren gegen Josef W. am Wiener Landesgericht sowie auf das „RSHA-Verfahren" am Kammergericht Berlin hin. Natal'ja Jackevič vermittelte mir den Inhalt handschriftlich geführter russischsprachiger Ermittlungsakten des lettischen KGB. An dieser Stelle sei auch allen Mitarbeiterinnen und Mitarbeitern der von mir besuchten Archive für ihre Hilfsbereitschaft bei den nicht immer einfachen Recherchen gedankt.

Außerordentlichen Dank schulde ich schließlich meiner Familie: Meine Eltern Hubert und Ingrid Rentrop haben mein Interesse an historischer Forschung immer unterstützt und nie an einem erfolgreichen Abschluss der Dissertation gezweifelt. Den entscheidenden Rückhalt in den Jahren des „Ausnahmezustandes" gab mir mein Mann Ansgar Koch mit seinem Verständnis und seinem unerschütterlichen Glauben an mich.

Petra Rentrop,
Berlin, im Oktober 2011

Quellen- und Literaturverzeichnis

Literatur

Adler, H. G., Der verwaltete Mensch. Studien zur Deportation der Juden aus Deutschland, Tübingen 1974.

Ainsztein, Reuben, Jüdischer Widerstand im deutschbesetzten Osteuropa, Oldenburg 1993.

Altshuler, Mordechai, Escape and Evacuation of Soviet Jews at the Time of the Nazi Invasion. Policies and Realities, in: Lucjan Dobroszycki/Jeffrey S. Gurock (Hrsg.), The Holocaust in the Soviet Union. Studies and Sources on the Destruction of the Jews in the Nazi-Occupied Territories of the USSR, 1941–1945, Armonk/New York 1993, S. 77–104.

Aly, Götz, „Endlösung". Völkerverschiebung und der Mord an den europäischen Juden, Frankfurt a. M. 1998.

Anderl, Gabriele, „Störungen sind zu vermeiden." Emigration und Vertreibung aus Wien 1938 bis 1945, in: Simon Wiesenthal (Hrsg.), Projekt Judenplatz Wien. Zur Konstruktion von Erinnerung, Wien 2000, S. 132–152.

Anderl, Gabriele/Rupnow, Dirk, Die Zentralstelle für jüdische Auswanderung als Beraubungsinstitution, Wien 2004.

Angrick, Andrej/Klein, Peter, Die „Endlösung" in Riga: Ausbeutung und Vernichtung 1941–1944, Darmstadt 2006.

Angrick, Andrej/Voigt, Martina/Ammerschubert, Silke/Klein, Peter, „Da hätte man schon ein Tagebuch führen müssen." Das Polizeibataillon 322 und die Judenmorde im Bereich der Heeresgruppe Mitte während des Sommers und Herbstes 1941, in: Helge Grabitz/Klaus Bästlein/Johannes Tuchel (Hrsg.), Die Normalität des Verbrechens. Bilanz und Perspektiven der Forschung zu den nationalsozialistischen Gewaltverbrechen, Berlin 1994, S. 325–385.

Apel, Linde (Hrsg.), In den Tod geschickt. Deportation von Juden, Sinti und Roma aus Hamburg 1940–1945, Berlin 2009 (Ausstellungskatalog).

Arad, Yitzhak, Belzec, Sobibor, Treblinka, The Operation Reinhardt Death Camps, Bloomington/Indianapolis 1987.

Arndt, Ino/Boberach, Heinz, Deutsches Reich, in: Wolfgang Benz (Hrsg.), Dimension des Völkermords. Die Zahl der jüdischen Opfer des Nationalsozialismus, München 1991, S. 23–65.

Arnold, Klaus Jochen, Die Wehrmacht und die Besatzungspolitik in den besetzten Gebieten der Sowjetunion. Kriegführung und Radikalisierung im „Unternehmen Barbarossa", Berlin 2005.

Bajohr, Frank, „... dann bitte keine Gefühlsduseleien." Die Hamburger und die Deportationen, in: Forschungsstelle für Zeitgeschichte in Hamburg/Institut für die Geschichte der deutschen Juden (Hrsg.), Die Deportation der Hamburger Juden 1941–1945, Hamburg 2002, S. 13–39.

Barkai, Avraham, German-speaking Jews in Eastern European Ghettos, in: Leo Baeck Institute Yearbook 34 (1989), S. 247–266.

Beer, Mathias, Die Entwicklung der Gaswagen beim Mord an den europäischen Juden, in: Vierteljahrshefte für Zeitgeschichte 35 (1987), S. 403–417.

Bemporad, Elissa, The Yiddish Experiment in Soviet Minsk, in: East European Jewish Affairs 37 (2007) 1, S. 91–107.

Benz, Wolfgang, Exclusion as a Stage in Persecution. The Jewish Situation in Germany 1933–1941, in: David Bankier/Israel Gutman (Hrsg.), Nazi Europe and the Final Solution, Jerusalem 2003, S. 40–52.

Benz, Wolfgang, Die Ermordung der baltischen Juden und die einheimische Bevölkerung, in: Jürgen Matthäus/Klaus-Michael Mallmann (Hrsg.), Deutsche, Juden, Völkermord. Der Holocaust als Geschichte und Gegenwart, Darmstadt 2006, S. 141–152.

Benz, Wolfgang (Hrsg.), Die Juden in Deutschland 1933–1945, München 1988.

Benz, Wolfgang, Der Novemberpogrom 1938, in: ders. (Hrsg.), Die Juden in Deutschland 1933–1945, München 1988, S. 499–544.

Benz, Wolfgang, Theresienstadt, in: ders./Barbara Distel (Hrsg.), Der Ort des Terrors. Geschichte der nationalsozialistischen Konzentrationslager, Bd. 9, München 2009, S. 449–496.

Benz, Wolfgang, Treblinka, in: ders./Barbara Distel (Hrsg.), Der Ort des Terrors. Geschichte der nationalsozialistischen Konzentrationslager, Bd. 8, München 2008, S. 407–443.

Benz, Wolfgang, Der Holocaust, München 2001.

Benz, Wolfgang/Curio, Claudia/Kaufmann, Heiko (Hrsg.), Von Evian nach Brüssel. Menschenrechte und Flüchtlingsschutz 70 Jahre nach der Konferenz von Evian, Karlsruhe 2008.

Birn, Ruth Bettina, Die Höheren SS- und Polizeiführer. Himmlers Vertreter im Reich und in den besetzten Gebieten, Düsseldorf 1986.

Böhler, Jochen, Auftakt zum Vernichtungskrieg. Die Wehrmacht in Polen, Frankfurt a. M. 2006.

Böhler, Jochen, „Tragische Verstrickung" oder Auftakt zum Vernichtungskrieg? Die Wehrmacht in Polen 1939, in: Klaus-Michael Mallmann/Bogdan Musial (Hrsg.), Genesis des Genozids. Polen 1939–1941, Darmstadt 2004, S. 36–56.

Brechtken, Magnus, „Madagaskar für die Juden". Antisemitische Idee und politische Praxis, München 1997.

Breitman, Richard, Heinrich Himmler. Der Architekt der „Endlösung", Zürich 2000.

Browning, Christopher, Die Entfesselung der „Endlösung". Nationalsozialistische Judenpolitik 1939–1942. Mit einem Beitrag von Jürgen Matthäus, Berlin 2006.

Černoglazova, R.A., Tragedija Minskogo getto. Istoričeskaja spravka [Die Tragödie des Minsker Ghettos. Historischer Abriss], in: Levina-Krapina, M. I., Triždy roždennaja. Vospominanija byvšej uznicy minskogo getto [Dreimal geboren. Erinnerungen einer ehemaligen Insassin des Minsker Ghettos], Minsk 2008, S. 98–113.

Chiari, Bernhard, Alltag hinter der Front. Besatzung, Kollaboration und Widerstand in Weißrußland 1941–1944, Düsseldorf 1998.

Chiari, Bernhard, Das Schicksal der weißrussischen Juden im „Generalkommissariat Weißruthenien". Eine Annäherung an das Unbegreifliche, in: Wolfgang Benz/Juliane Wetzel (Hrsg.), Solidarität und Hilfe für Juden während der NS-Zeit. Regionalstudien, Bd. 3, Berlin 1999, S. 271–309.

Cholawsky, Shalom, The Judenrat in Minsk, in: Yisrael Gutman/Cynthia J. Haft (Hrsg.), Patterns of Jewish Leadership in Nazi Europe 1933–1945, Jerusalem 1979, S. 113–132.

Cholawsky, Shalom, The German Jews in the Minsk Ghetto, in: Yad Vashem Studies 17 (1986), S. 219–245.

Cüppers, Martin, Wegbereiter der Shoah. Die Waffen-SS, der Kommandostab Reichsführer-SS und die Judenvernichtung 1939–1945, Darmstadt 2005.

Curilla, Wolfgang, Die deutsche Ordnungspolizei und der Holocaust im Baltikum und in Weißrussland 1941–1944, Paderborn/München/Wien/Zürich 2005.

Danker, Uwe, Die „Zivilverwaltung" des Reichskommissariats Ostland und der Holocaust. Wahrnehmung, Rolle und „Verarbeitung", in: David Gaunt/Paul A. Levine/Laura Palosuo (Hrsg.), Collaboration and Resistance During the Holocaust. Belarus, Estonia, Latvia, Lithuania, Bern [u. a.] 2004, S. 45–76.

Dean, Martin, Collaboration in the Holocaust. Crimes of the local police in Belorussia and Ukraine 1941–44, Houndsmill 2000.

Distel, Barbara, Sobibór, in: Wolfgang Benz/Barbara Distel (Hrsg.), Der Ort des Terrors. Geschichte der nationalsozialistischen Konzentrationslager, Bd. 8, München 2008, S. 375–404.

Dubson, Vadim, On the Problem of the Evacuation of Soviet Jews in 1941 (New Archival Sources), in: Jews in Eastern Europe 40 (1999) 3, S. 27–56.

Ebbinghaus, Angelika/Preissler, Gerd, Die Ermordung psychisch kranker Menschen in der Sowjetunion. Dokumentation, in: Beiträge zur nationalsozialististischen Gesundheitspolitik: Aussonderung und Tod. Die klinische Hinrichtung des Unbrauchbaren (1985) 1, S. 75–107.

Eckman, Lester/Lazar, Chaim, The Jewish Resistance. The History of the Jewish Partisans in Lithuania and White Russia during the Nazi Occupation 1940–1945, New York 1977.

Epstein, Barbara, The Minsk Ghetto 1941–1943. Jewish Resistance and Soviet Internationalism, Berkeley/Los Angeles/London 2008.

Föhse, Ulrich, Die Appels aus Elberfeld. Das Schicksal einer jüdischen Familie im Nationalsozialismus, in: Bastian Fleermann/Ulrike Schrader (Hrsg.), Jüdischer Alltag. Geschichte und Kultur der Juden im Bergischen Land von 1500 bis zur Gegenwart, Wuppertal 2009, S. 120–133.

Flörken, Norbert, Troisdorf unter dem Hakenkreuz, Eine rheinische Kleinstadt und die Nationalsozialisten, Aachen 1986.

Forschungsstelle für Zeitgeschichte in Hamburg/Institut für die Geschichte der deutschen Juden (Hrsg.), Die Deportation der Hamburger Juden 1941–1945, Hamburg 2002.

Friedlander, Henry, Der Weg zum NS-Genozid. Von der Euthanasie zur Endlösung, Berlin 1997.

Friedländer, Saul, Das Dritte Reich und die Juden, München 2007.

Gartenschläger, Uwe, Die Stadt Minsk während der deutschen Besetzung (1941–1944), Dortmund 2001.

Gerlach, Christian, Kalkulierte Morde. Die deutsche Wirtschafts- und Vernichtungspolitik in Weißrußland 1941 bis 1944, Hamburg 1999.

Gerlach, Christian, Die Wannsee-Konferenz, das Schicksal der deutschen Juden und Hitlers politische Grundsatzentscheidung, alle Juden Europas zu ermorden, in: WerkstattGeschichte 6 (1997) 18, S. 7–44.

Gerlach, Christian, Failure of Plans for an SS Extermination Camp in Mogilev, Belorussia, in: Holocaust and Genocide Studies 11 (1997) 1, S. 60–78.

Golczewski, Frank, Polen, in: Wolfgang Benz (Hrsg.), Dimension des Völkermords. Die Zahl der jüdischen Opfer des Nationalsozialismus, München 1991, S. 411–497.

Gottwaldt, Alfred/Schulle, Diana, Die „Judendeportationen" aus dem Deutschen Reich 1941–1945. Eine kommentierte Chronologie, Wiesbaden 2005.

Gruner, Wolf, Von der Kollektivausweisung zur Deportation der Juden aus Deutschland (1938–1945). Neue Perspektiven und Dokumente, in: Birthe Kundrus u. a. (Hrsg.), Die Deportation der Juden aus Deutschland, Pläne – Praxis – Reaktionen 1938–1945, Göttingen 2004, S. 21–62.

Hecker, Clara, Die deutschen Juden im Ghetto von Minsk, Freiburg 2006 (unveröffentlichte Magisterarbeit).

Hecker, Clara, Deutsche Juden im Minsker Ghetto, in: ZfG 56 (2008) 10, S. 823–843.

Heer, Hannes, Killing Fields. The Wehrmacht and the Holocaust in Belorussia, 1941–1942, in: Holocaust and Genocide Studies 11 (1997) 1, S. 79–101.

Heer, Hannes, Gustav Freiherr von Mauchenheim, genannt Bechtolsheim – ein Wehrmachtsgeneral als Organisator des Holocaust, in: Klaus-Michael Mallmann/Gerhard Paul (Hrsg.), Karrieren der Gewalt. Nationalsozialistische Täterbiographien, Darmstadt 2004, S. 33–46.

Heim, Susanne, „Deutschland muß ihnen ein Land ohne Zukunft sein". Die Zwangsemigration der Juden 1933 bis 1938, in: Beiträge zur nationalsozialistischen Gesundheits- und Strukturpolitik, Bd. 11: Arbeitsmigration und Flucht. Vertreibung und Arbeitskräfteregulierung im Zwischenkriegseuropa, Berlin 1993, S. 48–81.

Hellmund, Rudolf, … denn sie trugen den Davidstern, in: Troisdorfer Jahreshefte 11 (1981), S. 69–100.

Herbeck, Ulrich, Das Feindbild vom „jüdischen Bolschewiken". Zur Geschichte des russischen Antisemitismus vor und während der Russischen Revolution, Berlin 2009.

Hesse, Klaus „… Gefangenenlager, Exekution, … Irrenanstalt …". Walter Frentz' Reise nach Minsk im Gefolge Heinrich Himmlers im August 1941, in: Hans Georg Hiller von Gaertringen (Hrsg.), Das Auge des Dritten Reiches. Hitlers Kameramann und Fotograf Walter Frentz, München/Berlin 2006, S. 179–191.

Hilberg, Raul, Die Vernichtung der europäischen Juden, 3 Bde., Frankfurt a. M. 1990.

Hillgruber, Andreas, Der Ostkrieg und die Judenvernichtung, in: Gerd R. Ueberschär/ Wolfram Wette (Hrsg.), „Unternehmen Barbarossa". Der deutsche Überfall auf die Sowjetunion 1941. Berichte, Analysen, Dokumente, Paderborn 1984, S. 219–236.

Hoffmann, Jens, „Das kann man nicht erzählen". „Aktion 1005" – Wie die Nazis die Spuren ihrer Massenmorde in Osteuropa beseitigten, Hamburg 2008.

Hürter, Johannes, Hitlers Heerführer. Die deutschen Oberbefehlshaber im Krieg gegen die Sowjetunion 1941/42, München 2006.

Ioffe, Ėmanuil, Aktual'nye voprosy izučenija cholokosta na territorii sovetskoj Belorussii v gody vtoroj mirovoj vojny [Aktuelle Fragen der Forschung zum Holocaust im sowjetischen Weißrussland während des Zweiten Weltkrieges], in: Istoričeskaja masterskaja v Minske u. a. (Hrsg.), Aktual'nye voprosy izučenija cholokosta territorii Belarusi v gody nemecko-fašistskoj okkupacii. Sbornik naučnych rabot [Aktuelle Fragen der Forschung zum Holocaust in Weißrussland während der deutsch-faschistischen Besatzung. Aufsatzsammlung], Minsk 2005.

Jahn, Franziska, Salaspils, in: Wolfgang Benz/Barbara Distel (Hrsg.), Der Ort des Terrors. Geschichte der nationalsozialistischen Konzentrationslager, Bd. 9, München 2009, S. 548–558.

Jansen, Hans, Der Madagaskar-Plan. Die beabsichtigte Deportation der europäischen Juden nach Madagaskar, München 1997.

Jüdisches Museum der Stadt Frankfurt am Main (Hrsg.), „Und keiner hat für uns Kaddisch gesagt ..." Deportationen aus Frankfurt am Main 1941–1945, Frankfurt a. M. 2004 (Austellungskatalog).

Kingreen, Monica, Gewaltsam verschleppt aus Frankfurt. Die Deportationen der Juden in den Jahren 1941–1945, in: dies. (Hrsg.), Nach der Kristallnacht. Jüdisches Leben und antijüdische Politik in Frankfurt am Main 1938–1945, Frankfurt a. M. 1999, S. 357–402.

Klein, Peter, Curt von Gottberg – Siedlungsfunktionär und Massenmörder, in: Mallmann/Paul (Hrsg.), Karrieren der Gewalt, Darmstadt 2004, S. 95–103.

Klein, Peter, Die „Ghettoverwaltung Litzmannstadt" 1940–1944. Eine Dienststelle im Spannungsverhältnis von Kommunalbürokratie und staatlicher Verfolgungspolitik, Hamburg 2009.

Kogon, Eugen/Langbein, Hermann/Rückerl, Adalbert [u.a.] (Hrsg.), Nationalsozialistische Massentötungen durch Giftgas. Eine Dokumentation, Frankfurt a. M. 1983.

Krausnick, Helmut/Wilhelm, Hans-Heinrich, Die Truppe des Weltanschauungskrieges. Die Einsatzgruppen der Sicherheitspolizei 1938–1942, Stuttgart 1981.

Kuwałek, Robert, Bełżec, in: Wolfgang Benz/Barbara Distel (Hrsg.), Der Ort des Terrors. Geschichte der nationalsozialistischen Konzentrationslager, Bd. 8, München 2008, S. 331–371.

Kwiet, Konrad, Auftakt zum Holocaust. Ein Polizeibataillon im Osteinsatz, in: Wolfgang Benz/Hans Buchheim/Hans Mommsen (Hrsg.), Der Nationalsozialismus. Studien zur Ideologie und Herrschaft, Frankfurt a. M. 1993, S. 191–208.

Levin, Dov, The Fateful Decision. The Flight of the Jews into the Soviet Interior in the Summer of 1941, in: Yad Vashem Studies 20 (1990), S. 115–142.

Lieb, Peter, Täter aus Überzeugung? Oberst Carl von Andrian und die Judenmorde der 707. Infanteriedivision 1941/42, in: Christian Hartmann/Johannes Hürter/Peter Lieb/Dieter Pohl (Hrsg.), Der deutsche Krieg im Osten 1941–1944. Facetten einer Grenzüberschreitung, München 2009, S. 271–304.

Longerich, Peter, Heinrich Himmler. Biographie, München 2008.

Longerich, Peter, Politik der Vernichtung. Eine Gesamtdarstellung der nationalsozialistischen Judenverfolgung, München 1998.

Longerich, Peter, Der ungeschriebene Befehl. Hitler und der Weg zur „Endlösung", München/Zürich 2001.

Löw, Andrea, Juden im Ghetto Litzmannstadt. Lebensbedingungen, Selbstwahrnehmung, Verhalten, Göttingen 2006.

Mallmann, Klaus-Michael, Die V-Leute der Gestapo. Umrisse einer kollektiven Biographie, in: Gerhard Paul/Klaus Michael Mallmann (Hrsg.), Die Gestapo. Mythos und Realität, Darmstadt 2003, S. 268–287.

Mallmann, Klaus-Michael, „... Mißgeburten, die nicht auf diese Welt gehören". Die deutsche Ordnungspolizei in Polen, in: Klaus Michael Mallmann/Bogdan Musial (Hrsg.), Genesis des Genozids. Polen 1939–1941, Darmstadt 2004, S. 71–89.

Matthäus, Jürgen, Das „Unternehmen Barbarossa" und der Beginn der Judenvernichtung, Juni-Dezember 1941, in: Christopher Browning, Die Entfesselung der „Endlösung". Nationalsozialistische Judenpolitik 1939–1942, Berlin 2006, S. 360–448.

Matthäus, Jürgen, Georg Heuser – Routinier des sicherheitspolizeilichen Osteinsatzes, in: Klaus Michael Mallmann/Gerhard Paul (Hrsg.), Karrieren der Gewalt. Nationalsozialistische Täterbiographien, Darmstadt 2004, S. 115–125.

Meyer, Beate (Hrsg.), Die Verfolgung und Ermordung der Hamburger Juden 1933–1945, Geschichte. Zeugnis. Erinnerung, Hamburg 2006.

Michman, Dan, „Judenräte" und „Judenvereinigungen" unter nationalsozialistischer Herrschaft: Aufbau und Anwendung eines verwaltungsmäßigen Konzepts, in: Zeitschrift für Geschichtswissenschaft 46 (1998) 4, S. 293–304.

Militärgeschichtliches Forschungsamt (Hrsg.), Das Deutsche Reich und der Zweite Weltkrieg, Bd. 4. Der Angriff auf die Sowjetunion, Stuttgart 1983.

Milotova, Jaroslava, Die Zentralstelle für jüdische Auswanderung in Prag. Genesis und Tätigkeit bis zum Anfang des Jahres 1940, in: Theresienstädter Studien und Dokumente (1997), S. 7–20.

Mommsen, Hans, Der Wendepunkt zur „Endlösung". Die Eskalation der Judenverfolgung, in: Jürgen Matthäus/Klaus Michael Mallmann (Hrsg.), Deutsche, Juden, Völkermord. Der Holocaust als Geschichte und Gegenwart, Darmstadt 2006, S. 57–71.

Mosel, Wilhelm, Wegweiser zu ehemaligen jüdischen Leidensstätten der Deportation von Hamburg nach Minsk, Hamburg 1995.

Moser, Jonny, Österreich, in: Wolfgang Benz (Hrsg.), Dimension des Völkermords. Die Zahl der jüdischen Opfer des Nationalsozialismus, München 1991, S. 67–104.

Moser, Jonny, Zarzecze bei Nisko, in: Wolfgang Benz/Barbara Distel (Hrsg.), Der Ort des Terrors. Geschichte der nationalsozialistischen Konzentrationslager, Bd. 9, München 2009, S. 588–596.

Musial, Bogdan (Hrsg.), „Aktion Reinhardt". Der Völkermord an den Juden im Generalgouvernement 1941–1944, Osnabrück 2004.

Ogorreck, Ralf, Die Einsatzgruppen und die „Genesis der Endlösung", Berlin 1996.

Orbach, Wila, The Destruction of the Jews in the Nazi-Occupied Territories of the USSR, in: Soviet-Jewish Affairs 6 (1976) 2, S. 14–51.

Piper, Ernst, Alfred Rosenberg. Hitlers Chefideologe, München 2005.

Pohl, Dieter, Die Herrschaft der Wehrmacht. Deutsche Militärbesatzung und einheimische Bevölkerung in der Sowjetunion 1941–1944, München 2008.

Pohl, Dieter, Ghettos, in: Wolfgang Benz/Barbara Distel (Hrsg.), Der Ort des Terrors. Die Geschichte der nationalsozialistischen Konzentrationslager, Bd. 9, München 2009, S. 161–191.

Porat, Dina, Zionist and Communists in the Underground during the Holocaust. Three Examples – Cracow, Kovno and Minsk, in: Journal of Israeli History 18 (1997) 1, S. 52–72.

Reifenrath, Bruno R., Die Internierung der Juden in Much. Ein Buch des Gedenkens, Siegburg 1982.

Reitlinger, Gerald, Die Endlösung. Hitlers Versuch der Ausrottung der Juden Europas 1939–1945, 7. Aufl., Berlin 1992.

Rieß, Volker, Die Anfänge der Vernichtung „lebensunwerten Lebens" in den Reichsgauen Danzig-Westpreußen und Wartheland, Frankfurt a. M./Berlin 1995.

Robel, Gert, Sowjetunion, in: Wolfgang Benz (Hrsg.), Dimension des Völkermords. Die Zahl der jüdischen Opfer des Nationalsozialismus, München 1991, S. 499–560.

Römer, Felix, Der Kommissarbefehl. Wehrmacht und NS-Verbrechen an der Ostfront 1941/42, Paderborn/München [u.a.] 2008.

Rössler, Mechtild/Schleiermacher, Sabine (Hrsg.), Der „Generalplan Ost". Hauptlinien der nationalsozialistischen Planungs- und Vernichtungspolitik, Berlin 1993.

Rogalla von Bieberstein, Johannes, „Jüdischer Bolschewismus". Mythos und Realität, Dresden 2002.

Rohdenburg, Günther, Die letzten 26 Tage in Bremen, in: Staatsarchiv Bremen (Hrsg.), „Es geht tatsächlich nach Minsk", Bremen 1992, S. 7–22.

Romanowsky, Daniel, Das Minsker Ghetto, in: Projektgruppe Belarus (Hrsg.), „Existiert das Ghetto noch?" Weißrussland: Jüdisches Überleben gegen nationalsozialistische Herrschaft, Berlin 2003, S. 211–232.

Safrian, Hans, Eichmann und seine Gehilfen, Frankfurt a. M. 1995.

Sandvoß, Hans-Rainer, Widerstand in Neukölln, Berlin 1990 (Schriftenreihe über den Widerstand in Berlin von 1933 bis 1945, Heft 4).

Sapper, Manfred/Weichsel, Volker (Hrsg.), Der Hitler-Stalin-Pakt. Der Krieg und die europäische Erinnerung, Berlin 2009 (=Osteuropa 59 (2009) 7–8).

Schwarz, Solomon M., The Jews in the Soviet Union, Syracuse 1951.

Smilovitskii, Leonid, Minsk Ghetto: an Issue of Jewish Resistance, in: Shvut 17–18 (1995) 1–2, S. 161–182.

Smilovitskii, Leonid, Anti-Semitism in the Soviet Partisan Movement. The Case of Belarus, in: Holocaust and Genocide Studies 20 (2006) 2, S. 207–234.

Spector, Shmuel, Aktion 1005 – Effacing the Murder of Millions, in: Holocaust and Genocide Studies 5 (1990) 2, S. 157–173.

Streim, Alfred, Konzentrationslager auf sowjetischem Gebiet, in: Dachauer Hefte 5 (1989), S. 174–187.

Streit, Christian, Die Behandlung der sowjetischen Kriegsgefangenen und völkerrechtliche Probleme des Krieges gegen die Sowjetunion, in: Gerd R. Ueberschär/Wolfram Wette (Hrsg.), „Unternehmen Barbarossa". Der deutsche Überfall auf die Sowjetunion 1941. Berichte, Analysen, Dokumente, Paderborn 1984, S. 197–218.

Švejbiš, S., Ėvakuacija i sovetskie evrei v gody katastrofy [Die Evakuierung und die sowjetischen Juden in den Jahren der Katastrophe], in: Vestnik Evrejskogo Universiteta v Moskve 9 (1995) 2, S. 26–55.

Teschner, Gerhard J., Die Deportation der badischen und saarpfälzischen Juden am 22. Oktober 1940: Vorgeschichte und Durchführung der Deportation und das weitere Schicksal der Deportierten bis zum Kriegsende im Kontext der deutschen und französischen Judenpolitik, Frankfurt a. M. 2002.

Tomaszewski, Jerzy, Auftakt zur Vernichtung. Die Vertreibung polnischer Juden aus Deutschland im Jahre 1938, Osnabrück 2002.

Trunk, Isaiah, Judenrat. The Jewish Councils in Eastern Europe under Nazi Occupation, New York 1972.

Tsur, Jakov, Der verhängnisvolle Weg des Transportes AAy, in: Theresienstädter Studien und Dokumente (1995), S. 107–120.

Vestermanis, Margers, Die nationalsozialistischen Haftstätten und Todeslager im okkupierten Lettland, in: Ulrich Herbert/Karin Orth/Christoph Dieckmann (Hrsg.), Die nationalsozialistischen Konzentrationslager. Entwicklung und Struktur, Göttingen 1998, S. 472–492.

Weitbrecht, Dorothee, Ermächtigung zur Vernichtung. Die Einsatzgruppen im Herbst 1939, in: Klaus-Michael Mallmann/Bogdan Musial (Hrsg.), Genesis des Genozids. Polen 1939–1941, Darmstadt 2004, S. 57–70.

Wetzel, Juliane, Auswanderung aus Deutschland, in: Wolfgang Benz (Hrsg.), Die Juden in Deutschland 1933–1945, München 1988, S. 413–498.

Wildt, Michael, Generation des Unbedingten. Das Führungskorps des Reichssicherheitshauptamtes, Hamburg 2003.

Wildt, Michael, Erich Ehrlinger – ein Vertreter „kämpfender Verwaltung", in: Klaus-Michael Mallmann/Gerhard Paul (Hrsg.), Karrieren der Gewalt. Nationalsozialistische Täterbiographien, Darmstadt 2004, S. 76–85.

Wilhelmus, Wolfgang, Die Namensliste der 1940 aus dem Regierungsbezirk Stettin deportierten Juden, Rostock 2009.

Zellhuber, Andreas, „Unsere Verwaltung treibt einer Katastrophe zu …". Das Reichsministerium für die besetzten Ostgebiete und die deutsche Besatzungsherrschaft in der Sowjetunion 1941–1945, München 2006.

Quellen

Gedruckte Quellen, Erinnerungsberichte, Biografien und Memoiren

Adler, Hans G., Die verheimlichte Wahrheit. Theresienstädter Dokumente, Tübingen 1958.

Aly, Götz, Im Tunnel. Das kurze Leben der Marion Samuel 1941–1943, Frankfurt a. M. 2004.

Arkad'eva, Olga u. a. (Hrsg.), …Na perekrestkach sudeb. Iz vospominanij byvšich uznikov getto i pravednikov narodov mira [Am Scheideweg des Schicksals. Aus den Erinnerungen ehemaliger Ghetto-Häftlinge und Gerechten der Völker der Welt], Minsk 2002.

Baade, Fritz (Hrsg.), „Unsere Ehre heißt Treue". Kriegstagebuch des Kommandostabes Reichsführer-SS, Tätigkeitsberichte der 1. und 2. SS-Inf.-Brigade, der 1. SS-Kav.-Brigade und von Sonderkommandos der Waffen-SS, Wien/München/Zürich 1984.

Beluga, Z. I. [u. a.] (Hrsg.), Prestuplenija nemecko-fašistskich okkupantov v Belorussii 1941–1941 [Die Verbrechen der deutsch-faschistischen Besatzer in Weißrussland 1941–1944], Minsk 1965.

Benz, Wolfgang/Kwiet, Konrad/Matthäus, Jürgen (Hrsg.), Einsatz im „Reichskommissariat Ostland". Dokumente zum Völkermord im Baltikum und in Weißrußland, Berlin 1998.

Černoglazova, R. A., Judenfrei! Svobodno ot evreev! Istorija minskogo getto v dokumentach [Judenfrei! Die Geschichte des Minsker Ghettos in Dokumenten], Minsk 1999.

Corbach, Dieter, 6.00 Uhr ab Messe Köln-Deutz. Deportationen 1938–1945, Köln 1999.

Deutsch-Jüdische Gesellschaft Hamburg e. V. (Hrsg.), Wegweiser zu ehemaligen jüdischen Leidensstätten der Deportationen von Hamburg nach Minsk, Hamburg 1995.

Der Dienstkalender Heinrich Himmlers 1941/1942. Im Auftrag der Forschungsstelle für Zeitgeschichte in Hamburg bearbeitet, kommentiert und eingeleitet von Peter Witte u. a., Hamburg 1999.

Dokumentationsarchiv des österreichischen Widerstands (Hrsg.), Jüdische Schicksale. Berichte von Verfolgten, Wien 1992.

Domarus, Max, Hitler. Reden 1932 bis 1945. Kommentiert von einem deutschen Zeitgenossen, Bd. II. Untergang (1939–1945), München 1963.

Gosudarstvennyj komitet po archivam i deloproizvodstvu Respubliki Belarus' u. a. (Hrsg.), „Nacistskoe zoloto" iz Belarusi. Dokumenty i materialy, Minsk 1998.

Gotzes, Andrea, Krieg und Vernichtung 1941–1945. Sowjetische Zeitzeugen erinnern sich. Mit einer Einleitung von Bernd Bonwetsch, Darmstadt 2006.

Grossman, Wassili/Ehrenburg, Ilja (Hrsg.), Das Schwarzbuch. Der Genozid an den sowjetischen Juden, Reinbek bei Hamburg 1995.

Generaloberst Halder, Kriegstagebuch, Bd. I, II und III. Bearbeitet von Hans-Adolf Jacobsen in Verbindung mit Alfred Philippi, Stuttgart 1962–1964.

Hamburger Institut für Sozialforschung (Hrsg.), Verbrechen der Wehrmacht. Dimensionen des Vernichtungskriegs 1941–1944. Ausstellungskatalog, Hamburg 2002.

Heiber, Helmut, Aus den Akten des Gauleiters Kube. Dokumentation, in: Vierteljahrshefte für Zeitgeschichte 4 (1956), S. 67–92.

Hürter, Johannes, Auf dem Weg zur Militäropposition. Tresckow, Gersdorff, der Vernichtungskrieg und der Judenmord. Neue Dokumente über das Verhältnis der Heeresgruppe Mitte zur Einsatzgruppe B im Jahr 1941, in: Vierteljahrshefte für Zeitgeschichte 52 (2004) 3, S. 527–562.

Jackson, Carlton, Joseph Gavi. Young Hero of the Minsk Ghetto, Paducah/Kentucky 2000.

Jüdisches Historisches Institut Warschau (Hrsg.), Faschismus – Getto – Massenmord. Dokumentation über Ausrottung und Widerstand der Juden in Polen während des zweiten Weltkrieges, Berlin 1960.

Justiz und NS-Verbrechen. Sammlung deutscher Strafurteile wegen nationalsozialistischer Tötungsverbrechen 1945–1966, Amsterdam 1975 ff.

Kamitet pa archyvach i spravavodstvu Rėspubliki Belarus' u. a. (Hrsg.), Minskae antyfašisckae padpolle [Der Minsker antifaschistische Untergrund], Minsk 1995.

Klarsfeld, Serge, Vichy – Auschwitz. Die Zusammenarbeit der deutschen und französischen Behörden bei der „Endlösung der Judenfrage“ in Frankreich, Nördlingen 1989.

Klee, Ernst/Dreßen, Willi/Rieß, Volker (Hrsg.), „Schöne Zeiten“. Judenmord aus der Sicht der Täter und Gaffer, Frankfurt a. M. 1988.

Klein, Peter (Hrsg.), Die Einsatzgruppen in der besetzten Sowjetunion 1941/42. Die Tätigkeits- und Lageberichte des Chefs der Sicherheitspolizei und des SD, Berlin 1997.

Kohl, Paul, Das Vernichtungslager Trostenez. Augenzeugenberichte und Dokumente, Dortmund 2003.

Kohl, Paul, Der Krieg der deutschen Wehrmacht und der Polizei 1941–1944. Sowjetische Überlebende berichten, Frankfurt am Main 1995.

Komitet po archivam i deloproizvodstvu pri sovete ministrov Respubliki Belarus‘ u. a. (Hrsg.), Lager‘ smerti Trostenec. Dokumenty i materialy, Minsk 2003.

Kommandant in Auschwitz. Autobiographische Aufzeichnungen von Rudolf Höß. Eingeleitet und kommentiert von Martin Broszat, Stuttgart 1958.

Königer, Rasso, So fiel Minsk in deutsche Hand. Unsere Soldaten erleben die Einnahme der Stadt im Juni 1941, in: Minsker Zeitung, 28./29. Juni 1942, S. 5.

Krasnopërko, Anna, Briefe meiner Erinnerung. Mein Überleben im jüdischen Ghetto von Minsk 1941–1942, Villigst 1991.

Kühnl, Reinhard, Der deutsche Faschismus in Quellen und Dokumenten. 7. durchges. und erw. Aufl., Köln 2000.

Landgericht Koblenz, Urteil in der Strafsache gegen Georg Heuser u. a. vom 21. 5. 1953, abgedruckt in: Justiz und NS-Verbrechen, Bd. XIX, S. 160–371.

Lang, Jochen von, Das Eichmann-Protokoll. Tonbandaufzeichnungen der israelischen Verhöre, München 2001.

Levin, Vladimir/Mel'cer, David (Hrsg.), Černaja kniga s krasnymi stranicami. Tragedija i geroizm evreev Belorussii, Baltimore 1996.

Longerich, Peter (Hrsg.), Die Ermordung der europäischen Juden. Eine umfassende Dokumentation des Holocaust 1941–1945, München/Zürich 1989.

Loewenstein, Karl, Minsk. Im Lager der deutschen Juden, Bonn 1961.

Moll, Martin (Hrsg.), „Führer-Erlasse" 1939–1945, Stuttgart 1997.

Müller, Norbert (Hrsg.), Die faschistische Okkupationspolitik in den zeitweilig besetzten Gebieten der Sowjetunion (1941–1944), Berlin 1991.

Nacional'nyj Archiv Respubliki Belarus' u. a. (Hrsg.), Cholokost v Belarusi 1941–1944. Dokumenty i materialy [Der Holocaust in Weißrussland 1941–44. Dokumente und Materialien], Minsk 2002.

Pätzold, Kurt/Schwarz, Erika (Hrsg.), Tagesordnung: Judenmord. Die Wannsee-Konferenz am 20. Januar 1942, Berlin 1998.

Projektgruppe Belarus (Hrsg.), „Existiert das Ghetto noch?" Weißrussland: Jüdisches Überleben gegen nationalsozialistische Herrschaft, Berlin 2003.

Rosenberg, Heinz, Jahre des Schreckens. … und ich blieb übrig, daß ich Dir's ansage, Göttingen 1992.

Rubenčik, Abram, Pravda o Minskom getto. Dokumental'naja povest' uznika getto i maloletnego partizana [Die Wahrheit über das Minsker Ghetto. Dokumentarische Erzählung eines Ghetto-Insassen und minderjährigen Partisanen], Tel'-Aviv 1999.

Schröter, Hermann, Geschichte und Schicksal der Essener Juden. Gedenkbuch für die jüdischen Mitbürger der Stadt Essen, Essen 1980.

Smolar, Hersh, The Minsk Ghetto. Soviet-Jewish Partisans against the Nazis, New York 1989.

Staatsarchiv Bremen (Hrsg.), „Es geht tatsächlich nach Minsk". Texte und Materialien zur Erinnerung an die Deportation von Bremer Juden am 18. 11. 1941 in das Vernichtungslager Minsk, Bremen 1992.

Stahlberg, Alexander, Die verdammte Pflicht. Erinnerungen 1932 bis 1945, Berlin/Frankfurt a. M. 1987.

Die Tagebücher von Joseph Goebbels, hrsg. v. Elke Fröhlich, Teil II, Diktate 1941–45, Bd. 1, Juli bis September 1941. München u. a. 1996.

Ueberschaer, Gerd R./Wette, Wolfram (Hrsg.), „Unternehmen Barbarossa". Der deutsche Überfall auf die Sowjetunion 1941. Berichte, Analysen, Dokumente, Paderborn 1984.

Unschuld, Paul, Die Ärztin und der Maler. Carl Jung-Dörfler und Hedwig Danielewicz, Düsseldorf 1994.

Wagner, Jens-Christian, Zwangsarbeit im Nationalsozialismus. Ein Überblick, in: Volkhard Knigge u. a. (Hrsg.), Zwangsarbeit. Die Deutschen, die Zwangsarbeiter und der Krieg. Begleitband zur Ausstellung, Weimar 2010.

Wenn Worte schreien und weinen. Tagebücher der Ljalja und Berta Bruk, hrsg. v. Internationalen Bildungs- und Begegnungswerk Dortmund gGmbH, Dortmund 2008.

Wildt, Michael (Hrsg.), Die Judenpolitik des SD 1935–1938. Eine Dokumentation, München 1995.

Wilhelm, Hans-Heinrich, Rassenpolitik und Kriegsführung. Sicherheitspolizei und Wehrmacht in Polen und der Sowjetunion 1939–1942, Passau 1991.

Wieck, Michael, Zeugnis vom Untergang Königsbergs. Ein „Geltungsjude" berichtet, Heidelberg 1989.

Winter, Johannes, Die verlorene Liebe der Ilse Stein. Deportation, Ghetto, Rettung, Frankfurt a. M. 2007.

Archive

Badisches Generallandesarchiv Karlsruhe

465 A/51/5/460: Spruchkammerverfahren Adolf Rübe

309 Zug. 1990–37/552-554: Strafverfahren Adolf Rübe

Bundesarchiv Berlin (BArch Berlin)

NS 19: Reichsführer SS, Persönlicher Stab

R 6: Reichsministerium für die besetzen Ostgebiet

R 19: Hauptamt Ordnungspolizei

R 58: Reichssicherheitshauptamt

R 70 SU: Polizeidienststellen in den besetzten sowjetischen Gebieten

R 90: Reichskommissariat Ostland

R 93: Generalkommissariat Weißruthenien

Bundesarchiv Koblenz

All. Proz 6: Eichmann-Prozess

Bundesarchiv Ludwigsburg

B 162/1672-1694: Ermittlungsverfahren gegen Angehörige des BdS Minsk

B 162/1648-1652, B 162/1762-1766, B 162/7550: Ermittlungsverfahren gegen Angehörige des Stadtkommissariats Minsk und des Generalkommissariats Weißruthenien

B 162/1325-1329: Ermittlungsverfahren gegen Angehörige des Sonderkommandos 1005-Mitte

Dokumentationsarchiv des Österreichischen Widerstandes Wien (DÖW)

Verschiedene Bestände

Dokumentationszentrum Simon Wiesenthal Wien, Archiv

Ordner Minsk

Gebietsarchiv Minsk (Gosudarstvennyj Archiv Minskoi Oblasti, GAMO)

623: Rayonverwaltung Minsk

668: Lehrbetriebskombinat Minsk

688: Stadtkommissariat Minsk

1050: Stadtverwaltung Minsk

Institut für Zeitgeschichte (IfZ), Archiv
ED 424: Aufzeichnungen aus dem Ghetto Minsk, Teil I und II
Jüdisches Museum Prag, Archiv
Verschiedene Bestände
Landesarchiv Berlin
B Rep. 057-01: Generalstaatsanwalt bei dem Kammergericht/ Arbeitsgruppe RSHA
Landesgericht für Strafsachen Wien
VR 1100/65: Strafverfahren gg. J. W. (Gaswagenfahrer)
Landeshauptarchiv Koblenz
584, 001, Nr. 8465-8869, 8752-8801, 9844: Strafverfahren gegen Georg Heuser u. a.
584, 001, Nr. 3552-3572: Strafverfahren gegen Carl Zenner u. a.
Museum zur Geschichte des Großen Vaterländischen Krieges Minsk, Archiv
Verschiedene Bestände
Nationalarchiv der Republik Belarus
(Nacional'nyj Archiv Respubliki Belarus', NARB)
370: Generalkommissariat Weißruthenien
378: Haupteisenbahndirektion Mitte
379: Organisation Todt
391: Gebietskommissariat Borisov
393: Gebietskommissariat Minsk-Land
409: Feldkommandantur 812 Minsk-Land
845: Außerordentliche Staatliche Untersuchungskommission zur Aufdeckung faschistischer Verbrechen
861: Außerordentliche Staatliche Untersuchungskommission zur Aufdeckung faschistischer Verbrechen
3500: Weißrussischer Stab der Partisanenbewegung
4683: Institut für Parteigeschichte beim ZK der KPB
Staatsarchiv Hamburg
213-12-0597: Strafverfahren gegen Angehörige des SK 1005-Mitte
Staatsarchiv Münster
Staatsanwaltschaft Dortmund, Nr. 2174–2176: Ermittlungsverfahren gegen Q.
United States Holocaust Memorial Museum Archives (USHMM)
RG-18.002M: Latvian Central State Historical Archive (Riga) records, 1941–1945
RG-22.002M: Extraordinary State Commission to Investigate German-Fascist Crimes on Soviet Territory, Archive of the October Revolution Records
RG-06.027: Latvian State Archives of the Former Latvian KGB records from Fond 1986 relating to war crime investigations and trials in Latvia, 1941–1995
RG-48.004M: Military-Historical Institute (Prague) records, 1941–1944
RG-11.001M15: Sonderarchiv Moskau
RG-11.001M.24: Dokumente von besonderer Bedeutung

RG-11.001M.05: BdS Riga
RG-06.025*3: Minsk, War Crime Trials
RG-22.005M: Soviet-Jewish Partisans
1996.A.0342: National Archives captured records collection
RG-02. Survivor testimonies
RG-50.378: Oral History Interviews, Survivors of the Minsk Ghetto

Visual History Archive der Freien Universität Berlin/ USC Shoah Foundation Institute

Verschiedene Interviews

Zentrum für Antisemitismusforschung (ZfA), Technische Universität Berlin, Archiv

Verschiedene Bestände

Personenregister